세 깃발 아래에서

우리 시대의 새로운
프런티어 21
지적 대안 담론

세 깃발 아래에서

아나키즘과 반식민주의적 상상력

베네딕트 앤더슨 지음 · 서지원 옮김

도서출판 길

지은이 **베네딕트 앤더슨**(Benedict R. O'G. Anderson, 1936~)은 중국 윈난(雲南) 성의 쿤밍(昆明)에서 영국계 아일랜드인 아버지와 잉글랜드인 어머니 사이에 태어났다. 어린 시절 대부분을 베트남인 보모의 손에 자랐으며, 1941년 앤더슨 가족은 미국 캘리포니아로 이주했다. 1957년 영국 케임브리지 대학을 졸업했으며, 1967년 미국 코넬 대학에서 인도네시아 역사에 관한 연구로 박사학위를 받았다. 1967년부터 코넬 대학에서 정치학과 동남아시아학을 가르쳤으며, 2002년 은퇴하여 현재는 코넬 대학 명예교수로 있다. 그와 더불어 세계적인 학자로 잘 알려진 페리 앤더슨(Perry Anderson)은 그의 친동생이기도 하다.

저서로 '민족주의' 연구에 관해 세계적 명성을 가져다준 책으로 '민족'을 근대 이후의 정치적 필요에 의해 구성된 '상상의 공동체'라고 규정한 대표작 『상상의 공동체: 민족주의의 기원과 전파에 대한 성찰』 (1983)과 『혁명기의 자바: 점령과 저항, 1944~46』(1972), 『언어와 권력: 인도네시아 정치문화 탐구』(1990), 『비교의 유령: 민족주의, 동남아시아, 세계』(1998) 등이 있다.

옮긴이 **서지원**(徐智願)은 1980년 서울에서 태어나 서울대 정치학과를 졸업했다. 같은 대학교 대학원에서 「태국 탁신 정부의 빈곤 정책과 그 정치적 동학에 대한 연구」(2006)로 석사학위를 받았으며, 현재 미국 오하이오 주립대학 정치학과에서 인도네시아의 과거청산을 주제로 박사학위 논문을 준비 중에 있다.

우리 시대의 새로운
프런티어21
지적 대안 담론 ❽

세 깃발 아래에서 아나키즘과 반식민주의적 상상력

2009년 8월 10일 제1판 제1쇄 인쇄
2009년 8월 20일 제1판 제1쇄 발행

지은이 | 베네딕트 앤더슨
옮긴이 | 서지원
펴낸이 | 박우정

기획 | 이승우

펴낸곳 | 도서출판 길
주소 | 137-723 서울 서초구 잠원동 50-2 롯데설악복지센터 301호
전화 | 02)595-3153 팩스 | 02)595-3165
등록 | 1997년 6월 17일 제113호

ISBN 978-89-87671-32-1 93300

베네딕트 앤더슨(Benedict Anderson)은 '필리핀 민족의 아버지' 호세 리살이 스페인 식민 당국에 의해 살해된 지 40년이 지난 1936년 8월 26일, 군벌과 공산주의자들의 세력 다툼으로 혼란스러웠던 중국 윈난(雲南) 성의 쿤밍(昆明)에서 태어났다. 동생인 역사학자 페리 앤더슨(Perry Anderson)의 기록에 의하면, 형제의 아버지 제임스 앤더슨은 1914년 스물한 살 나이에 영국을 출발하여 수에즈 운하와 콜롬보 · 홍콩을 거쳐 상하이에 도착한 후 1941년까지 중국 각지를 돌며 해관에서 일했다.[1] 제임스 앤더슨은 본래 케임브리지 대학 1학년생으로 고전학을 공부하고 있었는데, 한눈을 팔다 시험에 낙제한 뒤 엄격한 아버지와 불화를 겪고 삼촌의 제안으로 중국에 나오게 되었다고 한다. 1935년 재혼한 그는 이듬해 마흔셋의 나이로 첫 아들인 베네딕트를 보았고, 가족은 1941년 여름 캘리포니아로 이주하였다.

아버지가 영국 해군의 아들로 동남아시아의 항구 도시 페낭에서 태어났으며 중국에서 오랜 기간 일했다는 것, 그리고 그 자신이 동남아시아와 중국의

---

1 Perry Anderson, "An Anglo-Irishman in China: J.C. O'G. Anderson", *Spectrum: From Right to Left in the World of Ideas*(London and New York: Verso, 2005), pp. 343~88. 중국 해관은 1860년 베이징 조약으로 설치된 기구로서 중국 정부의 무역과 재정에서 핵심적인 역할을 담당하고 있었으며, 관료들은 외국인들로 충원되었다.

문화적 접경지대인 윈난에서 태어나 베트남인 보모의 손에 자랐다는 것은 베네딕트 앤더슨이 아시아 연구자로서의 경력을 시작하는 데 의식적으로든 무의식적으로든 중요한 배경으로 작용했던 것 같다. 또한 친할머니 쪽의 오거먼 가문이 18세기부터 아일랜드 독립운동에 활발하게 참여해 왔으며, 아버지 제임스도 신(新)페인당에 동조적인 아일랜드계로서 난롯가에 모여 앉은 아이들에게 아일랜드 독립운동가 찰스 파넬에 대한 이야기를 들려주곤 했던 것 또한 그의 학문 세계에 상당한 영향을 끼친 것으로 보인다. 그의 국적은 지금도 아일랜드이다.[2]

미국과 아일랜드, 영국에서 교육받은 후, 아버지가 중퇴한 케임브리지 대학 학부에서 고전학과 불문학, 영문학 공부를 마친 베네딕트 앤더슨은 스물한 살에 미국으로 건너와 코넬 대학에서 인도네시아 정치를 연구하기 시작했다. 제2차 세계대전 당시 첩보 활동을 통해 해외 지역 연구의 인적·제도적 기반을 닦은 미국은 냉전기 사설 학술 재단과 대학 연구소에 정부가 협력하는 방식으로 관심 지역에 대한 연구를 체계적으로 지원했다. 특히 제2차 세계대전을 거치며 하나의 '지역'으로 상상되기 시작한 동남아시아에 대한 연구는 공산화될 가능성 때문에 냉전의 역학이 거세게 작동하는 분야였다. 제1차 인도차이나 전쟁의 막을 내린 1954년 디엔비엔푸 전투 승리를 전후로 하여 베트남의 공산주의는 인도차이나의 인접국으로 활발하게 퍼져나가고 있었으며, 필리핀과 말레이시아에서는 반일 게릴라의 전통을 이어받은 후크발라합 운동과 말라야 공산당의 무장 투쟁이 1950년대 중반까지 한창이었다. 1955년 인도네시아 의회 선거에서 공산당은 전체 득표수의 17퍼센트를 얻는 성과를 거두었는데, 당시 최다 득표를 기록한 수카르노의 인도네시아국민당이 22퍼센트를 얻었다는 것을 감안하면 이는 놀라운 성과였다. 또한 1955년 역사적인 아시아-아프리카 정상회의를 개최한 민족주의자 수카르노 대통령은 물과

---

2 한국에서 강연을 했을 때에도 그는 자신의 아일랜드 국적을 강조한 바 있다. http://kiseas.org/new/data/Benedict Anderson.pdf

기름 같은 군부와 공산당을 체제의 두 기둥으로 삼아 아슬아슬한 정세를 연출했고, 인도네시아 정부를 전복하려는 분리독립파에게 원조를 보낸 바 있는 미국을 비롯한 서방 국가들로부터 거리를 두고 있었다.

1950년대 말에서 1960년대 초에 박사 과정을 밟으며 인도네시아학을 공부한 앤더슨의 학문적 출발은 어찌 보면 이와 같은 냉전적 배경을 바탕으로 하고 있었다. 1950년 동남아시아센터를 설립한 코넬 대학은 동남아시아 연구의 인적·물적 자원이 가장 많이 집중되어 있던 곳이었으며, 이러한 제도적 혜택은 미국 연방정부나 대자본이 설립한 학술 재단의 도움이 없이는 불가능한 것이었다. 그러나 앤더슨은 미국의 헤게모니를 관철하고자 하는 냉전적 동기가 동남아시아 연구의 지형을 변화시킨 데 대해서 그다지 비판적으로 평가하지 않는다. 1945년 이전에는 동남아시아 연구의 주체가 주로 봉사해야 할 본국이 있었던 식민지 관료들이었으며, 연구 성과는 고고학, 고대사, 고전 문학 등 한정된 분야에 집중되어 있었던 반면, 이후 시기에는 정치학과 근대사, 인류학 등 폭넓은 분야에서 연구가 이루어졌으며, 연구자들은 독립적인 학자의 위치에서 연구에 임할 수 있었고 연구 대상국의 반식민적 민족주의에 떳떳하게 동조하거나 미국의 정책에 비판적인 입장을 취하는 것도 얼마든지 가능했다는 것이다.[3]

박사 논문을 바탕으로 한 앤더슨의 저작 『혁명기의 자바』[4] 역시 이와 같은 '냉전기 미국 지역 연구의 의도하지 않은 결과들'[5]의 사례로 볼 수 있다. 현지에서 수집한 풍부한 1차 자료에 바탕을 둔 이 두툼한 저작은 일본군의 항복

---

3 Benedict Anderson, "Introduction", *The Spectre of Comparisons: Nationalism, Southeast Asia and the World*(London and New York: Verso, 1998), pp. 1~26, 특히 p. 9.

4 최근에 나온 판본은 Bendict R.O'G. Anderson, *Java in a Time of Revolution: Occupation and Resistance 1944~1946*(Jakarta: Equinox Publishing). 초판은 1972년 코넬 대학 출판부에서 발간되었다.

5 Immanuel Wallerstein, "The Unintended Consequences of Cold War Area Studies", Noam Chomsky et al. eds., *The Cold War and the University: Toward an Intellectual History of the Postwar Years*(New York: New Press, 1997).

이후 도래한 권력의 공백기에 각지에 '투쟁위원회'를 세우고 주요 기관을 접수하는 한편 의용군을 조직했던 전투적인 청년들(pemuda)의 '사회 혁명'과, 인도네시아 민족의 독립이라는 가치를 위해 외교적 협상을 중시했던 엘리트의 '민족 혁명'이 충돌을 겪는 과정을 다루고 있다. 또한 이 책은 자생적 청년 조직을 묶어내어 사회 혁명의 비전을 제시하고자 했던 공산주의자 탄 말라카 (Tan Malaka)마저도 청년들의 전투성을 통제하지 못했다고 분석함으로써 그에게 씌워진 분열적 쿠데타의 주모자라는 굴레를 벗겨내는 동시에, 그의 역사적 퇴장으로 인해 '투쟁'이 '외교'를 누를 가능성이 사라졌다고 해설한다.

그러나 앤더슨의 인도네시아 연구 경력은 그가 연구하던 대상인 현대사의 격동에 의해 침몰할 운명에 놓이게 되었다. 1965년 10월 1일 새벽 인도네시아 군부의 서열 1위부터 7위까지의 장성들을 암살하려는 시도가 있었으며, 이 중 담을 넘어 도망친 나수치온을 제외한 6인 모두가 살해된다. 그날 저녁 수하르토가 수도를 장악하면서 반서방적인 수카르노 정부의 시대가 끝났으며, 뒤이어 반공 독재 정권이 성립되는 과정에서 정부가 쿠데타는 국가를 전복하려는 공산당의 음모였다고 발표하면서 국가의 지원 및 방조 하에 '공산주의자' 학살이 자행되어 수십만 명이 목숨을 잃는 사건이 발생했다. 이 쿠데타 시도의 전모는 여전히 명백히 밝혀지지 않고 있으며, 지금과 마찬가지로 당시에도 공산당 주도설, 공산당의 부분적 개입설, 수카르노 주도설, 수하르토 주도설 등 다양한 주장이 서로 경쟁하고 있었다. 학살이 진행 중이던 1966년 앤더슨은 루스 맥비 및 프레드릭 번넬과 함께, 공산당은 쿠데타에 직접적으로 관련되어 있지 않았으며, 쿠데타는 중부 자바의 '진보적' 청년 장교들이 군 지도부에 대한 불만을 표출한 결과, 즉 군대 내부의 문제에서 비롯된 것이었다는 요지의 일명 '코넬 페이퍼'를 저술하였다.[6] 이들은 징세의 심각성을 고려하여 이 논문을 당장 발표하지는 않다가 이후 비공식적인 회람에 따른 여

....

6 Benedict R. O'G. Anderson and Ruth T. McVey(with the assistance of Frederick Bunnell), *A Preliminary Analysis of the October 1, 1965 Coup in Indonesia* (Ithaca and Nwe York : Cornell University Modern Indonesia Project, 1971).

파를 염려하여 1971년 공식적으로 출판하였는데, 이것이 인도네시아 보수 언론의 공격을 받으면서 앤더슨은 강제 출국과 비자 취소 조치를 당하게 된다. 이후 1980년 학회 참석을 위해 비자를 발급받는 데 성공하지만 결국 공항에서 돌아나가게 된다. 그는 이 상황을 1970년대 후반 미 의회에 출석하여 수하르토 정권 하의 정치범 문제와 동티모르 침공에 따른 학살과 인권 침해에 대해 증언했던 결과로 풀이한다. 앤더슨이 인도네시아 땅을 다시 밟을 수 있었던 것은 수하르토 정권이 무너진 이후인 1999년의 일로, 그는 인도네시아에 대한 자료를 직접 모을 기회를 27년간 박탈당했던 것이다.[7]

앤더슨의 관심은 1973년 10월 민주화를 요구하는 학생 시위의 성공으로 정치사에서 전무후무하게 자유로운 공간을 확보하게 된 태국으로 향했으며, 그는 1974년 말부터 1년간 방콕에 머무르며 태국어와 태국의 문화 및 정치를 공부하기 시작한다. 노동 운동과 농민 운동, 학생 운동 등 급진적 운동의 가파른 성장을 낳았던 당시의 자유화 국면은 1976년 10월 탐마삿 대학에서 시위 중이던 학생들을 경찰과 우익 자경단원들이 잔인하게 학살하는 '10월 6일 사건'이 발생하면서 종지부를 찍게 되는데, 태국에 직접 머물며 정세를 관찰할 수 있었던 앤더슨은 「금단증상」이라는 선구적 논문에서 이 국면을 상세히 그려낸다.[8] 그의 학문적 여정에서 인도네시아 입국 금지 조치와 태국으로의 관심 전환은 중요한 의미를 지닌다. 앤더슨 자신의 표현에 따르면, 식민지 경험이 없고, 왕정주의가 지배하고 있으며, 불교 문화권인 데다 중국의 영향을 강하게 받은 태국과, 오랫동안 네덜란드의 식민 지배를 받았으며, 공화주의적이고, 이슬람 및 힌두교에 뿌리를 둔 자바의 문화가 살아 있는 인도네시아라는 두 나라는 너무나 대조적이었고, 태국에서 발견한 모든 것이 인도네시아에 대해 새로운 문제의식을 던져주다 보니, 이런 것들을 통일성 있게 설명할

· ·

7 Benedict R. O'G. Anderson, "Scholarship on Indonesia and Raison d' Etat: Personal Experience", *Indonesia*, Vol. 62 (1996).

8 Benedict Anderson, "Withdrawal Symptoms", *The Spectre of Comparisons*. 논문이 처음 발표된 것은 1977년이다.

수 있는 분석틀의 필요성을 절감하게 되었다는 것이다.

더구나 1974년에 동생 페리 앤더슨이 『고대에서 봉건제로의 이행』과 『절대주의 국가의 계보』라는 걸출한 비교역사적 연구를 출간한 것은 베네딕트 앤더슨에게도 상당한 자극이 되었다. "(나의) 인도네시아에는 뭔가 (일반화가 힘든) 특별한 것이 있다"고 굳게 믿으며, "인도네시아 사람들도 결국 인류의 일부분일 뿐"이라는 동생의 충고를 무시하던 베네딕트 앤더슨도, 결국은 동생의 『뉴레프트리뷰』(New Left Review) 서클과 어울리며 광의의 마르크스주의에 기반을 둔 비교 연구로 나아가게 된다.[9] 앤더슨은 사회주의 국가인 중국과 베트남, 베트남과 캄보디아가 국경 없는 연대를 발휘하기는커녕 서로를 침략하는 모습을 지켜보며, 자유주의와 마르크스주의 이론 모두가 어떻게 설명해야 할지 몰랐던 민족주의라는 현상이 테크놀로지의 발달과 맞물려 역사적으로 구성되어 온 과정을 살펴본다.

이렇게 탄생한 그의 대표작인 『상상의 공동체』를 전후로 하여 앤더슨이 라틴아메리카 등 기존에 다루지 않았던 지역에 대한 연구로 영역을 넓혀나갔으며 민족주의에 대한 이론적 고찰을 계속해 나갔던 것은 사실이지만, 그의 연구는 언제나 개념보다는 사례에 더 가까이 닿아 있다. 또한 그가 타의에 의해 인도네시아 연구라는 울타리를 벗어나면서 비교적 관점을 강화하게 되었다고는 하지만, 그가 말하는 비교적 관점이란 보편적인 법칙에 특수적인 개별 사례들을 종속시키는 방식이 아니라 새로운 사례에서 얻은 통찰을 익숙했던 사례에 대한 재발견으로 전환한다는 맥락에서 이해해야 할 것이다. 민족주의 연구자로서 명성을 얻은 이후에도 그는 동남아시아 지역 연구자로서의 정체성을 잃지 않았으며, 자신이 언어와 문화, 역사를 깊게 이해할 수 있는 세 나라, 즉 인도네시아·태국·필리핀에 대한 연구를 계속해 나갔다.

서로 상이한 언어와 문화를 지니고 있는 동남아시아에서 앤더슨이 여러

····················

9 Benedict R. O'G. Anderson, "Introduction", *Language and Power*: Exploring Political Cultures in Indonesia (Ithaca and London: Cornell University Press, 1990), pp. 8~10.

나라에 대한 연구자로서 권위를 확립할 수 있었던 데에는 호세 리살 못지않은 그의 언어적 재능이 큰 몫을 했을 것이다. 아시아 연구자가 되기 이전 앤더슨은 영어와 라틴어, 프랑스어를 알았으며, 인도네시아를 연구하면서는 인도네시아어를 익혔고, 자바어(중부, 동부 자바의 언어)와 순다어(수도 자카르타가 있는 서부 자바의 언어)도 가능한 것으로 알려져 있는 데다, 인도네시아 식민 지배자의 언어인 네덜란드어 문헌도 풍부하게 인용한다. 나이 마흔이 다 되어 배운 태국어에도 능숙하며, 쉰이 된 1986년에는 피플 파워에 의해 마르코스 독재정권이 무너지면서 동아시아 지역 민주화 도미노의 시발점이 된 필리핀에 처음으로 오래 머물면서 '아시아 최초의 민족주의'인 필리핀 민족주의를 연구하기 위해 호세 리살의 소설을 한 줄 한 줄 읽어나가며 스페인어를 익힌다. 『세 깃발 아래에서』를 보면 앤더슨이 독일어와 타갈로그어도 읽고 번역할 수 있다는 것을 알 수 있다. 연구에 직접 사용할 수 있는 언어가 10개 이상이나 된다는 것은 말할 나위도 없이 연구자에게는 대단한 축복으로서, '사라진 다(多)언어의 세계'를 체현하고 있는 앤더슨이 서론에서 영어(그의 표현에 따르자면 '미국어') 중심의 세계화에 대해 안타까움을 드러내는 것은 당연한 일이라고도 볼 수 있겠다.

그는 언어와 문학, 문화에 대한 관심을 정치 연구에 접목하여 「자바 문화에서의 권력 개념」, 「인도네시아 정치의 언어」, 「만화와 기념비: 신질서 아래 정치커뮤니케이션의 진화」 등의 논문을 발표했을 뿐만 아니라, 각종 자서전과 소설, 시사 만화를 비평 내지 해설하는 작업도 종종 내놓고 있다.[10] 앤더슨은 인도네시아 정치 연구를 위해 코넬 대학 대학원 과정에 입학할 당시부터 정치학과에 소속되어 있었으며 이후 같은 대학 같은 학과에서 교수직을 지내다가 몇 년 전 은퇴했지만, 그의 작업에 대한 논쟁과 이론화는 어쩌면 인류학

---

10 이 논문들은 *Language and Power*에서 찾아볼 수 있으며, 이러한 계열의 대표적 저술로 대국 전후 세대 작가들의 소설을 공동으로 편역하고 80쪽에 달하는 긴 서론을 붙인 Benedict R. O'G. Anderson and Ruchira Mendiones, *In the Mirror: Literature and Politics in Siam in the American Era*(Bangkok: Duang Kamol, 1985)가 있다.

이나 역사학, 비교 문학 분야에서 더 활발하게 이루어져왔다고도 할 수 있다. 이 책 역시 그러한 연구 경향의 연장선상에 놓인 작품이다. '아시아 최초의 민족주의'인 필리핀의 민족주의 운동에 도화선을 당긴 호세 리살의 소설에 대한 관심은 전작(前作) 『상상의 공동체』에서도 뚜렷이 드러난다.

흔히 『상상의 공동체』는 민족주의가 언어와 문화를 공유하는 원초적 공동체에서 자연스럽게 뻗어 나온 것이 아니라 상상을 통해 구성된 것이라고 주장하는 '해체적'인 저작으로 알려져 있다. 그러나 민족주의의 원초적 자연스러움을 부정하는 시각은 어느 정도 흔한 것으로서, 이를테면 어니스트 겔너는 『민족과 민족주의』에서 '민족주의는 근대 산업 사회의 구조적 필요에 따라 기능적으로 발생한 것'이라며 '민족주의의 문화적 기원이 민속에 있다는 식으로 민족주의 엘리트들이 꾸며낸 말을 그대로 믿는 것은 잘못된 방법론'이라고 주장하기도 한다.[11] 따라서 『상상의 공동체』가 민족주의 연구에 기여한 부분은 '민족주의적 공동체가 사실은 상상된 것이다'라는 명제보다는, 그렇다면 민족주의 엘리트들이 그러한 상상을 시작하게 된 이유는 무엇이며, 민족주의가 사회 전반에 걸쳐 여러 사람들에게 그토록 큰 호소력을 떨치게 된 이유는 무엇인가 하는 질문에 있다. 겔너와 같은 연구자들이 민족주의를 병리적인 현상 내지는 꾸며낸 거짓으로 취급하는 경향에 대해, 앤더슨은 마을이나 부족 단위를 넘어서는 대부분의 공동체는 사회적 구성물이라고 반박하면서, 그렇다면 마치 진정한 공동체가 따로 있는 것처럼 여기면서 민족주의는 꾸며낸 것이라고 이야기할 것이 아니라 모든 공동체는 상상의 산물이라는 전제 아래 민족주의적 공동체가 어떠한 메커니즘을 통해 상상되어 왔는지를 분석하자고 제안한 것이다. 이러한 분석은 당사자인 민족주의자들이 스스로를 이해한 방식을 무시하고서는 이루어질 수 없는 것으로서, 객관적인 연구자의 관점은 민족주의자들의 사고와는 동떨어져 있어야 한다는 겔너 식의 방법론과는 크게 다른 것이다.

· ·

11 Ernest Gellner, *Nations and Nationalism*(Oxford: Blackwell, 1983).

앤더슨은 인쇄자본주의(print-capitalism)가 만들어낸 신문과 소설이라는 두 매개가 민족주의의 핵심적인 메커니즘이라고 주장하는데, 민족주의의 매개가 된 소설의 예로 '필리핀 민족의 아버지' 호세 리살의 첫 번째 소설 『놀리 메 탕헤레』의 첫머리가 제시된다. '장안의 화제'가 된 만찬회와 마닐라의 어떤 거리에 있는 '알아볼 수 있는' 집에 대해, 마치 우리끼리는 다 아는 이야기라는 듯이 친근하게 말을 거는 화자의 태도를 통해 등장인물과 저자, 독자를 하나의 공동체로 엮는 방식을 볼 수 있다는 것이다.[12] 「앤더슨과 소설」이라는 논문에서, 조너선 컬러는 민족주의와 소설에 대한 앤더슨의 분석을 인정하면서도 이의를 제기한다. 매일 아침 의례와도 같이 신문을 펴 들면서 같은 사건에 대해 읽어나가는 식자층이 신문에 등장하는 사람들 및 같은 이야기를 읽고 있을 다른 사람들을 하나의 공동체의 일원으로 상상하게 된다는 이론은 직관적으로 설득력이 있으며, 특히 대부분의 경우 신문 독자층은 국경 안에서 형성되기에 더욱 그러하다. 그렇지만 소설의 독자층은 어떨까? 컬러는 마닐라의 어떤 거리에 있는 '알아볼 수 있는' 집에 대한 화자의 설명이 오히려 (외부인들을 독자층으로 하는) 인류학의 분위기를 풍긴다면서, 이에 대한 근거로 바로 이어지는 부분—"적이든 친구이든, 자 독자여, …… 동방의 진주에서는 만찬이 어떤지 보고 싶다면 위층으로 올라가자"—을 제시한다. 앤더슨의 번역과는 달리 원문에는 "저기(allá) 동방의 진주"라고 되어 있는데, 이 구절과 '적이든 친구이든'이라는 구절을 보았을 때, 실제 이 소설이 필리핀 민족 공동체의 형성에 이바지한 것과는 별개로, 소설가가 겨냥하고 있었던 독자층은 필리핀인들에 한정되어 있지 않았다는 것이다.[13] 앤더슨은 컬러의 비판을 수용하면서, 그러나 리살이 식민 지배자 스페인인들을 향해 이 소설을 썼을 법

12 Benedict Anderson, *Imagined Communities: Reflections on the Origin and Spread of Nationalism*, Revised Edition (London and New York: 1991), pp. 26~28.
13 Jonathan Culler, "Anderson and the Novel", Pheng Cheah and Jonathan D. Culler eds., *Grounds of Comparison: Around the Work of Benedict Anderson* (New York: Routledge, 2003), pp. 37~41, 49.

하지는 않으며, 오히려 동방의 진주 필리핀의 현실을 소개하고자 했던 대상
은 블루멘트리트 박사 등 스페인 북쪽 유럽의 친구들이나 잠재적 동지들일
것이라고 주장한다.[14]

『뉴레프트리뷰』에 게재한 3편의 연작 논문(2004)과 이사벨로에 대한 더 이
른 시기의 논문(2000)을 발전시킨 이 책에는 컬러와의 논쟁에서 얻은 깨우침
이 바탕에 깔려 있는 것으로 보인다. '세 깃발' 중 첫 번째 깃발은 스페인과 미
국에 대항하는 혁명전쟁의 포문을 연 필리핀의 민족주의 단체 카티푸난의 깃
발로, 이 책의 제4장에 나오듯이 카티푸난을 창설한 혁명가 안드레스 보니파
시오는 호세 리살의 소설을 읽고 감명을 받은 문학청년이었다. 여기까지는
일반적으로 알려져 있는 이야기 그대로이며, 『상상의 공동체』에서 진행된 논
의의 범주를 벗어나지 않는다. 그런데 두 번째 깃발은 아나키즘의 검은 깃발
이며, 세 번째 깃발은 혁명독립전쟁 시절부터 쓰여온 쿠바의 국기이다. 카티
푸난의 깃발이 아나키즘의 깃발, 쿠바 독립운동의 깃발과 나란히 있는 이유
는 무엇일까?

이 책은 필리핀 민족주의 운동이 아나키즘을 비롯한 유럽의 급진적 운동
및 쿠바를 비롯한 변두리에서 진행되던 저항적 민족주의의 흐름과 발맞추어
진행되었다는 것을 보여주는 작품이다. 필리핀 민족주의의 거름이 된 호세
리살의 독창적인 소설들은 다년간 유럽에서 생활한 리살이 여러 언어로 읽어
댄 유럽의 소설들에 그 형식 및 아이템을 어느 정도 빚지고 있으며, 두 번째
소설 『엘 필리부스테리스모』에 등장하는 혼란스러운 사회적 분위기는 배고
픈 농민들의 폭동이 빈발하던 스페인의 사회상을 반영했음 직하다. 그런데
이것은 단순히 어느 한쪽(선진적 유럽)이 다른 한쪽(변두리의 필리핀)에 영향을 주
는 관계가 아니다. 스페인 감옥에서 자행되던 잔인한 고문을 폭로하는 범대
륙적인 운동은 아나키스트 저술가들 및 급진파 언론에 의해 일파만파로 퍼져
나갔으며, 이는 필리핀과 쿠바에서 동시에 터진 독립전쟁과 더불어 스페인

----

14 Benedict Anderson, "Responses", 같은 책, pp. 228~29.

제국의 몰락으로 이어졌다. 당시 유럽에서는 러시아에서 건너온 암살(이 책의 원문에 따르자면 'attentat')이라는 움직임이 아나키스트들에 의해 한창 시작되는 중이었는데, 스페인의 총리였던 카노바스도 아나키스트에 의해 암살되었으며 암살자가 대의명분의 하나로 리살의 처형을 내세웠다는 신문 보도가 실리기도 했다. 폭탄이 발명되면서 더욱 효과적으로 번진 암살이라는 레퍼토리는 유럽 대륙에서는 잦아들었지만 이후 안중근 의사를 비롯한 각국의 민족주의자들에 의해 반복되었다.

이 책의 또 다른 주인공인 언론인 이사벨로 데 로스 레예스는 스페인의 감옥에서 풀려나온 뒤 유럽에서 잡지를 창간하여 '미 제국주의'의 실상을 폭로하는 한편, 세계 각지의 반제국주의 운동을 소개하기도 한다. 필리핀에 돌아온 이후 마닐라에서 최초의 근대적 노동조합을 조직한 그의 후기 경력은 몬주익 감옥에 수감되어 있을 당시부터 교류했던 아나키스트 등 스페인 급진파로부터 감화를 받은 데서 비롯되었다. 한편 필리핀의 민족주의 운동은 동아시아라는 무대에서도 큰 의미를 갖는데, 량치차오(梁啓超)가 호세 리살의 고별시를 한문으로 번역한 것에서 볼 수 있듯이, 지적·정치적인 충격과 혼란에 빠져 있던 중국의 지식인들은 필리핀 등 변두리에서 쏟아져 들어오는 민족주의 운동의 소식으로부터 영감을 얻는다. 이 책의 세 번째 주인공 운동가 마리아노 폰세는 일본과 홍콩에 머무르며 호세 리살과 필리핀 민족주의 운동을 알리는 일에 주력하는데, 조선의 왕자를 비롯한 동아시아 각국의 청년들과 일본에서 만나 담화를 나누기도 하고, 중국 민족주의 운동의 거두 쑨원 박사와 친구가 되어 여전히 진행 중이던 필리핀 독립전쟁에 무기를 조달할 방책을 같이 모의하기도 한다. 폰세는 파리의 쿠바 혁명 대표로 있던 푸에르토리코의 애국자 베탄세스와도 서신을 자주 주고받았으며, 이들은 혁명의 동정뿐만 아니라 필리핀에 체류하는 푸에르토리코인과 스페인에 끌려온 필리핀인들의 안부를 묻는 따스한 소식도 서로에게 전했다. 필리핀과 유럽, 쿠바와 푸에르토리코, 중국과 일본, 그리고 어쩌면 한국까지도 포함한 각국의 급진적 지식인들은 신문과 잡지, 문학 작품, 서신을 통해 직간접적으로 교류하며 상상의 폭을 넓혀나갔던 것이다.

이상에서 볼 수 있듯이, 이 책에는 지금까지 살펴본 베네딕트 앤더슨의 연구 경향에서 크게 벗어나지 않는 가운데 새로운 요소들이 가미되기도 한다. 문학과 문화에 대한 관심은 특히 호세 리살의 두 번째 소설 『엘 필리부스테리스모』를 본격적으로 분석하는 제2장에서 짙게 드러나는데, 주요 텍스트로 인용되는 위스망스와 외젠 쉬 이외에도 보들레르와 에드거 앨런 포, 뒤마 페레 등 친숙한 작가들이 리살의 소설과의 연결 고리 속에서 튀어나오며, 리살의 소설에 숨어 있는 동성애적 코드를 찾아 분석해낸 작업은 흔치 않은 시도로서 재미를 더해 준다. 정당명부제를 도입하여 큰 성과를 거두었을 뿐만 아니라 '민중의 집'이라는 문화 공간을 창안한 벨기에노동당과 아방가르드 미술계의 관계가 제5장에서 소개되며, 개화기에 신소설 및 연극으로 번안 · 각색되었던 『설중매』원작의 작가로서 호세 리살과 미국행 배를 같이 탔던 일본 정치인 스에히로 뎃초의 소설도 색다른 즐거움으로 다가온다.

당사자들을 분석의 중심에 놓는 방법론은 출생년도와 가정환경으로부터 시작하여 각 등장인물의 삶의 궤적을 훑는 이야기체의 서술에 의해 더욱 두드러지는데, 책장을 넘기다 보면 마치 여러 사람의 전기를 겹쳐서 읽는 것 같은 느낌을 받을 수 있다. 주인공 3인을 비롯한 필리핀 민족주의자들 여러 명은 물론이고, 시인 랭보, 프랑스 정치인 클레망소, '후기인상주의'라는 말을 만들어낸 미술평론가 펠릭스 페네옹, 카를 마르크스의 사위 폴 라파르그, 코뮌 전사들의 자식으로 아나키스트 암살자가 된 에밀 앙리, 쿠바 독립의 영웅 호세 마르티의 삶에 대해 한꺼번에 읽을 기회가 제공되는 것이다. 변비 때문에 암살의 위협을 피할 수 있었던 쿠바의 도살자 웨일레르 장군의 이야기에서 볼 수 있듯이, 제국주의자들에 대한 일화들도 해학의 칼날로 파헤쳐진다. 그런가 하면 영웅들의 인간적인 면모는 길게 발췌된 서신과 저술에 의해 더욱 부각되는데, 자신의 정치적 지위로 말미암아 가족에게 끼치게 된 누를 걱정하는 리살의 고민이 대표적이다.

인쇄 기술이라는 테크놀로지의 발달이 민족주의 사상 발전의 배후에 있다는 『상상의 공동체』의 논의는 전신의 발명으로 인해 국제 뉴스의 전송이 손쉬워졌다는 주장에서 되풀이되며, 이 책의 상당 부분이 『상상의 공동체』와 마찬가지로 신문과 소설을 분석하는 데 할애된다. 그러나 만국우편연합의 출범으로 서신 교환이 손쉬워졌다는 서론의 언급은 이 책에서 새롭게 핵심적으로 등장한 서신이라는 매개에 우리의 초점을 이동시킨다. 리살이 유창한 독일어로 가족에 대한 고민을 털어놓은 상대는 오스트리아-헝가리 제국에 살고 있는 필리핀 연구자 블루멘트리트로서, 두 사람의 내밀한 이야기를 담은 서신에 의해 이어지는 '이른 세계화'의 네트워크는 대면해 본 적이 없는 여러 사람들이 공공 영역의 인쇄물들을 통해 하나의 공동체에 소속감을 느낀다는 '상상의' 민족 공동체와는 성격이 무척 다르다. 이 책에서 카노바스와 톨스토이가 같은 해에 태어났다는 사실 등 등장인물들의 출생년도와 나이를 동일선상에서 비교하는 것은 세계적 수준의 '동질적이고 공허한 시간'을 상상하려는 노력의 일환이라고 할 수 있겠지만, 그러한 관념은 대중적인 것은 아니다. 세계적 공동체를 향한 연대를 가로막는 언어와 여타 장벽이 무너지지 않는 한, 사람과 사람 사이의 소소한 인연은 국제주의의 흐름을 지탱하는 중요한 요소로 남아 있게 될 것이다.

민족주의와 반제국주의의 흔치 않은 매개로서 20대 초반의 학자 이사벨로에게 인류학이 지녔던 의미를 살펴본 제1장은 이 책의 나머지 부분과 따로 읽어도 상관이 없으며, 학자로서의 이사벨로의 위치에 대한 분석은 한국어를 사용하는—그러니까, 틀림없이 학문 세계의 중심부에 있지는 않은—지식인들에게는 그 자체로서 읽어볼 만한 가치가 있다. 근대 세계에서 중요한 모든 것이 전부 유럽에서 시작되었다는 발상은 크게 잘못된 것이라며 민족주의의 라틴아메리카 기원을 주장했던 것이 『상상의 공동체』의 특징이라면, 자살 폭탄 공격이 실은 유럽에서 시작되었다고 지적한 이 책은 이를 재치 있게 비틀어낸 것으로서, 유럽 학자들로부터 받은 저널과 단행본을 바탕으로 필리핀의 미신적 관습이 상당수 유럽에서 건너온 것임을 밝혀낸 이사벨로의 연구와 어깨를 나란히 하는 것이다.[15]

이사벨로는 제5장에서 다시금 저자의 거울상으로 등장하는데, 억압적인 필리핀에서는 맛볼 수 없었던 자유를 누리며 스페인의 왁자지껄한 시위대 속에 행복하게 뛰어들어 코가 깨지곤 하는 그의 모습은 수카르노 대통령 시절 인도네시아의 대중 시위대 사이를 누비고 다니며 터져나오는 반제국주의의 구호에서 통쾌함을 느끼던 젊은 연구자 앤더슨의 자화상과 닮아 있다. 아시아 각국과 유럽, 라틴아메리카를 잇는 연대의 고리를 풀어낸 이 책은 저자의 이력에서 특별한 의미를 지닐 수밖에 없으리라 생각된다. 리살의 소설을 분석하면서 소년 시절 읽던 문학 작품들, 즉 10대의 그를 키워낸 유럽과 미국의 문학으로 돌아살 수 있었을 뿐만 아니라, 인도네시아 수하르토 정권의 인권 침해에 대해 증언하고 공산당 무장 투쟁에 참여했던 태국 학생들을 코넬 대학으로 데려와 학자로 키워내는 등 현지 운동의 동반자로 살아왔던 저자 자신의 위치를 흐뭇하게 재조명할 수 있도록 하는 것이 그러한 연대의 고리들, 특히 리살이 필리핀 연구자 블루멘트리트와 교환했던 서신들이기 때문이다.

필리핀의 민족주의 투쟁이 유럽의 아나키즘, 쿠바·중국의 민족주의와 발맞추어 진행되었다는 역사적 '사실'이 혁명적 공화주의의 전통을 아스라이 간직하고 있는 한국의 민족주의에 어떤 규범적인 교훈을 던져줄 수 있을까? '관(官)주도 민족주의'의 폭력성에 대한 경계, 즉 대중 민족주의의 전통이 실제 민족-국가를 지배하는 이데올로기로 전환되면서 고래로부터 전해져 내려오던 배타적 인종주의에 흡수되다 못해 신제국주의로 뻗어나가는 현상을 조심하자는 주장을 이 자리에서 되풀이할 필요는 없을 것이다. 그렇다고 국제주의적인 입장이 민족주의와 전혀 공존할 수 없는 것은 아니며, 이것은 이 책이 무척이나 선명하게 증언하고 있다. 세계 각지의 억압받는 민중들과 함께 하자는 '적극적인 국제주의'가 지금 당장 모두에게 가능하면서도 매력적인 대안이 아니라면, 적어도 타자와 공유 가능한 언어로 우리를 재구성하자는

....

15 '민족주의 라틴아메리카 기원설'에 대해서는 *Imagined Communities*, viii에, '자살 폭탄 공격 유럽 기원설'은 *International Review of Social History* 51: 3에 실린 파트리시오 아비날레스의 서평에 지적되어 있다.

'소극적인 국제주의'를 제안할 수 있겠다.

　그렇지만 민족주의의 나아갈 방향을 따지기에 앞서, 이 책이 전달하는 낭만과 열정이라는 메시지에도 눈을 돌려볼 필요가 있다. 이 책의 한국어 판 발간 소식을 전했을 때, 저자는 '한국의 젊은이들이 이 책을 많이 읽었으면 좋겠다'라는 짧은 감상을 보내 왔다. 이 책의 속표지 및 허먼 멜빌의 『모비 딕』에 등장하는 퀴퀘그는 남태평양 섬의 추장 아들로서 나름대로 보장된 미래를 뿌리치고 바다 너머 세계에 대한 참을 수 없는 호기심으로 주인공인 선원 이스마일의 '막역한 친구'가 된다. 학업을 계속하고자 부모님 몰래 유럽행 배에 몸을 실었던 호세 리살을 감쌌을 설렘과 물 건너온 민속학 책 꾸러미를 처음 풀었을 때 이사벨로가 느꼈을 흥분. 시를 짓는 마음, 거사를 모의하는 밤, 구호를 선창하는 떨리는 목소리, 다른 이의 몸에 새겨진 상처를 보고 분노할 수 있는 감수성. 이 책이 독자에게 하나의 두근거림이 되어, 역사에 박진감을 부여하는 원동력인 젊은이의 낭만적 감수성과 열정에 섞여 들어갈 때, 베네딕트 앤더슨의 이론은 자기실현적 예언으로서의 힘을 얻게 되는 셈이다.

번역은 언제나 통약불가능성(incommensurability)이라는 문제에 시달린다. 이 책 자체가 번역이라는 문제를 곳곳에서 다루고 있다 보니 더더욱 여러 가지 문제를 고민할 수밖에 없었는데, 혹여 이 책에서 잘못 번역된 듯한 대목을 발견하신 독자들께서는 꼭 출판사나 옮긴이에게 알려주십사 간청하면서 옮긴이의 말을 시작하고자 한다.

이 책의 제1장은 일로카노어 감탄사를 스페인어로 번역하지 않고 독자들에게 그냥 보여준 이사벨로 데 로스 레예스의 민속학 책을 다루고 있다. 마찬가지로, 이 책의 원서에서도 종종 프랑스어, 스페인어 등의 외국어 단어와 구절들이 영어 번역 없이 튀어나오곤 한다. 이것을 우리말로 번역한 경우에는 괄호 안에 원문을 제공하였다. 인명과 지명 및 다른 인용구들은 백과사전 표제어로 등장할 정도로 알려져 있는 경우가 아니면 괄호 안에 원문 알파벳을 넣었으나, 러시아어나 중국어, 일본어 등 본래 로마자를 쓰지 않는 언어의 영어식 표기는 대부분 생략하였다. 그 외의 일본어와 중국어 고유명사 역시 한자 이름에 대한 정보가 없는 경우, 또는 한자를 찾아냈지만 상식적으로나 간단한 인터넷 검색으로 알 수 있는 경우 두 가지 중 하나에 대개 해당되는지라 별도 표기는 거의 생략하였다. 이 책의 일본어 판이 곧 나온다고 하니 관심 있는 분들은 그쪽을 참조할 수 있을 것이다.

20

시대착오적인 번역이나 저술은 텍스트를 맥락적으로 해석하는 것이 이해에 필수적이라는 옳은 믿음을 가진 이들에게 종종 공격을 당하곤 한다. 이 책에서도 아직 필리핀 민족이라는 개념이 제대로 서 있지 않았던 시절에 쓰인 '필리피노'라는 단어를 '필리핀인'이라 옮긴 오역에 대해 따끔하게 지적하는 부분이 등장한다. 한국어 판 번역 과정에서 이와 관련하여 고민이 되는 부분은 동남아시아 각국이 19세기 말 당시 불리던 방식에 대한 것이었다. 결국 '시암'은 그냥 태국이라 했으며, 한두 번 등장하는 말라야에는 짧게 옮긴이 주(註)를 달았고(오늘날의 말레이시아 영토는 정확히 말하자면 말레이 반도의 말라야와 보르네오 섬의 사라와크, 사바의 합이다), 오늘날 인도네시아 공화국이 된 식민지 영토를 가리키는 네덜란드령 인도, 네덜란드령 동인도, 인도 제도, 동인도 제도 등등에도 옮긴이 주를 달았지만 혼란스러움은 피할 수 없을 것 같다.

식민성 및 민족성과 관련된 어휘를 우리말로 능란하게 번역하지 못한 데에는 옮긴이의 책임도 있을 것이다. 스페인령 식민지에서는 '순혈' 스페인인 부모에게 태어났어도 식민지 출생자에 대해서는 '크리올'(크리오요)이라 하여 차별을 가했다고 한다. 이들과 구별되는 스페인 출생자를 이베리아 반도에서 왔다고 하여 '반도인'(Peninsular)이라 하는데, 이 책에서는 메트로폴(metropole)의 '본국'과 차이 없이 '본국인'이라 번역했다. 또한 한국어 판의 초교에 '바이링구얼'(bilingual)의 번역으로 영한사전에 나오는 '2개 국어'를 그대로 썼을 정도로 옮긴이는 민족과 국가, 종족 경계의 불일치에 대해 민감하지 못했는데, 이와 관련된 오역을 바로잡느라고 했지만 '일로카노 애국심'(Ilocano patriotism) 등 마땅히 대안을 찾지 못한 것은 그대로 남아 있다.

여러 가지 언어를 자유자재로 구사했던 호세 리살과 그 동료들에 대해 여러 가지 언어를 자유자재로 구사하는 저자가 쓴 책을 단일 언어 환경에서 자라온 내가 번역한다는 것은 어려움이 많이 따르는 일이었으며, 여러 선생님들과 동학들, 인터넷 검색의 도움을 받았지만 여전히 미진한 부분이 있을 것이다. 옮긴이 주를 일일이 손보아 주시고 나의 질문에 언제나 빠른 답변을 보내 주신 저자 베네딕트 앤더슨 선생님께 가장 먼저 감사드린다. 중국어 표기에 대한 의문을 풀어주신 교토 대학의 캐럴 하우 선생님과, 프랑스어 표기를 고쳐주었을뿐더러 언제나 앞서 가는 검색 능력으로 중요한 도움을 준 오하이오 주립대학 언어학과의 김다히 님, 타갈로그어 등 필리핀 언어의 표기 및 필리핀에서의 스페인어 발음에 대해 도움을 주신 필리핀 대학의 정법모 님, 참고 문헌 정보를 주신 워싱턴 대학의 여운경 님, 해제를 읽고 의견을 주신 전제성 '선생님'께 감사의 말씀을 전한다. 오하이오 주립대학 정치학과의 에밀리 비코와 페르난도 누녜스, 존 잰코우스키는 프랑스어, 스페인어, 네덜란드어 발음을 또박또박하게 읽어주었고, 단어의 배경을 설명해 주기도 했다. 이들은 한국어 판을 접할 기회가 없겠지만, 그래도 진심으로 감사드린다.

2009년 여름
서지원

【 차례 】

제1장

프롤로그: 수탉의 달걀 · 39

제2장

알라… 라-바 · 65

제3장

비스마르크와 노벨의 세계적 그늘에서 · 101

"이건 서로 같이 합작으로 꾸려 나가는 세계야, 자오선 가닥마다에서 말이지.
우리 식인종들은 이 기독교인들을 도와주어야 해." (퀴퀘그)

허먼 멜빌에 대한 경의를 담아
쓰치야 겐지를 기억하며
겐이치로, 캐럴, 헨리에게

| 감사의 말 |

이 책을 준비하는 데 여러 사람들과 기관들이 내게 없어서는 안 될 도움을 주었다. 개인적으로 도움을 준 이들 가운데 내가 가장 큰 빚을 진 사람은 자료들을 지칠 줄 모르고 찾아 주어 내 생각의 폭을 넓히고 복잡하게 했으며, 특유의 엄밀하면서 통찰력 있는 비판을 제공해준 내 동생 페리 앤더슨이다. 캐럴 하우(Carol Hau)와 암베스 오캄포(Ambeth Ocampo)에게는 페리에 버금가게 많은 빚을 졌다. 파트리시오 아비날레스(Patricio Abinales), 로널드 바이탄(Ronald Baytan), 로빈 블랙번(Robin Blackburn), 카리나 볼라스코(Karina Bolasco), 조너선 컬러(Jonathan Culler), 에번 대니얼(Evan Daniel), 닐 가르시아(Neil Garcia), 벤저민 호크스루이스(Benjamin Hawkes-Lewis), 칼 레비(Carl Levy), 푸아드 마키(Fouad Makki), 프랑코 모레티(Franco Moretti), 시라이시 다카시(Shiraishi Takashi), 메건 토머스(Megan Thomas), 쓰치야 겐이치로(Tsuchiya Kenichiro), 우메모리 나오유키(Umemori Naoyuki), 왕차오화(王超華), 왕후이(汪暉), 수전 왓킨스(Susan Watkins), 조스 위비소노(Joss Wibisono), 토니 우드(Tony Wood)에게도 깊은 감사를 전하고 싶다.

암스테르담의 국제사회사연구소(Internationaal Instituut voor Sociale Geschiedenis), 필리핀 국립도서관, 필리핀 대학 도서관, 아테네오데마닐라 대학 도서관—특히 파르도데타베라 장서(Pardo de Tavera Collection)의 직원—이

26

렇게 네 곳에서 친절하게도 희귀 자료를 열람할 수 있도록 해주었다. 이 모든 기관에서 입은 은혜에 감사의 뜻을 표한다.

달이 뜨지 않은 건기(乾期) 열대의 하늘을 올려다보면, 도드라진 어둠과 상상에 의해서만 이어지는, 별들이 박혀 있는 반짝이는 창공이 보인다. 헤아릴 수 없는 그 고요한 아름다움에, 이 별들이 실제로는 그 불가항력적이고 활동적인 부분으로서 보이지 않는 중력장의 힘에 의해 엄청난 속도로 끊임없이 이쪽저쪽으로 움직이고 있다는 사실을 떠올리려면, 의지를 기울여 노력해야만 한다. 비교 방법의 신비스러운 우아함도 이와 같아서, 나는 일찍이 '일본'과 '헝가리'의, '베네수엘라'와 '미국'의, '인도네시아'와 '스위스'의 민족주의를 나란히 놓고 볼 수 있었다. 제각기 따로 떨어져 꾸준하게 하나로서 빛을 발하고 있는 그들을.

혁명의 아이티에 밤이 왔을 때, 나폴레옹이 노예제 부활을 위해 보낸 샤를르클레르 장군 휘하의 황열병 걸린 폴란드 병사들은 그들의 적이 가까운 거리에서 '마르세예즈'와 '사 이라!'(Ça ira!)를 부르는 것을 들었다. 이 질책에 화답하여, 그들은 흑인 죄수들을 학살하라는 명령에 불복했다.[1] 스코틀랜드 계몽주의는 아메리카의 반식민지 봉기의 틀을 짜는 데에 결정적인 역할을 했

....

1 C.L.R. James, *The Black Jacobins*, rev. ed.(New York: Vintage, 1989), pp. 317~18의 감동적인 묘사를 참조.

다. 스페인령 아메리카의 민족주의 독립운동은 자유주의와 공화주의의 보편주의적인 흐름과 떼어 놓고 생각할 수 없다. 차례차례로 낭만주의와 민주주의, 관념론, 마르크스주의, 아나키즘이, 이후에는 심지어 파시즘까지도, 지구적으로 뻗쳐 있고 민족들을 서로 이어 주는 것으로 다양하게 이해되었다. 그 모든 것 중에서도 가장 결합가가 높았던 요소인 민족주의는, 이 모든 다른 것들과 서로 다른 시기에 서로 다른 방식으로 결합해 있었다.

　이 책은 허먼 멜빌이라면 정치적 천문학이라 불렀을 법한 하나의 실험이다. 이 책은 지구의 반대편에 있는 전투적인 민족주의들 사이에서 아나키즘이 발휘했던 중력의 힘을 지도로 그려 보려고 시도한다. 그 특유의 다채로운 형태를 띤 아나키즘은 제1인터내셔널의 붕괴와 1883년 마르크스의 사망 이후 의식적으로 국제주의적 태도를 취했던 급진 좌파 내에서 지배적인 세력이었다. (마르크스보다 22년 늦게 태어난) 크로포트킨과 (프리드리히 엥겔스보다 33년 늦게 태어난) 말라테스타라는, 설득력 있는 철학자와 화려하고 카리스마 있는 운동가이자 지도자를 젊은 세대에서 배출해 낸 아나키즘에 주류 마르크스주의가 당할 수 없었기 때문만은 아니다. 아나키즘도 종종 빌려 오곤 했던, 마르크스의 사상이 쌓아올린 금자탑에도 불구하고, 아나키즘 운동은 산업 프롤레타리아라 할 만한 계층이 주로 북부 유럽에만 국한되어 있던 시대에 농민들과 농업노동자들을 경멸하지 않았다. 아나키즘은 개인의 자유라는 이름으로 '부르주아' 작가와 예술가들에게도 열려 있었으며, 이는 당시 제도적 마르크스주의의 방식과는 다른 것이었다. 제국주의에 적대적인 만큼, '하찮고' '몰역사적인' 민족주의에 어떠한 이론적 편견도 품지 않았으며, 그것은 식민지 세계의 민족주의에도 적용되었다. 아나키스트들은 대양을 가로지르는 이주의 거대한 시대적 흐름을 이용하는 데에도 빨랐다. 말라테스타는 부에노스아이레스에서 4년을 보냈는데, 이는 서유럽을 한 번도 떠난 적이 없었던 마르크스나 엥겔스로서는 상상조차 못할 일이었다. 메이데이는 1887년 미국에서 처형당한 이주자 아나키스트들(마르크스주의자들이 아니라)을 추모하는 날이다.

　이 책이 19세기의 마지막 수십 년에 시기적 초점을 맞추는 데에는 아직 다른 명분들이 남아 있다. 신세계의 마지막 민족주의 항쟁(1895년 쿠바)과 아시아의 첫 번째 민족주의 항쟁(1896년 필리핀)은 어쩌다가 동시에 일어난 것이 아니다. 전설적인 스페인 세계 제국의 마지막 중요한 잔재에 남은 토착민으로서, 쿠바인들(그리고 푸에르토리코인들, 도미니카인들)과 필리핀인들은 단지 서로에 대해 읽기만 한 것이 아니라, 상당한 개인적 연계도 맺고 있었고, 어느 정도까지는 행동을 서로 조율하기도 했는데, 이렇게 지구를 가로지르는 공동행동(transglobal coordination)이 가능해진 것은 세계사에서 처음 있는 일이었다. 둘 다 결국은 몇 년 사이에, 장차 세계의 패권을 쥐게 될 같은 잔인한 세력에 각각 짓밟혔다. 그러나 이들의 조율은 오리엔테(Oriente)와 카비테(Cavite)의 울퉁불퉁한 언덕 사이에서 직접 일어난 것이 아니라, 우선은 파리에, 그다음으로는 홍콩·런던·뉴욕에 있는 '대표자'(representative)들을 통해 중개된 것이었다. 신문을 읽는 중국 민족주의자들은 어떻게 혁명을, 반식민주의(anti-colonialism)를, 반제국주의를 '하는지'를 배우기 위해 쿠바와 필리핀에서의 사건들과 대영(Ukanian) 제국주의에 대항한 보어 민족주의 투쟁을 열렬히 좇았으며, 필리핀인들 역시 보어 투쟁을 연구하였다. 서로 정도는 달랐지만, 필리핀인들과 쿠바인들이 찾아낸 가장 믿을 만한 동맹은 프랑스·스페인·이탈리아·벨기에·영국의 아나키스트들이었다. 그 이유는, 이유도 각자 다르기는 했지만, 종종 민족주의가 아니기도 했다.

이러한 조율이 가능했던 것은, 19세기의 마지막 20년 동안 '이른 세계화'(early globalization)라고 부를 만한 것이 시작되었기 때문이다. 전보의 발명 이후 많은 진보가 뒤따랐고, 대양을 가로지르는 해저 케이블이 깔리기도 했다. 그 '철사'(wire)는 곧 지구 곳곳의 도시인들에게 당연한 것으로 여겨지게 되었다. 1903년 시어도어 루스벨트는 지구를 한 바퀴 도는 전보를 그 자신에게 쳤고 그것은 9분 만에 그에게 다시 돌아왔다.[2] 1876년 만국우편연합의 출범은

••••••••••••••••••••••••••

2 이 책이 다루는 시기 바로 이후에 사진의 전신 전송이 가능해졌다. 1902년 독일의 과학자 알프레트 콘이 어떻게 그것을 할 수 있는지 보여주었으며, 1911년에는 이미 사진을 유선으로 전송하는 회선이 런던과 파리, 베를린을 연결했다.

편지와 잡지·신문·사진·책이 세계 각지로 확실하게 이동하는 데 크게 기여했다. 안전하고, 빠르고, 저렴한 증기선은 국가에서 국가로, 제국에서 제국으로, 대륙에서 대륙으로의 전례 없이 방대한 이주를 가능하게 했다. 가로세로로 점점 촘촘하게 깔리는 철도는 외딴 내륙 지방을 서로 잇고 다시 항구와 수도로 이으며 민족국가와 식민지의 국경 안에서 수백만 명의 사람들과 물자를 실어 날랐다.

1815년과 1894년 사이의 80년 동안 세계는 대개 보수적으로 평화로운 상태에 있었다. 아메리카 바깥에서는 거의 모든 국가의 우두머리가, 전제 군주건 입헌 군주건, 왕이었다. 가장 길고 가장 피를 많이 흘린 세 가지 전쟁이 세계체제의 주변부에서 일어났는데, 그것은 중국과 미국의 내전, 흑해 북쪽 연안의 크림 전쟁, 그리고 1860년대 파라과이와 그 강성한 인접국들 사이의 소름 끼치는 분쟁이었다. 비스마르크가 오스트리아-헝가리와 프랑스를 압도적으로 쳐부순 것은 전광석화와 같이 얻어낸 것이었으며 인명의 손실도 크지 않았다. 유럽의 산업적·재정적·과학적 자원이 너무나 큰 우위에 있었기에 아시아와 아프리카, 오세아니아에서 제국주의는 인도 세포이 항쟁의 경우를 제외하고는 그다지 효과적인 무력 저항을 받지 않고 나아갈 수 있었다. 그리고 자본 그 자체도, 당시 국가와 제국들에 존재하던 경계를 넘어 빠르게, 그리고 상당히 자유롭게 이동하였다.

그러나 1880년대 초반부터 우리가 여러 가지 이름으로 기억하고 있는 제1차 세계대전이라는 지진의 초기 미동이 느껴지고 있었다. 1881년 스스로를 '인민의 의지'라 부르는 급진파가 투척한 폭탄에 차르 알렉산드르 2세가 암살당한 일은 이후 25년 동안 프랑스 대통령, 이탈리아 국왕, 오스트리아 황후와 황태자, 포르투갈 국왕과 왕자, 스페인 총리, 미국 대통령 두 명, 그리스 국왕, 세르비아 국왕, 러시아와 아일랜드, 일본의 유력한 보수 정치인들의 암살로 이어졌다. 물론 훨씬 많은 수의 암살 시도(attentat)가 실패했다. 가장 초기의, 그리고 가장 극적인 암살은 아나키스트들이 행한 것이었지만, 민족주의자들이 곧 그들을 본떠 따르기 시작했다. 대부분의 경우 즉각적인 여파는 가혹한 '반테러'

법의 제정, 즉결 처형, 공식 기구든 비밀 기구든 경찰력과 군대에 의한 고문의 급증을 뭉친 것이었다. 그러나 (초기 자살 폭탄 공격자라는 평이 잘 어울릴 몇몇을 포함한) 암살자들은 스스로가 통신사와 신문, 종교적인 진보주의자, 노동 계급과 농민 조직들 등등의 세계 관중을 상대로 행동하고 있다고 생각했다.

제국주의의 경쟁은 1880년까지만 해도 주로 영국과 프랑스, 러시아 사이에서 벌어졌지만, 이제는 독일(아프리카와 동북아시아, 오세아니아), 미국(태평양을 가로지르고 카리브 해에 파고든), 이탈리아(아프리카), 일본(동아시아)과 같은 신참자들에 의해 격화되기 시작하고 있었다. 저항도 더 근대적이고 효과적인 면모를 보이기 시작했다. 1890년대 스페인은 쿠바의 마르티(Martí) 봉기를 박살 내려 일찍이 대서양을 건너본 바 없는 기록적인 규모의 군사력을 파견해야만 했다. 필리핀에서 스페인은 민족주의 봉기를 버텨냈지만 패배시키지는 못했다. 남아프리카에서 보어인들은 대영 제국이 늙어가고 있다는 것을 실감케 하는 충격을 주었다.

이런 것이 이 책에 등장하는 여러 배우들이 다양한 유목적인 역할을 연기하게 될 무대이다. 이 지점을 더 생생하게 짚으려면, 독자들이 아르헨티나와 뉴저지, 프랑스와 바스크의 땅에서 이탈리아인들을, 푸에르토리코인들과 쿠바인들을 아이티 · 미국 · 프랑스 · 필리핀에서, 스페인인들을 쿠바 · 프랑스 · 브라질 · 필리핀에서, 러시아인들을 파리에서, 필리핀인들을 벨기에 · 오스트리아 · 일본 · 프랑스 · 홍콩 · 영국에서, 일본인들을 멕시코 · 샌프란시스코 · 마닐라에서, 독일인들을 런던과 오세아니아에서, 중국인들을 필리핀과 일본에서, 프랑스인들을 아르헨티나 · 스페인 · 에티오피아에서, 그리고 또 계속 그렇게 만나게 될 것이라고 말하는 편이 나을지도 모르겠다.

원칙적으로, 이 얽혀 있는 뿌리의 광대한 네트워크에 관한 연구는 어디에서든 시작할 수 있다. 러시아는 결국 쿠바로 이어질 것이고, 벨기에는 에티오피아로, 푸에르토리코는 중국으로 연구자를 데려갈 것이다. 그러나 이 특정한 연구는 두 가지 단순한 이유로 필리핀에서 출발한다. 첫 번째 이유는 내가 필리핀에 깊은 애착을 갖고 있고, 20년간 간간이 연구해 왔다는 점이다. 두 번째는 1890년대에는 세계체제의 주변부 가장자리에서나마 필리핀이 잠시, 그 때 이후로는 그렇지 않았지만, 세계적인 역할을 했다는 점이다. 부수적인 이유는 내가 이용할 수 있는 자료이다. 1860년대 초반의 3, 4년 안에 태어나 이 연구를 묶어준 세 사람의 삶은 복사와 팩스, 인터넷이 도래하기 이전 신성한 시대의 삶이었다. 그들은 편지·논평·기사, 그리고 학술적 연구와 소설을, 지울 수 없는 펜과 잉크를 이용하여, 거의 무한한 삶을 가지리라 추측되는 종이에, 무척 많이 써놓았다. (오늘날 미국 문서보관소는 20년 내에 읽을 수 없게 되는 복사된 자료나, 기술 혁신의 맹렬한 속도에 힘입어 어쩌면 그보다 더 빨리 읽을 수 없게 되거나 엄청난 비용을 들여야만 읽을 수 있게 될 전자 형태의 자료를 받지 않고 있다.)

그렇지만, 아무리 겉핥기로든 리우데자네이루·요코하마·겐트·바르셀로나·런던·하라르·파리·홍콩·스몰렌스크·시카고·카디스·포르토프랭스·탬파·나폴리·마닐라·라이트메리츠(Leitmeritz)·카요우에소(Cayo Hueso), 싱가포르를 지나가는 연구에는 특유의 결합적인 이야기 방식이 필요하다. 이 방식에는 두 가지 중심이 되는 요소가 있다. (역사적으로) 두 번째는 에이젠슈테인의 몽타주 기법이고, 첫 번째는 찰스 디킨스와 외젠 쉬(Eugène Sue)가 개척한 신문소설 양식이다. 그러니 독자 여러분은 흑백영화나 지친 소설가의 시야 바깥으로 결론이 넘어간 미완성 소설을 감상하고 있다고 상상해 주시기를 바란다.

선량한 독자 여러분께 드려야 할 부담이 하나 더 있다. 19세기 후반에는 아직 추악하고 상업적으로 타락한 '국제어'라는 것이 없었다. 필리핀인들은 오스트리아인들에게 독일어로, 일본인들에게 영어로, 서로서로에게는 프랑스어, 스페인어, 혹은 타갈로그어로, 마지막 남은 아름다운 국제어인 라틴어를 풍부하게 섞어서 썼다. 그중 몇몇은 러시아어, 그리스어, 이탈리아어, 일본어, 중국어를 조금 할 줄 알았다. 전신은 몇 분 단위로 세계 곳곳으로 보낼 수 있었을지 몰라도, 실제 의사소통에는 수개 언어에 능한(polyglot) 진정하고 견실한 국제주의가 필요했다. 필리핀의 지도자들은 이 바벨탑과 같은 세계에 독특하게 적응했다. 그들의 정적이 사용하는 언어는, 필리핀 전체 인구의 5퍼센트 미만밖에 이해하지 못하기는 했지만, 그들이 개인적으로 사용하는 언어이기도 했다. 마닐라와 그 근방에서 사용되는 토착 언어인 타갈로그어는 대부분의 필리핀인들이 이해할 수 없는 것이었으며, 어쨌든 국제적 의사소통에는 쓸모가 없었다. 경쟁 토착 언어의 원어민들, 특히 세부어와 일로카노어 사용자들 중 많은 이들은 스페인어가 필리핀에서 엘리트 지위의 뚜렷한 표시, 게다가 스페인 통치에 대한 부역자 지위의 표시이기까지 했지만 그래도 스페인어를 선호했다. 독자에게 사라진 다언어의 세계에 대한 감각을 생생하게 살려드리기 위해, 이 연구는 이 인물들이 서로서로에게, 그리고 필리핀인이 아닌 사람들에게 쓴 여러 언어들을 상당량 인용하기로 한다. (이 책의 모든 번역은 별도의 표기가 없는 한 내가 직접 한 것이다.)

이 책의 형식적 구조는 방법과 대상에 의해 좌우된다. 제멋대로일지는 몰라도 명쾌한 시작은 1880년대의 조용하고 외딴 마닐라에서 이루어지며, 그러고 나서 서서히 유럽·아메리카·아시아로 초점이 넓어져, '결론'이라고 하는 것이 있을 법해 보이지 않는 더욱 제멋대로인 결말을 향한다. 가장 적합한 단어인지는 모르겠으나 이 연구를 '묶어두는'(anchor) 것은 천재적인 소설가 호세 리살(José Rizal)과 선구적인 인류학자이자 언론인 논객이었던 이사벨로 데 로스 레예스(Isabelo de los Reyes), 조율을 맡은 조직가 마리아노 폰세(Mariano Ponce), 1860년대 초반에 태어난 걸출한 이 세 명의 필리핀인 애국자 청년의 삶이다.

제1장과 제2장은 이사벨로의 『엘 폴크로레 필리피노』(El folk-lore filipino, Manila, 1887)와 리살의 수수께끼 같은 두 번째 소설 『엘 필리부스테리스모』(El filibusterismo, Ghent, 1891)라는 두 권의 뛰어난 책을 대비하는 연구이다. 이 부분에서는 (1) 인류학자 이시벨로가 성직과 세속 양쪽 모두의 식민 당국이 지닌 지적 신빙성을 깎아내리기 위해 어떻게 동시대 유럽의 민족학자와 민속학자들의 저작을 그의 독자적인 현지 연구와 결합시켜 숨김없이 배치하였는가, (2) 소설가 리살이 아마도 유럽 바깥에서 식민지의 피지배자가 쓴 최초의 선동적인 반식민지(anticolonial) 소설일 작품을 저술하기 위해 프랑스·네덜란

드·스페인 문학 아방가르드의 핵심적 인물들로부터 어떻게 연금술적으로 차용해 왔는가에 대해 탐구한다.

뒤이은 제3장은 아마추어 문학 비평으로부터 떠나 정치 분야로의 이동을 시작한다. 『엘 필리부스테리스모』가 여전히 주요 이야깃거리이지만, 그에 대한 해설은 1882~91년 사이 유럽에 머물렀던 리살의 독서와 경험들, 또한 그를 식민 지배에 대항한 필리핀 저항의 상징이자 많은 고위층 인사들의 격렬한 적의의 대상으로 만들었던 뛰어난 첫 소설 『놀리 메 탕헤레』(*Noli me tangere*)의 낙진에 의해 걸러질 것이다. 제3장에서는 또한 스페인에 있는 필리핀인 활동가들 사이에서 격심해진 정치적 충돌도 다룬다. 『엘 필리부스테리스모』는 전작과의 대비를 통해 지구적인 소설의 일종으로서 논의될 것이다. 등장인물들은 이제 더 이상 단순히 스페인인들과 그 토착 피지배자들에 국한되지 않고 프랑스·중국·미국에서 온 방랑자들을 포함하며, 몇몇 인물은 심지어 쿠바에서 온 것으로 추측된다. 유럽과 동아시아에서 감지되는 비스마르크의 그림자, 산업용 화약을 발명한 노벨의 혁신적 기여, 러시아의 니힐리즘, 바르셀로나와 안달루시아의 아나키즘, 이 모든 것들이 지면에서 뚜렷이 드러난다.

제4장은 리살이 고향으로 돌아온 1891년과 1896년 말 그의 처형 사이의 4년간을 살펴본다. 특히 마르티가 1895년 무장 혁명 봉기를 계획하고 일으키는 것(그리고 마르티의 후계자들이 봉기를 진압할 목적으로 파견된 거대한 원정대를 막대한 비용을 들여 막아내는 데 성공한 것)을 가능하게 했던 쿠바와 플로리다, 뉴욕의 쿠바 이주자 사회의 탈바꿈을 검토한다. 이 공격은 (1895년 청일전쟁에서 일본이 승리하여) 시모노세키 조약이 조인된 지 1주일이 되지 않아 시작되었는데, 이 조약으로 타이완이 도쿄에 넘어갔으며, 아시아 최초의 강대국이 루손의 북쪽 해안에 하루 만에 배로 닿을 수 있게 되었다. 많은 부분이 북동부 보르네오에 필리핀의 식민지를 만들려는 리살의 (여러모로 마르티의 탬파를 본뜬 것으로 해석되는) 실패한 계획과 1896년 스페인 지배에 대항하는 무장 봉기를 일으킨 비밀결사 단체 카티푸난(Katipunan)과 리살의 쉽지 않은 관계에 할애된다.

제5장이 가장 복잡하다. 카티푸난 봉기의 발발 두 달 전에, 수많은 아나키

스트 폭탄 투척 중 가장 유혈적인 사건이 전시 바르셀로나에서 일어났다. 카노바스(Cánovas) 총리의 보수 정권은 도시 자체에 계엄령을 선포하고, 좌파 인사들을 대대적으로 체포해 음울한 몬주익(Montjuich) 요새에서 가장 무자비한 고문을 가함으로써 이에 대응했다. 투옥된 이들 중 두드러지는 크리올 쿠바인으로 아나키스트였던 타리다 델 마르몰(Tárrida del Mármol)이 있었다. 그는 석방된 이후 파리로 진출해 카노바스 정권에 대항하는 범상치 않은 성전에 착수하는데, 그 무대는 당시 프랑스에서, 아니 어쩌면 세계에서 가장 중요한 아방가르드 저널이었던 『라 르뷔 블랑슈』(La Revue Blanche)의 지면이었다. 리살이 처형되기 직전에 시작된 타리다의 긴 연재 기사는 쿠바·푸에르토리코·바르셀로나·필리핀의 극심한 탄압을 한데 엮어냈다. 타리다의 성전은 유럽과 대서양 건너의 아나키스트 언론에 빠르게 퍼져 곧 다른 많은 진보적 조직과 저널들의 강력한 지지를 얻어냈다. 파리에서 그의 핵심적 동맹 세력은 펠릭스 페네옹(Félix Fénéon)과 조르주 클레망소(Georges Clémenceau)였다. 『라 르뷔 블랑슈』 배후의 지적인 추동력이었던 페네옹은 뛰어난 미술평론가이자 연극평론가였지만, 스스로 폭탄을 투척하기를 주저하지 않았던 굳은 신념의 반제국주의 아나키스트이기도 했다. 역시 신념이 굳은 반제국주의자였던 클레망소는 파리코뮌 당시 몽마르트의 시장이었으며, 투옥된 아나키스트들 여러 명과 친분을 쌓았고, 언론인이자 정치가로서 노동자들의 권리를 위해 열심히 일했다. 두 사람 모두 1897년 가을에 터진 드레퓌스 사건에서 핵심적인 역할을 했다.

이 장은 이제 다음 해 스페인 제국 몰락의 전주곡을 울린 1897년 8월 9일 젊은 이탈리아인 아나키스트 미켈레 안졸릴로(Michele Angiolillo)에 의한 카노비스 암살 사건의 배경을 숙고하는 쪽으로 방향을 돌린다. 핵심적인 인물은 푸에르토리코인으로 앤틸리스 제도 독립의 전설적인 기획자이자 스페인과 탐욕스러운 미국의 공적이었던 의사 라몬 에메테리오 베탄세스(Ramón Emeterio Betances) 선생이다. 의사는 어느 모로 보나 그 자신이 아나키스트는 아니었지만, 그의 대의를 위한 가장 강력한 유럽인 동맹들을 이탈리아와 프랑스의 아나키스트들 중에서 찾아냈다. 마지막 두 절은 이사벨로 데 로스 레예스와 리살의 절친한 친구였던 마리아노 폰세의 활동을 중심으로 전개된다. 폰세는 1896년 가을 스페인을 빠져나와 처음에는 홍콩에서, 나중에는 요코하마에서 필리핀 혁명 정부의 핵심적 외교, 선전 요원으로 일하기 시작했다. 이 책은 폰세와 멕시코시티 · 뉴올리언스 · 뉴욕 · 바르셀로나 · 파리 · 런던 · 암스테르담 · 상하이 · 도쿄 · 싱가포르에 있는 필리핀인들 및 여러 종류의 외국인들의 주목할 만한 서신 교환을 분석하며, 그의 영향, 특히 일본과 일본의 중국인 거류민 사회에 끼친 영향에 관한 다양한 암시들을 고찰한다. 한편 이사벨로는 카티푸난 봉기 직후 수감되어 이윽고 바르셀로나의 몬주익 감옥으로 이송되었으며, 거기에서 카탈루냐인 아나키스트 수감자들을 알게 되고 감명을 받는다. 새로운 미국 식민 정권을 마주하러 마닐라로 돌아오는 길에, 필리핀에 최초로 닿은 크로포트킨, 마르크스, 말라테스타의 저작들을 가져온 것이 그였다. 그는 필리핀 한가운데에서 최초의 진지한 전투적 노동조합을 조직함으로써 아나키스트들이 그에게 가르쳐준 것을 실행에 옮겼다.

이제 독자들이 이 글에서 우리 시대와의 유사성과 공명을 많이 찾아낸다면, 그것은 오해가 아닐 것이라고 말하는 일만 남았다. 수천 명의 경찰과 그 외의 '보안' 요원들이 경비하던 2004년 뉴욕 공화당 전당 대회에서, 시 경찰청장은 기자들에게 위험은 공산주의자나 광신적 무슬림도 아닌 아나키스트들로부터 온다고 말했다. 거의 같은 순간에 헤이마켓의 아나키스트 열사들을 기리는 기념비가 시카고에 세워졌다. 『뉴욕타임스』는 '이제야' 이 제막식이 열릴 만큼 "충분히 열정이 잦아들었다"고 뻐기듯 평했다. 그렇다, 아메리카는 확실히 대륙인 것이다.

제 1 장

프롤로그 : 수탉의 달걀

1887년 마드리드의 필리핀 박람회(Exposición Filipina)에서 식민지 마닐라에 살고 있던 이사벨로 데 로스 레예스라는 이름의 스물세 살 '인디오'(indio)가, 그가 『엘 폴크로레 필리피노』라 부른 방대한 스페인어 원고로 은메달을 받았 다. 그는 이 글을 뜻하지 않게 동포 호세 리살(당시 25세)의 책과 나란히 출판하 게 되었는데, 리살은 북유럽을 얼마간 방랑한 후 선동적인 첫 소설 『놀리 메 탕헤레』를 같은 해 베를린에서 출판했던 것이다. 이 책은 리살이 1896년 열사 의 반열에 오르는 데에, 그리고 이후에는 '조국의 아버지'이자 '최초의 필리 핀인'이라는 영구적 지위를 획득하는 데에 기여하였다.

이사벨로는 누구인가?[1]

그는 1864년 7월 7일, 남중국해 건너편으로 베트남을 마주 보고 있는 대주

....

1 이사벨로는 길고 영예로운 경력(그 일부는 이 책의 마지막 장에서 다룰 것이다)의 보유자이지만, 전문적 전기라고 하기에 아주 조금이라도 적당한 것은 아직 없다. 이하 그의 젊은 시절에 대한 설명은 그의 큰아들이 쓴 José de los Reyes y Sevilla, *Biografia del Senador Isabelo de los Reyes y Florentino, Padre de los Obreros y Proclamador de la Iglesia Filipina Independiente* (Manila: Nueva Era, 1947), p. 1~6과 José L. Llanes, *The Life of Senator Isabelo del los Reyes* (주간지 『마 닐라 크로니클』 1949년 7월 24일과 31일, 8월 7일자에 실렸던 기사를 다시 찍어낸 모노그래프), pp. 1~6, 그리고 National Historical Institute, *Filipinos in History*, vol. 2(Manila: NHI, 1990), pp. 137~39 중 그의 이름을 표제어로 한 부분에서 발췌한 것이다.

이사벨로 데 로스 레예스(오른쪽에 앉은 사람).

교좌 소재지인 북부 루손의 비간(Vigan)이라는, 아직은 매력적인 해안 도시에서 태어났다. 부모는 일로카노인(Ilocano)이었는데, 당시 일로카노인들은 거의 대부분이 문맹이었다. 그러나 그의 어머니 레오나 플로렌티노는 마드리드에서, 그리고 이후 여러 박람회에서 스페인 · 파리 · 세인트루이스 사람들에게 시를 선보일 만큼 꽤 재능이 있는 시인이었던 것으로 보인다.[2] 하지만 이러한 성취도 레오나의 결혼생활을 지켜주지는 못했으며, 이사벨로는 여섯 살 때 부유한 친척인 메노 크리솔로고에게 맡겨졌고 메노는 아우구스티누스회가 운영하는 지방 신학교에 딸린 중등학교에 이사벨로를 넣었다. 본국 출신(Peninsular) 스페인인 수사들의 학대 행위는 소년에게 가톨릭 교단(Orders)에 대한 증오를 불러일으킨 것으로 보인다. 이 증오는 평생 동안 지속되면서 생애

• •

2 레오나 플로렌티노의 준공식적인 짧은 전기에 의하면, 그는 1849년 4월 19일 비간의 부유한 집안에서 태어났다. 부모는 성이 같았으며 아마도 사촌 간이거나 그 비슷한 관계였을 것이다. 양쪽 모두 호세 리살의 외할아버지와 가까운 친척이었던 것 같다. 레오나는 조숙한 아이였으며, 열 살의 나이에 일로카노어 및 수사 가정교사에게 배운 스페인어로 시를 짓기 시작했다. 열네 살에 시집보내졌고, 열여섯 살에 이사벨로를 낳았다. 안타깝게도 그녀는 서른다섯 살에 아이 다섯을 남긴 채 죽었다. National Historical Institute, *Filipinos in History*, vol. 5(Manila: NHI, 1996), pp. 141~42에서 그녀에 관한 항목을 참조.

마닐라의 비논도 광장, 1890년경.

에 중요한 영향을 끼쳤다. 1880년 열여섯 살이 된 이사벨로는 마닐라로 탈출
했으며, 산후안데레트란 학교(Colegio de San Juan de Letrán)에서 금세 졸업장을
따냈다. 그 후에는 당시 동아시아와 동남아시아를 통틀어 유일한 종합 대학
이었던 유서 깊은 (도미니크회의) 산토토마스 교황청 대학에서 법학과 역사학,
고문서학을 공부했다.

　그러는 동안 이사벨로의 아버지가 사망했고, 이제 스스로를 부양해야 하
는 소년은 이제 막 성장하기 시작한 저널리즘의 세계로 뛰어들어 마닐라의
신문 대부분에 기고했으며, 1889년에는 직접 『엘 일로카노』(El Ilocano)라는 신
문을 발행하기까지 했는데, 이 신문은 필리핀의 지방어(vernacular)만을 사용한
최초의 신문으로 알려져 있다. 그러나 아직 10대였을 때, 이사벨로는 마닐라
의 스페인어 신문 『라 오세아니아 에스파뇰라』(La Oceania Española, 1877년 창간)
를 읽다가 독자들에게 '민속학'(el folk-lore)이라는 새로운 과학의 발전을 위해
기사를 투고하라며 투고 방법에 대한 간단한 설명을 덧붙인 공지를 발견했
다. 그는 즉시 스페인인 편집자와 접촉하였으며, 편집자는 이사벨로에게 한

무더기의 '민속학 책들'을 주며 그가 태어난 일로코스(Ilocos)의 관습에 대해 글을 써달라고 요청하였다. 두 달 후 이사벨로는 작업에 착수하였고, 얼마 지나지 않아 일로코스뿐만 아니라 중부 루손의 삼발레스(Zambales) 지역에 있는 아내의 고향 마을인 마닐라 외곽의 말라본(Malabon) 그리고 그가 일반적인 용어로 필리핀 민속학(el folk-lore filipino)이라 부르는 것에 대한 글들을 발표하기 시작하였다. 이는 그의 삶에서 커다란 열정의 하나가 되었다.

새로운 과학

질문은 당연히, 왜? 이다. 1880년대, 교회 교육을 받은 젊은 토착민에게 '민속학'의 의미는 무엇이었을까? 그가 젊은 시절에 써낸 걸작의 서론과 앞부분에서 많은 것을 알아낼 수 있다.[3] 거기에서 이사벨로는 약간 주저하기는 하지만 '민속학'을 '새로운 과학'(ciencia nueva)이라 부른다. 이는 쥘 미슐레(Jules Michelet) 등의 노력에 힘입어 19세기 중반 전 유럽적으로 주목을 받은 잠바티스타 비코(Giambattista Vico)의 『새로운 과학』(Sienza Nueva)*을 의식적으로 따른 것 같다. 이사벨로는 필리핀과 스페인의 독자들에게, "민속"(folk-lore, 그가 '민중의 지식'el saber popular이라고 독창적으로 번역해낸)이라는 단어는 1846년 영국의 고대 연구가 윌리엄 톰스(William Thoms)가 런던의 『애시니엄』(Athenaeum) 지에 실은 논문에서 처음 발명한 말일 뿐이라고 설명한다. 세계 최초의 민속학회는 1878년 런던에서 조직되었는데, 이는 이사벨로가 연구를 시작하기 고작 6년 전인 최근의 일이었다.[4] 프랑스인들은 1886년이 되어서야 국가적으로 이

---

3 이후 참조는 주로 1889년 마닐라에서 Tipo-Lithografia de Chofré y C에 의해 출판된 최초의 텍스트를 따른다. 해당되는 경우에는, 영어 번역을 더한 Salud C. Dizon and Maria Elinora P. Imson (Quezon City: University of the Philippines Press, 1994)의 최근 재판본(이후 Dizon-Imson이라 표기)과 비교할 것이다. 이 새로운 판본은 여러 방면에서 가치 있는 시도였지만, 수백 건이나 되는 번역 오류와 몇몇 스페인어 표기 오류로 얼룩져 있다.

* 국내에는 『새로운 학문』이라는 제목으로 번역되었다.

4 El folk-lore filipino (이후 EFF라 표기), p. 8.

선례를 따랐는데, 이때는 이사벨로가 집필을 시작한 바로 그해이다. 스페인 인들은 전형적으로 지적인 낮잠에 빠져 있었다. 그들의 차례가 되었을 때, 그들은 앵글로색슨의 신조어를 '엘 폴크로레'라고 하여 스페인어에 더하는 것 외에는 아무 생각이 없었다. 이사벨로는 스스로를 선구적인 영국과 나란히 가면서, 늘 남의 뒤꽁무니만 쫓는 식민 본국보다 위에 있고 앞서 있다고 자리 매김하기 시작했다. 그는 파도의 정점에 선 날렵한 서퍼와 같이 세계 과학 진보의 최첨단을 달리고 있었으며, 이는 그 스스로가 "문명의 빛이 희미하게만 비추는 외딴 스페인 식민지"라고 부른 이곳의 토착민 그 누구도 예전에는 전혀 상상할 수 없던 일이었다.[5] 그는 이 지위를 몇 가지 눈여겨볼 만한 방식으로 강화하였다.

한편으로, 그는 서론에서 재빨리 이미 자신의 연구 일부가 당시 선진적인 학문적 사고를 대표하는 언어이던 독일어로 번역되었다는 것, 그리고 그의 주장에 따르면 당시 유럽에서 그 분야를 선도하던 『아우슬란트』(*Ausland*)와 『글로부스』(*Globus*)에 발표되었다는 것을 언급했다. 또한 『엘 폴크로레 필리 피노』는 '새로운 과학'의 지위에 관한 선도적인 동시대 앵글로색슨 학자들의 의견을 명민하게 논하며, 은근히 이들이 스페인 본국의 민속학자들보다 더 중요하다는 것을 암시하였다. '조지 폭스 경'이 민속학(folklore)과 신화학 (mythology)을 혼동하는 개념적 오류에 빠져 있었으며, 스페인의 몇몇 동시대 학자들도 유사하게 신화학과 신통계보학(theogony)을 뒤섞어 놓는 오류를 범했다고 지적하면서 그는 틀림없이 쾌감을 느꼈을 것이다.[6]

다른 한편으로, 이 '과학'의 새로움에는 특수한 식민지적 측면이 있었으며, 그는 이를 강조하기를 주저하지 않았다. 그는 이 책을 "모든 방면에서 나에게 배려를 베풀어준 본국의 스페인인 민속학자들"에게 헌정했다. 이사벨로 의 서론은 스페인의 '동료들', 즉 그가 독자적 연구를 하면서 자신과 어깨를

5 같은 책, p. 19.
6 Dizon-Imson, p. 30.

나란히 하는 스페인에서의 연구에 뒤지지 않고 따라갈 수 있게 해준, 제국 수도에서 발행되는 저널 『엘 폴크로레 에스파뇰』(El Folk-Lore Español)과 『볼레틴 데 라 엔세냔사 리브레 데 마드리드』(Boletín de la Enseñanza Libre de Madrid), 세비야의 『볼레틴 폴크로리코』(Boletín Folklorico)의 이사진에 대해 다정하게 언급한다.

이 동료들과 이들의 연구의, 말하자면, 본국성(Peninsularity)은 되풀이하여 강조된다. 드러내 놓고 그렇게 말하지는 않지만, 이사벨로는 (정확하게도) 필리핀에서 식민지의 스페인인들이나 크리올이 그와 비교가 될 만한 것을 한 적은 없다고 넌지시 비춘다. 이 암시는 물론 그가 자신을 새로운 보편적 과학의 선구자로서 식민 지배자들보다 훨씬 앞서 있는 것으로 자리매김할 수 있게 했다. 이 독특한 상황을 설명하기 위해 이사벨로는 교묘한 장치에 의존하는데, 이는 아마도 당시 교회가 지배하고 있던 식민 정권의 폭력적이고 반동적인 성격 때문에 어쩔 수 없는 일이었을 것이다. 그는, 아스톨(Astoll)이라는 필명으로 현지 신문들에 글을 기고하곤 했던 자유주의적 성향의 (틀림없이 본국 출신인) 의사이자 아마추어 문인과 마닐라의 언론에서 교환했던 일련의 정중한 대화에 대해 서술한다.[7] 이렇게 하여 그는 이 본국인이 이사벨로의 용기와 상상력에 감탄하면서도 식민지에 만연한 무관심과 나태, 정신적 마비 앞에서 이사벨로가 성공할 가능성에 대해서는 심히 회의적이라고 인용할 수 있었다. "여기에서 풍부하게 자라나는 것들은 두 가지 끈질긴 토종 잡초, 띠(cogon grass)와 몰라베(molave)뿐입니다."[8] 그리고 아스톨이 마침내 절망 속에 대화를 중지했을 때, 간접적으로 어째서 '어떤 단체'(가톨릭 교단을 뜻함)는 아무 데도 보탬이 되지 않느냐는 질문을 던졌던 이사벨로는 이 상황에서 "신중함은 다른 어떤 길도 보장해 주지 않는다"고 언급한다. 이사벨로는 자신이 당시 식민 정권의 정신적 암흑 속에 근대 유럽의 빛을 가지고 들어왔다고 보았다.

....

7 이사벨로에 의하면 이 인물은 산토토마스 대학 의학 교수인 호세 라카예 이 산체스(José Lacalle y Sánchez)이다.

8 EFF, p. 14.

새로움은 또 다른 모습으로『엘 폴크로레 필리피노』에서 드러났는데, 이는 '과학'의 관념과 관계가 있었다. 서론은 민속학의 과학적 지위를 둘러싼 더 넓은 논쟁에 관한 가장 흥미로운 논의를 담고 있다. 이사벨로는 스페인의 민속학자들 중 한 분파가 너무 성급하게 '민속학'을 이론적 과학으로 전환하려 한 나머지 곧 서로를 이해할 수 없게 되었다고 말하며 즐거워한다. 이는 매우 시급한 국제적인 논의를 위한 길을 여는데, 이 논의에서는 앵글로색슨인들이 훨씬 겸손하면서도 실용적인 사람들로 드러난다. 다른 한 극단에는 단지 과거에 관한 미래의 박물관 같은 것을 만들기 위해 사라져가는 관습과 개념들을 감상적으로 모으고만 있는 저 스페인인 민속학자들이 있었다. 이사벨로는 그 스스로가 민속이 무엇이라고 생각하는지, 그 사회적 가치를 어떻게 보고 있는지를 명확히 한다. 무엇보다 민속은 스페인 정복 이전 시대의 비석도 비문도 없으며, 문자화된 기록도 거의 없다시피 한 필리핀에서 다른 어떤 수단으로도 불가능한, 토착적 과거의 재구성이라는 기회를 제공한다. (리살이 나중에 같은 일을 하고자 했을 때, 그는 초기 정복 시대 스페인인 행정관들 중 가장 나은 이들이 남긴 기록의 행간을 읽는 작업에 착수하는 것밖에는 다른 길이 없다고 보았다.) 관습과 믿음, 미신, 속담, 어려운 말 빨리 하기 놀이의 어구, 주문 등등에 대한 진지한 연구는 그가 스페인 정복 이전 과거의 '원시적 종교'라 칭한 것에 빛을 던져줄 수 있을 것이었다. 그러나 (그리고 여기에서 이 젊은 일로카노인은 스스로를 아마추어 풍속 연구가들costumbritas과 뚜렷이 대별시키는데) 그는 또한 비교의 중요성을 강조했다. 그는 연구를 마치기 전에는 언어와 골상, 행위 등의 차이로 보아 서로 이웃하고 있는 타갈로그와 일로카노가 별개의 종족(razas distintas)이라고 확신했다고 고백한다. 그러나 비교를 통해 그는 자신이 틀렸으며 두 종족성(ethnicity)은 확실히 하나의 근원에서 유래했다는 것을 증명하게 되었다. '엘 폴크로레 필리피노'라는 제목이 함의하는 바는 향후의 연구를 통해 필리핀 제도의 토착 주민들이 현재 서로 다른 언어를 얼마나 많이 사용하든, 관습과 종교적 소속이 얼마나 다르든 간에 공통된 기원을 공유하고 있다는 것이 드러나리라는 것이다. 이 모두는 식민지의 성직자 역사가들이 16세기 스페인의 정복에서부터 서사를 시작하는 것과는 반대로, 필리핀 제도와 그 '푸에블로' (여기에서 그는 '푸에블로'를 단수형으로 할지, 복수형으로 할지를 놓고 종종 망설인다)* 의 진정한 역사는 시기적으로 훨씬 거슬러 올라가야 하며, 따라서 식민성 (coloniality)으로만 틀을 짓기란 불가능하다는 것을 의미한다.

현지 지식의 풍요로움

다른 한편으로, 여기에서 이사벨로는 스스로를 많은 본국인 동료들과 근본적으로 내별시키는데, 이 새로운 과학은 예스러운 것을 감상적으로 발굴하는 작업에 국한될 수 없으며, 그렇게 되어서도 안 되는 것이었다. 『엘 폴크로레 필리피노』는 무엇보다 동시대적인 것, 특히 그가 '민중의 지식'(el saber popular, 오늘날 우리는 '현지 지식' local knowledge이라는 용어를 사용하곤 한다)이라 이름 붙인 것에 관한 연구이다. 이 '지식'(saber)은 케케묵은 골동품 같다는 함의를 지닌 '전승'(lore)이 아니라 진짜 지식이었다. 그는 자신의 고향 지역인 남부 일로코스 근처의 숲에서 어느 날 (이사벨로에 따르면, 우연히) 가상의 '야만인'(selvaje)이 그 지역의 어떤 과일이 스페인인 의학자 페란(Ferran) 박사의 제의로 당시 생산되던 콜레라균 해독제보다 더 나은 효과를 보인다는 사실을 발견해 낼지도 모른다는 가상적인 사례를 제공한다.[9] 이와 같은 주장은 필리핀의 거의 모든 것에 대한 진지한 과학적 지식이 부재했기에 가능했다. 이를테면 몇몇 아우구스티누스회 수사들이 새로 편찬한 『필리핀의 식물』(Flora de Filipinas)은 완벽과는 거리가 아주 멀었다.[10] 원주민들은 약초뿐만 아니라 식물과 동물, 토양과 기후의 변화에 대해 식민 지배자들보다 훨씬 깊은 지식을 보

* 스페인어로 '마을'이라는 뜻의 푸에블로는 독립적이고 자율적인 공동체라는 내포를 담은 단어로서 필리핀에서는 스페인 지배 시기에 마을(barrio)들과 읍을 하나로 묶은 도(province) 밑의 지방 행정 단위(township)를 가리키기도 했다.

9 Dizon-Imson, p. 24.

10 같은 책, p. 11. 편자들에 의하면, 여러 명이 편찬에 참여했고 안드레스 나베스 신부(Fr Andrés Naves)가 편집한 이 책은 1877년 마닐라에서 Plana y C에 의해 출판되었다고 한다.

유하고 있었으며, '민중의 지식'에 담긴 이 거대한 지식 저장고는 아직 세계에 알려져 있지 않았다. 그러므로 필리핀은 유럽에 알려지지 않은 일단의 이국적인 것들을 담고 있는 지역일 뿐만 아니라, 보통 사람들이 그들 고유의 언어로 알고 있는 것, 그러나 스페인인들은 파악하지 못한 것들로 말미암아 장래 인류에 중요한 기여를 하게 될 장소이기도 한 것이다. 본국의 민속학에는 빠져 있을 수밖에 없는 미래 지향적인 속성을 필리핀의 민속학에 부여하는 것이 바로 이 '알려지지 않음'이었다. 그러나 필리핀이 다른 어떤 나라(país)와도 나란히 그리고 동등하게 인류에 무엇인가를 제공할 수 있는 자리를 점할 수 있었던 것은 그 생생한 특유성 때문이기도 했다. 이것은 훨씬 나중에 국제연합(United Nations)을 가능하게 그리고 그럴듯하게 만드는 논리가 되었다. 지금까지는 명확하다. 아마 너무 명확한 것 같다. 이사벨로의 텍스트에서는 주요 논지들이 선명하게 빛나고 있지만 그늘진 복잡한 부분들 또한 없지 않다. 우리는 잠정적으로 이러한 부분들에 대해 세 가지 표제 하에 생각해 볼 수 있을 것이다.

첫째, 이사벨로는 스스로에게 무엇이었던가? 우선, 스페인어 단어 '필리피노'(filipino) 자체에 내재한 모호성을 강조할 필요가 있다. 이사벨로가 젊었을 때, 이 형용사는 일반적인 어법에서 두 가지 다른 뜻을 지니고 있었다. (1) 필리핀 제도(Las Islas Filipinas)에 속한, 위치한, 기원한. (2) 크리올, 즉 현지에서 태어났으나 '순수한 스페인인' 사회적 계층인. 이 단어가 의미하지 않았던 것은 오늘날 '필리피노'가 의미하는 토착적인 민족-종족성이었다. 최근 두 명의 필리핀 학자들이 이사벨로의 서론을 미국어로 번역했는데, 그중 단 한 문장만을 비교해 보아도 지난 한 세기 동안 얼마나 많은 것들이 변했는지를 알수 있을 것이다. 이사벨로는 "Para recoger del saco roto la organización del Folk-Lore regional filipino, juzgué oportuno contestar al revistero del *Comercio* y, aprovechando su indirecta, aparenté sostener que en Filipinas había personas ilustradas y estudiosas que pudieran acometer la empresa"라고 썼다.[11] 이는 문자 그대로 "필리핀 지역의 민속학 단체를 구하기 위해, 나는 『엘 코메르시오』의 비평가의 관점을 반박할 시점이라고 판단했으며, 그의 암시를 이용하면서 나는 필리핀에 이 작업을 수행할 수 있는 문명화된 (ilustradas), 그리고 학문에 열심인 사람들이 존재한다고 주장하는 척했다[주장한다고 추정했다??]"라는 뜻이다. 완벽하게 시대 착오적으로 번역되어 출판된 것은 다음과 같다. "나는 『엘 코메르시오』의 칼럼니스트의 비판에 대해 이 작업을 수행할 준비가 되어 있고 능력이 있는 필리핀인 학자들(Filipino scholars)이 분명히 있다는 과감한 주장으로 답함으로써 필리핀 민속학회 (Filipino Folklore)의 창설을 변호하고자 했다."[12] 이사벨로가 필리핀 제도라는 지역적인 부분을 포함한 지구적인 민속학 같은 것에 대해 생각하고 있던 자리에서, 그리고 특정한 종족성을 지정하지 않으면서 필리핀에 사는 문명화된 사람들에 대해 말한 자리에서, 이 번역자들은 필리핀인들의 민속학을 창조해 내기 위해 '지역의'를 생략했으며, '문명화된 사람들'을 '필리핀인 학자들'이라는 기발한 말로 대체했다.

숲의 형제들

『엘 폴크로레 필리피노』에서 이사벨로는 스스로를 '필리핀인'(a Filipino)이라고 묘사하지 않는데, 이는 식민지에서는 아직 민족주의적인 어법이 익숙하지 않았기 때문이다. 게다가, 필리핀인(un filipino)은 바로 그가 아닌 것, 즉 크리올을 뜻했다. 그러나 그는 스스로를 다른 방식들로 묘사한다. 이를테면 가끔은 토착민(그러나 결코 경멸적인 스페인어 단어 '인디오'는 쓰지 않는다)이라고, 또 가끔은 일로카노인이라고 하기도 한다. 어떤 주목할 만한 절에서 그는 이렇게 논한다. "애국심(patriotism)에 대해 말하자면, 나에게는 오직 일로코스와 일로카노인들만이 훌륭한 것 아니냐는 언급을 신문들이 종종 하지 않았던가?

. . . .
11 *EFF*, p. 13.
12 Dizon-Imson, p. 13.

모든 이는 그 나름의 사고방식으로 자신의 '푸에블로'를 섬긴다. 나는 여기에서 내가 나의 '푸에블로'의 과거를 조명하는 데에 기여하고 있다고 생각한다." 그러나 다른 곳에서 그는 자신의 객관성이 너무나 엄격한 나머지 "일로카노인들에 대한 애정을 과학에 희생시켰고, 일로카노인들은 내가 그들의 풍습 중 가장 매력적이지 않은 것들만을 공표했다고 불평한다"라고 주장했다. 그러나 운이 좋게도, "나는 유럽의 다양한 석학들(sabios)로부터 열렬한 반응을 얻었는데, 그들은 내가 그릇된 애국심을 치워버림으로써 나의 사랑하는 조국(mi patria adorada) 일로코스에 괄목할 만한 공헌을 했다고 말한다. 그것은 내가 학자들에게 선사 시대를 비롯하여 이 …… 지방[원문 그대로임]에 관련된 과학적인 주제들을 연구할 수 있도록 풍부한 자료를 제공하였기 때문이다."[13]

리살은 그의 분노에 찬 소설 『놀리 메 탕헤레』를 모국을 향한 유명한 서문으로 시작하는데, 거기에는 다음과 같은 구절이 있다. "나 자신의 안녕이기도 한 그대들의 안녕을 바라며, 그리고 [그대들의 병에 대한] 최고의 치료법을 찾으며, 나는 옛 사람들이 병자들에게 했던 방식을 그대들에게 쓰려고 한다. 그들을 사원의 계단에 내놓아, 신에게 기원하러 온 사람들이 저마다 치료법을 제안할 수 있도록 하는 것이다."[14] 그리고 1896년 처형당하기 전에 쓴 마지막 시에서 그 역시 자신의 '사랑하는 조국'(patria adorada)에 대해 말한다. 그러나 그것은 이사벨로의 조국이었던가?

『엘 폴크로레 필리피노』의 서론에는 이사벨로가 스스로를 '숲에 사는 사람들, 아이타(Aeta)족, 이고로트(Igorot)족, 팅기안(Tinguian)족의 형제'로 묘사한 아름다운 문장이 있다. 이른바 원시인이라 불리는 이들 대부분은 20세기가 동트기 전까지는 이교도였으며, 많은 수가 스페인 식민 정권에 전혀 예속되지 않은 채 일로코스의 좁은 해안 평야에 접한 긴 산악 지대에 살았고 또 살고 있다. 소년 시절 이사벨로는 그들이 '이상스러운 복장'을 하고 숲의 산물들을

<hr>

13 *EFF*, pp. 18, 17.
14 José Rizal, *Noli me tangere*(Manila: Instituto Nacional de Historia, 1978), 속표지.

저지대의 상품과 교환하기 위해 숲에서 내려오는 것을 보곤 했을 것이다. 오늘날까지도 일로카노어의 한 형태가 산악 지대(Gran Cordillera)의 공용어로 쓰이고 있다. 이사벨로의 시대에 어느 누구도, 틀림없이 스스로를 '일루스트라도'(ilustrado)*라고 생각하는 이들 가운데서는 어느 누구도, 길들여지지 않은 요새에 살면서 어떠한 도시적이고 스페인화되고 가톨릭화된 환경에서도 완전히 동떨어져 있는 것으로 보이는 이들 숲에 사는 사람들에 대해 그런 식으로 말하지 않았을 것이다. (그리고 그 당시 이사벨로는 필리핀 제도의 다른 어떤 종족집단도 자신의 '형제' hermanos라고 부르지 않았다.) 여기에서 그가 그의 지역을 하나의 큰 '푸에블로'이자 '사랑하는 조국'으로 생각하는 것이 어떻게 가능했는가가 보이기 시작하는데, 그것이 가장 구체적인 방식으로 산에 사는 '야만적인'(wild) 이교도들과 마드리드에서 상을 탄 인물을 형제로 연결시키기 때문이다. 또한 여기에서 우리는 이사벨로가 그의 원시민족주의적(proto-nationalist) 분투에 있어 왜 소설이나 신문이 아니라 민속학으로 가게 되었는지, 그 기저에 깔린 이유를 감지하게 된다. 민속학(비교민속학)으로 인해 그는 식민지 사회의 가장 깊이 갈라진 틈에 다리를 놓을 수 있게 되었는데, 이 틈은 모두가 똑같이 저지대에 살았고, 가톨릭 신자이며, 늘 서로 교류를 해왔던 식민 지배자와 피지배자 사이의 것이 아니었다. 그것은 이 모든 이들과 우리가 오늘날 '소수 민족들'(tribal minorities)이라 부를 만한 사람들, 즉 고산족과 유랑하는 화전민들, '사람 사냥꾼'(head-hunter)들, 폭력적일지도 모를 동화(同化), 심지어 절멸의 미래에 직면한 남자들, 여자들, 아이들 사이에 가로놓여 있는 심연이었다. 젊은 이사벨로에게는 이렇게 윌리엄 톰스가 만들어낸 '민속학'에서 기묘한 새로운 형제애가, 그리고 사랑하는 조국 내지 모국이 출현했던 것이다.

* *

* '계몽된 자'라고 번역할 수 있는 '일루스트라도'는 교육 수준이 높고 유럽의 담론을 접한 19세기 말 필리핀의 식자층을 이르는 말이다.

기묘한 아름다움들

필리핀 제도에서 이 민속학자의 작업이 가진 더 깊은 목적들은 무엇이었던가? 근대 과학이나 '원시인'의 속성을 재구성하는 데 잠재적으로 공헌한 것과는 별도로, 우리는 명백히 정치적 성격을 지닌 세 가지 목적을 밝혀낼 수 있다. 첫 번째는 현지의(local) 문화적 르네상스가 일어날 가능성, 희망이다. 다소 의뭉스러운 신중함을 띠고, 이사벨로는 아스톨에게 자신을 대신해서 이렇게 말하게 한다.

아마 민속학은 필리핀의 주제들에 의해 고취되고, 필리핀 시인들(vates)의 마음에서 태어난 필리핀 시(poesía filipina)의 원천을 제공할 것입니다. 나는 이미 당신을 그렇게도 비웃었던 저 허풍선이들의 조롱하는 웃음소리를 들을 수 있군요. 그러나 그들더러 웃으라고 하십시오. 그들은 이 '푸에블로'에서 발현되는 다른 재능들(ingenio) 역시 비웃었고, 그러고 나서 [후안] 루나(Juan Luna)와 [펠릭스] 레수렉시온(Félix Resurrección)의 월계관 앞에서 얼떨떨해하며 머리를 숙여야 했습니다. 그리고 당신이 알리고 있는 이 전통과 미신적 풍습들은 어느 날 위대한 시인들과 이 풍요로운 정원의 기묘한 아름다움을 열렬히 사랑하는 이들에게 감흥을 불러일으킬 수 있을 것입니다.[15]

다른 곳에서 이사벨로는 아스톨을 다시금 인용한다.

데 로스 레예스 씨의 연구와 조사가 토착민들(naturales)의 속성이 오로지 서투른

---

15 *EFF*, p. 15. 우리가 다시 만나게 될 후안 루나(1857~99)는 스페인 식민지 시대의 가장 유명한 토착민 화가가 된 일로카노인 동포였다. 그의 「클레오파트라의 죽음」은 1881년 마드리드의 미술전람회에서 2위 메달을 땄으며, 「스폴리아리움」(Spoliarium)은 1884년 같은 전람회에서 금메달을, 「레판토 전투」는 바르셀로나의 미술전람회에서 1888년 금메달을 수상했다. 펠릭스 레수렉시온 히달고 이 파딜리아(Félix Resurrección Hidalgo y Padilla, 1853~1913)도 성공적이기는 그에 못지않았다. 히달고는 루나와 마찬가지로 마닐라에서 태어나 자란 타갈로그인이었다.

칠장이들의 굼뜬 붓질로만 묘사되던 필리핀과 같은(como el filipino)[the Philippine one이라고 해야 할지, 혹여 Filipino one으로까지 부를 수 있을지?] 푸에블로들에 접합된다면, 미래를 위한 그 잠재적인 가치가 얼마나 큰 지를 알 수 있게 됩니다.

마닐라에서 출판된 이사벨로의 작업은 이렇게 토착민들(naturales) 가운데에서 문학적·시적 재능, 교양 없는 본국 출신 스페인인들과 크리올들이 그 앞에서 얼떨떨해하며 고개를 떨어뜨려야 할 그러한 재능이 크게 꽃필 가능성을 열 수 있었다. 이렇게 스스로를 제국주의자들과 동등하도록 '일으키려는' 것은 반식민적 민족주의자들의 일반적인 희망이자 전략이었다.

이사벨로의 두 번째 목적은 식민지에서 반동적 교회의 지배적 위치를 전복시키려는 것이었을 터인데, 이는 '유럽에서 발견할 수 있는 일로카노의 미신'이라는 제목이 붙은, 훌륭하게 진지한 척을 해낸 장(章)에서 가장 잘 드러난다. 시작은 이런 식이다.

안달루시아의 D. 알레한드로 기초트(Alejandro Guichot)와 D. 루이스 몬토토(Luis Montoto), 마드리드의 D. 에우헤니오 데 올라바리아 이 우아르테(Eugenio de Olavarría y Huarte), 카탈루냐의 D. 호세 페레스 바예스테로스(José Pérez Ballesteros), 아스투리아스의 D. 루이스 히네르 아리바우(Luis Giner Arivau), 포르투갈의 콘시글리에레 페드로주(Consigliere Pedroso)와 그의 『포르투갈 민중의 전통』(Tradiçoes populares portugeuzas), 그 외의 다른 이들이 수집한 민속학 자료를 이용하여, 나는 지난 몇 세기 동안 스페인인들이 여기에 소개했다고 여겨지는 미신의 목록을 다음과 같이 작성하였다. 스페인 지배의 초기 시대에 가장 우스운 믿음들(las creencias más absurdas)이 이베리아에서 유행하고 있었다는 것을 생각한다면, 이 목록은 아무에게도 놀랄 거리가 되지 않을 것이다.[16]

....

16 같은 책, p. 74. 이어지는 각주에서 이사벨로는 이 저자들의 연구 제목을 제공한다. *El Folk-Lore Andaluz; Costumbres populares andaluzas; El Folk-Lore de Madrid; Folk-Lore Gallego; Folk-Lore de Asturias.* 그는 또한 긴 문학적 희극(largo juguete literario)으로 묘사되는 『우리의

장난기 있게도 목록은 이렇게 시작한다.

수탉이 노년에 다다르거나 누군가의 집에서 7년을 보내면 알을 낳는데, 초록색 도마뱀 같은 것이 그 알을 깨고 나와 집주인을 죽인다. 그러나 포르투갈인들과 프랑스인들에 따르면 부화되는 것은 뱀이다. 뱀이 주인을 먼저 발견하면 주인이 죽지만, 주인이 뱀을 먼저 보면 죽음의 운명은 뱀을 덮치게 된다. 이탈리아인들과 영국인들은 일부 중앙 유럽인들과 마찬가지로 부화되는 것은 바실리스크라고 믿는다. 페이호 신부(Father Feijóo)는 "사실이다, 수탉은 나이가 들면 정말로 알을 낳는다"라고 말한다. 그렇지만 포르투갈인들과 일로카노인들은 알 속에 들어 있는 것이 전갈이라는 데 동의한다.[17]

다른 못 견디게 매혹적인 사례들은 다음과 같다. "손님들이 오래 머무르지 못하게 하기 위해, 일로카노인들은 손님이 앉을 의자 위에 소금을 뿌려놓는다. 스페인인들은 문 뒤에 빗자루를 수직으로 세워두며, 포르투갈인들은 문 뒤에 놓인 벤치 위에 신발을 두거나 불 속에 소금을 던진다." "카스티야에서는 일로코스에서와 마찬가지로 빠진 이를 지붕 위로 던져 새 이가 자랄 수 있게 한다." "갈리시아 사람들에 따르면, 고양이가 얼굴을 씻으면 그건 비가 온다는 뜻이다. 일로카노인들은 동물을 목욕시키면 비가 올 것이라고 말한다." "갈리시아 사람들은 고양이가 미친 듯이 뛰어다니면 폭풍이 온다고 말한다. 필리핀 사람들은 고양이 대신 바퀴벌레에게 그 역할을 부여한다." 마지막으

연대기가 말하는 필리핀의 악마』(El Diablo en Filipinas, según rezan nuestras crónicas)라는 제목의 자신의 예전 저작을 가볍게 언급한다.

17 같은 책, p. 75. 나와 있는 출처는 위에 인용된 페드로주의 연구와 Rolland, *Faune populaire de la France*; Castelli, *Credenze ed usi populari siciliani*; V. Gregor, *Notes on the Folk-Lore of the North-East Scotland* [원문 그대로], Larousse, *Grande dictionnaire encyclopédique du XIX siècle*이다. 이사벨로의 각주로부터 우리는 그가 스페인어로부터 다른 중요한 로망스어군의 언어들(프랑스어, 이탈리아어, 포르투갈어)과 영어로 진전해 나갈 수 있었다는 것을 알 수 있다. 앞으로 우리가 보게 되듯이 리살에게는 매우 중요했던 독일어는 그의 영역 밖에 있었던 것으로 보인다.

로, "머리를 동쪽에 두고 자는 것은 일로카노인들에게는 나쁜 것이다. 그러나 이베리아 반도인들(스페인인과 포르투갈인)에게는 좋은 것이다. 세 쪽 모두 머리를 남쪽에 두고 자면 재수가 없다는 데 동의한다."

왜 이사벨로가 그의 책을 본국의 민속학자들에게 헌정하면서 특별한 기쁨(singular placer)을 느꼈는지를 알 수 있을 것이다. 그들은 정복자들의 '우스운 믿음'을 드러내고, 식민주의자들이 일로카노의 미신을 비웃으려면 그 미신 중 많은 부분이 그들 스스로의 미신으로부터 수입된 것이라는 사실을 알아차려야 함을 증명할 과학적인 자료들을 이사벨로에게 제공했던 것이다. 일로카노 민간 신앙에서 나타나는 그 어떤 기괴한 부분들도 이베리아와 이탈리아, 중앙 유럽, 심지어는 영국의 기괴함과 유사한 부분을 쉽게 찾아낼 수 있었다.

세 번째 목적은 정치적인 자기비판이다. 이사벨로는 자신이 '민중의 지식'(el saber popular)을 체계적으로 보여줌으로써 '푸에블로'의 사고방식과 일상 풍습의 개혁이 자기비판적인 정신에서 이루어져야 함을 드러내려 했다고 썼다. 그는 그의 저작이 "나의 동포들(paisano)을 비웃는 것보다는 훨씬 진지한 무언가"에 대한 것이며, "동포들은 일단 자신들이 묘사되어 있는 것을 보게 되면 스스로를 바로잡도록 배울 수 있을 것"이라고 말한다. 이렇게 본다면, 민속학은 미래에 인간 해방을 향한 길을 따라 죽 나아갈 수 있도록 겨레 앞에 세워진 거울이 될 것이었다. 그렇다면 이사벨로가 1과 2분의 1의 독자를 향해 쓰고 있었다는 것이 확실해진다. 그가 사용한 언어를 쓰는 스페인인들, 그리고 그 언어를 쓰고 있지 않으며, 그중 극소수만이 그의 저작을 읽을 수 있는 그 자신의 '푸에블로.'

이 일을 수행하면서 이사벨로는 스스로의 자리를 어디에 두었던가? 이 시점에서 우리는 마침내 질문의 어쩌면 가장 재미있는 부분에 이르게 된다. 수백 쪽에 달하는 그의 책 대부분에서 이사벨로는 마치 자기는 일로카노인이 아니거나 아니면 적어도 자기 민족 바깥에 서 있는 것처럼 말하고 있다. 일로카노인들은 거의 언제나 '우리'가 아니라 '그들'로 나타난다. 예를 들어, "일로카노인들(los Ilocanos)에게는 번개로 생겨나는 불은 물이 아니라 식초로만

끌 수 있다는 믿음이 있다"라는 구절이 나온다. 더 나은 예를 들자면, 다음과
같다.

일로카노인들은 우리에게 망망킥(mangmangkík)의 본질에 대한 완벽한 관념
을 줄 수 없으며, 악마가 무엇인지에 관한 가톨릭 신자들의 관념에 따르면 망망킥
은 악마가 아니라고 그들은 말한다.[18]

여기에서 이사벨로는 스스로를 세계 민속학의 석학 대열에 놓으며 '일로
카노인들'을 위에서 내려다보고, 그들의 미신을 '가톨릭 신자들'의 유사한 고
지식함과 냉정하게 대별시킨다.
동시에 몇몇 절은 전혀 다른 음조를 따르고 있다. 자신의 연구 결과를 해설
하기 시작할 무렵에 이사벨로는 이렇게 쓴다.

일로카노인들, 특히 북부 일로코스(Ilocos Norte) 사람들은 산의 나무를 베기 시
작하기 전에 다음과 같은 시구를 노래한다.

바리, 바리!(Barí, barí!)
디카 아궁엣 파리(Dika agunget pári)
타 푸무칸 카미(Ta pumukan kamí)
이티 파바키르다 카미(Iti pabakirda kamí)

말 그대로 번역하자면 이 시행들은 이런 뜻이다. 바리-바리(barí-barí, 스페인어
에는 상당하는 어구가 없는 일로카노어 감탄사), 노하지 마오, 벗이여(compadre),
우리는 시키는 대로 나무를 베고 있을 뿐이라오.

• • • • • • • • • • • • • • • • • • • •

18 Dizon-Imson, p. 32.

여기에서 이사벨로는 스스로를 일로카노의 세계에 단단히 자리매김한다. 그는 일로카노어 단어들이 뜻하는 바를 알지만, 그의 독자들은 모른다. 독자들에게(여기에서 그가 의도하는 독자들이란, 스페인인들뿐만 아니라, 다른 유럽인들과 필리핀 제도의 일로카노어 사용 인구가 아닌 토착민들까지 해당된다) 이 경험은 닫혀 있다. 이사벨로는 상냥하고 과학적인 인물로서, 외부인들에게 이 세계에 대한 무언가를 말해 주고 싶어 한다. 그러나 그는 말을 매끄럽게 바꾸어 쓰면서 나아가지 않는다. 독자는 번역을 제공받기 전에 갑자기 튀어나오는 이해할 수 없는 일로카노 고유의 말에 부닥치게 된다. 더한 것은, 무언가가 아직 허락되지 않고 있다는 것이다. '바리-바리'라는 말에 상당하는 스페인어는 없으므로. 딱 맞게는, 번역이 불가능한 것(untranslatable). 그리고 그 이상으로, 아마도 다른 차원에 있어 비교할 수 없는 것(incommensurable).

나는 이사벨로가 자신의 스페인어가 완벽하지 못해서 '서투른 칠장이들'이나 '허풍선이들'에게 비웃음을 당하지나 않을까 생각했다고 확신한다. 그는 어쩌면 그가 사용하고 있는 특정한 민속학 방법론도 그 계통이 의심스러울 수 있으며, 과학이 미래를 향해 장대한 세계적 진보를 계속하는 한 곧 그 지위를 빼앗길지도 모른다는 사실을 깨닫고 있었던 것 같다. 그러나 그는 특정하게는 '바리-바리'를, 그리고 전반적으로는 일로카노를 그의 지적인 소매 안에 안전하게 넣고 있었다. 이 분야에서라면 누구도 그의 경쟁자가 될 수 없었다. 그렇지만 그는 패를 보여주거나 반쯤 내보일 필요가 있었다. 이것이 놀림의 만족감이다. 독자들이여, 여기에 그대가 보게 될 일로카노가 있소, 그러나 그대는 오로지 내가 보도록 허용한 것만 볼 수 있다오. 그리고 사실 그대가 볼 수 없는 어떤 것들이 있다오.

아직 일을 더 복잡하게 만드는 세 번째 위치가 있다. "음악, 노래, 춤"에 관한 장에서 이사벨로는 다음과 같이 썼다.

달-롯(dal-lot)의 가사는 꽤 알아둘 만하다. 달-롯은 이하의 후렴에서 볼 수 있는 일로카노의 특수한 압운 형식(rhyming scheme)을 지닌 8행의 연들로 이루어져 있다.

달-랑 아야 달달-룻(Dal-lang ayá daldal-lut)

달-랑 아야 두미디날-롯.(Dal-lang ayá dumidinal-lot.)

나는 여러분을 위하여 이것을 발음 그대로 옮겨 적는데, 나 스스로가 일로카노인이면서도 이것을 어떻게 번역해야 할지 모르며, 이해조차 하지 못하기 때문이다. 이것은 나에게 아무 의미도 없어 보인다.[19]

그러나 이것은 진짜 일로카노어이기 때문에, 난처해진 2개 언어 사용자(bilingual)인 저자 자신조차 접근 불가능하기 때문에 어쩌면 더욱, 여전히 '꽤 알아둘 만한 것'이다. 이사벨로는 그것을 그냥 그렇게 남겨둔다. 추측도 없이. 그러나 그럼에도 불구하고, '민중의 지식'의 광대함에 대한 암시는 있다.

그러므로 세 가지의 잘 맞지 않는 위치가 있는 것이다. 바깥쪽(그들은 우리에게 완벽한 관념을 줄 수 없다), 안쪽('바리-바리'에 상당하는 스페인어는 없다), 그리고 안쪽의 바깥쪽(비록 나 스스로가 일로카노인이지만, 나는 이 일로카노어로 된 후렴을 이해하지 못한다. 그러나 나는 이것을 '우리'가 아니라 '여러분'에게 말하고 있다).

비교를 통한 숙고

18세기가 끝날 무렵부터 우리의 말라빠진 시대에 이르기까지, 민속학은 언제나 자의식적으로 그렇게 정의된 것은 아니라 해도, 민족주의 운동의 근본적인 자원임을 입증해 왔다. 유럽에서 민속학은 정통성의 세력(forces of legitimacy)에 대항한 복잡한 투쟁에서 특히 농민과 예술가 및 지식인, 부르주아지를 잇는 지방어로 된 문화(vernacular cultures)를 발전시키는 데 강력한 자극을 제공해 왔다. 도시의 작곡가들은 민요(folk song)를 찾아 나섰고, 도시의 시인들온 민속 시가(folk poetry)의 스타일과 주제를 잡아내고 변형시켰으며, 소설

----

19 같은 책, pp. 258~59.

가들은 민속적인 시골(folk countryside)을 묘사하는 쪽으로 돌아섰다. 새로이 상상된 민족 공동체가 자석과 같은 미래를 향해 갈 때, 유용하며 진정한 과거보다 더 귀중한 것은 없는 듯 보였다.

인쇄된 지방어들이 거의 언제나 중심적이었다. 노르웨이 민속학자들은 노르웨이의 '민중의 지식'을 회생시키기 위해 "새로운 노르웨이어"(New Norse) (덴마크어와 스웨덴어에 맞서)로 쓸 것이었다. 핀란드인들은 스웨덴어나 러시아어가 아니라 핀란드어로 쓸 것이었다. 그리고 이 패턴은 보헤미아와 헝가리·루마니아·세르비아 등등에서 되풀이될 것이었다. 게일어와, 식민 지배에 의해 강요되었으며 많은 아일랜드 남녀들이 잘 이해했던 영어, 양쪽 모두를 통해 작동했던 아일랜드의 부흥 운동이라는 두드러진 사례로 볼 수 있듯이, 완전히 그렇지만은 않았던 곳에서도 궁극적인 목적은 민족의 자아 회복, '각성', 해방이었다.

언뜻 이사벨로의 노력은 전혀 다른 것같이 보이는데, 무엇보다 그가 민족 구성원이 아닌 이들을 향해서도, 그리고 아마 필리핀 '인디오'의 3퍼센트 정도가 이해했을, 그리고 그의 동포 일로카노인들 중 1퍼센트만이 따라올 수 있었을 제국의 언어로 글을 쓰고 있었기 때문이다. 유럽에서 민속학자들이 대체로 '동포들'(paisanos)을 향해 그들 공통의 진정한 기원을 보여주기 위해 글을 썼다면, 이사벨로는 이른 세계화가 진행되는 세계, 그가 그 안에서 스스로를 발견한 그 세계를 향해 일로카노인들과 다른 '인디오'들이 어떻게 평등과 자율적인 공헌을 기초로 하여 그 세계에 완전히 들어갈 수 있으며 그렇게 하고자 열망하는지를 보여주기 위해 글을 썼다.

이사벨로의 연구는 그의 나라를 동남아시아 지역의 많은 이웃하는 식민지들과 구별짓기도 한다. 이 다른 식민지들에서는, 우리가 비공식적으로 '민속학'이라 분류할 수 있는 대부분의 연구들이, 라디오와 텔레비전에 때 묻지 않은 시대에 남아도는 시간이 너무 많았던 지적인 식민 관료들에 의해 수행되었다. 그 연구들은 주로 연구 대상이 되는 집단 그 자체가 아니라 식민 지배자들에게 소용이 되고자 한 것이었다. 독립이 성취된 이후 이 예전 식민지들에서 민속학은 주변적인 존재가 되었지만, 탈식민 필리핀에서는 훨씬 상황이 나았다. 어째서 이렇게 되어야 했을까? 하나의 가능한 해답은 다른 모든 식민지에는 왕실의 연대기, 불교의 우주론, 사원의 기록, 수피 소책자, 궁정 문학 등등, 식민 이전 시대로부터 내려오는 상당량의 성문화된 기록이 남아 있었다는 것이다. 그리고 민족주의 운동이 시작될 때 토착성(aboriginality)과 영광스러운 진정성을 제공해 준 것은 민속보다는 이런 기록들이었다. 외딴 필리핀에는 강력하고 중앙집권화되었으며 글을 사용했던 국가의 전통이 없었고, 눈에 띌 만큼 적은 폭력을 사용하고도 그 주민들 대부분이 기독교도가 되었을 정도로 이슬람이나 불교와는 빈약한 접촉밖에 없었다. 이 각도에서 보았을 때, 민속은 고대의 위엄을 대체할 수 있었다.

더 나을지도 모르는 다른 해답은 19세기 이베리아 제국주의의 성격에 있다. 한때 거대한 세계 제국의 중심지였던 스페인과 포르투갈은 17세기 중반 이래로 쇠퇴하고 있었다. 라틴아메리카를 잃음으로써 스페인 제국은 급격히 줄어들어 쿠바·푸에르토리코·필리핀·리오데오로밖에 남지 않게 되었다. 19세기 내내 스페인은 봉건적인 과거로부터 산업적 근대성으로 이행하고자 몸부림치면서 가장 폭력적인 내부 분쟁으로 찢겨 있었다. 스페인에 사는 사람들 여럿이 보기에도, 스페인은 후진적이고 미신적이었으며 거의 산업화되지 않은 채였다. 이러한 이해는 유럽 전반에서뿐만 아니라 남은 스페인 식민지의 젊은 지식인들에게도 널리 공유되어 있었다. (이후 다른 식민지에서 이사벨로와 같은 인물들이 대개 그들 '자신의' 제국주의 본국에서 출판을 하고자 했던 것에 반해, 이사벨로는 독일에서 자신의 저작이 발표되었다고 자랑스러워했던 것은 이러한 이유이다.) 그러므로 진보는 스페인에서는 거의 퍼지기 시작하지 않았던 계몽(Ilustración)의 깃발이었다. 이사벨로는 스스로를 '일루스트라도'로, 드니 디드로의 증손자로 여겼으며, 그리하여 당연히 본국 자체의 스페인인들 여럿과 나란히 공통의 분투에 휘말려 있다고 생각했다. 이러한 종류의 초대륙적(transcontinental) 동맹은 유럽 자체에서 분투하고 있던 민족주의자들의 특성과는 대체로 거리가 멀었다. 이렇게 하여 이 젊은 일로카노인이 보기에 자신의 연구를 스페인의 동료들에게 헌정하는 것은 지극히 정상적인 일이었다.

그러나 동시에 우리가 보았듯이 '후진적' 필리핀은 또한 19세기 동남아에서, 극단적인(ultra) 도미니크회 교단이 지배하기는 했지만, 진짜 대학이 있는 유일한 식민지이기도 했다. 산토토마스는 이사벨로와 그의 많은 민족주의자 동료들을 교육시켰다. 궁극적으로 바로 여기에 왜 필리핀이 그 세기가 끝날 때 아시아에서 최초의 민족주의 혁명이 일어나는 곳이 되었는지, 그 이유가 있는 것이다.

계몽은 '후진적' 스페인의 후진적이지 않은 언어를 통해 필리핀에 왔으며, 그러므로 그 주요 행위사들은 그 말의 의미 그대로 (적어도) 2개 언어 사용자들이었다. (필리핀의 많은 1세대 지식인들은 마닐라에서 라틴어도 배웠으며, 프랑스어도 조금 익혔다. 외국에 나갔다면 영어와 독일어까지도 약간 습득했을지 모를 일이었다.) 아랍어의 영향을 심하게 받은 이 로망스계 언어, 이 반동과 계몽의 공동 매체에 대한 두드러진 반감이나 불신 같은 것은 어디에서도 감지되지 않는다. 어째서 이렇게 되어야 했는가 하는 것은 무척 재미있는 질문이다. 하나의 해답은 확실히 라틴아메리카의 거의 전부에서와는 완전히 반대로, 필리핀에서는 스페인어가 다수 언어에 전혀 근접하지 못했다는 것이다. 주로 구술 언어인 수십 가지의 현지어가, 실로 오늘날 그러한 것과 마찬가지로, 당시에도 번성하고 있었다. 이사벨로의 저작에서 그 무엇도 그가 스페인어가 일로카노어의 미래에 깊은 위협이 되리라고 생각했다고 시사하지 않는다. 게다가 카스티야어는 그에게 스페인을 향해서뿐만 아니라 스페인을 통해 근대성·과학·문명의 모든 중심지들을 향해 말하기 위해 꼭 필요한 언어적 매체로 여겨졌다.* 이 언어는 식민 언어라기보다는 국제어의 성격이 더 강했다. 이사벨로가 스페인어로 글을 씀으로써 그의 '푸에블로'를 다소간 배반하고 있다거나 지배자의 문화로 빨려 들어가게 되었다거나 할 가능성에 대해 전혀 고려해

....
* 스페인어가 스페인 중부 카스티야 지방의 언어에 뿌리를 두고 있기 때문에 스페인어를 칭할 때 카스티야어라고 하기도 한다.

62

본 적이 없다는 것은 인상적인 일이다. 나는 그가 이렇게 표면적으로 순진한 입장을 취했던 이유가, 1880년대 스페인령 필리핀 제도의 미래가 눈에 띄게 불안정했으며, 일종의 정치적 해방이 임박했다는 징조가 있었기 때문이라고 생각한다.

이 불안정성은 현지의 사정과 밀접한 관계가 있었지만, 궁극적으로는 반세기도 더 전에 일어났던 라틴아메리카의 해방에 그 기초를 두고 있었다. 스페인은 19세기에 제국을 상실한 유일한 제국주의 강대국이었다. 식민지 세계의 다른 어느 곳에서도 피지배자들의 눈앞에서 이와 같이 해방이 성취된 사례들은 볼 수 없었다. 여기에서, 스페인어(Spanish)가 라틴아메리카에서는 '영구히' 모든 토착 언어들에 군림하는 다수 언어가 되고, 미국에서는 마찬가지로 '영구히' 억압받는 소수자의 언어가 된 20세기 신세계와는 완전히 다른 상황을 보게 된다. 어느 쪽에서든 임박한 해방의 징조는 보이지 않는다.

그럼에도 위에서 지적했듯이, 이사벨로의 젊은 시절의 저작에는 '나'와 '그들', '우리'와 '당신들' 사이에서 불편하게 미끄러지는 대명사들로 특징지어지는, 눈여겨볼 만한 신중함이 있다. 그는 1과 2분의 1의 독자층을 위해 쓰고 있을 때일지라도, 언제나 두 종류의 독자층에 대해 생각하고 있었다. "인간들 중 최악의 자는 애국심이라 불리는 고상하고 신성한 감정을 부여받지 못한 비참한 자이다"라고 그는 썼다. 스페인어는 그에게 민족어가 아니라 단지 국제어일 뿐이었다. 그러나 스페인어에 대항할 만한 민족어라는 것이 있었던가? 꼭 그렇지는 않았다. 북부의 일로카노어, 중부의 타갈로그어, 남부의 세부어 등 사용자가 가장 많은 현지어들은 모두 상대적으로 적은 소수의 언어였고, 이제 막 활자화되어 피어나기 시작하려 할 뿐이었다. 그의 고유한 언어가 소속될 수 있는 딱 떨어지는 조국(patria)이라는 것이 있었던가? 가상의 일로카노 나라(Ilocano-land)가? 그는 그런 식으로 말한 적이 없다. 게다가 각자 고유한 언어를 보유한 저 아이타족과 이고로트족, 이사벨로의 '형제들'이 있었다. 그의 조사가 그에게 드러내어 주었듯이, 일로카노인들과 '별개의 종족'이 아닌 타갈로그인들도 있었다. 그러나 그는, 이 진실의 발견자로서, 아직 타갈로그인들과 일로카노인들 중 그 사실을 깨달은 이들은 거의 없다는 것을 알고 있었다. 이러한 유동적인 상태는 스물세 살의 그가 자라났으며, 그 안에 있기에는 좀 너무 자랐다고 느낀 애매하게 경계지어진 문화로 다시 그를 이끌었다. 이렇게 일로카노의 민중적 지식(popular knowledge) 혹은 문화는 젊은 일로카노 애국자에게 바깥쪽에서 조사되어야 하며, 안쪽에서 경험되어야 하고, 온 세계에 보여주어야 할 것이지만, 바로잡아야 할 어떤 것이 되었다―물론, 일로카노인들 스스로에 의해. 그의 모어(母語)인 일로카노어는 번역되어야 하지만, 여전히 부분적으로는 번역이 불가능한 무언가가 되었다. 그리고 어느 시점에서 그것은 세몽된 젊은 2개 언어 사용사 그 스스로의 빛이 든 지평선 밖으로 살며시 빠져나가기까지 하는 것이었다.

제2장

알라…라-바

볕이 들었다, 그러나 정확히 왜? 아마 이해를 위한 가장 좋은 방법은 이사벨로의 기질과 경험, 작품을 그의 먼 타갈로그인 친척인 호세 리살과 대조해 보는 것일 텐데, 이 장은 그 대조를 시작한다.

이사벨로는 원기왕성하고 현실적이며, 무척이나 정력적인 인물로, 내향적인 사고에 그다지 많이 기울어 있지 않았다. 그는 스무 살 때 결혼했고, 첫 번째 아내는 1897년의 이른 봄 비극적인 상황 속에서 죽기 전 이미 여섯 번이나 성공적인 출산을 하였다. (그 후, 그는 이어서 스페인 여성, 중국인 여성과 결혼했는데, 둘 다 출산 중 사망했으며, 둘 다 아홉 번의 출산을 겪었다.)[1] 먹여 살릴 식구가 많았던 그는 처음에는 놀란 구경꾼으로서 바라보던 1896년 필리핀 혁명의 발발 당시까지 성공적인 문학 · 문화 저널리즘, 민속학, 그 외 다양한 작은 부업들에 매진하고 있었다. 교단에 대한 그의 적의는 명백했으나, 그의 저술이 그를 심각한 정치적 곤경에 빠뜨린 적은 없었던 것으로 보인다. 그는 식민지의 수도에서 잘나가고 있는 촌사람(provinciano)이었으며, 전반적으로 자기 삶에 만족하고 있었다. 그는 1897년 여름, 서른세 살이 되기 전에는 유럽에 간 적이 없었으며, 그때 그곳에 기게 된 것은 우리가 앞으로 보게 될 것처럼 전적으로 그의

---

1 Llanes, *The Life*, pp. 6~8, 13~15, 20~24 참조.

의사에 반하는 것이었다. 사슬에 묶여 바르셀로나의 고문 요새 몬주익으로 이송되었던 것이다. 젊은 시절 그가 알았던 유럽은 우편을 통해 온 것, 즉 지구 반대편에 사는 우호적인 학자들과 아마추어 민속학자들, 저널리스트들로부터 온 편지와 책, 잡지들이었다. 찬란한 진보가 눈앞에 있었다.

　세 살 더 많은 리살은 별이 든 것과는 거리가 먼 사람이었다. 그는 생각이 많았으며, 감수성이 예민하고, 끊임없이 내향적으로 파고들었으며, 현실과는 거리가 좀 있었던 데다 스스로의 천재성을 상당히 의식하고 있었다. 처형당하던 날 밤이 되어서야, 아마도, 결혼을 했고 자식은 없었다. 그는 1882년 스물한 살 생일을 맞기 바로 전에 유럽으로 떠났고, 그 후 10년간 대부분의 시간을 유럽에서, 처음에는 스페인, 그 후에는 프랑스 · 독일 · 영국 · 벨기에에서 보냈다. 타고난 다언어 능통자(polyglot)였던 그는 영어와 독일어, 약간의 이탈리아어마저도 익혔다. 의심할 바 없이 그는 유럽에 대해 어느 동포보다도 더 잘 알았고 더 널리 알았다. 그는 서유럽의 전문적 민족학계에서 사적으로 많은 친구들과 사귀었지만, 초기에 출판된 개인적 저술의 대부분은 그의 식민지화된 조국(patria)의 상황과 관련된 정치적 주제에 대한 세련되고 논쟁적인 논설들이었다. 그리고 나서 그는 소설가로 전향하여 1887년 『놀리 메 탕헤레』를, 1891년 『엘 필리부스테리스모』를 출판했는데, 이 작품들은 아마도 19세기 아시아인에 의해 창작된 유일한 '세계적 수준'의 소설들이었을 것이다. 말하자면 하룻밤 새에, 그는 그의 나라에서 가장 논쟁적으로 유명한 '토착민'이 되었다.

　제한된 의미에서, 이 소설들은 예상치 못하게 튀어나왔다. 『놀리 메 탕헤레』 이전에 필리핀인이 쓴 소설은 단 한 편뿐이었는데, 그것도 무척이나 서투른 것이었다.[2] 그러나 이 소설들의 출현을 더 넓은 맥락에서 고찰하면, 상황은 상당히 다르게 보인다.

----

2 리살보다 네 살 많은 페드로 파테르노(Pedro Paterno)가 1885년에 『니나이』(*Ninay*)를 출판하였다.

초국적 서재들

19세기 중반까지 '위대한 소설'의 창작은 대개 프랑스와 영국 두 나라가 독점하고 있었다. 그 후, 파스칼 카사노바가 기꺼이 '문학의 세계 공화국'(la république mondiale des lettres)이라 부른 것의 경계는 급속히 세계화되기 시작하였다.[3] 허먼 멜빌(1819년생)의 놀라운 『모비 딕』이 1851년 나타났고, 그 못지않게 광장한 『사기꾼』이 1857년 뒤를 이었다. 이반 곤차로프(1812년생)의 『오블로모프』도 1857년에 출현했고, 이반 투르게네프(1819년생)의 『이브에 대하여』(1860)와 『아버지와 아들』(1862)이 그 뒤를 따랐다. 에두아르트 다우에스 데커(1820년생)는 1860년 최초의 주요한 반식민지 소설인 『막스 하벨라르』를 출판했다. 1866년은 표도르 도스토예프스키(1821년생)의 『죄와 벌』과 레프 톨스토이(1828년생)의 『전쟁과 평화』가 출판되는 것을 목격한 해였다. 그러고 나서 브라질의 마샤두 지 아시스(1839년생)의 『브라스 쿠바스의 회상』(1882)으로 제3세계가 박차고 들어오기 시작했다. 리살 자신의 세대로는 폴란드의 조지프 콘래드(1857년생), 벵골의 라빈드라나프 타고르(1861년생), 일본의 나쓰메 소세키(1867년생)가 있는데, 이들의 주요 작품들은 이 비운의 필리핀인의 소설들보다 더 늦게 출판되기는 하였다. 이러한 각도에서 보았을 때 리살의 작품들은 여전히 일찍 꽃핀 것이기는 하지만, 결코 마술적으로 속세를 떠난 것이라고는 할 수 없다.

카사노바는 역사적으로 '문학의 세계 공화국'의 주변부에 있는 작가들이 문학의 수도(Capital of Letters)의 전제들에 서로 다른 스타일로 도전함으로써 수도에 진입하려는 시도를 통해 독창성을 찾아왔다는 유력한 주장을 펼친다. 이 장의 나머지 부분은 리살이 어떻게, 그리고 어디에서 이 작업을 수행했는지, 그 윤곽을 그리는 데에 바쳐진다. 시작하면서, 그의 소설들 바깥에 있는 증거가 빈약하다는 것을 인정할 필요가 있을 것이다. 리살이 막대한 양의 서신을 지속적으로 교환했고, 이 가운데 놀랄 만큼 많은 부분이 일기나 문학적

---

3 Pascale Casanova, *La République mondiale des lettres* (Paris : Éditions du Seuil, 1999).

문제에 대한 다양한 미간행 원고들과 함께 보존되어 있지만, 그는 다른 작가들, 특히 소설가들에 대해서는 전반적으로 입이 무거운 편이었다. 그의 코멘트는 젊은 시절에 코르네유의 독창성에 대해 프랑스어로 쓴 짧은 에세이와 그 이후 베를린에서 도데의 『알프스의 타르타랭』에 대해 쓴 짧은 글(이것도 프랑스어이며, 1887년 작이다), 외젠 쉬 및 다우에스 데커에 대한 몇 구절, 실러를 찬미하는 몇 마디, 그리고 하이네로부터의 인용으로 이루어져 있다.[4]

두 개의 개인 서재에 대한 기록이 다소간의 간접적인 암시를 더해 준다. 리살이 직접 유럽에서 가지고 온 장서에는 프랑스로는 샤토브리앙, 도데, 뒤마 페레(5), 위고, 르시주, 쉬(10), 볼테르, 졸라(4), 영국으로는 불워-리턴, 디포, 디킨스, 새커리, 독일로는 괴테와 호프만, 이탈리아로는 만초니, 네덜란드로는 다우에스 데커, 스페인으로는 세르반테스의 텍스트가 포함되어 있었다. 서신을 통해 그가 안데르센, 발자크, 헤벨, 스위프트도 읽었다는 것이 확실해진다.[5] 이 목록이 그가 유럽에서 가져온 것들을 전부 나타내는 것 같지는 않은데, 그도 그럴 것이 집에 돌아오면 식민 당국의 세관과 경찰이 책들을 철저하게 점검할 것임을 그가 알았을 것이기 때문이다. 그러나 이 목록은 그의 소설 읽기에서 프랑스가 얼마나 중심적이었던가를 의심의 여지 없이 보여주고 있다.

••••••••••••••••••••••••

4 프랑스어로 된 두 편의 문학 에세이는 기독교가 가난한 이를 위한 종교였을 당시의 부흥과 부자들의 손아귀에 떨어진 이후의 부패의 역사에 관한 짧은 텍스트 「종려 주일」(Dimanche des Rameaux)과 함께 필리핀 국립도서관에 마이크로필름으로 소장되어 있다. 불규칙적인 육필과 '피에르 코르네유에 대한 에세이'(Essai sur Pierre Corneille)라는 제목은 이 텍스트가 학창 시절에 쓴 것이라는 인상을 주지만, 볼테르의 '굉장한'(magnifique) 『코르네유 희곡 비평』(*Commentaire sur le théâtre de Corneille*)과 레싱의 『함부르크 연극론』(*Hamburgische Dramaturgie*)에 대한 지적인 참조를 보면 그렇지 않은 것 같기도 하다. 다른 두 작품은 리살의 미발표 노트 "Cuadernos de médica clínica"에 실려 있으며, 종려 주일에 대한 고찰은 1887년 베를린으로 서명이 되어 있다. 원본은 시카고의 아예르 도서관(Ayer Library)에 있는 것으로 보인다.

5 Esteban A. De Ocampo, *Rizal as a Bibliophile* (Manila: Bibliographical Society of the Philippines, Society of the Philippines, Occasional Papers, No. 2, 1960) 참조. 데 오캄포는 이제는 사라진 서재의 내용뿐만 아니라 리살의 서신에 언급된 책과 저자들도 목록으로 만들어놓았다. 19세기 후반 필리핀 역사의 탁월한 권위자 암베스 오캄포(데 오캄포와는 관계없는 사람) 덕분에 나는 데 오캄포의 목록이 완전하지 못하다는 것을 알게 되었다. 리살의 손에 있던 상당한 수의 추가적인 장서 카드가 마닐라의 로페스 박물관 도서관(López Museum Library)에 존재하고 있었다.

파르도의 아파트에서. 뒷줄 왼쪽 두 번째가 리살.

　최근 의사이자 뛰어난 문헌학자(philologist)였던 트리니다드 파르도 데 타베라가 사망 후 남긴 책과 논문들이 카탈로그화되어 아테네오데마닐라 대학에서 연구자들이 그것을 입수할 수 있게 되었다. 리살은 파르도의 친한 친구였으며, 1885~86년 7개월 동안 프랑스의 수도에 머무를 때 얼마간 그의 궁전 같은 방들에서 살기도 하였다. 이때가 리살이 『놀리 메 탕헤레』를 쓰기 시작한 기간이었다. 파르도의 목록에서 프랑스는 아부(2), 아당, 발자크, 방빌(2), 바르뷔스, 바레스, 비베스코, 부르제(2), 파레르(3), 플로베르, 프랑스(5), 위고, 로랭, 모파상(2), 몰리에르(6권으로 된 전집), 프레보, 졸라로, 스페인은 알라르콘, 바로하(2), 블라스코 이바녜스(10), 갈도스(16), 라라로, 러시아는 안드레예프(6), 체호프(3), 도스토예프스키(3), 고리키(4), 투르게네프로, 앵글로색슨은 고작 코난 도일(2), 해거드, 오 헨리(4), 키플링, 싱클레어, 새커리(22권의 전집)로 나타난다. 다시금 프랑스 작가들이 완전히 지배적이다.[6] 두 서재의 주요한 차이는 파르도에게는 독일이 없고, 리살에게는 기이할 정도로 스페인이 거의 없다는 것이다.

시사하는 바는 있지만 결론은 주지 않는 이 배경과 함께, 이제 리살의 소설 그 자체가 무엇을 드러내는지를 볼 시간이다. 놀랄 만한 일들이 기다리고 있다.

석류 속의 니트로글리세린

그 모든 풍자의 훌륭함과 19세기 후반 필리핀의 식민지 사회에 대해 제공하는 개관적인 그림으로 볼 때, 『놀리 메 탕헤레』는 어느 정도까지는 리얼리즘의 스타일을 띠고 있다고 할 수 있다. 부유하고 젊은 '메스티소' 크리소스토모 이바라는 유럽에서 몇 년간 공부한 후, 어린 시절의 사랑 마리아 클라라와 결혼해 고향 마을에 근대적인 비종교(secular) 학교를 세울 뜻을 품고 고국으로 돌아온다. 소설의 마지막 부분에서 이 꿈은 반동적이고 음탕한 교단의 일원들이 꾸민 간계와 식민 행정의 부패, 무능에 의해 무너진다. 프란치스코회 수사가 간통을 해서 낳은 자식이라는 것이 밝혀진 마리아 클라라는 수녀원의 형언할 수 없는 끔찍함 속에서 칩거하게 되고, 이바라 자신은 교단이 씌운 혁명 음모죄로 정권에 의해 총살당하는 것처럼 보인다.[7]

『엘 필리부스테리스모』는 훨씬 더 기묘하다. 독자는 서서히 이바라가 결국은 죽지 않았다는 것을 알게 된다. 그의 숭고한 벗 엘리아스가 자기 목숨을 바

· ·

6 파르도는 1925년까지 살았다. 목록에 올라 있는 93권의 소설책 중, 출판사와 출판일자가 제공되는 것은 20세기의 것, 즉 리살이 죽은 이후의 것이다. 4권만이 리살이 영구 귀국한 1891년 전의 시기로 거슬러 올라간다. 그러나 적어도 30퍼센트 정도가 출판일자가 없다. 아마 파르도가 귀국할 때 파리에서 모은 장서를 남겨놓거나 친구들에게 주고, 마닐라에서 애착이 가는 책들을 다시 정리하면서 새 책을 사기도 했던 것 같다. 그러므로 아테네오 카탈로그는 우리에게 리살이 파르도와 함께 머무를 때 읽었을지도 모르는 것들에 대해서는 알려줄 수 없지만, 파르도의 코스모폴리탄적 취향에 대해서는 잘 묘사해 준다. 파르도의 장서 중 시는 거의 없고 고대의 저작도 전혀 없다시피 했지만, 앞으로 우리가 볼 수 있듯이 리살에게는 둘 다 많았다는 것은 주목할 만하다.

7 나는 『놀리 메 탕헤레』에 대한 두 편의 에세이를 썼고, 두 편 모두 나의 *The Spectre of Comparisons* (London: Verso, 1998)에 다시 실렸으므로, 이 장에서는 스쳐 지나가는 정도로만 다루도록 하겠다.

쳐 이바라를 구했던 것이다. 보석상이 되어 쿠바와 유럽을 여러 해 동안 떠돌아다니며 막대한 재산을 모은 후, 이바라는 길고 흰 머리채를 하고 얼굴의 위쪽을 가리는 짙은 청색의 안경을 쓴 수척한 모습의 '시모운'으로 별나게 가장을 하고 고향으로 돌아온다. 그의 목표는 이미 부패한 정권을 더욱, 식민 체계를 붕괴시키고 마리아 클라라를 해방시킬 무장 봉기가 일어날 지점까지, 부패시키는 것이다. 내러티브의 절정은 거대한 니트로글리세린 폭탄을 석류 모양의 보석 램프에 숨겨 식민 엘리트 모두가 참석하는 큰 결혼식에서 터뜨리려는 계획이다. 그러나 이 음모는 빗나간다. 마리아 클라라는 이미 죽은 것으로 밝혀지고, 심각한 상처를 입은 시모운은 체포당하기도 전에 쓸쓸한 바닷가에서 죽는다. 필리핀의 '진짜' 역사에서 그 무엇도 시모운과 그의 격앙된 (outré) 계획에 멀게나마 대응할 만한 것은 없다. 아마 이 소설이 아직 오지 않은 시간에 놓인 예시적인 이야기라고 생각할지도 모르겠다(나중에 보겠지만, 완전히 잘못된 생각은 아니다). 한 세기가 넘는 시간 동안 다른 어떤 필리핀인도 이와 같은 미래에 대해 쓰지 않을 것이었지만 말이다. 무엇이 리살이 『놀리 메 탕헤레』의 속편을 이토록 특이한 방식으로 쓰는 데 영감을 주었을까?

볼티모어로부터의 유산?

내가 1998년에 끝마친 책의 제목에 대해서 말하자면, 나는 『놀리 메 탕헤레』의 앞부분에 등장하는 날카로운 구절 "el demonio de las comparaciones"를 잘못 번역하였다.* 리살은 이 구절을 젊은 이바라가 풀 향기 가득한 마닐라의 식물원을 다시 보며, 도착적이게도(perversely) 유럽에서 지낼 때 종종 찾았던 대식물원들을 마음의 눈으로 어쩔 수 없이 상상하는 스스로를 발견한다는 기괴한 경험을 묘사할 때 사용한다. 그것은 마치 그가 더 이상 그의 앞에 놓인 것

----

* 저자가 말하는 책 제목은 The Spectre of Comparisons로, 여기서 'spectre'는 (무시무시한) '유령' 정도로 번역이 가능하지만(예: "하나의 유령이 유럽을 배회하고 있다. 공산주의라는 유령이"), 리살이 사용한 스페인어 단어 'demonio'는 귀찮은 꼬마 악마라는 느낌에 가깝다.

을 단순히 친숙한 대상으로만 바라볼 수 없게 된 것과 같았다. 그러나 이 '악마'(demonio)는 작가 스스로에게도 작용한다. 파리와 베를린에서 '저편'(allá, "yonder, yes yonder, yonder, yonder") 마닐라에 있는 젊은이, '저편'(allá) …… 즉 베를린과 파리에 대해 생각하고 있는 젊은이에 대해 쓰고 있는 작가에게도.[8] 이 복잡한 이미지에 정신을 빼앗긴 나머지, 나는 하나의 중대한 사실을 완전히 빠뜨리고 넘어갔다. 『놀리 메 탕헤레』는 신랄한 경구들과 재치 있는 고찰로 가득 차 있지만, 이만큼 기괴하면서도 풍자적이지 않은 구절은 없다는 것을.

그때쯤 내 동생 페리 앤더슨 역시 그 구절에 이끌려 나에게 그것이 어디서 유래했는지, 그 가능한 출서를 시사하는 편지를 썼다. 그것은 "유추의 악마"(Le Démon de l'analogie)라는 제목이 붙은 스테판 말라르메(1842~98)의 산문시로, 1864년 리살이 세 살이었을 때 처음으로 창작된 것 같으며, 1874년 "페눌티엠므"(La Penultième)라고 하여 『라 르뷔 뒤 몽드 누보』(La Revue du Monde Nouveau)에 실렸고, 1885년 3월 28일 『르 샤 누아르』(Le Chat Noir)에 원제목이 복원되어 다시 실렸다.[9] 페리의 이야기로는, 리살이 그 바로 세 달 후 파리에 살러 왔으니, 그 시에서 영감을 받았을지도 모른다는 것이었다.

이 이야기에 대한 내 처음의 반응은 믿지 않는 것이었다. 리살이 열두 살에

---

8 Jonathan Culler and Pheng Cheah eds., *Grounds of Comparison*(New York: Routledge, 2003)의 pp. 40~41, 45~46, 228~30에 들어 있는, 이 진동(oscillation)에 관한 조너선 컬러와 나의 의견 교환을 보라.

* 괄호 안에서 'yonder'가 여러 번 반복되는 것은, 물론, 이 하나의 단어가 둘 사이의 논쟁에서, 그리고 그의 사고의 진전에서 얼마나 중요했는지에 대한 강조이겠지만, 원문은 영국 성공회의 신부이자 시인이었던 제라르드 맨리 홉킨스(Gerard Manley Hopkins) 작품 「납의 메아리와 금의 메아리」(The Leaden Echo and The Golden Echo, Maiden's Song from St. Winefred's Well)의 마지막 행에서 따온 것이다. 이 시에서는 사라져 가는 젊음의 아름다움을 잡을 방법은 없다는 절망을 노래하는 '납의 메아리'에게 '금의 메아리'가 방법은 있다, '저편'(yonder) 즉 신의 나라에서는 이것이 가능하다고 대꾸한다.

9 괜찮은 영역본으로는 브래드퍼드 쿡(Bradford Cook)이 번역한 *Mallarmé : Selected Prose Poems, Essays and Letters*(Baltimore: The Johns Hopkins University Press, 1956), pp. 2~4가 있다. pp. 108~10의 주석에는 간략한 출판 이력이 나와 있다. 쿡은 Poe, *Tales*(Oneonta: Universal Library, 1930), pp. 219~38에서 찾아볼 수 있는 병적인 집착이 담긴 이야기 「베레니스」(Berenice)와 이 시의 주목할 만한 유사성을 지적한다.

마닐라에 있는 예수회의 엘리트 중등학교 아테네오에 입학했을 때 프랑스어를 배우기 시작하기는 했지만, 그렇게 난해하고 까다로운 텍스트에 손을 댈 수 있었을 것 같지는 않았다. 그러나 나중에는 적어도 조사해 볼 만한 가치는 있는 것처럼 보였다. 말라르메의 제목은 보들레르가 에드거 앨런 포의 이야기 「도착자의 꼬마 도깨비」(The Imp of the Perverse)를 번역한 "Le Démon de la perversité"에 대한 창조적인 오마주라는 것이 밝혀졌다.[10] 이 이야기는 1839년 미개한 볼티모어에서 포의 『그로테스크하고 아라베스크한 이야기들』(Tales of the Grotesque and the Arabesque)의 일부분으로 처음 출판되었으며, 보들레르에 의해 그의 포 번역 두 번째 권에 실렸다.[11] 가능성의 오묘한 사슬이 모습을 드러낸다. 포의 신경심리학적인 꼬마 도깨비로부터, 보들레르의 유사 신학적인 악마와 말라르메의 시적 영감의 신비스러운 원천을 거쳐, 유럽에 있는 식민지 청년 리살의 정치적 상상까지. 그러나 리살이 보들레르나 포를 읽었을까? 데 오캄포의 카탈로그(주 5 참조)에도, 로페스 박물관 도서관에 있는 리살의 장서 카드에도 포나 보들레르, 말라르메에 대한 언급은 없다.

동종요법의 학생

그리고 두 번째 우연이 찾아왔다. 내 책상에 필리핀 대학의 선구적인 게이

---

10 Poe, Tales, pp. 455~61. 1인칭 시점으로 전개되는 포의 이야기가 완전범죄로 살인을 저질렀으나 자신의 총명함을 널리 알리고 싶은 충동에 휘말린 나머지 범죄를 고백해 버리고 마는 남자에 대한 이야기라는 것을 떠올리게 될 것이다. '꼬마 도깨비'(imp)라는 단어는 위압적이거나 기독교적인 것과는 관련이 없으며, 프랑스어 'lutin'으로 번역하는 것이 가장 적당하다. 'démon'을 사용하기로 한 보들레르의 결정은 'imp'에 웅장한 구체제(ci-devant)의 가톨릭적 분위기를 부여한다.

11 보들레르의 포 번역은 1856년 *Histoires extraordinaires*로, 1857년 *Nouvelles Histoires extraordinaires*로 출판되었다. "Le Démon de la perversité"는 두 번째 책을 여는 이야기이다. 이 책은 보들레르의 서론과 함께 그의 『전집』(*Oeuvres complètes*, Paris: Louis Conard, 1933), vol. 7에 다시 실렸다. 『악의 꽃』의 천재는 일찍이 1847년에 포의 글을 처음 접하고 엄청난 자극을 받아 남은 생의 16년 가운데 많은 시간을 그 번역에 바쳤다. Patrick F. Quinn, *The French Face of Edgar Poe*(Carbondale: Southern Illinois University Press, 1954), pp. 9, 14, 101 참조.

연구 학자 닐 가르시아의 논문 초고가 도착한 것이다. 가르시아는 스스로에게 리살이 게이였는지 질문을 던지고, 자신의 질문에 대해 미셸 푸코(Michel Foucault) 식으로 1880년대의 필리핀에는 게이됨(gayness)이 아직 존재하지 않았다고 말함으로써 부정적으로 대답하였다. 가르시아는 또한 제3세계의 '촌사람'(provinciano)으로서 리살이 성적으로 무척 순진했음에 틀림없다고 느낀 것 같다.[12] 그러나 이 논문은 『엘 필리부스테리스모』의 "Tipos Manileños" (Manila Types, 마닐라인 부류들)라는 제목이 붙은 장에 있는 짧은 절에 대한 진지한 주의를 불러일으켰다.[13] 거기에 보면, 떠돌이 '프랑스' 보드빌 패를 위한 화려한 오프닝나이트에서, 냉소적인 학생 타데오가 관중 속에 있는 마닐라의 엘리트 구성원들에 대한 (대부분 지어낸) 스캔들성 가십을 들려주며 시골뜨기 사촌을 대접한다. 어떤 지점에서 타데오는 이렇게 언급한다.

참 우아하게 차려입은 저 존경할 만한 신사는 의사가 아니라 독특한 종류의 동종요법가야. 그는 모든 것에 대해 동류끼리(like-with-like)라는 원리를 신봉해 …… 같이 도착한 젊은 기병 대위가 그가 좋아하는 제자야.

이 소문은 심술궂지만 충격적이지는 않다. 게다가, 동성애에 대한 암시는 라틴어도 전혀 모르고 '동종요법가'(homeópata)라는 단어의 의미도 이해하지

----

12 리살이 마닐라에서 아직 소년이었을 때에는 정말로 순진했을 수도 있다. 그러나 그의 개인 서재에 피에르 델쿠르(Pierre Delcourt)의 『파리의 악덕』(Le vice à Paris, 4th edition, Paris, 1888), Dr P. 가르니에(Garnier)의 『오나니슴』(Onanisme, 6th edition, Paris, 1888), 필립 리코르(Philippe Ricord)의 『성병 강의』(Traité des maladies vénériennes, Brussels, 1836), 바차야나(Vatsyayana)의 『카마수트라』(Le Kama Soutra, Paris, 1891)가 있었다는 것은 그 후 10년 동안 의학 공부와 기타 독서로 인해 그가 상당히 닳아빠진 사람이 되었음을 보여준다.

13 라틴어 단어들은 체계적인 동종요법의 창시자인 독일의 내과 의사 크리스티안 프리드리히 사무엘 하네만(Christian Friedrich Samuel Hahnemann)의 유명한 모토 'similia similibus curantur'(같은 것이 같은 것을 치료한다, 즉 이열치열)를 가지고 재치 있게 장난친 것이다. 리살은 그의 서재에 하네만의 대표적 저작 『동종의학 원칙의 해설』(Exposition de la doctrine médicale homéopathique)의 프랑스어 번역본(Paris, 1856)을 한 부 가지고 있었다. José Rizal, El Filibusterismo (Manila: Instituto Nacional de Historia, 1990), p. 162.

못하는 촌뜨기 소년을 지나쳐 날아간다. 그러니까 타데오는 정말은 촌뜨기 소년이 아니라 꽤 굴러먹은 어떤 독자들을 향해 이야기하고 있는 것 같다.

그들은 누구인가? 이 질문은 내가 『엘 필리부스테리스모』의 최초 원고인 큰 팩시밀리 판을 찾아보았을 때 훨씬 더 절박해졌다. 리살이 다음의 문장을 썼다가 줄을 그었기 때문이다. "profesa en el amor el princ… similia similibus gaudet."[14] 'princ'를 'principio'라고 생각하면, 이 전체 구절을 "그는 사랑에 있어 동류는 동류에서 기쁨을 찾는다(아니면 '동류는 동류로부터 행복을 얻는다는') 원칙을 신봉해"로 번역할 수 있다. 라틴어 'gaudet'는 기쁨, 행복, 황홀경까지도 표현하는 강력한 단어이다. 리살이 왜 이 공식을 재고해서 유(柔)하게 만들었는지 쉽게 알 수 있을 것이다. 예술적으로 말하자면 이것은 '아모르'에 대해서는 한마디도 입 밖에 내지 않는 타데오라는 인물의 냉소주의와는 전혀 맞지 않는다. 그러나 문화적·도덕적으로 말하자면, 이것은 수사들의 나라 필리핀에서 확실히 스캔들이 될 만한 일이었을 것이다. 게다가 식민지 후기의 마닐라에 정말로 큰 공식 행사에 잘생긴 군인 남자 친구들과 같이 나타나는 저명한 남자들이 있었을까? 아주 그럴 법하지는 않다.[15] (다른 한편으로, 더

----

14 José Rizal, *El Filibusterismo*, facsimile edition(Manila: National Historical Institute, 1991), p. 157b (overleaf). '-bus'는 위첨자이고, 'similia'의 마지막 a는 s를 덧쓴 것처럼 보인다. 그렇게 보면 진짜 원래의 구절은 문법적으로 정확한 'similis simili'였던 것 같다.

15 그런데 리살이 열여섯으로 아직 아테네오의 학생이었던 1877~78년의 학창 시절에 대해 쓰면서, 펠릭스 로하스(Felix Roxas)는 거기에서 소년들이 베르길리우스와 페늘롱을 공부한 후 올림푸스의 남녀 신들에 대한 연극을 상연했다고 회상한다. 베르길리우스도 페늘롱도 극작가는 아니었으니, 소년들이 지어낸 연극이었을 수도 있다(예수회 교육을 받았으며 얀센주의에 대항한 투쟁에서 예수회와 동맹했던 그 프랑스인은 거의 확실히 그의 신학적 '소설' 『텔레마크』*Télémaque*를 통해 아테네오 소년들에게 왔을 것이다. 모두가 익살맞은 별명이 있었던 1880년대 마드리드의 필리핀 학생 세계에서, 진지한 예비 의사 이시드로 데 산토스Isidro de Santos는 '젊은 텔레마코스'el joven telémaco라 불렸다. Nick Joaquín, *A Question of Heros*, Manila: Anvil, 2005, p. 44 참조).
말할 것도 없이 남자든 여자든 연극의 모든 역할은 10대 소년들이 맡았다. 로하스가 쓰기를, 사춘기가 사춘기이다 보니, 열정적인 관계들이 진전되었고, 오고 가던 여러 장의 연애편지 중 하나가 엿보기 좋아하는 신부들에게 가로채이기에 이르렀다. Angel Estrada and Vicente del Carmen trans., *The World of Felix Roxas*(Manila: Filipiniana Book Guild, 1970), p. 330 참조. 이

이른 시기에 나온 하나의 주목할 만한 출처는 꽤 눈에 띄는 규모의 젊은 남성 매춘 업계를 묘사한다.)[16]

다른 한편 가르시아는 "La función"(The Show, 공연)이라는 제목의 그다음 장에 나오는 똑같이 흥미로운 절에 대해서는 언급하지 않는데, 여기에서는 보드빌 공연과 이에 대한 다양한 인물들의 반응이 묘사된다. 보드빌 패는 하인들의 거처에서 'servantes', 'domestiques', 'cochers'가 벌이는 떠들썩한 놀이의 한 장면을 상연한다. 확실히 여자인 'servantes'는 아마 부엌의 일꾼들일 것이다. 젠더가 덜 뚜렷한 'domestiques'는 아마 하녀들일 것이다. 그러나 세

- -

책은 로하스가 1906~36년 사이 *El Debate*에 스페인어로 쓴 칼럼들의 영역본이다.

16 이 출처는 가공할 푸에르토리코 혁명가이자 '앤틸리스' 민족주의자로서, 제5장에서 볼 수 있듯이 1890년대 중반 쿠바의 민족주의 무장 봉기와 필리핀 사이의 결정적인 연결 고리가 되었던 의사 라몬 베탄세스이다. 1877년 (1917년 버진아일랜드의 한 부분으로 미국에 팔린) 작은 덴마크 식민지 세인트토머스에서 스페인 식민 당국으로부터 잠시 은신해 있는 동안, 베탄세스는 뉴욕의 쿠바와 푸에르토리코 망명자들의 간행물 *La Independencia*에 "마닐라의 자치"(La autonomía en Manila)라는 제목을 붙인 두 편의 풍자적인 글을 썼으며, 이는 9월 29일자와 10월 27일자에 실렸다. [Haraldo Dilla and Emilio Godínez eds., *Ramón Emeterio Betances*(Habana: Casa de las Américas, 1983), pp. 205~10에서 가져온 것. 편집자들이 원래의 철자를 '근대화'했다.] 두 번째 텍스트에 필리핀의 신임 총독(1877~80)으로 임명된 도밍고 모리오네스(Domingo Morriones)에 대한 다음과 같은 조소가 나온다. "그리고 그는 공주들의 보조금을 받는 데 실패할 리 없다. 마닐라에 있는 공주 집(매음굴)들은 쿠바의 노예제처럼 '대주교구가 승인한 스페인의 제도'이다. 이런 집에서 나오는 것은 정확히는 공주들이 아니라 천자의 제국에서 비롯된 왕자들, 즉 중국인 왕자들, 열 살에서 열여섯 살 사이의 소년들로서, 여자 옷이나 그 비슷한 것을 입고 여자다운 분위기를 풍기며 마차에 타고 공작처럼 거리를 행진하면서, 그들(여성형) 혹은 그들(남성형)을 좇을 만한 뻔뻔함을 지닌 비참한 인간들을 추잠하게도 집에 데려간다. 공주 집들은 시에 한 해 4,000페소를 지불하며, 이것이 대주교 씨가 또 다른 형태의 인신매매를 탄압하는 데 반대할 만한 하나의 충분한 이유이다. 격분한 크리올 개혁가 변호사가 이에 대해 항의했을 때, 그는 분노와 개혁의 대가를 마리아나 제도에서의 투옥으로 치러야 했다. 그러나 이 사업은 사실 벌어들이는 양이 빈약해서, 모리오네스가 공주들과 이에 대한 전권을 그 일에 적합한 수사들에게 넘겨주는 것도 불가능하지는 않을 것이다."

만일 이것이 진짜라면, 그리고 4,000페소라는 것은 꾸며낸 말같이 들리지는 않는데, 그것은 이 중국인 창부들이 리살이 마닐라에서 열여섯 살 먹은 남학생이었을 때 그 거리를 활보하고 있었다는 것을 의미한다. 대도시의 10대 남학생들이 그렇듯이, 리살의 동급생들이 이 장사에 대해 모르고 있었을 것 같지 않다. 당시 마닐라 시의 재정 기록이 아직도 존재하고 있다면 이에 대한 조사가 필요할 것으로 보인다.

번째 그룹은 마부이니 틀림없이 남자이다. 그러나 모든 그룹들은 여배우들이 그 배역을 맡으며, 마지막 그룹은 우스꽝스러운 남장을 하고 나온다. 장의 끝 부분으로 가면서, 이름 없는 화자는 아름답고 기회주의적인 '메스티사' (mestiza)* 파울리타 고메스가 당시의 애인인 학생 이사가니가 관중 속에 있는 것을 보면서 느끼는 질투를 그린다.

> 파울리타는 'cochers'라 불리는 이 소녀들 중 몇몇이 이사가니의 주의를 끌면 어떡하나 생각하며 점점 우울한 기분이 들었다. 'cochers'라는 단어는 파울리타에 게 수녀원 부속학교의 소녀들이 일종의 애정을 설명하기 위해 그들끼리 사용하던 어떤 호칭들을 떠올리게 했다.[17]

그 남성형 명사는 '기수'(rider)라는 것의 명백한 성적 함의와 함께 '일종의 애정'이 무엇을 의미하는 것인지 확실하게 한다. 더 나아가 (수녀들의 눈을 피하는) 10대들의 은어로 사용된 프랑스어 단어를 화자가 해설하고 있으니, 어떤 성사회학적인 현실이 개입되어 있다고 주장할 수도 있을 것이다—갑자기 'usan'('그들' 끼리 사이에 쓰이는 그들)의 시제가 일반화하는 현재형으로 바뀌는 것을 주의하라.

이 절이 팩시밀리 판에서는 나타나지 않는다는 것이 재미있는데, 이는 리살이 이것을 마지막 순간에 삽입했다는 뜻이다. 왜? '동종요법가'도 '마부들'도 내러티브에는 중요하지 않고, 그들은 다시 언급되지도 않는다. 이유 없는 행위(acte gratuit)일까? 그럴 것 같지는 않다. 필리핀 독자층을 위해 삽입된 구절일까? 그럴 수 있지만, 한 세기가 더 지나도록 어떤 필리핀 작가도 다시 이러한 넌지시 비추는, 그러나 대수롭지 않게 넘어가는 방식으로 표현된 남성이나 여성의 동성애에 주의를 돌리지 않았다.[18] 다른 가능성은 이 절에서 리

....

* '메스티소'의 여성형.

17 *El Filibusterismo*, 1990, p. 173. 강조는 원문.

18 나는 이에 대한 설명의 일부분이 미국 식민주의와 미국이 세운 교육 기관의 효과에 있다는 것

살이 유럽 독자들에 대해 생각하고 있었다는 것이다.[19]

라-바(Là-bas)

어쨌든 리살이 동종요법을 언급한 것은 나의 쇠해 가는 기억력에 무언가를 떠올리게 했다. 나는 희미하게 동성애와 동종요법이 같이 등장한 소설을 생각해 냈다—네덜란드인과 프랑스인의 피가 반씩 섞인 소설가 조리-칼 위스망스(Joris-Karl Huysmans, 1848~1907)가 쓴 저 야릇하고 충격적인 아방가르드 작품 『서꾸로』(À rebours)로, 내가 열여섯 살 부럽에 놀래 읽다시피 했던 책이다. 내 기억력은 50퍼센트만 정확했다는 것이 드러났다. 거기엔 동성애도 있

....

을 믿어 의심치 않는다. 수입된 세속 교사들과 (이후에) 보스턴이나 볼티모어 같은 곳에서 온 가톨릭 성직자들에게 고전 문학의 문화는 완전히 낯선 것이었다. 그러나 스페인 예수회에 의해 교육받은 저 리살의 세대 젊은이들은 고전 라틴어에 유창하도록 가르침을 받았다. 데 오캄포의 목록이 이를 아주 분명히 보여준다. 우리는 칼람바의 서재에서 카이사르, 키케로, 호라티우스, 리비우스, 루크레티우스, 오비디우스, 플라우투스, 타키투스, 투키디데스를 발견한다. (서신에서 리살은 아이스킬로스, 플루타르크, 소포클레스, 크세노폰에 대해서도 이야기하는데, 아마 다 번역된 작품 이야기일 것 같다.) 특히 이교도의 고전 라틴 시는 인간이든 신이든 남성들 간의 애정 어린 관계에 대한 묘사 내지는 언급으로 가득 차 있다. 호라티우스는 유머러스하게, 베르길리우스는 부드럽게, 그들이 사랑했던 소년들에 대해 썼다. 리살은 플라톤을 언급하지는 않았지만 그가 『향연』을 읽어본 적이 없으리라고 생각하기는 힘들다. 수사들이 필리핀 젊은이들이 읽는 것을 검열했거나 검열하려고 했다고 하더라도, 그들이 상상 속에서, 특유의 성적 강박관념을 가진 기독교에는 완전히 부재한 고도로 문명화된 문화를 보는 것을 막을 방법은 없었다. 미국인들의 도착은 이 마술적인 고대 세계로의 문을 닫았다. (리살 이후 어떠한 필리핀 작가도 에페수스의 다이아나가 가진 '여러 개의 유방'에 대해 농담을 하지는 않을 것이었다.) 여기에 속물적인 북미인들이 리살 이후 세대들에 끼친, 슬프게도 눈에 띄지 않는 한 가지의 손해가 있는 것이다.

19 나의 "Forms of Consciousness in *Noli me tangere*", *Philippine Studies*, 51: 4, 2003, pp. 505~29는 이 소설의 어휘에 대한 통계적인 연구로서, 리살이 부분적으로 일반 유럽 독자층을 겨냥했다는 강력한 논의를 펼친다. 가장 현저한 증거는 화자가 일상 타갈로그 단어들을 스페인어로 풀어 쓴 말과 함께 다량 사용하고 있다는 것인데, 이는 타갈로그어 사용자인 독자들이나 식민지에 오래 산 스페인인들을 위한 것일 수 없으며, 오히려 필리핀에 대해 많이 모르는 유럽인들을 위해 의도된 것이다. 타갈로그어 단어들은 부분적으로 그런 독자들에게 작가가 스페인식 이름에도 불구하고 진짜 토착민 정보 제공자라는 것을 보증하기 위해 끼워 넣은 것으로 보인다.

었고, 동종요법도 있었지만, 상당히 관련 없는 맥락이었던 것이다. 리살이 독창적으로 두 가지를 조립해 낸 것일까? 그러나 위스망스의 이름은 데 오캄포의 작은 책에도, 로페스 박물관의 장서 카드에도 등장하지 않는다(이에 관해서라면, 파르도 데 타베라의 친프랑스적인 개인 서재에도 없다). 게다가, 1884년에 처음 출판되기는 했지만, 『거꾸로』는 1919년경에야 비로소 스페인어로 번역(비센테 블라스코 이바녜스의 서문과 함께)되었는데, 이는 리살의 죽음 한참 후의 일이다.[20] 첫 번째 영어 번역도 거의 같은 시기에 나왔다.[21] 리살이 『거꾸로』를 읽었다면, 프랑스어 원어로 읽어야만 했을 것이다. 아마 위스망스와 리살이 동종요법과 동성애를 서로 7년도 떨어지지 않은 시기에 나온 소설들에 똑같이 넣은 것은 순전히 우연의 일치였을지도 모른다. 그러나 계속 읽어나가는 편이 사리에 맞을 것 같았다.

『거꾸로』의 고독하고 초연한 중심인물은 부유하고 우아한 귀족 데제생트 (Des Esseintes)인데, 그는 프랑스 제3공화국에서 위세를 떨치던 아둔한 부르주아지와 가톨릭교회의 부패, 뒤가 구린 정치가들, 대중문화의 저급함 등등, 등등에 소름이 끼친 나머지 심미적인 환상의 사적인 세계에 틀어박혀 기묘한 성적 경험들, 아방가르드 문학, 로코코 골동품 취미, '중세' 기독교 신비주의에 몰두한다. 그는 자신이 이제는 한물갔다(passé)고 여긴 자연을 물리치고자 디자인한, 기괴하고 값비싼 집을 짓기도 했다. 이를테면 생화는 없고, 드물고 기이한 보석들로 만들어진 조화들만 있었다. 보석으로 촘촘히 징이 박힌 등껍질의 무게에 짓눌려 서서히 죽어가는 애완 거북이도 있었다. 『엘 필리부스테리스

....

20 위스망스의 『거꾸로』는 발렌시아의 프로메테오(Prometeo) 출판사에 의해 *Al revés* (n.d.)라는 제목으로 출판되었다.

21 『거꾸로』는 파리에서 샤르팡티에르(Charpentier)에 의해 1884년 5월 처음 출판되었다. 로버트 발딕(Robert Baldick)이 그 작품을 번역하면서 쓴 머리말 *Against Nature* (London: Penguin Classics, 1959), p. 10 참조. 내 생각으로는, 최초의 영어 번역은 *Against the Grain* (New York: Lieber and Lewis, 1922)이었다. 이 판은 에로틱한 구절들을 무단으로 삭제했고, 다른 누구도 아닌, 급진적이지도 않으면서 그런 척하는 성과학자 헤이블록 엘리스(Havelock Ellis)의 솔직하지 못하고 기름칠한 것 같은 머리말을 담고 있는데, 엘리스는 출판의 본래 날짜를 5년이나 잘못 쓰기도 했다. 그 후에 나온 판본들은 검열된 부분을 복구하였다.

조라-칼 위스망스.

모』의 중심인물인 시모운의 기이함과 부, 권력이 드물고 오래된 값진 보석들
을 거래해서 생긴 것임을 떠올리지 않을 수 없다. 또 다른 우연의 일치일까?

　그럴지도. 그러나 훨씬 더 강력한 다른 일치점들이 있다. 데제생트가 좋아
하는 아방가르드 문학들이 나열되는 긴 장에서, 위스망스의 친한 친구였던
말라르메에 대한 특별한 찬사가 주어진다. 그리고 이 귀족이 좋아하는 그 대
시인의 글 목록에서 「유추의 악마」(Le Démon de l'analogie)가 언급을 위해 뽑혀
나온다.[22] 보들레르의 "Le Démon de la perversité"와 에드거 앨런 포도 언급
된다.[23] 리살의 프랑스어가 산문시 원본을 다루는 데까지는 가지 못했다면,
그의 『놀리 메 탕헤레』를 위한 재미있는 아이디어를 그냥 『거꾸로』에 담긴 말
라르메의 제목을 읽는 것으로 얻을 수는 없었을까? 그러나 위스망스와 리살
의 작품 사이의 가장 놀라운 일치점들은 『놀리 메 탕헤레』보다는 『엘 필리부
스테리스모』에 있는 것으로 드러난다. 나는 세 가지만 언급할 것인데, 세 가

* *

22　Joris-Karl Huysmans, *À rebours* (Paris: Fascquelles, n. d., 1904년경), p. 244.
23　같은 책, p. 235.

지 모두 다른 종류의 성(性)과 관련된 것이다.

플로베르와 예비 살인자

첫 번째는 『거꾸로』에서 성적으로 불구나 마찬가지인 데제생트가 어린 여자 복화술사를 짧은 기간 동안의 애인으로 취하는 장면이다. 기분을 내기 위해 그는 작은 조상(彫像) 두 개를 사는데, 하나는 사자의 머리와 염소의 몸, 뱀의 꼬리를 겸비한 신화적인 여자 괴물, 고전적인 키메라를 표현한 다색의 테라코타이고, 다른 하나는 역시 여자이고 괴물인 스핑크스를 표현한 검은 대리석상이다. 이 상들은 침실의 한 끝에 놓이고, 석탄 난로의 깜부기불이 내는 희미한 불빛만이 침실을 비춘다. 데제생트와 함께 침대에 든 여자는 애인이 전에 가르쳐준 대로 두 조상의 음산한 대화 목소리를 내는데, 이 대화에는 플로베르의 『성 안토니의 유혹』(La Tentation de Saint Antoine)에 나오는 유명한 구절도 끼어 있다. "나는 새 향수, 더 큰 꽃, 시도해 보지 않은 쾌락을 추구해요"(Je cherche des parfums nouveaux, des fleurs plus larges, des plaisirs inéprouvés.).[24] 이 지점에서, 데제생트가 희망했으며 계획했던 대로, 그의 남성이 소생한다.

"속임수"(Supercherías, Trickeries)라고 불리는 『엘 필리부스테리스모』의 예사롭지 않은 제18장에서, 시모운은 솜씨 좋은 미국인(yankee) 마술사이자 복화술사인 미스터 리즈에게 코치를 해주는데, 이 장면은 햄릿이 의부의 죄책감을 불러일으키기 위해 배우들을 이용한 것을 연상시킨다.[25] 미스터 리즈는 고

• •

24 Gustave Flaubert, La Tentation de Saint Antoine (Paris: A. Quentin, 1885) 참조. 이 텍스트는 플로베르 『전집』(Oeuvres complètes) 제5권에 있는 대로 나온다. 성 안토니의 고뇌 중 마지막 것은 나일 강의 둑에서 두 신화적 존재, 키메라와 스핑크스가 대화를 나누는 환영이다. 플로베르가 스핑크스를 남자라고 생각했다는 것은 흥미롭다. 그 단어가 프랑스어 문법으로는 남성형이기 때문이었을까? 인용된 문장은 254쪽에서 키메라가 말한 것이다.

25 리살은 1884년 4월 26일 마드리드에서 햄릿 공연을 보았다. 이 날짜에 대한 사항은 그의 Diario en Madrid, 1 enero á 30 junio 1884, in Diarios y memorias. Escritos de José Rizal, Tomo I

대 이집트 남성의 미라화된 머리로 하여금 사제들의 음모가 야기했던 수천 년 전의 공포에 대해 말하게 한다. 한때 음탕한 음모꾼, 도미니크회의 살비 신부가 젊은 이바라와 그의 비운의 사랑 마리아 클라라에게 저질렀던 것을 그대로 되풀이한 범죄에 대해. 그 도미니크회 신부는 공연을 관람하도록 유인되고, 이제 미신적인 공포에 사로잡혀 실신하고 만다. 재미있는 것은 미스터 리즈가 "스핑크스!"(¡Esfinge!)라는 단 한 마디를 사용해 남성임이 확실한 미라의 머리를 불러내 말을 시킨다는 것이다.[26] 위스망스의 작품에서는 순전히 성적-문학적이었던 것이 리살에 의해 젠더가 바뀌어 심리적-정치적인 것으로 변형된 것처럼 보인다.

다음으로, 데제생트가 거리에서 만난 10대 소년을 아주 비싼 매음굴로 데려가는 기묘한 장면이 있다.[27] 거기에서 그는 소년이 노련하고 유혹적인 유대인 창녀 반다에게서 첫 경험을 하도록 돈을 지불한다. 소년이 추정상의 동정을 잃느라 바쁜 동안, 데제생트는 아주 잘 알고 지내는 마담과 수다를 떤다. 마담 로르가 말한다.

"그래서 오늘밤에는 직접 볼일을 보려는 건 아니라는 게로군. 그런데 대체 어디서 저 어린애를 주워 왔수?" "길바닥에서 주웠지, 자기." "그런데 술에 취한 건 아니고", 나이 든 여인이 중얼거렸다. 그리고 잠깐 생각한 끝에, 여인은 어머니처럼 미소를 띠며 이렇게 덧붙였다. "아! 알겠구먼. 이봐, 악당 양반, 말해 보구려, 젊은 애들이 필요한 게지." 데제생트는 어깨를 으쓱했다. "빗나갔네. 그런 게 아니라오." 그는 말을 이었다. "진실은 내가 그저 살인자를 준비하고 있다는 거지."

꼬마에 대해 그 어떤 성적인 관심도 없다고 하면서, 그는 자신의 계획을 설명

· ·

(Manila: Comisión del Centenario de José Rizal, 1961), p. 127에 있다.

26 Rizal, *El Filibusterismo*, p. 135. 아니면 미스터 리즈는 플로베르를 흠모하고 있었던가?

27 *À rebours*, pp. 103~06. 제6장의 일부로서, 헤이블록 엘리스가 서문을 쓴 1922년 뉴욕 판 번역에서는 전부 잘려 나간 부분이다.

했다. 그는 소년이 반다와 함께할 약 6주간의 수업을 위해 돈을 지불하고, 6주가 지나면 소년을 떼어낼 것이다. 그때쯤엔 소년은 성적으로 중독이 되어 있을 것이고, 수업을 계속할 돈을 지불하기 위해 강도로 변할 것이며, 결국은 살인까지 할 것이다. 데제생트의 궁극적인 목적은 "우리를 인질로 잡고 있는 이 가증스러운 사회의 적을 한 명 더"(un ennemi de plus pour cette hideuse société qui nous rançonne) 만들어내는 것이다. 이는 그러나 도덕적/비도덕적이고 심미적인 제스처에 불과하다. 타락한 10대가 한 명 더 늘어난다고 그 자체로 프랑스가 바뀌지는 않을 것이다.

그러나 『엘 필리부스테리스모』에서 시모운의 기본적인 기획은 모든 것을 바꾸는 것이다. 그는 이것을, 남동생이 성직자에게 살해당하고 그 때문에 어머니까지 실성해 버렸지만, 어린 동생을 살해한 성직자에 대해 아무것도 할 수 없다는 무력감에 빠진 젊은 의학도 바실리오에게 말한다.

사악한 체제의 희생자인 나는 세계를 떠돌며 밤낮으로 부를 그러모으고 내 계획을 실현하려고 애써 왔네. 이제 나는 이 체제를 파괴하고, 타락을 부추기고, 이것이 무감각하게 돌진하고 있는 낭떠러지로 밀어뜨리려 돌아왔지. 비록 내가 폭포수와 같은 눈물과 피를 이용할 수밖에 없다고 할지라도 말이야. 체제는 스스로에게 유죄 판결을 내린 채 서 있고, 나는 체제가 벼랑의 밑바닥에서 산산이 부서지는 것을 보기 전까지는 죽고 싶지 않네.[28]

한편 그는 '인질을 잡고 있는' 식민 질서 전체를 더 타락시키기 위해 자신의 막대한 부를 이용하려 한다. 더 큰 탐욕, 더 막대한 횡령, 더한 잔인함과 더 깊은 착취를 부추겨 지각 변동을 일으킨다는 것이다. 앞서 이야기했듯이, 그의 최종적 음모는 거대한 니트로글리세린 폭탄을 위스망스 식으로(Huysman-esque) 보석이 박힌 환상적인 석류 모양 램프 안에 숨겨 마닐라의 모든 식민지

••••••••••••••••••••••

28 *El Filibusterismo*, p. 46.

고위 관료들이 참석하는 결혼식 파티 한가운데에 설치하는 것이다. 한편, 바실리오의 사랑하는 약혼자인 훌리가 호색한 카마로 신부에게 굴복하지 않기 위해 자살을 택하고, 소년은 이제 심리적으로 "이 가증스러운 식민지 사회의 적(敵) 한 명 더"가 될 각오가 되어 있다. 그는 '혁명'을 지지하지 않는 모든 성인 남성에 대한 가차 없는 학살을 조직하는 것을 거듭으로써 개인적 복수를 하라는 시모운의 설득에 금방 넘어간다.[29] 이것은 심미적인 제스처가 아니라 정치적인 기획이며, 유럽과 미국의 1880년대와 1890년대가 절망과 희망을 동시에 품은 아나키스트들이 행한 극적인 암살의 전성기였다는 것을 떠올리게 한다. 이 연관은 이후의 장에서 상세히 논의할 것이다.

시도해 보지 않은 쾌락

마지막으로, 『거꾸로』에는 데제생트가 매력적인 10대 소년을 데려와 몇 달 동안 성관계를 갖는 장면이 있는데, 이는 다음과 같이 간략하게 묘사된다.

데제생트는 그 일을 다시 떠올릴 때마다 전율을 느꼈다. 그는 그보다 더 매혹적이고, 더 절박한 사로잡힘을 한 번도 겪어본 적이 없었다. 그는 결코 그러한 위험을 경험해 본 적이 없었으며, 더 고통스럽게 만족해 본 적도 없었다.[30]

이 문장들을 맥락과 무관하게 받아들여서는 안 될 것이다. 데제생트는 위스망스 자신처럼 이성애자였으며, 애인을 긴 꿰미로 거느리고 있었다. 소년과의 정사는 '시도해 보지 않은 쾌락'을 향한 플로베르 식 탐색의 일환으로 보인다.

『엘 필리부스테리스모』에는 이 장면에 상당하는 이야기가 없으며, 시모운

· ·

29 같은 책, 제30, 33, 35장.
30 *À rebours*, pp. 146~48. 인용된 구절은 p. 147에 있다.

은 거의 무성적(asexual)인 인물로 나온다. 그럼에도 이는 우아한 '동종요법가'와 그가 좋아하는 제자에 대한, 반쯤 삭제된 묘사를 위한 맥락을 시사한다. 『거꾸로』에서 데제생트의 아방가르드 시(詩) 취향에 관해 설명하는 부분에서는 말라르메뿐만 아니라 폴 베를렌(1842~96)에게도 최고의 찬사를 아끼지 않는다. 그리고 1903년 소설의 재판을 위해 쓴 서문에서 위스망스는 아르튀르 랭보(1854~89)가 『거꾸로』가 최초로 나온 해 전에 시집을 발표했더라면 그에게도 마찬가지의 찬사를 보냈을 것이라고 선언하였다. 그러나 신기원을 이룬 랭보의 시집 『일루미나시옹』은 두 해가 지난 1886년에서야, 『놀리 메 탕헤레』에 바로 앞서 등장했고, 이는 랭보가 시와 유럽을 집어던진 지 오래된 때였다.[31]

베를렌과 랭보는 1870년대에 폭풍과 같은 연인으로 '악명'을 날렸으며, 그들의 시 몇 편은 그들의 성관계에 대해 명확하게 언급하였다. 베를렌은 위스망스의 평생지기였으며, 거기다가 아방가르드 문학계에서는 부르주아적이고 공식적이며 가톨릭적으로 바람직한 도덕성의 개념을 경멸하는 것이 명예를 따내는 포인트였다.[32] 동등하게 선풍적인 반응을 불러왔던 『거꾸로』와 『일루

---

31 랭보의 유럽 탈출은 보통 그가 아덴에서 사업 대리인으로, 그 후에는 하라르에서 메넬리크를 위해 무기 밀매업자로 주로 일하며 보냈던 10년과 관련지어지곤 한다. 그러나 실제 랭보가 처음으로 유럽 바깥을 여행한 것은 1876년의 일로서, 그가 네덜란드 식민 군대에 모집된 용병으로 네덜란드령 인도[현대 인도네시아의 '모태'―옮긴이]에 갔을 때이다. 그는 확실히 그로부터 3년 전, 식민 정권이 이후 아체 인민을 정복하기 위한 잔인한 30년간의 군사 작전이 될 일을 시작했다는 것을 알고 있었다. 7월 20일 아덴으로부터 바타비아[현재의 인도네시아 수도 자카르타―옮긴이]에 도착하여 중부 자바로 보내지기 전까지 그는 2주간을 신병 캠프에서 보냈다. 2주일 후 그는 탈영했고, 유럽으로 설탕을 실어 나르는, 선원이 부족한 배의 스코틀랜드인 선장과 일종의 협상에 도달할 만큼 긴 시간 동안 당국을 피해 지낼 수 있었다. 선원 '미스터 홈즈'로 가장하여, 그는 90일간의 극심하게 피로한 항해를 견뎌내며 희망봉을 거쳐 코크에 도달했고, 12월 초 프랑스에 모습을 나타냈다. 그가 그 2주간 복무했던 툰탕의 막사는 스마랑 항구 뒤의 서늘한 언덕에 아직 평온하게 존재하고 있다. 그는 1879년 6월 아덴으로 돌아갔다. (조스 위비소노Joss Wibisono에게 이 정보와 아래 참고 문헌에 대한 감사를 전한다.) 1882년 초여름, 배가 유럽을 향하면서 홍해에 들어가기 전에 아덴 항에 닻을 내렸다 떠날 때, 젬나 호의 갑판에서 스물여덟 살의 랭보를 향해 손을 흔드는 스무 살의 리살을 상상하는 것은 흐뭇한 일이다. Graham Robb, *Rimbaud*(London: Picador, 2000), chapter 25; Wallace Fowlie, *Rimbaud: A Critical Study*(Chicago: University of Chicago Press, 1965), pp. 51ff 참조.

1876년 7월, 랭보가 탈영 전 2주간 복무했던 자바 스마랑 항구 남쪽 구릉 툰탕의 네덜란드 동인도군 막사들.

미나시옹』의 중간 시점인 1885년 후반 리살이 파리에 체류했다는 것과, 이후에도 그가 파리를 빈번히 방문했다는 것을 생각하면 『엘 필리부스테리스모』에서의 남녀 동성애에 대한 암시는 부분적으로 그가 파리에서 탐독한 책과 잡지로부터 나왔을 듯하다. 더구나 레즈비언의 애정은 발자크의 시대 이래로 19세기 프랑스 문학에서 무척 세련된 주제로 여겨졌다. 그렇다면 이 구절들은 카사노바의 '문학 공화국'에서 확실한 회원권을 주장할 수 있을 법하다.

· ·

32 잠시 언급하고 넘어가자면, 당시 파리에는 런던, 베를린, 바르셀로나에서와 마찬가지로 이미 남녀 동성애자들의 바와 그들이 어슬렁거리는 지역들로 이루어진 조직된 지하 세계가 있었으며, 위스망스는 관광객마냥 동성애자 친구인 작가 장 로랭과 함께 그 세계를 이따금 방문하였다. Ellis Hanson, *Decadence and Catholicism* (Cambridge, MA: Harvard University Press, 1997), chapter 2 "Huysmans Hystérique", 특히 p. 149 참조.

마지막으로, 『거꾸로』 이전에 위스망스가 파리지엔 사회의 스케치—그의 초기 문학 사부였던 에밀 졸라의 건전한 계열인—를 펴냈다는 점에 주목할 만한 것 같다. 그 제목은 "파리지엔 부류들"(Types parisiens)로, 어조는 다르지만 이름으로는 『엘 필리부스테리스모』의 풍자적인 "마닐라인 부류들"(Tipos manileños)과 일치한다. 그리고 리살의 두 번째 소설이 위스망스가 그의 다음 아방가르드 폭탄, 악마적인 『라-바』(Là -bas)—스페인어로는 'Allá'로 꼭 맞게 번역되는—를 발표한 것과 같은 해에 나왔다는 것도 즐거워할 만한 일이다.

프랑스어의 사치

위스망스에 대한 이야기가 길어지는데, 1884년 5월에 나온 『거꾸로』가 특히 가톨릭 성직자들과 '좋은 생각'(bien-pensant)에 익숙한 부르주아 사회를 분노시키면서 '스캔들로 인한 히트'(succès de scandale)를 크게 쳤다는 것까지만 관찰해 두기로 하자.[33] 스물네 살의 리살은 14개월 후 파리에 도착했고, 1886년 1월 독일로 떠날 때까지 그곳에 머물렀다. 『거꾸로』는 여전히 회자되고 있는 문학적 화제였다. 우리는 리살이 당시 유명했던 안과 의사에게 수업을 받았다는 것 말고는 그가 파리에서 뭘 했는지 거의 모른다. 그러나 그는 친한 필리핀 친구들과 살았고, 그중에는 문헌학자 트리니다드 파르도 데 타베라뿐만 아니라 그 미술적인 도시에 더 오래 살았고 프랑스어가 더 유창했던 화가 후안 루나도 있었다.[34]

• •

[33] 위스망스 자신이 1903년의 서문에서 회상하기를 그의 책은 '운석같이 문학박람회장에 떨어졌고, 망연자실함과 격노가 뒤섞여 있었다.' 그가 일으킨 온갖 서로 다른, 그리고 서로 모순되는 적의에 대한 그의 유쾌한 묘사는 pp. 25~26에서 찾을 수 있다.

[34] 리살의 프랑스어 능력은 아직 진지하게 연구된 바 없다. 그의 Diario de viaje. De Calamba à Barcelona (1882)에서 5월 12일 항목을 보면, 배에서 월터 스콧의 『쿠엔틴 더워드』(Carlos el Temerario)를 프랑스어 번역본으로 읽고 있다고 적혀 있다. 스콧의 단어는 풍부하고 복잡해서, 스콧을 프랑스어로 읽는 데에는 말하거나 쓰기는 꼭 필요하지 않다고 하더라도 어떤 실질적인 독해 능력이 요구되었을 것이다. Rizal, Diarios y memorias(주 25)에 인용된), p. 47을 보라. 그런데 8년 후 브뤼셀에서 막역한 친구인 오스트리아인 민족학자 페르디난트 블루멘트리트에게 보낸 1890년 6월 28일자 편지에서는 주위에 있는 가장 좋은 선생에게 프랑스어를 열심히 배우

리살은 『놀리 메 탕헤레』의 4분의 1을 파리에서 썼다고 말한 적이 있다.[35] 이후 그는 세계적 독자층에 가 닿기 위해 두 번째 소설을 프랑스어로 쓰는 것을 심각하게 고려했다. 베를린에서 리살과 함께했던 시간에 대해 쓴 회고록에서, 막시모 비올라는 이렇게 떠올린다.

내가 그에게 이 쓸데없는 프랑스어의 사치에 대한 이유를 물었을 때, 그는 그 목적이 『놀리 메 탕헤레』가 실패로 드러나고, 동포들이 그 작품이 뜻한 바에 반응하지 않을 경우에는 프랑스어로 쓰기 시작하려는 것이라고 내게 설명했다.[36]

1890년 7월 4일자 편지에서 블루멘트리트(Ferdinand Blumentritt)는 리살에게 이렇게 썼다. "나는 자네가 프랑스어로 쓰려고 하는 그 책을 열렬히 기다리네. 어마어마한 반향을 일으킬 것이라 내다보네."[37] 종국에는, 물론 『엘 필리부스테리스모』는 프랑스어가 아니라 스페인어로 쓰였다. 책이 인쇄된 것은 1891년 겐트에서였는데, 이는 그로부터 3년 전인 1888년 제임스 엔소르가 그의 비상하고 예시적인 아나키스트 혁명화(畵) 「1889년 그리스도의 브뤼셀 입성」, 매우 리살적으로 신랄한 사회 풍자와 만화적 익살, 낭만주의, 반란을 섞어놓은 그 작품을 끝낸 오스텐드에서 64킬로미터밖에 떨어지지 않은 곳이었다. 명확히 우연의 일치이나, 흡족한 일치이다.

• •

고 있다고 썼다. *Cartas entre Rizal y el Profesor Fernando Blumentritt, 1890~1896*, in *Correspondencia epistolar*(Manila: Comisión del Centenario de José Rizal, 1961), Tomo II, Libro 2, Parte 3, pp. 668~71 참조. 말하기와 쓰기만 배우고 있었던 것일까?

35 León Ma. Guerrero, *The First Filipino, a Biography of José Rizal*(Manila: National Historical Institute, 1987), p. 121. 이 책은 리살의 파리 체류에 대해 2쪽만을 할애한다. 그 하나의 이유는 리살이 그 7개월 동안 가족을 비롯하여 사람들에게 보낸 편지가 눈에 띄게 드물다는 점일 것이다.

36 Máximo Viola, *Mis viajes con el Dr Rizal*, in *Diarios y memorias*, p. 316 참조.

37 *Cartas entre Rizal y el Profesor Fernando Blumentritt, 1890~1896*, p. 677에 있는 편지.

복수를 쓰다

위대한 네덜란드인 작가 에두아르트 다우에스 데커(Éduard Douwes Dekker, 필명 물타툴리, 1820~87)와 1860년에 처음 발표된 후 1860년대와 1870년대에 독일어, 프랑스어, 영어로 번역된 그의 폭탄 같은 반식민지 소설 『막스 하벨라르』에 대해 연구하다가 나는 상당히 다른 방향에서의 통찰을 얻게 되었다. 이 책은 식민지에서의 구체적인 경험을 바탕으로 쓰인 최초의 반식민지 소설들 중 하나로 남아 있다. 또한 『막스 하벨라르』는 무엇보다도, 억압받는 토착민들을 옹호하려다 부패한 식민 관료들과 음험한 토착민 우두머리들의 작당으로 정치적·재정적 파멸을 맞는 젊고 이상주의적인 영웅(『놀리 메 탕헤레』의 이바라와 같은)에 대한 이야기이다. 이 소설은 다우에스 데커가 자신을 식민지의 관료직에서 내몰아 빈털터리로 집에 돌아가도록 했을 뿐만 아니라 자바 농민들에 대한 잔인한 착취를 계속하고 있던 힘 있는 적들에게 놓은 맞불로 이해된다.

리살은 1888년 런던에 있는 동안 『막스 하벨라르』를 마주쳤는데, 아마 상당히 괜찮은 영역본이었을 것이다. 그는 『놀리 메 탕헤레』가 나오고 다우에스 데커가 죽은 직후에 이 책을 읽고 있었다. 12월 6일자 편지에서 리살은 블루멘트리트에게 이렇게 쓴다.

내가 하나 구하는 대로 자네에게 보내려고 하는 물타툴리의 그 책은 비상하게 흥미롭네. 의심할 바 없이, 내 책을 훨씬 능가하네. 그래도 작가 자신이 네덜란드인인 까닭에, 그의 공격은 내 것만큼 강력하지가 않아. 자바에 사는 네덜란드인들의 삶의 한 측면만을 드러내고 있을 뿐이지만, 한층 예술적이고 한층 격조가 높기는 하네.[38]

----

[38] *Cartas entre Rizal y el Profesor Fernando Blumentritt, 1888~1890* in *Correspondencia epistolar*, Tomo II, Libro 2, Parte 2, p. 409에 담긴 편지.

이렇게 리살은, 사반세기나 떨어져 쓰이긴 했지만, 자신의 소설과 다우에스 데커의 소설 사이의 유사성을 인지하고 있었다. 이 젊은 필리핀인이 『막스 하벨라르』에서 어떻게 소설이 반식민적인 정치적, 그리고 개인적 복수를 위해 강력하게 쓰일 수 있는지에 대한 하나의 예를 찾아냈을 가능성이 매우 크다. 이 주장에 대한 근거는 『엘 필리부스테리스모』를 더 자세히 분석하는 다음 장에서 펼쳐질 것이다.[39]

로돌프의 아이들

폴 빈센트의 뛰어난 논문은 『막스 하벨라르』와 『놀리 메 탕헤레』, 『엘 필리부스테리스모』를 명시적으로 비교하고 있을 뿐만 아니라, 그의 시대 네덜란드어 문학 세계를 경멸하고 있었던 다우에스 데커가 『돈키호테』와 『트리스트럼 샌디』를 숭배했으며, 영어권의 월터 스콧과 프랑스어권의 빅토르 위고, 뒤마 페레, 외젠 쉬에게 영향을 받았다고 지적한다. 또한 빈센트는 막스 하벨라르와 크리소스토모 이바라가 명백하게 쉬(1804~59)가 그의 1844~45년작 블록버스터 『파리의 신비』(Les Mystères de Paris)에서 영웅으로 만들었던 '사회주의자' 귀족 로돌프를 서로 다른 방식으로 계승한 영웅들이라고 언급한다.[40] 리살이나 다우에스 데커와 마찬가지로 쉬는 댄디로 출발했지만, 1843년경 정치적 전환을 겪고 열렬한 (프루동주의) 사회주의자이자, 모든 프랑스 제국주의자 가운데서도 우뚝 선 자이자 자신을 망명과 궁핍, 그리고 리살이 태어나기 3년 전에는 죽음으로까지 내몰았던 루이 나폴레옹의 정력적인 적이 되었다.[41]

---

39 우리가 발견하게 될 것처럼, 1889~91년 사이 리살의 가족은 식민 정권과 도미니크회의 합작에 의해 재정적으로 파산에 처했다. 그의 아버지와 파시아노 형, 두 누이들과 그 남편들은 군도의 외딴 지역으로 유배당해 있었다.

40 Paul Vincent, "Multatuli en Rizal Nader Bekeken" (Further Reflections on Multatuli and José Rizal), *Over Multatuli*, 5(1980), pp. 58~67.

자바를 상상하여 그린
『방랑하는 유대인』의 석판 삽화.

쉬는, 경쟁적인 일간 신문들에 연재되면서 소설가들에게 거대한 새로운 시장을 창조해 주었던 신문소설(romans-feuilleton)이라는 혁신으로부터 크게 이득을 보았고 그것을 이용하였다. (그의 작품들은 모든 주요 유럽 언어들로 빠르게 번역되었다.) 신문 발행인들은 재능 있는 작가들을 독려하여 기교 있는 서스펜스와 음모, 이국적 취미, 꺼지지 않는 비극적인 사랑들, 복수, 풍자, 그리고 사회의 모든 계층에 대한 파노라마 식의 전경으로 독자들을 매 호마다 붙잡아 두도록 했다. 이런 종류의 연재소설을 짓는다는 것은 보통 익명의 전지적 화자와 이 배경에서 저 배경, 이 시간에서 저 시간으로의 빠르고 급작스러운 이동, 그리고 상당히 자주, 교화적인 대중주의(populist) 정치를 통해 다수의 플롯을 함께 유지한다는 것을 의미한다.[42] (말할 필요도 없이 신문소설은 루이 나폴레옹

<hr />

41 쉬에 대한 재치 있고 지적이면서 호의적인 전기로는 Jean-Louis Bory, *Eugène Sue, le roi du roman populaire*(Paris: Hachette, 1962)가 있다. 1,300여 쪽에 달하는 이 소설의 팬잖은 최근 판본으로는 1989년 파리의 로베르 라퐁(Robert Laffont) 출판사가 펴낸 것이 있다.

42 Charles Bernheimer, *Figures of Ill Repute: Representing Prostitution in Nineteenth Century France*(Cambridge, MA: Harvard University Press, 1989), p. 47; Paolo Tortonese, ˝La Morale e la favola: Lettura dei *Misteri di Parigi* como prototipo del *roman-feuilleton* [도덕성과 이야기:

치하에서 대개 탄압을 받았다.) 쉬의 두 번째 대히트작으로 1845~46년에 걸쳐 발표되었던 『방랑하는 유대인』(Le Juif Errant)은 그 촉수가 시베리아, 북미, 그리고 …… 자바! 자바까지 닿은 사악한 예수회 수사에 의해 사방으로 뻗친 구조를 하나로 연결하였다는 점에서 특히 나의 흥미를 끌었다.[43] 리살의 소설들은 한 번도 연재된 적은 없지만 이 모든 구조와 주제의 요소들을 다 지니고 있다. 그런데 우리는 그의 서재에 쉬의 작품이 10권 있었으며, 이는 다른 모든 작가의 작품 수를 훨씬 능가하는 것이었다는 점을 떠올릴 수 있을 것이다. 그렇다고 이것이 그가 선배에 대한 능란한 비판을 아꼈다는 뜻은 아니다.

뒤마 페레(1803~70)는 신문소설의 또 다른 거장이었으며, 그의 『몬테크리스토 백작』—적들의 음모에 의해 파멸된 채 여러 해 동안 투옥되었다가 몬테크리스토 백작으로 가장하고 다시 나타나 적들에게 복수를 꾀하는 에드몽 단테스의 이야기—은 마치 이바라와 시모운의 이야기를 하나로 말아놓은 것과

•••••••••••••••••••••••••

신문소설의 원형으로서의 『파리의 신비』에 대한 독해」(mimeo, n.d.)(이 글을 나에게 한 부 준 프랑코 모레티에게 감사를 전한다) 참조. 선구적인 편집자는 1836년에 그의 새로운 신문 『라 프레스』(La Presse)에 발자크의 『노처녀』를 연재하기 시작한 에밀 드 지라르댕(Émile de Girardin)이다.

43 내가 손에 넣은 텍스트는 1,500쪽이 넘으며, 런던과 뉴욕에서 조지 러트리지 앤 선스(George Routledge and Sons)가 1889년 출판한 3권짜리 영역본이다. 이 판본은 19세기 스타일의 빼어난 삽화들을 담고 있다. 예수회 수사의 대리인 중에는 수상한 네덜란드인 식민지 사업가도 있고, 인도로부터 도망친 살인에 능숙한 암살단원(Thug)도 있다. (동인도회사 총독 윌리엄 벤팅크가 직업적 강도와 살인자들의 계층으로서 희생자를 보통 교살하곤 했던 암살단에 대한 근절 작전에 나선 것은 1831년으로, 『방랑하는 유대인』이 연재되기 시작한 때로부터 10여 년 전의 일이었다.) 그러나 이 프루동주의 사회주의자는 인도 제도(Indies)에서의 네덜란드 지배는 완전히 당연한 것으로 받아들였다.

리살은 우리에게 그가 이 거대한 작품의 스페인어 번역본을 10페세타 주고 샀으며, 뒤마와 호라티우스의 작품들에는 2.50페세타를 지불했다고 말한다. 그의 Diario de Madrid, in Diarios y memorias, p. 114에 실린 1884년 1월 6일자 일기를 참조. 1월 25일 그는 책을 막 끝냈다고 기록하면서 다음과 같이 의미심장한 언급을 남긴다. "이 소설은 재능과 철저한 계획의 독특한 산물로서, 가장 치밀하고도 교묘하다는 점에서 나에게 인상을 남긴 작품에 들어간다. 이 소설은 라마르탱(LAMARTINE)의 달콤한 언어처럼 가슴을 향해 말하지 않는다. 이 소설은 위압하고, 지배하고, 당황케 하고, 가라앉히지만, (나를) 울게 하지는 않는다. 그 이유가 내가 단련되었기 때문인지, 잘 모르겠다." 같은 책, p. 118.

같다. 우연의 일치? 글쎄. P. 하신토(Jacinto)라는 필명으로 1878년에 쓴 『어떤 마닐라 학생의 기억』(*Memorias de un estudiante de Manila*)을 보면, 열여섯 살의 리살은 자신이 열두 살에 『몬테크리스토 백작』(*El Conde de Montecristo*)을 '만 연체 대화를 음미하고, 그 매혹을 즐기며, 영웅과 그의 복수를 한 걸음 한 걸음 따라가면서' 읽었다고 회상한다.[44] 그러나 쉬도 뒤마도 식민주의나 제국주의의 약탈에는 별 관심이 없었고, 인물들의 복수는 기본적으로 개인적이면서 본국적인(metropolitan) 것이었다.

웃음과 자살

그리고 '모국 스페인'은? 이 장 초반에서 리살의 개인 서재에 『돈키호테』 말고는 스페인어 소설이 전혀 없었다는 점, 그리고 그의 문헌학자 친구 트리니다드 파르도 데 타베라의 서재에는 상당히 있었다는 점이 주의를 끌었다. 설명의 일부는 두 사람의 삶의 폭이 달랐다는 데 있을 것이다. 파르도의 서재에서 두드러지게 나타나는 블라스코 이바녜스(1867년생)와 피오 바로하(1872년생)는 리살의 세대였는데 그가 죽은 후 한참이 지나서야 이름이 알려졌다. 그러나 파르도는 친구보다 30년이나 더 살았다. 그렇지만 이런 식의 설명은 이른바 스페인의 발자크라 불리며, 세르반테스 이후 스페인의 가장 위대한 소설가라는 평을 종종 들었던 베니토 페레스 갈도스(Benito Pérez Galdós, 1843~1920)의 경우에는 적용될 수 없다. 쉬가 리살의 서재에서 차지했던 비중을 갈도스는 파르도의 서재에서 차지하고 있었다. 어마어마하게 생산된 갈도스의 소설들을 리살이 단 한 편도 읽지 않았다는 것이 정말 있을 법한 일인가? 리살이 그의 방대한 저작에서 갈도스의 이름을 한 번도 언급하지 않았다는 것은 확실하다. 그러나 많은 학자들은 리살이 열네 살이었던 1876년에 발표된 갈도스의 『도냐 페르펙타』(*Doña Perfecta*)와 『놀리 메 탕헤레』 사이의 주제적

---

44 같은 책, p. 13.

유사성들을 지적해 왔다. 갈도스의 기준으로는 짧은 소설인 『도냐 페르펙타』는 제목과 같은 이름의, 교회를 배후에 둔 종교적 광신도인 아주머니에 의해 파멸하는 정치적으로 순수한 자유주의적 엔지니어에 대한 이야기인 것이다. 어느 모로 보나 『놀리 메 탕헤레』가 훨씬 낫다. 그러나 리살이 물론 그런 것을 전혀 자인하지는 않으면서도 본국의 가장 유명한 소설가를 그의 영역에서 손 들게 하려는 바로 이러한 '반식민적' 기획을 일부 염두에 두고 있었다고 추측해 보는 것은 전혀 설득력 없는 일이 아니다. 더욱 말이 된다고 할 수 있는 것이, 갈도스는 자유주의자이기는 하지만 스페인 제국주의에 대해서는 뭐라 하지 않았다. 그러니 필리핀의 반식민주의자로서 리살 쪽에서도 갈도스에 대해서는 할 말이 없었던 것이다.[45]

그러나 리살에게는 억누를 수 없는 웃음이 있는데, 이는 반식민지 문학에서는 극히 드문 것이다. 이 웃음, 면도날같이 날카로운 경구들과 신랄한 비꼼만의 문제는 아니지만 두 소설 모두를 뒤덮고 있어 독자로 하여금 종종 커다랗게 큭큭거리고 싶은 기분이 들게 하는 이 웃음은 위고나 뒤마, 쉬, 갈도스로 거슬러 올라갈 수는 없는데, 이 중 누구도 웃음을 강력한 패로 내밀지 않았기 때문이다. 다우에스 데커는 우스워 죽을 지경으로 재미있을 수 있었겠지만, 리살은 『놀리 메 탕헤레』가 출판된 이후에 데커를 읽었을 뿐이었다. 리살의 웃음 일부는 식민주의 그 자체의 비참한 희극으로부터 나왔다. 『놀리 메 탕헤레』의 에필로그에서 스물다섯 살의 이 필리핀인은 이렇게 쓴다.

• •

45 1884~85년에 걸쳐 리살보다 아홉 살 나이가 많은 레오폴도 알라스(Leopoldo Alas, 필명 클라린Clarín)는 그의 가장 중요한 소설인 『재판관 부인』(*La Regenta*)을 출판했는데, 이는 주교좌성당이 있는 스페인 지방 도시에서의 사회적 삶을 강력하게 꿰뚫는 반교권주의적 작품이다. 이 작품은 성직자 사회와 '좋은 생각'의 소유자들에게서 격노의 울부짖음을 이끌어냈다. 리살은 1885년 늦여름까지 마드리드에서 공부하다 프랑스와 독일로 떠났으니, 읽을 시간은 없었다 하더라도 그 소설에 대해 확실히 알고는 있었을 것이다. 그러나 이 소설은 리살의 저작에서 전혀 언급되지 않는다. 갈도스의 경우와 마찬가지로, 이 침묵은 고의적인 것일지도 모른다. 그런데 『재판관 부인』은 파르도 데 타베라의 서재에서도 빠져 있었고, 이것이 더 많은 것을 말해 주는 암시인 것 같기도 하다.

우리의 인물들 중 많은 이들이 아직 살아 있는가 하면, 다른 이들은 소식이 끊긴 관계로, 진정한 에필로그는 가능하지 않다. 공익을 위하여 우리는 살비 신부로부터 시작해서 도냐 빅토리아까지 우리의 인물들을 기꺼이 죽일 수도 있었지만, 이는 가능하지 않다 …… 그들을 살아 있게 하라! 종국에는 우리가 아니라 나라가 그들을 먹여 살려야 할 것이다 …….[46]

내가 다른 곳 어디에선가 말했듯이, 작가가 이런 식으로 독자, 인물, '현실'과 장난을 치는 것은 진지한 19세기 유럽 소설 대부분의 특징과는 꽤 거리가 먼 것이지만, 겨우 5년 전에 나온 마샤두 지 아시스의 『브라스 쿠바스의 회상』을 바로 떠올리게 한다. 소설은 그 브라질인에게와 마찬가지로, 이 필리핀인에게도, …… '저편'(allá)으로부터 왔다. 이는 드뷔시가 자바인들의 가믈란 음악을 가지고 했던 것처럼 그렇게 다루는 것이 가능했던 기적적인 수입품이었다.

동시에 세르반테스 이후 리살이 가장 애착을 가졌던 스페인 작가는 1809년에 태어나 28년 후 자살한 마리아노 호세 데 라라(Mariano José de Larra)인 것으로 알려져 있다.[47] 짧은 생애 동안, 이 프랑스 취향의 자유주의-급진주의적 작가는 늘 정치를 기본으로 두고 저널리즘과 소설의 뚜렷하지 않은 선을 넘나들었다. 모든 것이 조롱될 수 있었지만 원거리에서는 아니었다. 라라가 빚어낸, 지독한 반동 페르난도 7세 치하 마드리드 사회의 모든 계층에 대한 가차

----

46 *Noli me tangere*, p. 350.

47 1888년 6월 16일 런던에서 친한 친구 마리아노 폰세에게 써 보낸 편지에서, 리살은 라라를 '금세기 가장 위대한 스페인의 산문 작가'로 묘사했다. 그보다 앞서 4월 30일 샌프란시스코에서 쓴 편지에서 리살은 폰세에게 라라 전집을 사서 런던으로 부쳐달라고 부탁했지만, 선집밖에 받지 못했다. 6월 16일자 편지에서 리살은 이어 말한다. "나는 위대한 작가일 경우에는 그냥 선집보다는 전집을 선호하는 습관이 있기 때문에, 전집을 보내달라고 자네에게 간청하려네. 그러나 나는 이 선집을 다른 여러 판본들과 비교하기 위하여 큰 기쁨으로 간직할 것이네. 이유는 …… 위대한 인물에 관해서라면 모든 것이 연구할 만한 가치가 있으며, 무엇이 낫고 무엇이 못한지 절대적으로 말하기가 매우 어렵기 때문이라네." *Epistolario Rizalino*, vol. 2, 1887~1890 (Manila: Bureau of Printing, 1931), pp. 7~8, 12~14.

없는 흉내를 비롯하여 웃음을 자아내면서도 날카롭게 성격을 묘사한 초상이, 리살에게 식민지 마닐라의 황폐한 사회를 흉내 내면서도 뛰어넘는 것이 가능함을 보여주었으리라.

협동과 경쟁

이사벨로 데 로스 레예스와 리살의 작품 사이의 기본적인 대조점은 그들이 채택한 장르 자체에 있다. 이사벨로가 소속감을 느낀 지구적 민족학과 민속학 연구의 세계에서, 기본직인 규범은 전문적이고 협동석인 것이었다. 겨룬다는 생각도 결코 빠져 있지는 않았지만, 모든 참가자에 의해 각자가 제 몫의 기여를 하는 세계적 사업으로 이해되는 분야에서 이는 부수적인 것이었다. 이사벨로는 그의 주요 저작(magnum opus)을 스페인의 민족학자 동료들에게 헌정하고 각주에 영국, 포르투갈, 이탈리아, 스페인 민속학자들의 글을 풍부하게 인용하는 것이 이상하다고는 전혀 생각지 않았다. '동료'는 실로 유럽과 그의 관계를 고찰하는 데에서 핵심어라고 말할 수 있을 것이다.

그러나 소설가에게는 동료가 없고, 소설 장르의 기본적인 규범은 독창성에서든 시장에서의 인기에서든 뿌리 깊게 경쟁적인 것이다. 『놀리 메 탕헤레』의 64장 중 거의 5분의 1은 그렇게 보려고 하면 그림자 각주라고 생각할 수 있는 문구들과 함께 시작한다. 그런데 이 모두는 시인들, 희극작가들, 철학자들, 성경, 그리고 방대하고 수수께끼 같은 속담의 세계로부터, 스페인어, 이탈리아어, 라틴어, 심지어 히브리어로 가져온 것이다. 단 하나도 소설가로부터 따오지 않았다. 그래도 작가가 쉬와 라라, 뒤마와 다우에스 데커, 갈도스와 포, 위스망스와 세르반테스, 그리고 필시 다른 이들에게도 졌을 애매한 빚을 의심할 수는 없을 것이다. 리살의 독창성은 그가 읽은 것을 바꾸어 쓰고, 엮고, 변형하는 방식에 있었다.[48] 이 장의 분석이 정확하다면, 그의 소설에서 포-보

----

48 지금이 리살이 1888년 11월 8일 런던에서 블루멘트리트에게 보낸 편지에서 무언가를 꺼내 볼

들레르-말라르메의 꼬마 도깨비-악마(imp-demon)가 식민지 하 지식인에 붙어 따라다니는 '비교의 악마'(demonio de los comparaciones)가 되고, 뒤마의 '만연체 대화'는 자유로의 길에 대한 절박한 논쟁으로 다시 만들어졌으며, 파리의 사회 구조에 대한 쉬의 파노라마는 식민지 사회의 병폐에 대한 개관적인 진단으로 다시 그려졌다는 것 등을 알 수 있다. 그러나 이후 젊은 필리핀 반식민주의 민족주의자들의 정치적 상상력을 자극하도록 위스망스의 아방가르드 미학을 차용하고 급진적으로 변형킨 방식보다 리살의 창조성을 더 잘 드러내는 것은 없다.

• •

적절한 순간이 아닌가 한다. 그는 친구에게 필리핀의 문제는 실제로 책이 부족한 것이 아니라고 말했다. 서적상들은 사실 사업을 잘하고 있었다. 인구가 5~6천 명 정도 되는 작은 읍인 칼람바에만도 6개의 작은 도서관이 있었고, 그의 가족이 소장한 것도 천 권이 넘었다. "그들이 파는 책 대부분이 종교 서적이거나 진정제 같은 책들이기는 하지. 많은 이들이 작은 서재를 갖고 있다네. 책이 무척 비싸기 때문에 크지는 않아도. 칸투(당시 유명했던 가톨릭 이탈리아인 세계사 저술가)나 로랑(위대한 프랑스 화학자 오귀스트 로랑인 듯), 뒤마, 쉬, 빅토르 위고, 에스크리치, 실러, 그리고 많은 다른 이들의 작품을 읽는다네." *Cartas entre Rizal y el Profesor Fernando Blumentritt, 1888~1890*, in *Correspondencia epistolar*, Tomo II, Libro 2, Parte 2, pp. 374~80 참조.

다른 국제적인 점 역시 짚고 넘어가야 하겠다. 천 권의 가족 서재를 쌓아 올린 사람들은 명백히 리살의 부모님이다. 우리는 리살이 1883년 6월 21일과 8월 2일 사이 파리로의 첫 여행 동안 집에 보낸 네 장의 편지로부터 그들의 폭넓은 교양을 이해할 수 있다. 그는 노트르담에 가는 것, 그리고 빅토르 위고의 동명 소설을 떠올리게 된 것을 묘사한다. 그는 뤽상부르 궁전에 있는 티치아노와 라파엘로, 다 빈치의 작품들을 사랑한다. 그는 팡테옹에 있는 루소와 볼테르의 묘지로 순례를 간다. 그는 루브르 근처를 정처 없이 걸으며 그 일부가 1871년 코뮌에 의해 불탔다는 것에 잠시 주의를 돌리기도 하고, 티치아노와 코레조, 로이스달, 루벤스, 무리요, 벨라스케스, 리베라, 반 다이크, 라파엘로와 다 빈치, 그리고 밀로의 비너스에 경탄한다. 그는 심지어 위고와 '알폰소' 도데, '에밀리오' 졸라, 아라비(파샤), 비스마르크, 가리발디, 차르 '알레한드로' 2세와 3세의 밀랍 인형을 보러 그레뱅 박물관에 가기까지 한다. 인상적인 점은 그가 이 이름 중 아무것에 대해서도 설명하지 않으며, 명백히 그럴 필요를 느끼지 못한다는 점이다. 그의 부모는 이미 이들과 완벽하게 친숙했다. 주 25)에 인용된 *Escritos de José Rizal* 제1권에서 *Cartas á sus padres y hermanos*를 보라.

제 3 장 비스마르크와 노벨의 세계적 그늘에서

『엘 필리부스테리스모』가 출판되었을 무렵인 1891년에 리살은 유럽에 10년 간 머무르고 있었으며, 이 아대륙의 두 주요 언어인 독일어, 프랑스어와 약간 의 영어도 배웠다. 또한 그는 긴 기간 동안 파리, 베를린, 런던에 살았다. 그는 자신의 두 번째로 중요한 소설에, 나중에 보게 될 것처럼 괜찮은 정치적 이유 를 가지고, '필리핀 소설'(novela filipina)이라는 부제를 붙였다. 그러나 다른 각 도에서 보자면, '필리핀 소설'인 것은 『놀리 메 탕헤레』이고, 『엘 필리부스테 리스모』는 '세계 소설'(novela mundial)이라 이름 붙일 만하다. 『놀리 메 탕헤 레』에는 식민지의 지배자와 피지배자가 아닌 인물이 한 명도 나오지 않는다. 그러나 우리는 이미 『엘 필리부스테리스모』에서 마닐라에 프랑스 보드빌 패 가 나타나고, 남미에 오래 살아 스페인어가 유창하다는 '진짜 미국인' (verdadero yankee) 미스터 리즈도 나온다는 것을 알아차렸다. 핵심 인물로는 막대한 부를 지닌 '중국인'(Chinaman) 키로가가 있는데, 그는 자기 나라(nación) 를 위해 지방 영사관을 세우려고 계획하는 사람이다. 게다가 이 책에는 이집 트·폴란드·페루·독일·러시아·쿠바·페르시아·캐롤라인 제도·실 론·몰루카 제도·리비아·프랑스·중국·일본, 그리고 아랍인과 포르투갈 인, 광저우와 콘스탄티노플에 대한 가벼운 언급이 흩뜨려져 있다.

그러나 여러 언어로 번역되었고 필리핀에서 널리 알려졌으며 사랑받는

『놀리 메 탕헤레』와 비교했을 때, 『엘 필리부스테리스모』는 등한시되는 편이다. 이것은 어떤 수준에서 보면 이해하기 쉽다. 이 소설에는 진정한 영웅이 하나도 없는 데 비해, 『놀리 메 탕헤레』에는 적어도 한 명이 있고, 아마 세 명이 있다고도 할 수 있을 것이다. 중심적인 역할을 하는 여성들은 하나도 없으며 인물로도 거의 제대로 묘사되지 않는 반면, 『놀리 메 탕헤레』에서 가장 강력하게 상상된 인물들 중 세 명은 리살이 '아름다운 성'(bello sexo)이라 부른 집단에 속해 있다. 『엘 필리부스테리스모』의 주요 플롯 및 부수적 플롯은 실패와 좌절, 죽음에 대한 이야기이다. 도덕적인 분위기는 더 어둡고, 더 정치 중심적이며, 문체는 더 냉소적이다. 이 책이 필리핀 민족의 아버지가 쓴 작품이 아니었다면 오늘날까지 다른 곳은 고사하고 필리핀에서도 독자가 거의 없었을 것이라고 말할 수도 있다. 그래도 많은 방면에서 놀라운 작품이다. 필리핀 지식인들과 학자들에게 이 책은 수수께끼였는데, 특히 1880년대 필리핀 식민지 사회에 대해 알려진 것과 이 책이 부합하는 점이 눈에 띄게 부족하다는 점이 골칫거리였다. 그래서 이 책을 작가가 실제 삶에서 가졌던 반식민지 혁명과 정치적 폭력(나중에 다루어질)에 대한 양가적 감정과 관련지어 '도덕적으로' 분석하려는 유혹이 강했다. 그러나 이 어려움들 중 최소한 몇몇은 우리가 텍스트를 지방적인 것만큼 지구적이기도 한 것으로 여기면 줄어들 수 있다.

그런 다중심적 관점을 만들어내려면, 내러티브 기법은 불가피하게 몽타주여야 한다. 분석자는 젊은 리살이 1882년 유럽으로 출발하기 전의 정치적 경험으로부터 출발해야 한다. 이후에는? 서로 교차하는 세 개의 '세계'가 있다. 시간상으로만 첫 번째인 세계는 비스마르크가 위압하고 있던 1860~90년의 국가 간(inter-state) 세계체제이다. 프로이센이 1866년 쾨니히그래츠에서 오스트리아-헝가리군에게, 1870년 스당에서 프랑스군에게 압도적인 군사적 승리를 거둔 일은 비스마르크의 프로이센을 유럽 대륙의 맹주로 세우고 독일 제국을 창조했을 뿐만 아니라, 프랑스의 군주제에 종말을 선고했고, 교황청의 세속적 권력을 파괴했으며, 그의 나라를 아프리카와 아시아, 오세아니아에 신참 제국주의자로 진출시켰다. 리살의 『놀리 메 탕헤레』는 이 세계의 판관이 실각하기 겨우 3년 전에 베를린에서 출판되었다. 그러나 동시에 주변부에서는 도쿠가와 이후의 일본과 남북전쟁 이후의 미국이 서로 다른 방향에서 유럽의 세계 헤게모니를 전복할 태세를 갖추고 있었다.

두 번째 세계는 지구적 좌파의 세계였다. 부분적으로는 비스마르크 덕분에, 1871년은 (당시의) 상징적인 '세계 문명의 수도'가 그 민중의 손아귀에 떨어지는, 다시금 일어나지 않은 일을 겪게 되었다. 파리코뮌은 전 지구에 반향을 보냈다. 비스마르크보다 코뮈나르들을 훨씬 더 두려워했던 프랑스 정부에 의한 코뮌의 잔혹한 탄압과 뒤이은 마르크스의 사망은, 세기말 즈음에는 산업자본주의와 전제 정치, 대토지 소유, 제국주의에 대한 지구적 대항의 주요 매개가 된 국제적 아나키즘이 떠오르는 길을 열었다. 스웨덴의 사업가이자 과학자인 알프레드 노벨은 전 지구에 걸쳐 거의 어디에서나 억압받는 계층의 열성적인 구성원들이 쉽게 입수할 수 있는 최초의 대량살상무기를 발명함으로써 부지중에 이 부상하는 운동에 현저한 기여를 했다.

세 번째는 리살이 태어난, 쇠잔해 가는 잔여 스페인 제국의 더 좁은 세계이다. 본국 자체가 왕위 계승을 둘러싼 내전과 종족—지역 간의 맹렬한 경쟁, 계급 갈등, 여러 종류의 이데올로기 투쟁으로 골치를 앓고 있었다. 카리브 해로부터 북아프리카를 거쳐 태평양 연안까지 뻗어 있는 멀리 흩뿌려진 식민지들에서는 쿠바의 운동이 이끄는 반식민지 운동이 격렬함에서도, 사회적 지지에서도 꾸준히 팽창하고 있었고, 동시에 서로 진지한 접촉을 시작했다.

이 장이 『엘 필리부스테리스모』에 대한 정치적 분석의 결론으로 진행해 가면서, 이 세계들 사이의 끼어듦이 점점 더 뒤얽히며 독자의 참을성을 시험하게 될지라도, 스페인과 프랑스·이탈리아·러시아·카리브 해·미국·필리핀 사이의 대조적 장면들의 삽입이 필수적이다.

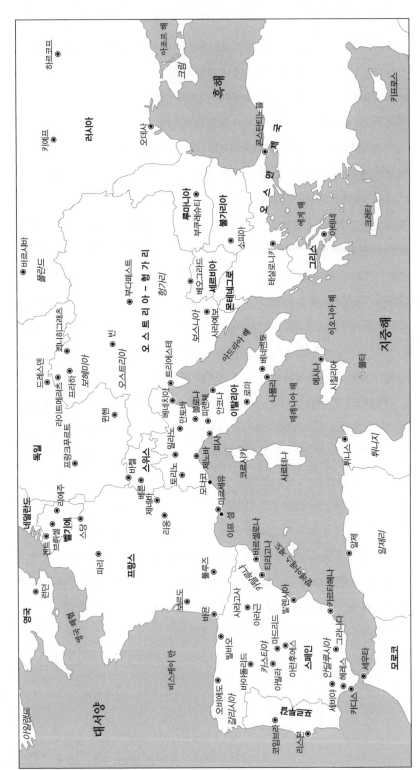

세 개의 세계 1: 지중해

유럽으로 가는 길

1833년 스페인에서는 연이은 두 차례 내전을 일으키고 나라를 세기말까지 괴롭힌 왕조의 위기가 발생했다. 그해, 나폴레옹에 의해 투옥 및 퇴위되었다가 1815년 이후 비신성 동맹에 의해 복위된 지독하게 반동적인 페르난도 7세가 죽으면서 왕위는 유일한 자식인 세 살짜리 왕녀 이사벨에게 넘어갔으며, 이사벨의 나폴리 출신 어머니가 섭정이 되었다. 그러나 페르난도의 동생 카를로스는 1830년 여성이 군주의 자리에 오르는 것을 금지하는 살리카 법이 공식적으로 폐지된 것은 자신의 계승권을 강탈하기 위해서라며 이 계승을 문제 삼았다. 그는 초보수적인 북부(나바라, 아라곤, 바스크 지역)에서 군대를 동원하여 전쟁을 시작했고, 그 전쟁은 1830년대 말까지 지속되다가 불안한 정전 협정으로 겨우 끝을 맺었다. 섭정과 그 측근들은 재정적·정치적 이유들로 자유주의자들의 지지를 구하러 돌아섰고, 우리가 앞으로 보게 될 것처럼 그 결과를 멀리까지 가져가게 될 조처로서 그 힘 있는 교단의 자산을 빼앗았다. 열여섯 살에 이사벨은 '여자 같은' 카디스 공작에게 시집보내졌고, 곧 쾌락을 다른 곳에서 찾는 데 익숙해지게 되었다. 나이가 들면서 이사벨은 어머니의 방침에서 벗어나 몇몇 꼴통 보수파 성직자들의 영향력 아래 떨어지게 되었고, 부패와 흔들림이 점점 심해지는 정권을 통합하였다.

이 정권이 마침내 무너지기 직전의 몇 달 중 1868년 9월에 여왕은 자신의 공화주의자 적들 여러 명을 필리핀으로 강제 이송하여 마닐라 만의 요새화된 코레히도르 섬에 투옥시킬 것을 명령하였다. 여왕의 양위와 프랑스로의 도주에 따른 들뜬 기분 속에서, 호아킨 파르도 데 타베라(Joaquín Pardo de Tavera), 안토니오 마리아 레히도르(Antonio María Regidor), 호세 마리아 바사(José María Basa)—레히도르와 바사는 이후 리살의 좋은 친구가 된다—등의 몇몇 유복한 자유주의 성향의 마닐라인(Manileño) 크리올과 메스티소들이 고통받는 죄수들을 옹호하는 대중적인 서명 운동을 조직했다.[1] 1869년 6월 부유한 안달루시아인 자유주의자 카를로스 마리아 데 라 토레(Carlos María de la Torre) 장군이 새로운 총독으로 부임하여, 크리올과 메스티소들을 그의 궁으로 초대해 '자유'를 위한 축배를 드는가 하면 평상복으로 마닐라의 거리를 거니는 행동으로 본국 출신의 많은 식민 엘리트들을 경악케 했다. 나아가 그는 간행물의 검열을 폐지하고, 의사 표현과 집회의 자유를 장려하였으며, 군대의 처벌 중 하나인 태형을 중지시키고, 반란자들을 사면하고 그들을 특수 경찰 병력으로 조직함으로써 마닐라에 이웃한 카비테 지방의 농민 반란에 종지부를 찍었다.[2] 다음 해, 자유주의자인 해외 담당 장관(Overseas Minister) 세히스문도 모레트(Segismundo Moret)가 도미니크회의 유서 깊은 산토토마스 대학을 국가의 통제 하에 놓는 법령을 공포하였으며, 수사들에게 재속 신부가 될 것을 장려하면서 그럴 경우 교회의 상급자들을 무시하고 교구에 대한 통제권을 계속 주겠다고 보장하였다.[3] 마찬가지의 들뜬 기분이 유복한 지주 카를로스 마누엘 데 세스페데스 (Carlos Manuel de Céspedes)의 유능한 리더십 하에 쿠바의 10년 전쟁(1868~78)이 된 사건을 일으키기도 했는데, 세스페데스는 한때 그 부유한 식민지의 동부 반쪽을 통제하기도 했다.[4]

그러나 마드리드에서는 사보이의 아마데오를 새로운 (인기 없는) 군주로 앉힌다는 결정과 함께 정치의 바람이 방향을 바꾸기 시작했다.[5] 1870년 12월,

• •

1 William Henry Scott, *The Unión Obrera Democrática: First Filipino Trade Union*(Quezon City: New Day, 1992), pp. 6~7.

2 Guerrero, *The First Filipino*, pp. 9~11.

3 John N. Schumacher, SJ, *The Propaganda Movement, 1880~1895*, rev. ed.(Quezon City: Ateneo de Manila Press, 1997), p. 7.

4 게레로의 관찰에 따르면 무장 하 정전으로 끝난 이 전쟁은 스페인에 7억 페소의 비용과 사상자 14만 명(주로 병에 의한), 자치를 비롯하여 다른 개혁들에 대한 약속, 쿠바인들의 북미 시민권 취득을 허용하는 미국과의 굴욕적인 협정을 부담시켰다. *The First Filipino*, p. 283. 쿠바에서의 사건 선개는 제4장에서 더 자세히 다룰 것이다.

5 이사벨의 도주로 야기된 왕위 계승 위기가 프랑스-프로이센 전쟁의 카수스 벨리(전쟁의 원인)가 되었음이 생각날 것이다. 적당한 후계자를 찾던 스페인 내각은 프로이센 왕의 먼 사촌인 레오폴트 공과 교섭하기로 결정했으며, 마드리드의 왕좌에 호엔촐레른 왕조의 일원을 두는 것에 대한 그 모든 이점을 파악한 비스마르크는 레오폴트에게 이 권유를 받아들이라고 압력을 넣었다. 이 소식이 파리에 샜을 때, 프랑스 외무 장관은 이성을 잃었다. 그는 빌헬름 1세가 휴가를 보내고 있는 엠스로 달려가 레오폴트의 사퇴뿐만 아니라 앞으로 호엔촐레른의 왕위 후보가 아무도 내세워

이사벨에 대한 공격을 이끈 후 아마데오의 계승을 주도적으로 추진했던 총리 후안 프림 이 프라츠(Juan Prim y Prats) 장군이 암살당했다. 이에 따라 1871년 4월 데 라 토레는 보수주의자 라파엘 데 이스키에르도(Rafael de Izquierdo) 장군으로 대체되었으며, 이스키에르도는 모레트의 법령들을 중지시키고 카비테의 군함 조선소 노동자들에게 부역을 면제시켜 주던 전통을 폐지하였다. 1872년 2월 20일, 카비테에서 무장 항쟁이 발생하여 7명의 스페인 장교가 살해당했다. 이 항쟁은 빨리 진압되었지만 이스키에르도는 재속 신부, 상인, 변호사, 심지어는 식민 행정 관료들까지 포함한 수백 명의 크리올과 메스티소를 체포하는 후속 조치를 단행했다.[6] 바사, 레히도르, 파르도를 포함하여 이들 대부분은 이윽고 마리아나 제도나 그 너머로 강제 이송되었다. 그런데 정권은 몇몇 보수적인 수사들의 부추김으로 세 명의 자유주의적 재속 신부를 두려움을 불러일으키는 공적인 본보기로 만들기로 결정하였다. 간단한 엉터리 재판 후 크리올 호세 부르고스(José Burgos)와 하신토 사모라(Jacinto Zamora), 그리고 나이든 중국인 메스티소 마리아노 고메스(Mariano Gómez)가 4만 명이라 전해지는 사람들 앞에서 교수형(garrote)을 당했다. 부르고스의 집에 살고 있었던, 리살의 사랑하는 열 살 위의 형 파시아노는 은신과 더불어 그 이상의 공식적 교육을 포기해야만 했다.[7]

6개월 후인 9월 2일, 거의 1,200명에 이르는 카비테 조선소와 병기고 노동자들이 필리핀 역사상 최초로 기록된 파업에 나섰다. 수많은 사람들이 구금

....

지지 않을 것임을 공식적으로 선언할 것을 요구했다. 창피를 당하고 싶지 않았던 빌헬름은 이를 거절했다. 비스마르크는 이 만남에 대한 설명을 전보로 받은 후 실제보다 파리 측의 요구가 더 독단적으로 보이도록, 그리고 빌헬름의 거절은 더 퉁명스럽게 보이도록 손을 보았다. 이 손을 본 전보의 공표는 철의 수상이 바랐던 것을 정확하게 이루어냈다. 이는 루이 나폴레옹으로 하여금 바보같이 전쟁을 선포하도록 했던 것이다.

6 그 세대의 다른 이들처럼 이스키에르도는 토착민들은 스스로 반란을 일으킬 능력이 없다고 확신하고 있었다. 스페인이 그 아메리카 대륙의 제국을 잃은 것은 토착민들이 아닌 크리올과 메스티소들 때문이며 당시 쿠바에서 세스페데스의 놀랄 만한 성공 배후에 있는 세력도 그들이라는 것이 일반적인 생각이었다.

7 같은 책, pp. 8~9; Guerrero, *The First Filipino*, pp. 3~6, 13.

당했고 심문을 받았지만 정권은 체포할 만한 주모자를 찾아낼 수 없었고 결국 모두가 석방되었다. 윌리엄 헨리 스콧은 이 뜻밖의 불쾌한 일에 대한 이스키에르도의 반추를 인용한다. "천 명도 넘는 사람들이 어떤 마키아벨리 식의 리더십 없이 완전히 똑같은 생각을 공유할 수는 없기 때문에", 장군은 "인터내셔널이 그 검은 날개를 뻗쳐 가장 외딴 곳까지 사악한 그림자를 드리웠다"고 결론을 내렸다. 아마 별로 그럴 법하게 들리지 않을 텐데, 사실을 말하자면 인터내셔널은 1871년 11월에야 코르테스*에 의해 금지되었고, 바쿠닌주의자들의 마드리드 지부가 세계 노동자들을 일깨우는 데 바쳐진 공식 기관지 『연대』(La Solidaridad)의 창간호(1870년 1월 15일자)에서 "버진 오세아니아와 풍요롭고 넓은 아시아 지역에 거주하고 있는 그대들"을 언급했다는 것이다.[8]

여러 해가 지난 후 리살은 이렇게 썼다. "1872년이 아니었다면, 리살은 지금 예수회 수사가 되어 『놀리 메 탕헤레』 대신 그 반대의 것을 쓰고 있을 것이다."[9] 파시아노가 블랙리스트에 올라 있는 상황에서 리살의 첫 번째 성(姓) 메르카도는 어린 호세에게 좋은 교육을 받을 기회를 완전히 차단할 것이었다. 그래서 그는 아테네오에 두 번째 성(姓)인 리살로 등록하였다. 1891년 그는 『엘 필리부스테리스모』를 열사가 된 세 명의 신부에 대한 기억에 헌정했다. 1887년에 오스트리아인 친구인 민족학자 페르디난트 블루멘트리트가 기묘한 단어 '필리부스테로'(filibustero)의 의미가 무엇인지 물었을 때, 그는 이렇게 대답하였다.

필리부스테로라는 단어는 아직 필리핀에 아주 조금밖에는 알려져 있지 않습니다. 보통 사람들은 아직 잘 모르지요. 제가 이 단어를 처음 들은 것은 1872년이었는데 [그는 그때 열한 살이었다] 그 처형 사건이 일어났던 때입니다. 나는 아직도 그

* 스페인의 입법부.

8 Scott, The Unión Obrera Democrática, pp. 6~7.

9 리살이 친구인 마리아노 폰세와 1890년대 스페인의 필리핀인 민족주의자 기관지였던 『연대』의 편집진에게 보낸 편지에서. Guerrero, The First Filipino, p. 608, 주 13)에서 인용, 내저자의 번역.

단어가 불러일으키던 공포를 기억합니다. 우리 아버지는 우리에게 이 단어를 입 밖에 내어 말하지 못하게 하셨지요 …… (그 의미는) 곧 목이 매달릴 위험한 애국자, 아니면 주제넘은 인간입니다.[10]

이 단어는 1850년경 세스페데스의 카리브 해에 있는 어떤 놀라운 해안에서 신조어로 만들어져 거기에서부터 쿠바와 스페인을 거치고 인도양을 건너 마닐라로 흘러온 것으로 밝혀진다.[11]

••••••••••••••••••••••••

10 *The Rizal-Blumentritt Correspondence, Vol. 1, 1886~1889*(Manila: National Historical Institute, 1992), p. 65 이후의 다섯 번째와 여섯 번째 번호가 없는 쪽. 1887년 3월 29일 베를린으로부터의 편지.

11 F[ernando] Tarrida del Mármol, "Aux inquisiteurs d'Espagne", *La Revue Blanche*, 12: 88(February 1, 1897), pp. 117~20. 117쪽에서 그는 스페인의 "근대적인 심문관들"(inquisiteurs modernes)에 대해 이렇게 쓴다. "이 근대적인 심문관들의 방법은 언제나 똑같은 고문·처형·중상이다. 그들이 그 삶을 파괴하려 하는 불쌍한 사람이 쿠바에 살면 그는 혁명선동자(filibustier)라 불린다. 스페인 본국에 살면 아나키스트라 불리고, 필리핀이면 프리메이슨이라 한다." 우리는 나중에 엄청난 인물 타리다와 조우하게 된다. 여기에서는 그가 스스로 무얼 말하는지 알고 있었다고 말하는 것만으로 충분하겠다. 그는 1861년 리살이 태어난 것과 같은 해에 쿠바에서 태어났고, 위의 글에서 스스로에 관해 '나는 쿠바인'(je suis cubain)이라고 말하고 있기 때문이다. George Richard Esenwein, *Anarchist Ideology and the Working Class Movement in Spain, 1868~1898*(Berkelye: University of California Press, 1989), p. 135 참조.
원래 해적(buccaneer, pirate)을 의미하는 네덜란드어인 vrijbuiter(나중에는 영어로 freebooter)에서 파생된 '필리부스터'(filibuster)라는 단어가 어떻게 긍정적이고 완전히 정치적인 단어가 되었는가 살펴보는 것은 재미있는 일이다. 중요한 전환점은 아마도 레날과 디드로의 유쾌한 *Histoire philosophique et politique des établissements & du commerce des Européens dans les deux Indes*(Geneva: Libraires Associés, 1775)의 제52장("Les flibustiers désolent les mers d' Amé rique. Origine, moeurs, expeditions, décadance de ces corsairs")에서 찾아볼 수 있을 것이다. 해적들의 잔인함에 대해 얼버무리지 않고도 저자들은 자유에 대한 그들의 사랑과 직접 만들어낸 신사도에 대해 감탄하며 써냈다. 완전히 정치적인 의미에서의 '필리부스터'는 1850년경 뉴올리언스의 크리올들에 의해 만들어진 것으로 보이는데, 이들은 이 말을 스페인의 멍에를 내던지고 쿠바를 미국에 합병시키고자 뉴올리언스로부터 네 차례 계속된 쿠바 침공(1848~50)을 위해 베네수엘라인 나르시소 로페스(Narciso López)에게 합류한 다양한 배경의 용병과 이상주의자들을 가리키는 데 썼다. 1850년대 중반 잠시 스스로를 니카라과 대통령으로 만들기도 했던 악명 높은 미국인 모험가 윌리엄 워커 같은 사람들은 이미 자신들을 자랑스럽게 '필리부스터'라 부르고 있었다. 그 단어는 필리핀에 임명되기 전 카리브 해에서 복무했던 고위급 장교들의 짐에 담겨 마닐라로 왔을 가능성이 가장 크다. 필리핀 제도의 마지막 총독 다섯 명 중

1882년 늦은 봄, 스무 살의 리살은 스페인에서 공부하기 위해 조국을 떠났다. 부모에게는 계획을 숨겼지만, 존경하는 형 파시아노와 호의적인 삼촌의 지지를 받으며. 어떻게 이것이 가능했는가? 메르카도 가문은 스페인어와 타갈로그어를 구사하는 교양 있는 집안으로서 '말레이'와 스페인, 중국 혈통이 섞여 있었다. 그들이 사는 칼람바(Calamba, 오늘날 마닐라에서 남쪽으로 한 시간 운전해서 가는 거리)에서는 가장 부유한 집안이었지만, 토지는 많이 소유하지 못했고 지방 도미니크회의 거대한 농장(hacienda)에서 상당한 땅을 임차하고 있었기 때문에 부의 기반이 취약했다. 1882년에는 아직 높았던 세계의 설탕 가격이 1883~86년까지 지속된 공황에 의해 폭락하게 된다. 집안에서는 언제나 호세에게 보낼 수 있는 돈은 다 보내주려고 했지만 늘 충분하지 못했고, 젊은 이는 생활비가 늘 빠듯하다는 것을 발견하곤 했다.

어찌 되었든 6월 초 리살은 바르셀로나로 갔다가 거기에서 다시 마드리드로 가 센트랄 대학(Central University)에 학생으로 등록하기 전 네덜란드의 호화 선박 젬나 호로부터 마르세유에 상륙하였다.[12] 육지에 내려서 겪은 최초의 불

....

네 명, 마요르카섬에서 프로이센인 부모에게 태어난 발레리아노 웨일레르(Valeriano Weyler, 1888~91), 에울로히오 데스푸홀(Eulogio Despujol, 1891~93), 라몬 블랑코(Ramón Blanco, 1893~96), 카밀로 폴라비에하(Camilo Polavieja, 1896~97)는 전부 그들의 억압적인 박차를 카리브 해에서—데스푸홀은 산토도밍고에서, 다른 이들은 쿠바에서—갖게 되었다.

두 번째 원정대의 지휘권을 제퍼슨 데이비스와 로버트 E. 리에게 제안했던 로페스, 흑인들에 대한 '가혹함'으로 악명 높았으며, 남부의 노예소유주들 및 북부의 팽창주의자들과 동맹했고, 주로 멕시코 전쟁의 퇴역 군인들로부터 충원을 했던 그가 사후 아바나에서의 공개 교수형 덕분에 애국자로 사후 명예회복을 할 수 있었던 것은 기이한 역사적 아이러니이다. 그가 합병의 대의를 내걸고 고안한 적-백-청, 별과 줄무늬 깃발은 오늘날 쿠바의 국기로 남아 있다. Hugh Thomas, *Cuba, The Pursuit of Freedom* (New Brunswick, NJ: Harper & Row, 1971), pp. 212~17 참조.

12 리살의 *Diarios y memorias*에 포함된 *Diario de viaje. De Calamba á Barcelona*, p. 57에서 스무 살의 리살은 (랭보의) 아덴이 "내게 단테의 지옥편을 떠올리게 한다"라고 썼다. 6월 23일 바르셀로나에서 집으로 보낸 편지를 통해 우리는 그가 폼페이와 헤르쿨라네움의 즐거움을 누리기 위해 잠시 멈추었으며, 갑판에서 에드몽 단테스가 그토록 오래 갇혀 있었던 이프 섬에 감탄하였다는 것을 알게 된다. *Correspondencia epistolar* (Manila: Comisión del Centenario de José Rizal, 1961), Tomo II, Libro I의 *Cartas entre Rizal y los miembros de la familia, 1886~1887*, pp. 20~21.

소년 호세 리살.

쾌한 충격은 그가 가족에게 쓴 편지에서 볼 수 있듯이, 다음과 같은 것이었다.

나는 마닐라와 마찬가지로 돌로 포장되어 있고 사람들로 붐비는 넓고 깨끗한
거리를 따라 걸으며 모든 이의 시선을 끌었어요. 그들은 나를 중국인, 일본인, 아메
리카인[americano, 즉 라틴아메리카 사람] 등등으로 불렀지만 아무도 필리핀 사람
이라고는 하지 않더군요! 불운한 나라! 아무도 전혀 알지 못하는 나라라니![13]

마드리드에서 그는 동료 학생들에게 필리핀이 영국 소유인지 스페인 소유
인지, 필리핀이 마닐라에서 꽤 멀리 떨어져 있는지 등의 질문을 받았다.[14] 그

13 *One Hundred Letters of José Rizal*(Manila: National Historical Society, 1959), p. 26. 바르셀로나
   에서 보낸 1882년 6월 23일자 편지. 이 편지들은 큰 *Correspondencia epistolar*가 출판될 당시에
   는 입수되지 않고 있었다.
14 "Que nos tomen por chinos, americanos ó mulatos y muchos aun de los jóvenes estudiantes
   no saben si Filipinas pertenece á los ingleses ó los españoles. Un día preguntaban á uno de
   nuestros paisanos si Filipinas estaba muy lejos de Manila." 같은 책, p. 85. 마드리드에서 집으
   로 보낸 1883년 1월 29일자 편지.

렇지만 그의 조국에 대한 스페인의 압도적인 무지와 무관심은 곧 유용한 결과를 낳게 된다. 식민지 내에서는—스페인 국가는 절대 필리핀도 쿠바도 식민지라고 부르지 않았고, 식민지 관할 부서도 없었지만—법과 징세 방법, 사치 금지법에 뿌리박힌 인종적 위계질서가 모든 이에게 최우선적으로 중요한 것이었다. 본국인, 크리올, 스페인계와 중국계 메스티소, '중국인', '인디오'는 밑줄이 쫙 그어진 사회적 계층이었다. 필리핀에서 '필리피노'(filipino)라는 말은 크리올만을 지칭하는 것이었다. 그러나 리살과 그 동료 학생들은 스페인에서는 이런 구별이 알려져 있지 않거나 상관이 없다는 것을 재빨리 알아챘다.[15] 18세기 후반 마드리드의 라틴아메리카인들이 리마에서 왔든지 카르타헤나에서 왔든지, 크리올이든지 조상의 피가 섞였든지 간에 '아메리카노'였던 것과 마찬가지로, 고향에서의 지위가 어떻든 간에 여기에서 그들 모두는 '필리피노'였다.[16] (똑같은 과정이 현대 미국의 '아시아인'과 '아시아계 미국인'이라는 범주를 만들어냈다.) 그리하여 1887년 4월 13일 리살은 블루멘트리트에게 이렇게 쓴다.

우리는 그럴 마음이 전혀 없어도 다들 정치에 무언가를 희생해야 하지요. 마드리드에서 우리 신문을 내는 나의 친구들도 이것을 이해합니다. 이 친구들은 모두 젊은이들, 크리올·메스티소·말레이인이지만 우리는 우리를 그저 필리핀인(Philippiner)이라 부른답니다.[17]

●●●●●●●●●●●●●●●●●●●●●

15 『놀리 메 탕헤레』의 새로운 프랑스어 번역본에 붙인 일류의 서문에서, 번역자 호비타 벤투라 카스트로(Jovita Ventura Castro)는 필리핀에서 온 학생들이 본국의 대학에 등록할 수 있도록 허용된 것이 1863년 이후였다고 지적한다. 처음 등록한 것은 스페인에서 태어난 스페인인들과 신체적으로 구별이 불가능한 크리올들이었다. 색깔이 섞인 메스티소와 인디오들은 1870년대 후반에야 도착한 것으로 보인다. 이들은 그러므로 눈에 띄게 새로운 존재였다. *N'y touchez pas!*(Paris: Gallimard, 1980) 참조. 이 판본은 유네스코의 후원을 받았다.

16 나의 책, *Imagined Communities*(London: Verso, 1991), p. 57 참조.

17 *The Rizal-Blumentritt Correspondence, 1886~1889*, p. 72 참조. 필리핀인(Philippiner)이라는 독일어 단어는 '필리피노'를 둘러싼 모호함에 오염되어 있지 않다는 것을 인지하는 것이 중요하다. 이것은 명쾌하고 간단하게 (원시)민족을 가리키는 단어이다.

호세 리살이 그린 아덴 항 스케치.

　그들이 '무엇인지'(식민지에서)는 그들이 본국에서 '스스로를 어떻게 부르는지'(공적으로)와 대조된다. 그러나 실은 생략된 것이 더 있는데, 이 메스티소들 대다수는 스페인계가 아니라 중국계라는 것이다. (실로 중국계 메스티소들은 필리핀에서 스페인계 메스티소의 수를 훨씬 능가했다.)[18] 개입되어 있는 정치적인 노력(esfuerzo)이 왜 그들의 신문이 스스로를 희망적으로, 또한 인터내셔널을 신경 쓰지 않으면서, 『연대』(La Solidaridad)라 불렀는지를 설명하는 것 같다. 그러니 필리핀 민족주의는 그 장소의 기원을 필리핀보다는 스페인의 도시 지역에 두고 있다고 이야기할 수도 있을 것이다.

　네 해 동안 리살은 마드리드의 센트랄 대학에서 열심히 공부했다. 1885년 여름까지 그는 철학과 문학 박사학위를 받았으며, 돈이 떨어지지 않았더라면

18 '중국계 메스티소'(mestizo chino)라는 말이 『놀리 메 탕헤레』에는 전혀 나오지 않고, 『엘 필리부스테리스모』에서는 지나가는 말로 한 번 나온다는 것은 꽤 인상적인 일이다. 그런 메스티소라고 생각할 수 있는 인물들이 많이 나오는데도 리살은 그들의 결정적인 성씨를 언급하지 않도록 주의를 기울인다. 참 슬프게도, 중국인에 대한 스페인의 편견은 이 젊은 반식민주의 엘리트에게 꽤 심한 정도로 흡수되었다.

의학 박사학위도 받았을 것이다. 1896년 말 리살이 처형된 이후, 그 필리핀인보다 세 살 어렸지만 철학, 문학과에 그보다 2년 일찍 입학하여 1884년에 졸업한 미겔 데 우나무노가 학생 시절 그를, 말하자면, 주변에서 종종 보았다고 진실된 듯한 주장을 했다.[19] 그러나 이 연구의 목적에서 가장 중요한 사건은 리살이 졸업반이 되던 해(1884/85) 초에 그의 역사 교수이자 스페인 프리메이슨의 총본부장인 미겔 모라이타(Miguel Morayta)가 성직자들의 반계몽주의에 대한 통렬한 공격과 학문의 자유에 대한 공격적인 방어를 담은 취임 연설을 하면서 일어났다.[20] 이 학자는 아빌라의 주교를 비롯하여 주교관을 쓴 다른 이들로부터 이단의 죄목과 스페인의 전통과 문화를 더럽힌 죄목으로 즉각 파문당했다. 학생들은 모라이타를 옹호하는 두 달 간의 휴업에 돌입했고, 그라나다와 발렌시아, 오비에도, 세비야, 바야돌리드, 사라고사, 바르셀로나의 큰 대학들의 동료 학생들은 이들을 재빨리 지지했다.[21] 그러자 정부는 경찰을 보냈고, 많은 학생들이 구속되거나, 구타당하거나, 그 두 가지 모두를 당했다. 나중에 리살은 자신이 모라이타의 집에 숨고 세 가지 다른 변장을 하여 겨우 구속을 면할 수 있었다고 회상했다.[22] 우리가 나중에 보게 되듯이, 이 경험은 변형을 거쳐 『엘 필리부스테리스모』의 플롯에서 핵심적인 에피소드가 된다.

19 바스크인 철학자이자 에세이스트, 시인, 소설가인 미겔 데 우나무노 이 후고(Miguel de Unamuno y Jugo)의 '찬사'(Elogio)는 W.E. Retana, *Vida y escritos del Dr José Rizal*(Madrid: Victoriano Suárez, 1907)에서 인용된 것으로, 『놀리 메 탕헤레』의 베네수엘라 판(Caracas: Biblioteca Ayacucho, 1976)에 대한 멕시코인 레오폴도 세아(Leopoldo Zea)의 유익한 서문에 언급되어 있다(p. xviii).

20 모라이타가 교단을 특히 분노케 한 것은 리그베다가 구약보다 훨씬 오래되었다는 강조와, 이집트인들이 사후 세계에서의 응보라는 관념을 선구적으로 만들어냈다는 주장, 그리고 대홍수와 천지창조에 대한 회의적인 논의였는데, 당시 로마 교황청은 여전히 천지창조가 기원전 4404년에 일어났다고 주장하고 있었다. Manuel Sarkisyanz, *Rizal and Republican Spain*(Manila: National Historical Institute, 1995), p. 205.

21 Rizal, *El Filibusterismo*, endnotes, pp. 38~39. 편집자들은 볼로냐, 로마, 피사, 파리, 리스본, 쿠임브라, 그리고 독일 각지의 학생들로부터의 축전과 지지 시위가 물밀듯이 쇄도했다고 덧붙인다.

22 리살이 1884년 11월 26일자 편지(*One Hundred Letters*, pp. 197~200)에서 가족에게 보낸 생생한 설명을 참조.

마드리드 센트랄 대학 학생 시절의 호세 리살.

학생 시절의 사건들 중 밑줄을 칠 만한 일이 여기에 딱 한 가지 더 있다. 1883년 봄 파리에서 보낸 리살의 첫 방학이다. 앞서 우리는 그가 프랑스의 수도에서 가족에게 보낸 흥분 섞인 편지들을 상당히 자세히 살펴보았다. 마드리드에 대해서는 그 비슷한 것조차 없다. 파리는 그에게 제국 스페인을 경제적 · 과학적 · 산업적 · 교육적 · 문화적 · 정치적으로 심각하게 후진적이라고 인식할 수 있게끔 한 최초의 지리적 · 정치적 공간이었다.[23] 이것은 그의 소설

••••••••••••••••••••

23 1860년의 인구 조사에 따르면 대부분의 성인 노동인구는 직업적으로 다음과 같이 분포되어 있었다. 농업노동자 2,345,000명, 소농 1,466,000명, 하인 808,000명, 직공 665,000명, 소상인 333,000명, 극빈층 262,000명, 공장노동자 150,000명, 전문직 및 그와 관련된 직업 100,000명, '고용인'(국가공무원?) 70,000명, 성직자 63,000명(여성 20,000명 포함), 광부 23,000명. Jean Bécarud and Gilles Lapouge, *Anarchistes d'Espagne* (Paris: André Balland, 1970), vol. I., pp. 14~15. 40년 후인 1901년에는 바르셀로나에만 50만 명의 노동자가 있었지만 절반은 문맹이었다. J. Romero Maura, "Terrorism in Barcelona and Its Impact on Spanish Politics, 1904~1909", *Past and Present*, 41(December, 1968), p. 164 참조.
슈메이커(Schumacher)는 식민 본국과 식민지의 문맹률이 '식민화의 역사에서 독특'할 정도로 비슷했다고 주장하기까지 한다. (1900년에 스페인의 10세 이상 인구 문맹률은 58.7퍼센트였다. 1903년에 미국이 실시한 인구 조사는 필리핀의 경우 55.5퍼센트라는 숫자를 나타낸다. 이 숫자는 다양한 현지어, 스페인어, 미국어를 모두 계산에 넣은 것이다.) *The Propaganda Movement*, p. 304, note 9.

이 식민주의 하에서 쓰인 반식민지 소설 가운데서 유독 독특하게 느껴지는 이유의 한 가지이다. 그는 식민주의자들을 단순하게 비난하기보다는 그들을 비웃을 수 있는 위치에 있었다. 그는 『놀리 메 탕헤레』를 출판한 이후에야 에두아르트 다우에스 데커의 『막스 하벨라르』를 읽었지만, 왜 그가 그 네덜란드인의 남의 기분 따위 배려하지 않는 스타일의 풍자를 즐겼는지는 바로 알 수 있을 것이다.

졸업할 즈음이 되어서는 그는 식민 본국에 대해 충분히 겪은 상태였다. 그 후 6년간을 그는 '선진' 북쪽 유럽에서 보냈다. 이는 리살보다 여덟 살 많은 호세 마르티가 1870년대 중반 스페인에서 공부한 후 그곳을 영원히 떠나 남은 삶의 많은 부분을 뉴욕에서 보낸 것과 유사하게 보인다.

비스마르크와 제국주의의 새로운 지리

이 시점에서 우리는 『놀리 메 탕헤레』가 출판되었으며 『엘 필리부스테리스모』가 기획되었던 1880년대에 그가 놓여 있었던 세 가지 세계를 개략적으로 살펴보기 위해 스물네 살의 리살을 잠시 떠나기로 한다.

1866년 쾨니히그래츠에서 오스트리아-헝가리 제국의 군대를 참패시킨 후, 철(鐵)의 재상은 1870년에 루이 나폴레옹과 10만 명의 프랑스 군대에게 항복을 받아내며 스당 전투에서 다시금 승리를 거두었다. 이 승리로 그는 베를린이 아니라 베르사유에서 1871년 1월 새로운 독일 제국이 선포되게끔 추진하고 알자스-로렌을 합병할 수 있었다. 이 시점에서부터 제1차 세계대전의 파멸에 이르기까지, 제국 독일은 유럽 대륙에서 지배적인 세력이었다. 비스마르크는 1880년대에 그 전 시기의 정책을 뒤집으면서 유럽 바깥에서의 제국주의적 모험에서 영국 및 프랑스와 경쟁하는 데 관심을 갖기 시작했다. 주요 관심 지역은 아프리카였지만 극동과 오세아니아도 포함되어 있었다. 리살의 궤적과 가장 직접적으로 이어지는 것은 이 마지막 부분이다.

아무 지도책이나 펼쳐보면 왜 그런지 알 수 있다. 하와이와 필리핀을 잇는

오토 폰 비스마르크.

직선을 따라 넓게 위치한 지역에 삼각형을 이루며 세 개의 군도가 펼쳐져 있
는데, 북쪽 끝에 마리아나 제도가 있고 캐롤라인 제도와 마셜 제도가 각각 남
서쪽과 남동쪽 끝에 있다. 마리아나 제도는 마닐라 동쪽에서 대략 직선으로
2,300킬로미터 떨어져 있으며, 캐롤라인 제도의 서쪽 끝은 필리핀 남부의 섬
민다나오에서 직선거리로 1,000킬로미터 동쪽에 있고, 마셜 제도는 그보다
2,600킬로미터 더 동쪽에 있다. 교황청이 태평양을 스페인 제국 지배자의 영
해(mare clausum)라 선포했던 제국주의 초기 시대부터 나폴레옹 전쟁 시기까지
이 제도들은 일반적으로 스페인에 복속되어 있다고 여겨졌다. 사실 스페인은
석탄을 공급하는 항구와 정치적인 말썽꾼들을 추방하는 장소로 이용하는 것
말고는 제도들에 별로 관심이 없었다. 통치가 조금이라도 이루어진다고 하
면, 그 임무는 필리핀 총독에게 맡겨졌다. 그러나 1878년 독일이 민간 상업의
바닷길을 따라 마셜 제도에 멋대로 석탄 공급지를 설치했다. 1884년 베를린
은 그때까지 사유 회사가 지배하던 뉴기니 북동부(캐롤라인 중부에서 남쪽으로 직
선거리 1,300킬로미터)를 합병하였으며, 다음 해에는 야프 섬에 제국의 깃발을
올림으로써 캐롤라인 제도에 대한 권리를 주장하고 나섰다. 독일의 힘을 두

려워한 스페인인들은 마드리드의 성급한 '주권' 확장에 대한 현지의 저항을 급히 진압하고 교황청에 개입을 요청했다. 로마는 이 주권을 확인해 주었지만, 독일인들이 무역과 석탄 공급의 특권을 따냈고, 런던과의 협상을 통해 마셜 제도의 지배권을 갖게 되었다. 다음 해에는 솔로몬 제도가 영국과 독일에 의해 분할되었다. 1889년에는 사모아 섬이 미국, 영국, 독일의 합동 지배하에 3국 보호령이 되었다.[24] (제국주의가 피우는 이 모든 소동은 『엘 필리부스테리스모』에 명확한 반향을 남기는데, 마음씨가 고운 '인디오' 학생 이사가니가 억압받는 섬의 토착민들에 대한 공감과 위협적인 독일에 맞선 스페인과의 연대감 사이에서 망설이는 부분이 있다.) 리살은 비스마르크에 대해서는 개인적으로 아무런 환상을 갖고 있지 않았지만, 프로테스탄트적 진지함, 그 질서정연함과 규율, 그 인상적인 지적 삶과 산업적 진보가 본국 스페인과 유익한 대조를 이룬다는 점에서는 독일에 대해 매우 큰 감명을 받았다. 그는 첫 번째 소설을 마드리드가 아니라 비스마르크의 수도에서 출판한 것에 대해 확실히 행복해했던 것 같다.

프랑스에서는 프로이센이 스당에서 승리한 후 파리를 가차 없이 포위 공격했으며, 이에 루이 나폴레옹을 승계한 흔들거리는 정부는 보르도로 도망친 후 기껏 굴욕적인 휴전 협정, 그리고 나중에는 조약에 서명하기 위해 다시 베르사유에 나타나게 된다. 1871년 3월 코뮌은 버려진 도시의 권력을 잡고 두 달 동안 장악하였다. 그러자 베를린에 굴복한 베르사유는 공격의 기회를 잡아 소름 끼치는 일주일 동안 코뮈나르 및 동조자로 의심되는 자들 2만 명 가량을 처형했는데, 이는 당시 전쟁에서 사망한 사람이나 1793~94년 로베스피에르의 공포정치 기간에 처형당한 사람의 수보다도 훨씬 더 많은 것이었다. 7,500명 이상이 투옥당하거나 뉴칼레도니아나 카옌 등의 먼 곳으로 추방당했다. 다른 수천 명은 벨기에, 영국, 이탈리아, 스페인, 미국으로 도망쳤다. 1872년 좌파의 조직 가능성을 모두 차단하는 엄중한 법이 통과되었다. 1880년까

---

24 Karl-Heinz Wionsek ed., *Germany, the Philippines, and the Spanish-American War*, translated by Thomas Clark(Manila: National Historical Institute, 2000), pp. 63~64의 유용한 연대기를 참조.

지 추방당하거나 투옥당한 코뮈나르들에 대한 일반 사면은 없었다. 그러는 동안 제3공화국은 인도차이나, 아프리카, 오세아니아에서 루이 나폴레옹의 제국주의적 팽창 정책을 다시금 부활 및 강화시키기에 충분한 힘을 되찾았다. 프랑스의 주요 지식인 및 예술가들 중 꽤 상당수가 코뮌에 참여하거나(쿠르베는 코뮌의 문화부 장관 비슷한 것이었으며, 랭보와 피사로는 활동적인 선전 일꾼이었다) 동조적이었다.[25] 1871년과 그 이후의 잔인한 탄압은 이런 쪽 사람들에게 제3공화국을 멀리하게 하고 프랑스와 해외에서 희생당한 이들에 대한 그들의 공감을 불러일으키는 주요 요인이었다. 나중에 우리는 이러한 전개에 대해 더 자세히 살펴볼 것이다.

스당은 또한 교황청의 쇠퇴하는 영토 주권을 보장해 왔던 프랑스 수비대를 로마에서 빼내 갔으며, 점점 억압적이고 비효율적이 되어가는 새 이탈리아 왕국의 병력이 그 공백을 차지했다. 그때까지 완벽하게 반동적이었던 피오 노노(Pio Nono, 또는 조반니 마스타이-페레티)는 모든 세속적 권력을 빼앗긴 채 스스로와 그의 사무실에 유폐를 선언하였으며, 왕국의 정치적 기관에 참여하는 가톨릭 신자는 모두 파문하겠다고 위협함으로써 정치적-영적으로 되받아쳤다. 이 입장은 1920년대 후반 무솔리니와의 행복한 정교 협약이 있기까지 지속되었다. 2류쯤 되는 이탈리아 제국주의가 동아프리카에서 시작되었는데, 당시 이탈리아 남부 농촌의 비참함은 너무나 심각하여 1887년부터 1900년 사이에 매년 50만 명의 이탈리아인들이 나라를 떠날 정도였다. 리살은 1887년 로마를 잠깐 들렀지만 유적 외에는 아무것도 그의 주의를 끌지 않은 듯하다.

1888년 2월 태평양을 거쳐 유럽으로 돌아오는 길에 리살은 메이지 중기의 일본에 잠시 멈추어 그 질서정연함과 활기, 야망에 감명을 받고, 인력거에 소스라쳤다. 물론 비유럽 민족이 그 독립을 보전하면서 근대성을 향하여 빠르

---

25 Kristine Ross, *The Emergence of Social Space: Rimbaud and the Paris Commune*(Minneapolis: University of Minnesota Press, 1988)의 생생한 설명과 훌륭한 분석, 또한 James Joll, *The Anarchists*(Cambridge, MA: Harvard University Press, 1980), pp. 148~49 참조.

게 성큼성큼 나아가고 있는 모습을 보는 것은 유쾌한 일이었다. 홍콩에서도 잠시 머물렀지만 중국 자체는 그의 지도에서 빠져 있었던 것 같다. 그는 반아시아 선동이 극에 달해 있던 선거 시기에 샌프란시스코에 다다랐다. 배는 650명의 중국인을 태우고 있었으며, 따라서 인종주의적 이민 반대 선거 운동에 무척 유용했다. '검역' 때문에 며칠 동안이나 배에서 나오지 못했던 것에 화가 난 그는 이 대륙을 가능한 한 빨리 건너려고 서둘렀다. 황금광 시대의 부패와 남북 전쟁 재건 이후 예전에 노예였던 흑인들에 대한 억압, 잔혹한 인종 간 혼인 금지법, 린치 등등이 그에게 가장 깊은 인상을 남겼던 것으로 보인다.[26] 그러나 그는 이미 태평양에 길친 미국의 팽창 정책을 예견하고 있었다. 그리고 나서 그는 대영박물관에서 초기 필리핀 역사를 연구하기 위해 느긋하게 런던에 정착했으며, 아일랜드에서 서서히 커가고 있던 위기에는 별 관심을 두지 않았던 것 같다. (프림로즈 힐에 살면서 엥겔스가 가까이에 자리를 잡고 있었다는 것을 알았을까?)

그러나 이 보수적인 정치적 지배와 자본 축적, 지구적인 제국주의의 겉으로 보기에는 평온한 세계는 동시에 리살의 소설과 더 직접적으로 관련된 다른 종류의 세계의 창조를 촉진하고 있었다. 실로 1883년에 이미 그는 앞으로 오게 될 것들의 방향을 감지했다.

유럽은 무서운 전란이라는 위협을 지속적으로 겪고 있습니다. 세계의 지배권은 쇠퇴하는 프랑스의 떨리는 손에서 빠져나오고 있지요. 북쪽의 국가들은 이것을 잡을 준비가 되어 있고요. 고대의 인물 다모클레스의 머리 위에 매달렸던 칼처럼 러시아 황제의 머리 위에는 니힐리즘의 위협이 매달려 있으며, 이것이 문명적인 유럽입니다 ······.[27]

....
26 자세한 묘사에 대해서는 Guerrero, *The First Filipino*, p. 198 참조.
27 *One Hundred Letters*, p. 174. 1883년 10월 28일자 마드리드로부터 집에 보낸 편지. 스페인은 언급할 가치조차 없었나 보다!

검은 깃발

리살이 태어난 해, 미하일 바쿠닌은 1840년대에 차르의 지배에 대항한 음모 활동으로 종신형을 살고 있었던 시베리아로부터 서유럽으로 도망쳐 왔다. 다음 해인 1862년 투르게네프는 일종의 니힐리스트의 사고방식과 심리학에 대한 걸작 연구인 『아버지와 아들』을 출판했다. 4년 후 카라코조프라는 모스크바 학생이 알렉산드르 2세를 저격하려다 다른 네 명과 함께 스몰렌스크의 거대한 광장에 목이 매달렸다.[28] 같은 해 노벨이 엄청나게 불안정한 니트로글리세린을 기초로 하고 있지만 사용하기 쉽고 안정적이며 휴대가 간편한 다이너마이트로 특허를 취득했다. 1869년 3월 스물두 살의 니힐리스트 지도자 세르게이 네차예프가 러시아를 떠났다. 그는 제네바에서 바쿠닌을 만나, 센세이션을 불러일으킨 『혁명가의 교리문답』을 공저하고 몇 달 후에 모스크바로 돌아왔다. 바쿠닌은 이후 도스토예프스키의 『악령』으로 소설화된, 회의적인 학생 추종자를 살해한 악명 높은 사건에도 불구하고 이 니힐리스트 지도자와의 (긴장된) 관계를 지속했다.[29]

1870년대 말이 가까워지면서 전제 정치에 대항하는 급진적 지하 조직으로서 작은 나로드니키 집단들이 니힐리스트들을 대신하게 되었고, 러시아에서 성공이든 실패든 정치적 암살은 상당히 흔한 것이 되었다. 1878년: 1월, 베라

•••••••••••••••••••••••

28 생생한 그림(tableau vivant)은 Ramón Sempau, *Los victimarios*(Barcelona: Manent, 1901), p. 5 참조. 1877~90년 사이에 러시아에서 일어난, 성공하거나 실패한 암살 시도의 인상적인 목록에 대해서는 Rafael Núñez Florencio, *El terrorismo anarquista, 1888~1909*(Madrid: Siglo Veintiuno de España, SA, 1983), pp. 19~20 참조.

29 이 '소집단'(groupuscule)에는 인민의 복수(The People's Retribution)라는 특징적인 이름이 붙여졌다. 네차예프는 스위스로 다시 도망쳤으나, 1873년에 인도 처분을 받은 후 20년형을 선고받았다. 1882년 그는 바더-마인호프 식으로 "감방에서 숨진 채 발견되었다."

  * 안드레아스 바더와 울리케 마인호프를 비롯한 바더-마인호프 그룹 또는 독일 적군파의 핵심 인물들은 1976년(마인호프)과 1977년(바더 외 2명) '감방에서 숨진 채 발견되었다.' 바더 등의 죽음은 자살이라는 것이 공식적인 결론이지만, 1977년 당시 자상을 입은 채 발견된 이름 갈트 묄러는 나중에 이에 대해 사법외 살인이었다고 주장한 바 있다.

나로드나야 볼랴 혁명가들에 의한 알렉산드르 2세 암살, 1881년 3월 1일 상트페테르부르크.

자술리치가 상트페테르부르크 군정 장관인 표도르 트레포프 장군을 저격했으나 죽이는 데 실패하였다. 8월, 세르게이 크라프친스키가 차르의 비밀경찰 우두머리인 메첸초프 장군을 찔러 죽였다. 1879년: 2월, 그리고리 골덴베르크가 하르코프 시장 드미트리 크로포트킨 공작을 저격 살해하였다. 4월, 알렉산드르 솔로비예프가 같은 방식으로 차르를 죽이려고 시도하였으나 실패하였다. 11월, 제국 철도의 기차를 지뢰로 폭파하려는 레프 하르트만의 시도가 수포로 돌아갔다. 1880년: 스테판 할투린이 성공적으로 제국 궁전의 일부분을 날렸다. 8명이 사망하고, 45명이 부상을 입었다. 이제 노벨의 발명이 정치적으로 도래하게 되었다. 그리하여 1881년 3월 1일, 리살이 마르세유에 내리기 15개월 전, 스스로를 나로드나야 볼랴(인민의 의지)라 부르는 그룹이 차르를 폭탄으로 암살하는 극적인 사건이 일어났으며, 이는 온 유럽에 반향을 일으켰다.[30]

---

30 Núñez, *El terrorismo*, pp. 66~67; Norman Naimark, *Terrorists and Social Democrats: The Russian Revolutionary Movement under Alexander III*(Cambridge, MA: Harvard University Press, 1983), chapter 1; Derek Offord, *The Russian Revolutionary Movement in the*

니힐리스트 지도자 세르게이 네차예프.

(몇 달 후의 미국 가필드 대통령 암살은 거의 주목을 끌지 못했다.)

러시아의 돌풍은 유럽 전체에 걸쳐 심대한 효과를 갖게 된다. 이는 1876년에 사망한 바쿠닌(1814년생)의 한 시대와, 같은 해 차르의 감옥으로부터 서유럽으로 도망쳐 온 표트르 크로포트킨 공(1842년생)의 두 번째 시대에 의해 상징적으로 대표될 수 있다.

평화로운 스위스에서 1866년과 1867년에 열린 공산주의 인터내셔널의 처음 두 번의 총회는 마르크스를 중심적 위치에 두고 충분히 조용하게 진행되었다. 그러나 다음 해 브뤼셀에서 열린 제3차 대회에서는 바쿠닌의 영향

....

1880s(Cambridge: Cambridge University Press, 1986), chapter 1; 그리고 특히 David Footman, *Red Prelude*, second edition(London: Barrie & Rockleff, 1968), *passim*. 첫 번째 폭탄은 차르의 몸에 닿는 데 실패했다. 이를 깨닫고 셈파우가 "미켈 이바노비치 엘니코프"라고 이름 붙였지만 실제로는 이그나테이 그리네비츠스키(Ignatei Grinevitsky)인 인물은 두 번째 폭탄을 던지기 전 그가 희생자와 함께 죽기에 충분할 만큼 가까이 다가갔다. 초기 자살 폭탄 공격자라고도 할 수 있겠다. 푸트먼의 책의 가치 있는 특징은 나로드나야 볼랴 활동가들 55명의 일대기를 담은 부록이다. 열세 명은 처형당했으며, 열네 명은 감옥에서 죽었고, 다른 열네 명은 감옥에서 살아남았으며, 여덟 명은 해외로 도망쳤고, 네 명은 암살 시도 도중이나 그 이후에 자살했고, 두 명은 비밀경찰을 위해 일하게 되었다.

력이 강력하게 느껴졌으며, 1869년에 바젤에서 열린 제4차 대회에서는 바쿠닌주의자들이 이미 다수파였다. 제5차 대회는 파리에서 열리기로 되어 있었으나 스당 때문에 불가능해졌다. 1872년 헤이그에서 마침내 대회가 열리게 되었을 무렵, 인터내셔널은 가망이 없을 만큼 분열되어 있었다. 바쿠닌주의자들의 대회가 1877년까지 계속 열리긴 했지만, 바쿠닌이 죽은 해 인터내셔널은 해산되었다.[31] 같은 해 전문적-정치적 의미로서 '아나키스트'라는 단어가 만들어졌으며, 빠르고 넓게 퍼져나갔다(아나키즘의 목적과 방법에 대하여 경쟁적이면서 서로 가루받이를 하는 여러 사상적 조류들이 존재한다는 것 또한 명백하기는 했시만).[32]

　개인의 자유와 자율성의 강조, 위계적인('관료적인') 조직에 대한 전형적인 의심, 신랄한 수사의 선호로 인해 아나키즘이 우익 정권의 엄혹한 탄압이라는 정치적 조건 하에서 갖는 매력은 특히 큰 것이었다. 이러한 정권들은 수십 개나 되는 자생적이고 자율적인 '소집단들'(groupuscules)을 쫓아서 뚫고 파괴시키는 것보다 노동조합과 정당을 박살내는 것이 훨씬 쉽다는 것을 알았다. 아나키스트 이론은 당시 주류 마르크스주의의 경향에 비해 농민과 농업 노동자들에 대해 덜 경멸적이었다. 또한 더 노골적으로 반교권

．．．．．．．．．．．．．．．．．．．．．．

31　Jean Maitron, *Le mouvement anarchiste en France*(Paris: Maspéro, 1975), vol. I (*Dès origines à 1914*), pp. 42~51의 간결한 설명을 참조.

32　메트롱(Maitron)은 이 점에 대한 몇몇 재미있는 자료를 제공한다. 가장 중요한 이론적인 아나키즘 출판물을 하나만 꼽으라면 1879년 2월 안전한 제네바에서 처음 출판된 장 그라브(Jean Grave)의 『반역자』(*Le Révolté*)를 꼽을 수 있는데, 그라브가 파리로 장소를 옮기는 것(1885)이 가능하다고 느끼고 『반역』(*La Révolte*)으로 이름을 바꾸기 전에 부수가 1,300부에서 2,000부로 뛰어올랐다. 1894년 사디 카르노 대통령의 암살 전야에 국가에 의해 박살날 무렵 부수는 7,000부에 달했고 프랑스, 알제리, 미국, 우크라이나, 스위스, 벨기에, 스페인, 이탈리아, 네덜란드, 루마니아, 우루과이, 인도, 이집트, 과테말라, 브라질, 칠레, 아르헨티나에 구독자들이 있었다. 러시아에는 한 명도 없었다. 그 '조직적'(apache) 대응물이었던 에밀 푸제(Emile Pouget)의 풍자적인 『르 페르 페나르』(*Le Père Peinard*, "Bons bougres, lisez tous les dimanches")의 반경은 약간 더 좁았지만, 그럼에도 불구하고 이 잡지의 언어가 파리의 은어라는 점을 감안할 때에는 더욱 놀라운 것이었다. 알제리, 영국, 튀니지, 아르헨티나, 벨기에, 스페인, 미국, 이탈리아, 스위스, 모나코. *Le mouvement*, pp. 141~46.

주의적이었다고도 할 수 있겠다. 혁명적 아나키즘이 아직 농민의 수가 상당히 많았으며 가톨릭 국가였던 코뮌 이후의 프랑스와 왕정복고 스페인, 통일 이후의 이탈리아와 쿠바, 심지어 황금광 시대의 아메리카 이주 노동자들 사이에서 가장 성공적으로 퍼진 데 비해, 대개 개신교였으며 산업적이고 준민주주의적이었던 북쪽 유럽에서는 주류 마르크스주의에 비해 훨씬 덜 성공적이었던 이유를 설명하는 데에는 아마 이러한 조건들이 도움이 될 것이다.

어찌 되었든, 모진 1870년대가 끝날 무렵 지식인 아나키스트 서클들 내에서는 '행동에 의한 선전'(propaganda by the deed)이라는 이론적 개념이 떠올랐는데, 이는 반동적인 당국과 자본가들에 대한 극적인 암살 시도(attentat)를 의미하는 것으로, 이들을 위협하고, 억압받는 자들이 혁명을 위해 스스로를 재정비하도록 독려하고자 하는 의도가 담긴 것이었다. 역사가들은 이 새로운 국면이, 거의 우스울 정도로 성공적이지 못했던 1877년 4월 나폴리의 북동쪽 베네벤토의 봉기로부터 시작되었다고 기록하곤 하는데, 이 봉기는 에리코 말라테스타(Errico Malatesta)와 (일찍이 마기오레 호수의 안전한 북부 기슭*으로부터 바쿠닌에게 자금을 제공했던) 그의 부자 친구 카를로 카피에로(Carlo Cafiero)라는 두 젊은 나폴리인들과, 투르크에 대항한 1875년 보스니아 봉기에 참여했으며 우리가 보았듯이 차르 비밀경찰의 우두머리를 죽이는 길로 나아가게 되는 스물다섯 살의 세르게이 미하일로비치 크라프친스키, 일명 스텝니악(1852~95)에 의해 조직된 것이었다.[33] 재판에 부쳐진 두 이탈리아인은 1878년 젊은 움베르토

....

* 스위스를 뜻함.

33 Nunzio Pernicone, *Italian Anarchism, 1864~1892*(Princeton: Princeton University Press, 1993), pp. 118~28의 상세한 설명을 참조. 바쿠닌은 1864년에 피렌체에 자리를 잡았으며, 1865년 나폴리로 이주하여 1867년까지 그 지역에 머물렀다. (그는 어떤 피렌체인 추종자에게 이렇게 편지를 썼다. "[여기에는] 피렌체보다 무한히 많은 활기와 진정한 정치적·사회적 삶이 있습니다.") 그는 인터내셔널의 첫 번째 이탈리아 지부를 그곳에 설치하였으며, 말라테스타는 그가 가장 초기에 충원한 이들 중 하나였다. 나중에 말라테스타는 그 러시아인이 "나폴리의 전통이라는 죽은 저수지에 신선한 공기의 숨결을 가져다주었으며, 그에게 접근한 청년들의 시각을 광대한 새로운 지평선을 향해 열어준 남자였다"고 회상한다. 사실 남부 이탈리아는 혁명적 활동을

에리코 말라테스타.

1세의 왕위 계승이 빚어낸 들뜬 분위기 속에서 석방되었다. (이 분위기로 인해 '인터내셔널 공화국 만세'라는 말이 새겨진 단검으로 젊은 왕을 죽이려다 아깝게 실패한 젊은 아나키스트 요리사 조반니 파사난테Giovanni Passanante도 가벼운 형만으로 넘어갈 수 있었다.)[34] 베네벤토 사건이 일어난 지 두 달 후, 말라테스타의 가까운 동료 안드레아 코스타(Andrea Costa)가 제네바에서 새로운 전술을 이론화하는 강연을 했다. 8월 초에는 폴 브루스(Paul Brousse)가, 종이에 쓴 말(words on the paper)은 민중 의식(conscience populaire)의 각성에 더 이상 적합하지 않다고 설명하는 글을 급진적인 『쥐라연맹회보』(Bulletin de la Fédération Jurassienne)에 발표했다. 러시아인들이 차르 정권만큼 무자비해질 필요성을 보여주었다는 것이다. 그러자 신사적인 크로포트킨이 12월 25일 『반역자』(Le Révolté)의 1880년 판에서 아나키즘이란 이론적으로 "말과 글, 단도, 총, 다이너마이트를 이용한 영구적 반역 …… 합법적 영역의 바깥에 있는 모든 것이 우리에게는 좋은 것"이라고 정의를 내리며 행동으로 방향을 틀었다.[35] 이제는

시작하기에 좋은 장소였는데, 전통적 농업이 상당한 부분을 차지하고 있었던 경제가 카보우르와 그 계승자들의 자유무역 정책에 의해 몰락한 데다 정치적 계급은 그 전에 스페인의 부르봉 왕가에 의해 억압당하고 있었던 것이나 (1861년 이탈리아 재통일의 여파로) 피에몬테의 의회에 의해 정복당한 것이나 마찬가지라고 느끼고 있었기 때문이다. 페르니코네는 또한 바쿠닌이 어떻게 이탈리아에서 엥겔스의 다소간의 바보스러움과 이탈리아의 진보주의자들 사이에서 큰 공감을 얻고 있었던 코뮌에 대한 마치니의 병적인 공격에 힘입어 마르크스와 엥겔스를 완전히 능가하였는지에 대한 탁월한 설명을 제공한다. 바쿠닌이 함축적으로 표현하였듯이, 마치니는 "언제나 '이탈리아를 위한 이탈리아 국민'을 원했지, '이탈리아 국민을 위한 이탈리아'를 원하지 않았다." 같은 책, pp. 17, 27, 44~53, 24.

34 Joll, The Anarchists, pp. 102~05.

1883년 9월 2일 『검은 깃발』(Le Drapeau Noir)이 「프랑스 니힐리스트 선언」 (Manifeste de Nihilistes Français)을 비밀스럽게 출판해 이러한 주장을 펴는 일만 남게 되었다.

동맹이 존재했던 3년 동안, 수백의 부르주아 가족이 의학이 정의를 내릴 수도, 물리칠 수도 없었던 불가사의한 질병에 삼켜짐으로써 스스로를 파멸의 공물로 바쳤다.

대규모의 독살 운동을 계속해야 한다는 암시적인 촉구가 혁명가들을 향했다. (몇 달 전 리살은 첫 번째로 행복한 파리 여행을 했었다.)[36] 이 모든 것은 일부 아나키스트들이 더 이상 러시아 식으로 국가 지도자들만을 겨냥한 것이 아니라 계급의 적이라고 여겨지는 이들을 향한 새로운 종류의 폭력에 대해 생각하고 있었다는 징표이다.

우리는 나중에 젊은 아나키스트들에 의한 '이른 테러리즘'의 사례들을 더 자세히 살펴볼 것이다. 그러나 제1차 세계대전 발발 이전의 20년 동안 분출한 극적인 암살 사건의 홍수에 잠시 시선을 돌림으로써 몇몇 재미있는 특징들을 알 수 있을 것이다.

가장 먼저 눈에 띄는 것은 유럽 안에서는 영국과 독일, 그 바깥에서는 중국과 오스만 제국을 제외하고 모든 주요 국가가 목록에 올라 있다는 점이다.[37]

....

35 Maitron, Le mouvement, pp. 77~78.

36 같은 책, p. 206.

37 사실 1878년에 카이저 빌헬름 1세에 대한 진짜 아나키스트들의 살해 기도가 5월 11일 막스 회델에 의한 것, 그리고 6월 2일 칼 노빌링에 의한 것, 이렇게 두 차례 있었다(Pernicone, Italian Anarchism, p. 148). 다른 계획이 프랑크푸르트 경찰 본부에서의 폭발 이후 적발되었다. 그 '아나키스트' 지도자라 칭해지는 아우구스트 라인스도르프는 재빨리 처형되었으며 경찰 총수인 룸프는 얼마 지나지 않아 암살되었다. 안개로 덮인 사건으로, 룸프가 조작해 냈을 가능성이 상당히 있다. 1883년부터 1885년까지 런던에서는 런던탑과 빅토리아 역, 국회의사당에 대한 폭탄 투척 음모가 있었다. Núñez, El terrorismo, p. 18 참조. 이 '사건들'은 재빨리 헨리 제임스의 『캐서머시머 공작부인』(Princess Casamassima, 1886)에, 그리고 한참 지난 후 조지프 콘래드의

〈표 1〉 암살들

시기	희생자	암살의 장소/방법	암살자	정치적 지향	국적
1894	사디 카르노	리옹/칼	산테 제로니모 카세리오	아나키스트	이탈리아인
1897	카노바스	산타아게다/총	미켈레 안졸릴로	아나키스트	이탈리아인
1898	엘리자베트	제네바/칼	루이지 루케니	아나키스트	이탈리아인
1900	움베르토 1세	몬차/총	가에타노 브레시	아나키스트	이탈리아인
1901	매킨리	버펄로/총	레온 촐고츠	아나키스트	폴란드인
1903	알렉산다르	베오그라드/총	군인들	민족주의자	세르비아인
1904	폰 플레베	상트페테르부르크/폭탄	E.Z. 사조노프	사회혁명당	러시아인
1905	세르게이	상트페테르부르크/폭탄	칼리아예프	사회혁명당	러시아인
1908	카를루스 · 루이스	리스본/총	알프레두 코스타/마누엘 부이사	급진공화주의자	포르투갈인
1909	이토	하얼빈/총	안중근	민족주의자	한국인
1911	스톨리핀	상트페테르부르크/총	드미트리 보그로프	아나키스트	러시아인
1913	게오르기오스	테살로니키/총	알렉산더 시나스	불확실, '미쳤다'는 설이 있음	그리스인?
1914	프란츠 페르디난트	사라예보/총	가브릴로 프린치프	민족주의자	세르비아인

※ 움베르토 1세: 이탈리아 국왕 / 알렉산다르: 세르비아 국왕 / 폰 플레베: 러시아 내무장관
카를루스 · 루이스: 포르투갈 국왕 · 왕자 / 스톨리핀: 러시아 총리 / 게오르기오스: 그리스 국왕

둘째, 1894~1901년의 아나키스트 암살 사건들은 그 이후 급진적 민족주의자들에 의해 모방되었다. 셋째, 민족주의자들이 대개 그들의 지배자를 죽인 반면, 아나키스트 암살자들은 국경을 넘나들며 대의명분을 실천했다. 마지막으로 아나키스트들 중 이탈리아인들이 두드러지는 현상이 상당히 인상적이며 "이탈리아인들이 아나키스트 이상의 선교사로서 행한 독특한 역할"에 대한 페르니코네의 언급을 확증하는 듯하다. "정치적 망명자들과 이주자들로서 그들은 프

『비밀정보원』(*The Secret Agent*, 1907)과 『서구인의 눈으로』(*Under Western Eyes*, 1911)에 반영되었다. 1882년 5월 신임 아일랜드 담당 장관인 캐번디시(Cavendish) 경과 그의 차관에 대한 페니어회(Fenian[아일랜드 민족주의 비밀결사—옮긴이])의 암살에 대한 언급도 있어야겠다. 그들의 지위가 위에 언급된 인물들에 비하면 한참 떨어지는 데다, 페니어회도 프란츠 페르디난트를 죽인 민족주의자들과 마찬가지로 아나키스트와는 거리가 한참 멀기는 했지만 말이다.

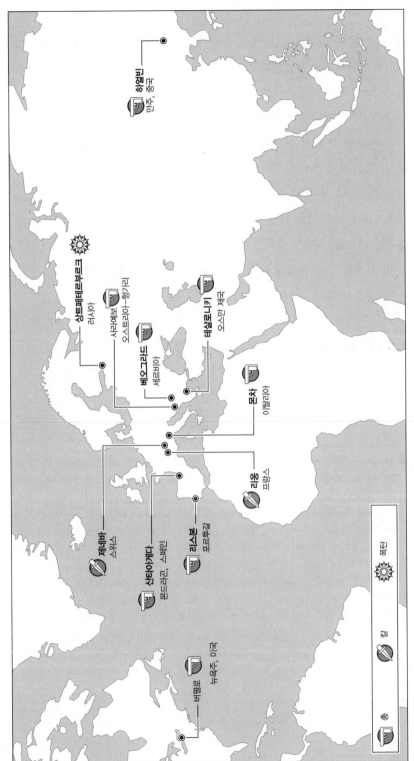

하얼빈
만주, 중국

상트페테르부르크
러시아

사라예보
오스트리아–헝가리

드라고그래
세르비아

테살로니키
오스만 제국

몬차
이탈리아

리옹
프랑스

제네바
스위스

산티아게나
몬드라곤, 스페인

리스본
포르투갈

버펄로
뉴욕주, 미국

독탄

칼

총

랑스, 스위스, 영국, 스페인, 미국, 아르헨티나, 브라질, 이집트, 튀니지의 이탈리아인 사회에 자유지상주의 구역들(libertarian enclaves)을 건설했다."[38] 말라테스타 자신도 1885~89년을 부에노스아이레스 안팎에서 전도하는 데 바쳤다.[39]

그리고 리살은? 그는 1885년에 스페인을 떠났으며 이는 아나키스트 '분노'(outrage)의 첫 번째 물결이 1888년 스페인에서 시작되기 한참 전의 일이었다. 그가 파리에서 보낸 시간도 마찬가지였다. 1885년 이후 유럽에서 그가 경험한 것은 대부분 독일, 영국, 벨기에에서의 것이었는데, 이 나라들에서는 아나키스트 활동이 별로 대단치 않았다. 그러나 그는 신문의 열독자였으며 열정적인 관심을 가지고 세계 정치의 동향을 좇았다. 이런 명백한 질문이 떠오른다. 실제로 그는 유럽의 급진주의자들 중 누구라도 개인적으로 알고 있었을까? 증거는 정황적이지만 재미있다.

리살의 좋은 친구였던 트리니다드 파르도 데 타베라는 노년에 파리의 러시아 니힐리스트 두 세대와 자신의 가까운 관계를 묘사하는 글을 썼다. 그는 다른 많은 사람들처럼 그 자신도 알렉산드르 2세를 숭배했다고 말한다.

그런데 동시에 나는 니힐리스트들의 대담하고 무척이나 큰 책임감에 감탄했다.

••••••••••••••••••••••

38 Pernicone, *Italian Anarchism*, p. 3. 당시 나폴리 대학의 정치경제학 교수였으며 한참 후 총리가 된 프란체스코 니티(Francesco Nitti)가 다음과 같이 재미있게 탄식하며 이에 대한 보완적이며 동시대적인 설명을 제공한다. "우리는 이탈리아의 학교들에서 아무리 개탄해도 지나치지 않을 오류로서 시해에 대한 변명이 이루어진다는 것을 더해야 하겠다. 배운 것 없는 선생들은 열사와 살인자 사이의 차이에 대해 설명하지 않는다. 고대 로마의 역사는 독재자와 독재자가 되고자 하는 자들에 대한 살해로 가득 차 있다. 그리하여 한 개인은 사회의 복수자이자 구원자가 된다. 나는 우연히 이탈리아의 꽤 많은 학교에서 사용되는 역사 교안을 입수하였다. 브루투스부터 아게실라오 밀라노(Agesilao Milano)까지, 얼마나 많은 독재자 시해가 정당화되는지를 관찰해 보면 놀랄 만하다. 모든 이들에 대한 찬시가 나와 있다. 이탈리아, 특히 중부 이탈리아가 작은 독재자들로 가득 차 있던 시절이 있었다. 이에 시해자는 해방자가 되었다. 이 전통은 불운하게도 영속화되어 왔다. 시인들조차도 마찬가지의 방식으로 정치적 살해에 갈채를 내기를 마다하지 않았으며, 이는 덜 가증스러운 시해자들뿐만 아니라 가장 나쁜 '이탈리아 아나키스트'에도 해당되는 일이다." *North American Review*, 167: 5(November 1898), pp. 598~607 중 p. 607.

39 같은 책, p. 7.

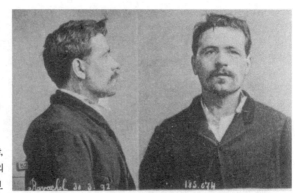

프랑수아 라바숄,
1892년 3월 체포 이후의
경찰 사진.

이들에 대해 내가 갖고 있었던 정보는 당시 그 똑같은 차르에 대한 살해 미수 사건
들로 인해 이미 세 번이나 사형을 선고받은 바 있었던 나의 러시아어 교수 미하일
아치나츠키(Michael Atchinatski)로부터 나온 것으로서 내게 더욱 감동적으로 보이
는 것이었다.

그 '끔찍한 니힐리스트'는 교수형 집행관을 피하려고 파리로 도망쳤으나,
안타깝게도 그의 거물 적수가 파멸한 지 겨우 세 달 지나 결핵으로 죽었다고
파르도는 언급한다.

글의 나머지 부분은 파르도가 그의 의학 교수였던 '유명한 타르디외'
(Tardieu)로부터 소개받은 두 명의 러시아 소녀에게 바쳐진다. 놀란 필리핀인

베라 자술리치(좌).
프랑스 대통령 사디
카르노의 암살자 산테
카세리오의 붙잡힌 모습,
1894년 6월(우).

뉴욕 주 버펄로에서 열린 범아메리카 박람회에서 폴란드인 아나키스트 촐고츠가 윌리엄 매킨리 대통령을 저격하다. 1901년 9월 6일.

이 과감하게 그들과 자신은 공통점이 거의 없는 것 같다고 하자, 그 위대한 남자는 이렇게 대답한다.

나도 알아, 나도 알아 …… 그러나 그 애들은 자네의 영적인 누이야. 자네들 모두는 종교적·정치적 폭정이 지배하는 나라로부터 온 것이고 우리 자유의 무사함에 도달했기에 지금 이 나라에 있는 것이지.

파르도는 그 둘을 꽤 자주 만나러 갔고 그들을 좋아하게 되었다. 그들은 둘 다 카잔의 유복한 가문 출신으로 의학을 공부하러 상트페테르부르크에 갔다. 거기에서 여가 시간을 이용, 활동적인 니힐리스트가 되어 차르의 전제정과 경찰의 테러, '시베리아'를 고발하게 된 것이다. 오흐라나*가 그들에게 다가

....
* 차르의 비밀경찰.

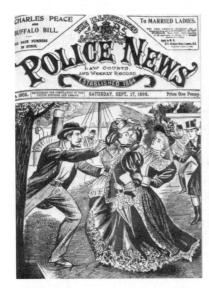

1898년 9월 오스트리아의 엘리자베트 황후를 암살한 루이지 루케니를 그린 당대 스케치(좌). 카노바스(우).

오자 부모들은 대어주던 돈을 끊겠다고 위협하며 자식들을 집으로 불렀지만, 스무 살쯤 된 소녀들은 파리로 도망쳐 거기에서 학업을 계속하기로 했다. 끔찍하게 가난했던 그들은 임시 일자리들과 종종 있는 번역 일에 의존해 살아갔다. 프랑스 경찰과 러시아 대사관의 감시 아래에서 그들은 불평 한 번 없었으며 알고 지내던 죽어가는 늙은 니힐리스트들을 상냥하게 돌보았다. 파르도가 말하기를 아무도 그들의 마음씨가 선하다는 것과 이타적이라는 것을 의심하지 않았으며, 이로 인해 그들은 "라틴어 구역(Arrabal Latino)의 주권 국가를 구성하는 모든 학과의 학생들로부터 찬사와 존경을 받았다." 그들은 계속 파리에 머물다가 1894년 니콜라이 2세가 즉위할 때 고향으로 돌아갔다. 그러나 다음해 그들은 새로운 차르를 겨냥한 암살 시도에 참여했다는 죄목으로 재판을 받았으며 시베리아 종신 유형 선고를 받았다. 마리아 미하일로브나 루진은 시베리아로 가는 길에 파리에서 옮은 결핵으로 죽었고, 루이제 이바노브나 크릴로프 역시 몇 달 후 토볼스크의 감옥에서 같은 병으로 죽었다.[40]

1905년 2월 4일 모스크바에서 세르게이 알렉산드로비치 대공의 마차가 이반 칼리아예프에 의
해 폭파당하다.

파르도의 러시아어 선생님은 리살이 유럽에 도착하기 전에 세상을 떠났지
만, 리살은 틀림없이 친구로부터 그 유명한 니힐리스트에 대해 들었을 것이
다. 그리고 리살이 파르도와 함께 러시아 소녀 둘의 방에 들러 손님들을 위해
언제나 뜨겁게 해놓은 사모바르 옆에서 수다를 떨지 않았을 리가 없다. 훨씬
덜 분명한 것은 과연 엄격하게 말해 그들을 니힐리스트라고 할 수 있느냐 하
는 것이다. 러시아의 새로운 전복적 지하 운동의 복잡한 전개에 대한 정보가

• •

40 트리니다드 파르도 데 타베라가 마닐라의 *The Women's Outlook*을 위해 쓴, "Las Nihilstas"라
    는 제목이 붙은 1922년 11월 10일자 기사. 파르도의 아저씨인 호아킨(부친의 이른 사망 이래 그
    를 돌보아주던)은 마리아나 제도에서 4년간 유형 생활을 한 이후, 1875년 파리로 옮겨 와서 같
    이 살지고 조카를 불렀다. 마드리드에서의 리살처럼 그는 의학과 문학을 모두 공부했으며, 의
    학으로는 소르본을, 문학으로는 국립동양현대어학교(École Nationale des Langues Orientales
    Vivantes)를 1885년에 졸업했다. 전공이 말레이 세계의 언어들이기는 했지만, 그는 러시아어와
    산스크리트도 알았다. 파르도의 다채로운 정치적 이력과 학문적인 공헌에 관해서는 방금 출판
    된 Resil Mojares, *Brains of the Nation, Pedro Paterno, T. H. Pardo de Tavera, Isabelo de los
    Reyes, and the Production of Modern Knowledge*(Quezon city: Ateneo de Manila University
    Press., 2006), pp. 121~252 참조.

충분하지 않았을 파리에서 '니힐리스트'라는 단어가 그런 여러 가지 그룹들을 널리 칭하는 데 쓰였을 거라고 의심해 볼 수도 있을 것이다.

카시케 스페인(CACIQUE SPAIN)

리살의 세 번째 세계는 스페인과 한때 광대했던 그 제국—1880년대에 남은 지역은 쿠바 · 푸에르토리코 · 필리핀 · 마리아나 제도와 캐롤라인 제도, 스페인령 모로코와 베를린이 가져간 금이 없는 리오데오로*뿐이었던—이다. 19세기에 이 세계가 특이했던 점은 식민 본국과 식민지에서 지그재그 식으로 항쟁의 폭발이 있었다는 것이었다. (제2차 세계대전이 끝날 때까지는 여기에 멀게나마 비교할 만한 사례도 없다. 프랑스: 디엔비엔푸에서 호치민이 정치적으로, 보응우옌지압이 군사적으로 승리하면서 도화선이 당겨졌고, 알제리의 FLN 항쟁이 불을 붙여 제4공화국의 붕괴와 드골의 권좌로의 귀환, OAS의 보복적 테러리즘으로 이어졌다. 포르투갈: 앙골라와 모잠비크, 기니비사우에서의 군사적 실패가 1974년 4월 리스본에서 살라자르 독재 정권에 대항하는 무혈 쿠데타로 이어졌다.) 이 지그재그 식 상호 작용의 주요 특징들은 간단하게 고찰할 만한 가치가 있는데, 이것이 리살이 잘 알고 있었던 현상이며, 이로 인해 그의 사고가 형성되었기 때문이다.

1808년, 장차 페르난도 7세가 될 가증스러운 자가 아란후에스에서 군사 반란을 조직하여 그의 아버지 카를로스 4세의 강제 퇴위라는 주요 목적을 달성해 냈다. 그러나 권력의 정점에 있던 나폴레옹은 이를 스페인에 군대를 보내(마드리드를 점령하고) 포르투갈에 주요 개입을 할 구실을 대는 기회로 활용했다. 곧바로 바욘으로 달려가 세계정신담당대신(Secretary of the World-Spirit)**과 자신의 왕위 계승을 정당화하는 일을 협상하려 했던 페르난도는 즉시 투옥되었다. 그리고 조제프 보나파르트가 스페인 왕좌에 앉혀졌다. 저항 운동

························
* 리오데오로는 스페인어로 '금의 강'이라는 뜻.
** 나폴레옹: 예나 전투에서 프로이센을 격파한 나폴레옹이 말 위에 올라 있는 모습을 보고 감동한 헤겔이 "나는 세계정신을 보았다"는 식으로 이야기했다고 전해진다.

과 반란이 안달루시아와 이달고의 멕시코에서 거의 동시에 터졌다. 1810년 자유주의자가 지배적이었던 코르테스의 회의가 카디스에서 열렸으며, 이들은 1812년 스페인 최초의 헌정 질서를 만들어냈다. 필리핀을 포함한 식민지들에 입법부에서의 대표권이 주어졌다.[41] 나폴레옹의 패배는 마드리드에서 비신성 동맹의 전폭적 지지를 받는 페르난도의 권좌 복귀라는 결과를 초래했다. 1814년 그는 헌법을 승인하기를 거부했고, 새로운 반동적 절대주의의 시대를 열었으며, 무너진 경제에도 불구하고, 민족주의와 스페인에서는 억압된 자유주의가 두 가지 주요한 원칙이던 아메리카에서의 혁명들을 저지하려 했다. 페르난도는 대륙부 스페인령 아메리카에서는 완전히 실패했지만, 스페인령 카리브 해에서는 볼리바르의 카리스마가 힘을 미치는 범위에서 벗어나 있었으며 아이티의 성공적인 노예 혁명에 망연자실해진 노예소유주 스페인인들과 크리올들의 절대적 지지를 유지했다.

그리고 필리핀은? 루손의 북서쪽 구석 일로카노인들이 사는 읍의 이름을 딴 사랏(Sarrat) 반란은 신속하게, 그리고 폭력적으로 진압되었다. 1820년, 카디스의 시장이 이끄는 안달루시아의 군사 반란은 페르난도로 하여금 잠시 억지로 자유주의적 헌정 질서를 받아들이도록 했다. 그러나 캐슬레이의 런던, 메테르니히의 빈, 알렉산드르 1세의 페테르부르크, 파리에 있는 페르난도의 친척은 이런 일을 받아들이려 하지 않았다. 프랑스의 군사 원정은 1823년 전제 정치를 부활시켰다. 카디스의 시장은 목이 매달렸고, 내장이 끄집어내지고, 사지가 찢겼으며, 수백 명의 자유주의자와 공화주의자들이 처형당하고, 잔인하게 투옥되거나 살아남기 위해 도망칠 수밖에 없게 되었다. 같은 해, 식민 본국에서 일어난 이러한 사건들에 대한 반응으로, 식민지 군대 내에서 크

----

41 필리핀은 남아메리카 제국의 붕괴 이후 시간이 한참 지났을 때인 1837년 이 권리가 폐지될 때까지 그 후 입헌의 순간(constitutional moment)마다 대표권을 지켰다. 리살은 벗이었던 블루멘트리트에게 실은 그의 외할아버지가 본국의 입법부에서 필리핀 대표였다고 말한 바 있다. *The Rizal-Blumentritt Correspondence*, vol. 1, p. 268 이후 번호가 없는 세 번째 쪽(런던으로부터의 1888년 11월 8일자 편지)을 참조.

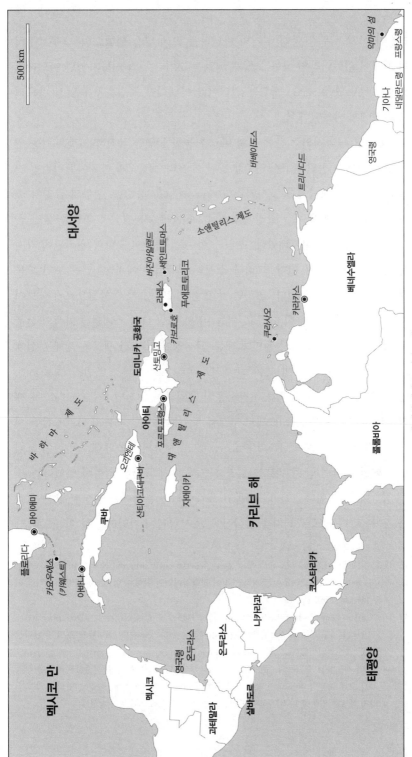

세 개의 세계 2: 카리브 해

(지도 내 지명)

500 km

대서양

멕시코 만

멕시코

플로리다

마이애미

키요우에소
(키웨스트)

아바나

쿠바

산티아고데쿠바

오리엔테

카요

바하마 제도

터 크 스 앤 케 이 코 스 제 도

아이티

포르토프랭스

자메이카

도미니카 공화국

산토도밍고

카본곶

무에르토리코

라레스

세인트토머스

버진아일랜드

소앤틸리스 제도

바베이도스

태평양

과테말라

영국령 온두라스

온두라스

니카라과

코스타리카

멕시코

코스타리카

콜롬비아

베네수엘라

카라카스

쿠마나

트리니다드

영국령 기아나

네덜란드령 기아나

프랑스령 기아나

카리브 해

리올이 이끄는 무장 항쟁이 거의 마닐라를 손에 넣을 뻔했으며, 내부로부터의 배신이 없었더라면 아마 그렇게 되었을 것이다.[42] 그 지도자였던 안드레스 노발레스(Andrés Novales) 대위는 일찍이 남아메리카 독립운동에 맞서 마드리드의 편에서 싸웠었다.[43]

1868~74년까지의 기간에 걸쳐 비교 가능한 국면을 감지하는 것은 쉬운 일이다. 이사벨의 정권은 1868년 9월 프림 이 프라츠 장군과 마키아벨리적인 자유주의 정치가 프락세데스 사가스타(Práxedes Sagasta), 음모 성향의 급진적 공화주의자 마누엘 루이스 소리야(Manuel Ruiz Zorilla)가 핵심적 역할을 했던 군사-민간 쿠데타로 전복되었다. 우리는 이미 이 폭발이 쿠바와 필리핀에 가져온 결과를 살펴본 바 있다. 그러나 스페인 내에서 이어지는 6년은 보기 드문 정치적 격동의 나날이었다. 1870년 말 프림 이 프라츠가 암살됨으로써 사보이의 아마데오 왕정은 운이 다했고, 이는 1873년 2월 11일 스페인 공화국의 선포로 이어졌다. 스위스 식의 윤번제 대통령* 4명이 거쳐 간 새로운 체제는 실제로는 (교활한 안달루시아인 보수주의 정치가 안토니오 카노바스 델 카스티요Antonio Cánovas del Castillo의 막후 지휘로) 장군들이 개입하여 1874년 1월 코르테스를 해산시키고 그해 말 알폰소 12세로 부르봉 왕조를 복원할 때까지 11개월간만 지속되었다. 이 조치(démarche)의 주요 원인으로 쿠바의 세스페데스 반란이 노쇠한 스페인 제국의 남은 부분을 보전하는 데 끼친 급박한 위협이 있었다는 것은 짐작이 갈 것이다. 그러나 그동안 스페인의 공론장에는 범상치 않은 열기가 끓어올랐다. 공화주의자들은 살아 있는 사람들이 기억하는 한 처음으로 잠

---

42 D.G.E. Hall, *A History of South-East Asia*, 3rd edition(London and New York: St Martin's Press, 1968), p. 721. 크리올이 조직하는 것이 전형적이었던 이러한 소요들에 대해 자세히 알려면 Sarkisyanz, *Rizal*, pp. 76~79 참조.

43 Luis Camara Dery, "When the World Loved the Filipinos", *Kasaysayan*, I: 4(December 2001), p. 57. 어리석게도 그는 스스로를 필리핀의 황제라 선언하기도 했다. 흥미롭게도, 몇몇 반란군 장교들은 멕시코인이었다고 한다. Mojares, *Brains*, p. 412.

* 1848년부터 제도화된 스위스의 대통령은 연방의회에서 7명의 연방장관 중 선출하는데 보통 장관들 중 가장 오래 대통령 직을 맡지 않은 이가 뽑히게 된다. 임기 1년의 대통령은 연방의회 의장 직 등 몇 가지 특별한 임무를 맡기는 하지만 맡은 부서의 장관 직을 그대로 수행한다.

시 합법적인 위치를 누렸다. 바쿠닌주의적 · 마르크스주의적 급진 사상이 최초로 정치적인 발판을 마련했고, 정치체의 급진적인 분권화를 표방하면서 널리 인기를 얻었던 1873년의 '칸톤주의'(cantonalist) 정치 운동에서 젊은 아나키스트들을 비롯한 급진주의자들 여럿이 개방적 대중 정치를 최초로 경험했다.

이를 배경으로 이제 우리는 1880년대 초 리살이 조우한 왕정복고 스페인을 고찰할 수 있을 것이다. 당대를 압도하는 정치가였던 안토니오 카노바스 델 카스티요는 톨스토이와 같은 해인 1828년 말라가의 쁘띠부르주아 집안에서 태어났다. 수준 높은 다작형의 역사가였던 그는 또한 교활하며 무자비한 정치가이기도 했다.[44] 서른두 살에 자유주의 내각의 각료였던 그는 이사벨의 몰락 이후 재빨리 우파 쪽으로 옮겨 부르봉 왕정복고의 핵심적 설계자가 되었다. 권력을 쌓아 올리는 것 외에 그의 야망은 수십 년간 혼란스러운 내분으로 악명이 높았던 국가에 안정적인 질서를 만들어내는 것이었다. 질서란 이 나라의 내전들을 끝내고 카우디요 지배(caudillism)를 제거하는 것을 의미했다.[*] 그는 살아 있는 동안에는 성공적이었지만, 이후 이러한 요소들은 보복과 함께 되돌아오게 된다. 질서란 또한 급진적 좌파와 더불어 제국 내 반식민적 분리주의의 어떠한 심각한 조짐도 억압하는 것을 의미했다. 결과적으로 그를 스페인의 비스마르크 비슷한 존재라고 볼 수 있을 것이다. 1897년 카노바스가 암살된 후 그 전직 (독일) 제국 총리는 이렇게 말했다. "그는 내가 대화를 나눌 수 있었던 유일한 유럽인이었다."[45] 그러나 카노바스는 비스마르크 체제가 왕의 후원에 의존하고 있기에 궁극적으로는 하루살이나 다름없다는 것을 인지하고 있

••••••••••••••••••••••

44 그의 이력이 끝날 무렵의 가장 뛰어난 부관이었던 장래의 총리 안토니오 마우라는 그에 대해 이렇게 말했다. "들으면 덜덜 떨리고, 읽으면 두려워진다." Frank Fernández, *La sangre de Santa Águeda. Angiolillo, Betances y Cánovas* (Miami: Ediciones Universal, 1994), p. 4.

* 카우디요는 군벌 내지는 대중적인 호소력을 통해 카리스마적인 인기를 누리는 권위주의적 지도자 타입을 가리키는 말이다. 이 책에서는 이후 등장하는 필리핀 혁명 운동의 지도자 아기날도가 카우디요로 불리는데, 카우디요가 특별히 아기날도를 지칭하는 경우 '수령'으로 번역하였고 그렇지 않은 경우 그대로 두었다.

45 같은 책, p. 1.

었다. 더 깊이가 있고 더 오래 지속되는 질서를 그는 영국, 권력이 체계적인 방식으로 보수주의와 자유주의 엘리트 사이에서 안전하게 왕복하는 가운데 산업화가 무섭게 진척되고 제국주의가 비약적으로 성장하고 있었던 그곳에서 발견했다. 이것이 그가 입버릇처럼 영국 의회 정치를 칭찬하던 이유이자 사가스타의 도움을 얻어 글래드스턴-디즈레일리 양두 정치의 기묘한 패러디를 수립하게 된 이유이다. 슈메이커는 본질적으로 그 세기의 후반까지 지속되었던 부패한 토호 지배(cacique-ridden) 정권을 함축적으로 묘사했다. "그 두 지도자들은 체계 전체가 관리된 선거를 통해 타락하도록 내버려두었다 …… 더 심각한 위기들이 해결되면서, 이들은 서로에게 권력을 휘둘렀으며 '그러고 나면' 다음 정부가 코르테스에 박진감을 부여하기 위해 걸출한 공화주의자와 카를로스주의자(Carlist)*를 드문드문 포함하여 상당한 소수파 후보들이 선출되도록 선거를 관리하는 과정이 진행되곤 했다."[46] 살바도르 데 마다리아가(Salvador de Madariaga)는 현지의 언어로 같은 판단을 내렸다. 그의 관찰에 따르면 카노바스 체제는 '투우사' 정치, 선거는 조작되고, 토호 지배가 시대의 질서이자, 코르테스는 카노바스의 연출과 각본에 따라 고전적, 집시 스타일, 아니면 뮤지컬 코미디 장르를 상연할 수 있는 기념비적인 극장이었던 정치를 만들어내고자 하는 것이었다.[47] 스페인의 디즈레일리는 1875~81, 1883~85, 1890~92, 1895~97년을 다스렸으며 그의 글래드스턴이 그 사이 대부분의 시기를 채웠다. 본국과 식민지에서 최악의 탄압은 주로 카노바스 치하에서 일어났고 사가스타의 시기에는 미지근한 개혁이 간혹 이루어지곤 했다.

· ·

* "카를로스주의는 페르난도 7세의 동생 돈 카를로스와 …… 이사벨 2세 간의 왕조 갈등 그 이상이었다. 그것은 중세의 특권(푸에로)이 허용한 바스크 지방의 자치 옹호와 더불어 교회를 박해하고 약탈한 불경건한 자유주의자들에게 맞선 십자군 운동이었다 …… 카를로스주의는 종교성이 깊은 농촌이 자유주의 도시들을 대상으로 벌인 전쟁이었다." (레이몬드 카, 김원중·황보영조 옮김, 「자유주의와 반동, 1833~1931」, 『스페인사』, 까치.) 주요 카를로스주의 전쟁은 1833년에서 1876년까지 세 차례 발생했으며, 그 이후에도 그들은 정치 세력으로서 남아 있었다.

46 Schumacher, *The Propaganda Movement*, pp. 21~22. 작은따옴표 안은 저자의 강조.

47 Fernández, *La sangre*, p. 5.

교단: 빼앗긴 그리고 열중한

다음에 일어난 일을 알기 위해서는, 전반적으로 반동적이었던 스페인의 교회에 취한 카노바스의 정책을 이해하는 것이 필수적이다. 1836년 섭정의 첫 번째 총리였던 후안 멘디사발(Juan Mendizábal)은 스페인에서 종교 교단의 모든 자산을 몰수하겠다고 선포하고 실행하였다. 1868년의 스페인 명예혁명기에 법무부(Gracia y Justicia ministry)를 이끈 안토니오 오르티스(Antonio Ortiz)는 스페인 본국 내에서 교단 자체를 폐지했다. 멘디사발은 토머스 크롬웰이 아니었기에 교단은 국가의 임금 대장에 오르는 것으로 보상을 받았다. 교회의 자산은 경매에 붙여졌고, 특히 비옥한 안달루시아 농촌에서는 귀족들과 민간 및 군대의 고위 공직자, 부유한 부르주아들이 이를 덥석 가져갔는데, 이들 중 많은 수가 부재 지주였다. 비교적 부드러웠던 교회의 착취는 무자비한 농산업 기법들로 대체되었다. 수십만 명의 농민들이 토지 경작권을 잃었고, 구호 대상자와 반쯤 굶는 일용직 노동자, 1840년 이후 그 지역을 유명하게 해준 '산적들'의 숫자가 크게 늘어났다. 안달루시아아인인 카노바스는 자유주의와 프리메이슨, 공화주의, 사회주의, 아나키즘의 솟구치는 물결에 대항하기 위해 강력한 교회의 지원을 얻고자 하였으며 실제로 얻었음에도 불구하고 멘디사발의 포고령을 해제하려는 시도를 전혀 하지 않았다.[48] (1884년 주교들의 요청을 받고 센트럴 대학에 경찰을 투입한 것이 그였다.) 그는 결국은 그가 아니라 로마에 직접적으로 책임을 지는 교단에 독립적 지위를 복원해 주지도 않았다. 그러나 이 모든 변화에서 두드러진 예외가 있었는데 그것이 식민지 필리핀이었다.

이는 몇 세기 이전 펠리페 2세의 시대에 시작되었다. 늙어가는 왕은 데 라스 카사스(de las Casas)를 비롯한 이들이 아메리카에서 정복자들이 저지른 비인간적인 약탈 행위를 폭로한 것에 양심이 크게 자극되어 그의 마지막 주요

---

48 멘디사발과 오르티스에 대해서는 같은 책, p. 134, note 16 참조. 교단 자산 몰수의 더 전반적인 결과, 특히 안달루시아에서의 결과에 관해서는 Bécarud and Lapouge, *Anarchistes*, pp. 14~20 참조.

제국주의적 노획물을 주로 종교 교단에 맡기기로 했는데, 이들은 실제로 현지 인구 대부분을 상대적으로 평화롭게 개종시켜 냈다. 외딴 필리핀에는 포토시*에 비교할 만한 '속인들에게의'(lay) 유혹이 없었고, 따라서 교단이 주로 식민지를 다스렸는데, 특히 마닐라 바깥에서 그러했다. 이윽고 특히 도미니크회와 아우구스티누스회는 마닐라의 부동산과 농장 농업 모두에서 막대한 자산을 취득했다.[49] 거기다가 교단은 처음부터 수십 가지의 토착어들로 개종을 실행할 것을 주장하며 (그래야만 개종이 깊이 있고 신실하게 된다는 주장이었다.) 열심히 그 말을 배우려 했다. 토착민들에게의 언어적 접근을 이렇게 독점하다 보니 그들은 어떠한 비종교 세력도 공유하지 못했던 막대한 권력을 갖게 되었다. 이를 충분히 잘 깨닫고 있었던 수사들은 스페인어 보급에 완강히 반대하였다. 리살의 시대에조차 군도의 인구 중 3퍼센트 정도만이 식민 본국의 언어를 조금이라도 구사할 수 있는 것으로 추정되었는데, 이는 스페인 제국에서는 (전에 예수회가 우세했던 파라과이라는 부분적인 예외를 제외하고는) 특이한 것이었다. 19세기 스페인의 정치 계급은 이 상황에 대해 아주 잘 이해하고 있었고 교단 없이는 스페인의 필리핀 지배가 붕괴될 것이라고 아마도 정확하게 짐작하였다.[50] 그리하여 오르티스의 조치 이후 스페인에서 유일하게 허용되

* 현재의 볼리비아 영토 내에 있는 포토시는 16세기 거대한 은광이 발견되었던 도시이다.

49 예수회는 예외로서, 1768년 카를로스 3세에 의해 그의 영지에서 쫓겨났다. 프랑스와 스페인, 포르투갈, 나폴리 왕가가 연합하여 1773년 클레멘트 14세에게 예수회를 세계적으로 억압하도록 압력을 넣은 결과는 성공적이었다. 피우스 7세가 1814년 예수회의 법적 지위를 되살렸지만 그 구성원들은 기반의 많은 부분을 잃은 상태였다. 필리핀에서 그들은 1859년까지 다시 등장하지 않았고 오랜 기간 동안 교회 내의 라이벌들에 비해 뒤떨어지게 되었다.

50 빠르게 쇠퇴하고 있었던 또 다른 제국의 속령이었던 네덜란드령 동인도와 비교해 보자. 진지한 네덜란드어 교육은 20세기 초에야 시작되었는데 이는 네덜란드가 군도에 간섭하기 시작한 지 300년이 지난 다음이자 스페인의 필리핀 지배가 붕괴한 다음의 일이다. 처음 두 세기를 다스렸던 위대한 '다국적' 동인도 회사는 학교에 돈을 낭비할 이유를 찾지 못했다. 19세기의 식민 국가는 (나폴레옹 전쟁과 1820년대의 거대한 디포네고로 반란으로부터 재정적 회복을 꾀하기 위해) 식민지를 착취하느라 너무 바빠서 전임자보다 더 잘할 여유가 없었다. 토착 언어로의 교육은 1870년대에야 진지하게 시작되었고 그나마 자바어에만 집중되어 있었다. 게다가 네덜란드에서도 지배 계급은 네덜란드어를 하녀나 종업원들에게 이야기하는 데 주로 썼다. 1880년 이후의 민주화, 특히 투표권의 확대는 식민지 정책에 민족주의적 압력을 가하기 시작했으며 그리하

던 교단이 통제하는 신학교는 오직 필리핀에 젊은 신참 수사들을 공급하기 위한 것이었다. 동시에 많은 수사들이 스페인에서 '내던져진 것'에 충격을 받아 안전함과 권력을 찾으러 세계의 반대편으로 떠났다. 이렇게 되어, 카노바스 시대에 필리핀에서 수사들이 가진 권력은 쿠바의 노예제만큼이나 독특한 것이었다. 그렇지만 노예제가 1886년 마침내 폐지되었던 반면 마닐라에서의 수사 권력은 1898년 체제가 통째로 무너지기 전까지는 심각하게 훼손당하지 않았다. 다른 각도에서 보면 필리핀의 반식민지 활동가들은 스페인어를 거부할 것이냐 퍼뜨릴 것이냐 하는, 쿠바인들이나 푸에르토리코인들에게는 해당되지 않았던 어려운 선택에 부득이하게 직면했던 셈이다. 우리는 나중에 이 질문이 『엘 필리부스테리스모』의 내러티브를 어떻게 형상화하는가에 관해 살펴볼 것이다.

검은 날개

놀란 이스키에르도 총독이 범상치 않았던 1872년 가을의 카비테 파업 배후에 인터내셔널의 음모가 있다고 의심했을 때, 그 생각이 그에게 그럴듯해

••••••••••••••••••••••••

여 식민지 교육 체계가 등장하기 시작했을 때 마침내 매개가 된 것은 네덜란드어였다. 필리핀보다 40년 늦은 1920년대 무렵에는 민족주의와 사회주의 선동을 시작한 소수의 일루스트라도 민족주의 엘리트가 생겨났다. 그러나 이는 너무 늦은 일이었다. 1942년 일본의 습격으로 네덜란드어는 행정적으로 종말을 맞게 되었고, 조금이라도 중요한 인도네시아의 소설 중 네덜란드어로 쓰인 것은 1930년대 작품이 마지막이었다. 토착민이 절대 다수를 차지했던 1930년대의 7,000만 식민지 인구 중 기껏해야 0.5퍼센트가 식민 언어를 이해하고 있었다. 그러나 동인도 회사 시대로부터 시작되는 긴 세월 동안, 섬 간의 교역에서뿐만 아니라 지배자들의 행정 업무 자체에서도, 일종의 피진 말레이어가 쓰이고 있었다. (동인도 제도는 지리적으로 대양을 넘나드는 해상 교역의 고속도로에 위치하고 있었고, 이는 필리핀의 주변적 위치와 알맞은 비교가 된다.) 1890년대부터 지방어 언론이 발달하기 시작하면서 '말레이어'가 네덜란드어, 자바어, 아랍어라는 경쟁자들을 시장에서 워낙 능가하게 되어 1928년에는 젊은 민족주의자들에 의해 피진 말레이어가 아니라 '인도네시아어'로서 선언될 채비가 끝난 상태였다. 네덜란드어는 1960년대까지 일루스트라도 엘리트의 사적인 언어로 남아 있었으나, 1942년 이후 공적인 자리에서 네덜란드어로 말하는 사람은 아무도 없었다.

보였던 이유는 무엇이었을까? 이사벨이 1868년 9월 마드리드에서 도망친 후, 바쿠닌이 마르크스보다 훨씬 빨리 스타트를 끊었다. 그는 마치니주의자와 가리발디주의자였던 전력이 있는 가까운 이탈리아인 친구 주세페 파넬리(Giuseppe Fanelli)를 즉시 바르셀로나와 마드리드로 보내 현지에서 가장 선진적인 급진적 활동가들을 지도 및 조직하도록 했다.[51] 파넬리는 스페인어를 하나도 몰랐지만 즉각적이고 강력한 영향력을 발휘했다. (바르셀로나의 이탈리아인 사회 사람들이 도와주었을지도 모르겠다.) 중앙협회연맹(The Centro Federal de las Sociedades)이 다음 해 초 결성되어 9월 바젤의 인터내셔널 총회에 바쿠닌주의자 대표 두 명을 보냄으로써 바쿠닌의 다수파적 위치를 더 공고히 했다. 1870년에 이미 인터내셔널의 스페인 지부인 스페인지역연맹(Federación Regional Española, FRE)은 『연대』(La Solidaridad)를 펴내고 있었고, 얼마 지나지 않아 산업화 초기의 바르셀로나에서 처음이자 마지막으로 총회를 열었다.[52]

한편, 파리에서 코뮌과 함께했으나 파리지엔 반란자들의 지지 기반을 넓히고자 보르도로 옮겼던 마르크스의 쿠바인 사위 폴 라파르그는 결국 가족과 함께 피레네를 넘어 도망쳤다(도중에 태어난 지 얼마 안 된 그의 아기가 죽었다).[53] 파블로 파르가스라는 가명으로 (1871년 6월) 마드리드에 자리를 잡은 다음, 그는

••••••••••••••••••••••

51 파넬리와 그의 배경에 대해서는 Pernicone, *Italian Anarchism*, pp. 19~20 참조. 또 다른 나폴리인인 데다 덤으로 건축가이자 기술자였던 그는 1848~49년에 롬바르디아와 로마에서의 혁명적 활동으로 두드러진 인물이었으며, 시칠리아에서는 남부 이탈리아를 부르봉 지배에 무릎까지 담기게 한 가리발디의 1천 의용대와 함께 싸웠다. 1865년 신설된 국회에 선출되어서는 의회의 토의에 참여하기를 거부하였으나, 의원에게 특권으로 주어지는 기차표를 이용하여 나라를 끊임없이 돌아다니며 급진적인 선전을 펼쳤다.

52 Esenwein, *Anarchist Ideology*, pp. 14~18; Bécarud and Lapouge, *Anarchistes*, pp. 27~29.

53 어떻게 쿠바인이 이렇게 훌륭한 프랑스어 이름을 가질 수 있었을까? 그의 양가 조부모는 '프랑스계 아이티인'이었으며 투생의 혁명을 피해 쿠바로 이주해 왔다. 한쪽의 할아버지(라파르그)는 노예를 소유한 소규모 농장주였으며 다른 쪽(아브라함 아르마냐)은 유대인 상인이었다. 한쪽의 할머니는 아이티인 물라토였고, 다른 쪽은 자메이카인 카리브족이었다. 폴과 그의 부모는 모두 산티아고데쿠바에서 태어났다. 가족은 1851년 조부모가 태어난 보르도로 이주했는데 이번에는 쿠바의 반란과 스페인의 탄압을 피하기 위한 것이었다. 폴은 스페인 여권을 가지고 다녔고 프랑스어와 스페인어 두 나라 말을 했다.

마르크스의 지침에 따라 바쿠닌주의자들의 영향력에 대항한 싸움을 벌였다. 그러나 이는 때를 많이 놓친 일이었다. 12월, 코르테스는 인터내셔널을 금지했다. 그해를 전후하여 라파르그는 스페인에 있었는데, 바르셀로나에서는 운이 없었지만 마드리드에서는 마르크스주의 그룹의 건설을 도왔다. 라파르그는 재앙과 같던 1872년 인터내셔널의 헤이그 대회에서 유일하게 마르크스 편에 선 '스페인' 대표였다. 지하 정당의 성격을 얼마간 띠고 있었던 마르크스주의 사회당은 1879년이 되어서야 창당되었으며, 1880년대 초반 사가스타 통치 시기까지는 활동을 공개로 전환하지 않았다. 기관지인 『노동자』(El Obrero)는 1882년에 처음 나왔다.[54] 여러 해가 더 흘러서야 당은 스페인 좌파 정치에서 주요 행위자가 될 수 있었다. 리살이 마드리드에서 학생이었을 때 당에 대해 들어봤을 것이라고 믿을 만한 특별한 이유는 전혀 없다.

그러나 그는 다음에 전개된 일에 대해서는 확실히 잘 알고 있었고, 우리는 그 흔적을 『엘 필리부스테리스모』에서 찾게 된다. 카노바스의 6년에 걸친 억압 체제가 1881년 더 온건한 사가스타 정권으로 바뀐 것은 알렉산드르 2세의 암살 직후이자 런던에서 여러 종류의 아나키스트들이 폭력적인 '행동에 의한 선전'의 필요성을 승인하기로 결의한 이후의 일이었다. 스페인 정부가 교체되자 대개 카탈루냐인이었던 스페인지역연맹의 최고 지도부는 더 광범위하고 합법적인 노동 계급의 조직이라는 길이 열렸다고 믿고 9월 스페인지역연맹을 스페인지역노동자연맹(Federación de Trabajadores de la Región Española, FTRE)으로 대체하였다. 이 정책은 런던에서 승인된 급진적인 결의안과는 방향을 달리하는 것이었기 때문에, 그들은 이 결정을 가능한 한 비밀로 하려고 노력했다. 그러나 어떻게든 소식은 새어 나갔다. 가입자가 1년에 58,000명씩이나 눈부시게 증가했음에도, 산업적인 바르셀로나의 합법 노선과 안달루시아 농촌에 기반을 둔 급진파 사이의 갈등이 빠르게 커졌다. 세비야의 1882년 총회에서 대

54 Bécarud and Lapouge, Anarchistes, pp. 29~34; David Ortiz, Jr, Paper Liberals. Press and Politics in Restoration Spain (Westport, CT: Westwood Press, 2000), p. 58.

부분의 안달루시아인들이 갈라져 나와 스스로 '무산자들'(Los Desheredados)이라 부른 그룹을 만들었다. 1883년은 어찌 되었든 어려운 해였다. 세계적 공황이 닥치면서 안달루시아에 특히 심각한 결과를 낳아 굶주림과 비참함이 빠르게 퍼졌다. 게다가 카노바스가 권좌로 돌아왔다. 총리의 고향 지역 전체에 농촌 방화와 강도의 새로운 물결이 일어, 곳곳에서 진정한 공포를 낳았다.[55] 경찰은 수백 명이나 되는 사람들, 아나키스트들, 농민들, 산적들을 잡아다 고문한 직후 '검은 손'(La Mano Negra)이라는 거대한 반란 음모 조직이 적발되었다고 주장했다.[56] FTRE는 지지의 손길을 내밀기는커녕 탄압을 피해 보려는 희망으로 이를 범죄 행위라 부르며 확실히 선을 그었다. 이 입장은 도움이 되지 않았고 조직은 1888년 해산할 때까지 꾸준히 쇠퇴했다.[57] 그러나 우리는 검은 손의 유령 및 안달루시아의 공포가 『엘 필리부스테리스모』의 후반부에 반영되어 있는 것을 보게 된다.

막역한 친구

사가스타는 1885년 권좌로 돌아와 1890년까지 머물렀다. 마침내 쿠바에서 노예제를 폐지하고, 결사에 관해 꽤 자유주의적인 법을 제정하여 급진주의자들이 다시금 합법 조직을 시작할 수 있도록 하고, 언론의 자유를 상당히 증진시킨 것이 이 정부였다. 이 정부는 필리핀에서 몇 가지 진지한 개혁 조치를 취하려 하기까지 했다. 1887년 스페인의 형법이 필리핀에도 적용되기 시작했으

••••••••••••••••••••••

55 Béracud and Lapouge, *Anarchistes*, p. 36에 따르면, 이러한 물결의 초기 현상이 1878~80년에 일어났다.

56 라몬 셈파우는 이제 "(종교재판소에서 이단을 심문하던 시대의) 잊혀진 관행이 되살아났다"고 논평했다. *Los victimarios*, p. 275. 자유화된 체제 아래에서 사반세기 후 발표된 두 편의 유명한 스페인 소설이 이 시기 동안의 바르셀로나와 안달루시아의 지하 운동을 훌륭하게 떠올려준다. 피오 바로하의 『붉은 새벽』(*Aurora roja*)과 비센테 블라스코 이바네스의 『술창고』(*La bodega*) 두 편 모두 1905년에 마드리드에서 처음 발표되었다.

57 이러한 사건 전개에 관한 간명한 설명에 대해서는 Núñez, *El terrorismo*, pp. 38~42 참조.

며, 1889년 스페인의 상법과 행정소송에 관한 법률, 결혼 관련 부분을 제외한 (필리핀의 교회가 기를 쓰고 반대했다) 민법이 마찬가지로 확장되었다. 그런데 리살이 스페인을 거의 영원히 떠나 프랑스와 독일로 가서, 의학 공부를 계속하고 첫 번째 소설을 완성하느라 바빠지게 된 것이 정확히 1885년 7월의 일이었다. 1887년 봄 소설이 출간되자 그는 필리핀에 돌아갈 때가 되었다고 결심했다. 그러나 돌아가기 전에 그는 자신이 좋아하는 서신 교환자이면서 의심할 바 없이 가장 가까운 벗이자 상담자였던 페르디난트 블루멘트리트를 처음이자 마지막으로 만나기 위해 오스트리아로 향했다. 우리가 나중에 이 오스트리아인 학자에 대해 많이 살펴볼 것이니만큼, 그의 성격, 그리고 이 두 남자의 우정의 성격을 묘사할 만한 가치가 있어 보인다.

제국의 하급 관료의 아들인 블루멘트리트는 1853년 (그러니 리살보다 8년 앞서) 프라하에서 태어나, 지리학과 역사학 학위를 받고 1877년 카렐 대학을 졸업할 때까지 거기에 살았다. 그리고 나서 그는 역시 보헤미아 도시인 라이트메리츠로 이사를 가고, 거기에서 경력의 남은 기간 동안 비인문계 중등 교육 기관의 교사로 일했다. 해야 할 일들과 건강에 대한 병적인 우려로 인해 그는 삶의 남은 기간 동안 보헤미아 바깥으로 육체적인 여행을 할 수 없었다. 그런데 그가 아직 아이였을 때, 페루인 크리올과 결혼했던 고모가 왕정주의자 남편이 1824년 절정의 아야쿠초 전투에서 볼리바르의 군대에 의해 죽은 후 페루로부터 돌아왔다. 소년은 고모의 집에 있는 이국적인 책들과 스페인 식민지의 자잘한 물건들에 흠뻑 빠졌다. 리살처럼 천부적으로 언어에 재능이 있었던 그는 일찍이 스페인어, 포르투갈어, 네덜란드어, 영어의 독해 능력을 습득했다. 스페인 제국 내에서 그는 특히 필리핀에 반했으며 1879년 이 나라에 대한 첫 번째 책을 출판했다. 3년 후, 정확히 리살이 유럽에 처음 도착했을 무렵, 필리핀 제도의 수십 가지나 되는 언어-종족 집단에 대한 최초의 체계적이며 전문적인 학술 연구인 블루멘트리트의 획기적인 저서 『필리핀 민족지학 시론』(Versuch einer Ethnographie der Philippinen)이 나왔다. 그 후 30년간 필리핀의 언어 · 역사 · 지리 · 정치를 다룬 업적들이 200가지도 넘게 뒤따랐다. 그 결과로, 그는 빠른 속도로 유럽 내에서 필리핀 제도에 관한 학문적 권위자가 되었다.

지적인 젊은 필리핀인들이 그에게 끌리고 자신들의 대의명분에 그를 끌어 넣으려 했던 이유가 이것뿐이었던 것은 절대로 아니다. 그는 프란츠 요제프 황제에 전적으로 충실했지만, 오스트리아-헝가리는 로베르토 무질이 냉소적으로 표현했듯이 "'식민지'나 '해외' 같은 말들이 아직 완전히 새롭고 낯선 것으로 들리던" 그런 유럽 제국이었다. 교회에 다니는 가톨릭 신자였지만 그는 반동적인 스페인 교회를 배려할 여유가 거의 없었다. 정치적으로는 자유주의적 헌정주의자이자 민주주의자였던 그는 곧 필리핀의 곤경에 공감히게 되었다. 현학자와는 거리가 멀었던 그는 지방 정치에 투신했으며, 아마추어 연극을 조직했고, 스케치를 즐겼으며, 날카롭고 위트 있는 펜을 연마했다. 그는 뛰어난 요리사이기까지 해서, 리살이 라이트메리츠에 도착했을 때 필리핀의 대표적 음식들을 빠짐없이 차린 향연을 준비하여 그를 깜짝 놀라게 하기도 했다. 또한 그의 집은 필리핀의 물건들로 꽉 차서 도서관과 박물관을 합친 것같이 보였다.

두 자그마한 남자는 서로를 위해 태어났으며, 이들은 리살이 1886년 9월 하이델베르크로부터 자신을 소개하는 첫 번째 공식적 편지를 보낸 후 곧 이를 알아차렸다. 18개월 안에 그들은 호칭을 존칭 '지'(Sie)에서 비존칭 '두'(Du)로 바꾸었다. 리살은 더 나이가 많은 남자에게 필리핀, 특히 고향인 타갈로그 지역에 관해 억수 같은 정보를 제공했다. 블루멘트리트는 그에게 베를린, 라이덴, 런던의 관련 학자들을 소개해 주었으며, 이 필리핀인이 아무 지식도 갖고 있지 못했던 초기 필리핀 역사에 관한 자료들을 보여주었다. 1891년이 되어 리살이 그의 벗에게 『엘 필리부스테리스모』의 서문을 써달라고 청한 것은 자연스러운 일이었다.[58]

••••••••••••••••••••••••

58 이 문단들은 부분적으로 1983년 빈에서 처음 출판된 *Der Revolutionär von Leitmeritz*의 번역본인 Harry Sichrovsky, *Ferdinand Blumentritt: An Austrian Life for the Philippines* (Manila: National Historical Institute, 1987)의 짧은 제1장부터 제3장까지에 의존한 것이다.

최초의 귀향

두 번째로 권력을 잡으면서 사가스타는 온건한 편인 에밀리오 테레로 이 페리나트(Emilio Tererro y Perinat) 중장을 새로운 필리핀 총독으로 임명했다. 총독은 능력 있는 반교권주의적인 부하 두 명에 크게 의존했는데, 두 명 모두 프리메이슨 단원이었다. 마닐라의 민정 장관(civil governor)인 호세 센테노 가르시아(José Centeno García)는 공화주의에 동조하는 광산 기술자로, 보기 드물게도 필리핀에서 20년이나 지낸 경험을 갖고 있었다. 또한 더 젊은 쪽인 민정 담당관(director-general of civil administration) 베니그노 키로가 로페스 바예스테로스(Benigno Quiroga López Ballesteros)는 코르테스에서 자유주의자 의원직을 지낸적이 있었다(센테노는 이름은 밝혀지지 않지만 경의를 표하는 방식으로 『엘 필리부스테리스모』에 등장한다). 이 두 사람은 기초 단위의 사법권을 행정 지사로부터 빼앗아 새로운 직책인 치안 판사에게 넘기는 법을 단호하게 시행했으며, 마찬가지로 도 단위 지사의 사법권을 제1심 판사에게 반환시켰다. 이러한 조치들은 전통적으로 지방 행정부를 통제함으로써 지방 정부에 대한 확고한 지배를 유지하던 수사들의 권력을 깎아내고자 의도된 것이었다.[59]

리살은 이런 유망한 분위기에 대해 알고 있었다. 블루멘트리트와 작별한 후 그는 스위스를 재빨리 돌아보고 로마에 들른 후 마르세유에서 배에 올랐다. 1887년 8월 5일 그는 마닐라에 돌아왔다. 『놀리 메 탕헤레』에 관한 소식(그리고 그 책 몇 권)이 그보다 먼저 들어와 있었고, 그는 자신이 명성과 악명을 모두 가진 인물이라는 것을 알게 되었다. 교단과 마닐라 대주교는 이 이단적이고 반역적이며, 비방이 담긴 책을 금지하고 저자를 엄하게 처벌할 것을 요구했다. 그러나 리살은, 아마 스스로도 놀랐을 텐데, 다른 누구도 아닌 테레로 총독과의 단독 접견을 위해 불려 갔고, 테레로는 자신도 그 소설을 읽어 보고

----

59 Guerrero, *The First Filipino*, pp. 178~80과 Schumacher, *The Propaganda Movement*, pp. 109~14를 비교해 보라.

싶으니 한 권 달라고 청했다. 우리는 총독이 책에 대해 어떻게 생각했는지 알 수 없지만, 그 소설은 그의 통치 기간 동안에는 금지되지 않았다.[60] 마닐라에서 며칠 머무른 뒤, 리살은 가족과 함께 지내며 진료소를 열기 위해 고향 칼람바로 돌아갔다. 그러자 그의 적 여러 명이 작업에 들어갔다. 1887년 9월 5일에 블루멘트리트에게 보낸 편지에서 그는 이렇게 쓴다.

> 나는 매일 위협을 받습니다. …… 우리 아버지는 내가 혼자 산책을 나가지도, 다른 가족과 식사를 하지도 못하게 합니다. 어르신이 겁을 먹고 떨고 있는 거지요. 사람들은 나보고 독일의 스파이나 요원이라고 하디군요. 비스마르크의 요원, 개신교도, 프리메이슨, 요술사, 이미 지옥에 반은 떨어진 영혼, 등등이라는 겁니다. 그래서 집에 머무르지요.[61]

더 나쁜 일이 기다리고 있었다. 앞서 이야기했듯이 리살 가족의 부(富)는 지역 도미니크회 대농장에서 임차한 광대한 토지에 기대고 있었다. 1883~86년의 공황 시기부터 수사들은, 심지어 세계 설탕 가격이 폭락했을 때에도, 임차료를 가파르게 올리기 시작했다. 게다가 그들은 주민들이 생각하기에 그들에게 아무런 권리가 없는 다른 토지들까지도 전유하였다. 리살이 돌아올 무렵 리살의 친척들을 비롯한 여러 임차인들이 임차료 납부를 중단하고 자신들을 위해 개입을 해달라고 마닐라에 청원하고 있었다. 도미니크회가 세금을 속이고 있다고 의심한 테레로는 조사단을 파견했지만 그러고 나서는

---

60 Guerrero, *The First Filipino*, p. 180.
61 *The Rizal-Blumentit Correspondence*, vol. 1, p. 133 이후 번호가 없는 다섯 번째 쪽. 비스마르크는 제국에 제1순위의 충성을 바치도록 독일 가톨릭에 강요한 1870년대 10년간의 문화투쟁(Kulturkampf)으로 교회 인사들에게는 뿔 달린 괴물로 인식되고 있었다. (이는 부분적으로 교황의 무오류성이 공표된 데 대한 그의 대응이기도 했다.) 그러나 스페인령 오세아니아에 관한 비스마르크의 계획으로 인한 더 큰 두려움이 존재하기도 했다. 1885년 제국 해군이 캐롤라인 제도에서 독일인 사업가들의 안전을 보장할 것이라는 제국 총리의 발표가 있었던 것 같다. 스페인 군대는 저항을 진압하고 마드리드의 주권을 완전히 관철하기 위해 급히 그곳으로 달려갔다.

152

아무것도 하지 않았다. 이 시점에서 수사들은 법원의 퇴거 명령을 얻어내 공격에 들어갔다. 리살의 가족은 의도적인 주요 목표물로 선택되었다. 양쪽 모두 이후 4년 동안 상급심으로 올라가며 소송을 했고, 심지어 스페인의 대법원까지 갔지만, 의외의 일은 일어나지 않았고 도미니크회가 이겼다. 그동안 리살의 식구들은 집에서 쫓겨났고 굽히지 않았던 다른 주민들도 같은 꼴을 당했다. 그때 즈음 리살은 모든 이들에게서 나라를 떠나는 게 좋겠다는 충고를 받았는데, 이는 그가 이 저항의 배후 조종자라는 의심을 받고 있었기 때문이다. 총독조차 더 이상 젊은 소설가를 보호해 줄 수 없다는 말을 전했던 것으로 보인다. 이에 따라 1888년 2월 리살은 나라를 떠나, 먼저 빠른 속도로 자율적 근대화를 이루고 있던 독립적인 아시아 강국을 얼른 직접 둘러보기 위해 일본으로 향하는 배에 올랐으며, 그리고 나서 며칠간 미국에 들른 후 마침내 영국으로 향했다.

거의 같은 시기에 테레로의 임기가 끝났고, 사가스타 정부는 스페인과 식민지의 보수주의자들로부터 거센 정치적 압력을 받아 그 자리에 발레리아노 웨일레르 장군, 그 전에 아바나에서 직책을 수행하며 가혹함으로 이름을 날렸으며 1890년대 중반에는 미국의 언론 덕분에 세계적으로 '쿠바의 도살자'로 악명이 높아진 자를 임명하는 치명적인 결정을 내렸다.[62] 테레로의 자유주

....

62 웨일레르(1838년생)는 이력의 처음 10년(1863~73)을 대부분 카리브 해에서 보냈다. 제1도미니카공화국이 1844년 아이티로부터 성공적으로 떨어져 나갔다가, 1861년 페드로 산타나 대통령의 주도로 다시 스페인 제국에 편입되었다는 사실이 기억날 것이다. 1863년 이 반역에 대항하여 아이티의 도움을 받은 대중적 항쟁이 터졌다. 웨일레르는 반란 진압을 위해 쿠바로부터 최초로 파견된 젊은 장교들 중 한 명이었다. 미국의 압력과 군사적 패배로 인해 마드리드는 2년 후 군대를 철수하고 제2도미니카공화국을 인정할 수밖에 없게 되었다.
웨일레르가 걸출한 장교로서의 명성(그는 그의 시대에 최연소로 별을 달았다)을 얻은 것은 쿠바의 세스페데스 반란에 대항한 성공으로부터였다. 그는 룸펜과 범죄자 지원병들로 구성된 무자비한 사냥꾼 부대(cazadores)를 이끎으로써 '피투성이'(el Sanguinario)라는 별명을 얻었다. 그의 광적인 숭배자조차도 그가 다른 스페인 장교 누구보다도 더 많은 죄수들을 죽였다는 것을 인정한다. 마드리드로 돌아온 후 그는 발렌시아의 카를로스주의 병력을 박살내는 임무를 맡아 쿠바식 방법의 힘을 빌리지 않고도 임무를 성공적으로 달성해 냈다. 주인공을 성인으로 만들어 놓은 프랑코 식의(franquista) 웃기는 전기인 General Hilario Martín Jiménez, *Valeriano Weyler*,

의적 고문들은 금세 해고되거나 전속되었다. 1891년 웨일레르는 포병 1개 분대를 보내 집 몇 채를 통째로 불태우고 '불법' 점유지를 강제로 비워버림으로써 칼람바 임차인들의 불응이라는 문제를 마침내 '해결'하는 인물이 된다. 『엘 필리부스테리스모』에서 웨일레르는 시모운의 파베르제 폭탄의 주요 목표물로서 익명으로 등장한다. 리살이 이 냉혹한 장군의 임기가 끝날 때까지 필리핀으로의 최종 귀국을 늦춘 것은 놀랄 만한 일이 아니다.

이주자 민족주의 내부의 분열

유럽에 처음으로 장기 체류할 때에 리살은 주로 학업과 소설 창작으로 시간을 보냈다. 이것은 멀리 지나간 일들로, 그는 이제 무엇을 할지 심사숙고해 보아야 했다. 스스로 깊이 책임감을 느끼고 있던 칼람바의 재난으로 크게 쓴맛을 본 데다 사가스타가 웨일레르를 마닐라로 보낸 것에 대해 큰 환멸을 느낀 그는, 해답은 (문화적) 민족주의 정치에 더 직접적으로 뛰어드는 것이라고 생각했다. 런던에서 살기로 한 결정에 부분적으로 박차를 가한 것은 블루멘트리트를 비롯한 학자 친구들이 그에게 중요성을 깨우쳐준 대영박물관의 연구 관련 콜렉션이었다. 신문과 저널로부터 그는 쿠바와 오스만 제국, 동방은 말할 것도 없이, 유럽의 왕정 제국들 내에서 민족주의가 떠오르고 있음을 관찰할 수 있었다. 이 모든 민족주의의 자기 표현에서 중심이 되는 것은 수치스러운 현재 뒤에 있는 영광스러운 과거를 되살리기 위한 민속학자들과 역사가들, 사전 편찬자들, 시인들, 소설가들, 음악가들의 노력, 특히 제국의 언어를 현지에서 쓰이는 지방어로 대체하여 민족적 정체성을 세우고 공고

de su vida y personalidad, 1838~1930 (Santa Cruz de Tenerife: Ediciones del Umbral, 1998), chapter 2~6, 특히 죽은 죄수들에 대해서는 p. 247 참조. 휴 토머스는 웨일레르가 미국의 남북전쟁 기간에 워싱턴에서 대사관부 무관으로 일하면서 무자비한 셔먼의 팬이 되었다고 말한다. 토머스의 *Cuba*, p. 328 참조. *El desterrado de París. Biografía del Doctor Ramón Emeterio Betances (1827~1898)* (San Juan: Ediciones Puerto Rico, 2001), p. 351에서 레예스(Félix Ojeda Reyes)는 웨일레르의 1910년 *Mi mando en Cuba*를 인용하며 이 경력을 확증한다.

154

화하려는 움직임이었다. 그는 중국인, 일본인, '아메리카인'으로 오해받았으며, 그의 나라가 유럽에 전혀 알려져 있지 않다는 것을 깨달았던 초기의 충격을 결코 잊지 않았다. 나아가 그는, 이를테면 말라야*나 버마, 인도, 실론, 캄보디아, 베트남 같은 나라들과는 달리, 필리핀에는 유럽 정복을 거치고도 살아남아 있는 식민 지배 이전의 문헌화된 기록이 없다는 것을 깨닫고 있었다. 존재하는 필리핀 역사라고 하는 것은 대개 교단의 일원들, 아니면 나중에는 인종주의적인 스페인의 보수주의자들이 만들어낸 것이었다. 이 방면에 대한 그의 관심은 또한 아마도, 우리가 이미 살펴보았듯이, 그보다 조금 더 어린 이사벨로 데 로스 레예스가 획기적인 작품 『엘 폴크로레 필리피노』로 1887년 마드리드 박람회에서 상을 탄 것에 대한 라이벌 의식으로 자극을 받았던 것 같다.[63]

대영박물관에서 리살은 그가 찾던 것, 1609년 멕시코에서 출판된 안토니오 데 모르가 박사(Dr. Antonio de Morga)의 초희귀본 『필리핀 제도의 역사』(Sucesos de las Islas Filipinas)를 발견했다. 모르가는 서른네 살의 나이로 1595년 마닐라의 법원 판관 직과 부지사 직을 수행하기 위해 필리핀에 도착했다. 그는 당시로서는 드물게도 교회의 편견에 물들지 않은 현실적인 사고방식을 가

----

* 말레이 반도의 영국 식민지, 말레이시아의 전신.

63 리살은 블루멘트리트가 이사벨로와도 서신을 교환하고 있다는 것 때문에 기분이 상했던 것 같다. 1888년 4월 30일 그는 샌프란시스코로부터 다음과 같은 신경과민성의 편지를 벗에게 보냈다. "내가 보기로는, 민속학자나 장래의 인류학자 여러 명이 일로코스에서 온 것 같네요. 당신하고 교제를 하는 델로세레 씨(이사벨로의 필명)도 있고요. 내가 알아차린 것 한 가지는, 필리핀 민속학자들 대부분이 일로카노인이고, 그들이 '일로카노'를 통칭으로 쓰기 때문에, 인류학자들이 필리핀 것이라고 해야 할 관습이나 습속들을 일로카노 것이라고 분류하게 된다는 것입니다. 그러나 이는 우리의 잘못이지요. 나는 이사벨로의 책을 지금 갖고 있는데, 유럽에서 당신에게 코멘트를 보내려고 합니다. 몇 가지 틀린 점이 있는데, 아마 그가 타갈로그 언어를 완전히 이해하지 못하기 때문인 것 같군요." The Rizal-Blumentritt Correspondence, vol. 1, p. 165 다음의 번호가 없는 쪽. "당신하고 교제를 하는"에서 퉁명스러운 투를 알아챌 수 있을 것이다. 리살은 자신의 첫 번째 소설을 "타갈로그 소설"(novela tagala)이라 불렀고, 명백하게 일로카노어를 한 마디도 이해하지 못했는데도 이것은 괜찮고, 딱한 이사벨로는 필리핀 것들을 일로카노 것이라고 하고 타갈로그어를 완전히 익히지 못했다고 욕을 먹는 것 또한 눈에 띄는 점이다!

진 엄격하게 정직한 식민지 관료였다. 이 책을 공들여 손으로 베낀 다음, 리살은 직접 방대한 주석과 해설을 달아 책을 재출간하기로 결심했는데, 그 주석과 해설은 교회의 연대기와 비교했을 때 현지 사회에 더 호의적인 모르가의 설명—문명의 수준과 평화로운 풍요, 중국과 일본 및 동남아시아 각지와의 교역 관계에 관한—이 상대적으로 더 신빙성이 있다는 것을 보이기 위한 것이었다. 그는 파리의 가르니에 출판사에서 이 책을 내게 되었는데, 출간 연도는 공식적으로는 1890년이지만 실제로는 1889년 말이었다.[64]

리살의 『모르가』는 당시에나 이후에나 널리 읽히지는 않았지만, 이는 리살의 정치적 궤적에서 전환점을 표상한다. 그는 '필리부스테로,' 어떻게든 조국의 완전한 독립을 쟁취하기로 결의한 애국자가 되어가고 있었다. (우리가 살펴볼 것처럼, 『엘 필리부스테리스모』는 이러한 새로운 입장을 대단히 명백하게 드러낸다.) 그가 『놀리 메 탕헤레』 및 스페인의 여러 공화주의 신문에 낸 여러 편의 강렬한 글들로 필리핀인들 사이에서 얻은 명성과 함께 초래된 한 가지 결과는, 식민 본국의 해외 필리핀인 사회 내에서 불화가 커졌다는 것이었다. 스페인에서의 학생 시절에조차 리살은 거기에 사는 동포들을 경솔함, 여자 문제, 게으름, 뒷얘기, 음주벽 등등으로 종종 비난했다. 스페인에 친한 친구가 많이 있기는 했지만, 멀리 북쪽 유럽에서 보낸 나날들로 인해 그의 염증과 소외감은 더 깊어졌다.

그렇지만 서로 입장이 일부 수렴하는 흥미로운 순간도 있었다. 1888년 말

----

64 게레로는 그의 책 *First Filipino*에서 모르가의 원본과 리살의 주해본 양쪽에 대한 길고 흥미로운 논의를 펼친다(pp. 205~23). 1890년 이사벨로는 『연대』에 이 책을 높이 평가하는 리뷰를 쓰면서, 그러나 리살의 애국심 때문에 몇 가지 과장된 점이 있다고 지적했다. 리살은 화가 머리끝까지 나서 신랄하고 경멸적인 답변을 작성했는데, 내용은 기본적으로 이사벨로를 기껏해야 손이나 잠깐 댄 대본 수준의 아마추어로 매도하는 것이었다. 두 사람 모두의 친구였던 후안 루나는 리살에게 그의 말에도 맞는 점이 많이 있기는 하지만 이런 식의 공격은 마닐라의 스페인인들이 필리핀인 진영의 분열에 대해 박장대소하게 만들 뿐이라고 편지를 썼다. 이사벨로가 진실로 심하게 혹평한 것은 아니니 리살 쪽에서 그냥 놔두어야 한다는 것이었다. 1890년 11월 8일자 편지. *Cartas entre Rizal y sus colegas de la propaganda* (Manila: José Rizal Centennial Commission, 1961), Tomo II, Libro 3, Parte 2a, pp. 587~88.

바르셀로나의 더 진지한 필리핀인 그룹 하나가 정치적 공간을 자유화한 사가스타의 1887년 법을 이용하여 활동적인 새로운 정치 조직을 결성하고 『연대』라 불리게 될 독자적인 저널을 내기로 결정했다. 바르셀로나의 분위기는 이러한 결정에서 중요한 요소였다. 영향력 있는 아나키스트 저널 『라 아크라시아』(La Acracia)가 이미 1886년 바르셀로나에서 출판되기 시작했으며, 동시에 마드리드에서는 파블로 이글레시아스의 (마르크스주의) 사회당이 『사회주의자』(El Socialista)를 냈다. 그러나 1887년 바르셀로나의 아나키스트들은 마침내 잘나가는 독자적인 일간지 『생산자』(El Productor)를 갖게 되었다.[65] 공화주의와 아나키스트 조직들이 다른 여러 조직들과 더불어 급격히 증식하고 있었다. 필리핀인들의 운동은 그 세대 필리핀인 정치가들 중 가장 유능했던 마르셀로 델 필라르(Marcelo Del Pilar)가 1889년 1월에 도착하면서 구심점을 갖게 되었다. 토착민 신부였던 델 필라르의 형은 1872년 이스키에르도의 탄압 당시 구속되어 마리아나 제도로 이송되었으며, 마르셀로는 테레로, 센테노, 키로가의 관대한 지배 아래에서 수사 지배 반대 및 민족주의 조직가로 기민하게 활동했

· ·

65 Ortiz, *Paper Liberals*, pp. 57~60 참조. 오르티스는 더 이후에 나온 *La Revista Blanca*까지 포함한 이러한 저작물들이 생동감 있는 아나키스트 언론이 "지적인 엄격함, 부수, 수명에서 사회주의 언론을 능가했다"는 것을 드러낸다고 논평한다. 또한 그는 바르셀로나의 노동 계급 사이에 널리 퍼져 있던 문맹률이라는 여건 속에서 독자들(lectores)이 신문과 잡지를 커다랗게 소리 내어 읽는 독서회가 새롭게 엄청난 인기를 얻게 되었다고 지적한다. 두 개의 *El Productor*가 같은 해에 출현했다는 것은 상당히 주목할 만한 점이다. 하나는 바르셀로나에서였고, 다른 하나는 정력적인 카탈루냐인 아나키스트 엔리케 로이그 이 산 마르틴(Enrique Roig y San Martín)이 편집 주간을 맡아 아바나에서 나왔는데, 그의 노동자회(Círculo de Trabajadores)는 격월간 바쿠닌주의 잡지 *Hijos del Mundo*도 발행하였다. 나는 이 정보를 에번 대니얼의 미발표 논문 "Leaves of Change: Cuban Tobacco Workers and the Struggle against Slavery and Spanish Imperial Rule, 1880s~1890s" (2003)의 pp. 23~24에서 얻을 수 있었다. 이것을 읽도록 해준 데 대해 로빈 블랙번과 에번 대니얼에게 감사한다. 대니얼에 의하면, 아바나의 *El Productor*는 정기적으로 바르셀로나의 *La Acracia*에 실린 글들과 *Le Révolté* (사실 이미 그 때 *La Révolte*로 이름을 바꾸었던), 다른 비스페인어 아나키스트 간행물들에서 번역된 글들을 재수록했는데, 무슨 이유에서인지 바르셀로나의 쌍둥이를 언급하지는 않았다고 한다. 또한 대니얼은 많은 문맹 담배 공장 노동자들에게 독서회가 무척이나 중요했음을 강조한다. 이 모든 것은 이 시기 아바나와 마닐라 사이의 인상적인 대조를 드러낸다. 쿠바에서는 합법적이고 활발한 아나키스트 언론이 번성했으나, 필리핀에서는 멀게나마 비교할 만한 것조차 전혀 허용되지 않았다.

마르셀로 델 필라르(중앙)와 그 곁에 선 호
세 리살(좌), 마리아노 폰세(우).

다. 그러나 웨일레르가 도착한 후 그는 자신이 찍혔다는 것을 알고 스페인으
로 도망쳤다. 그는 곧 필리핀 활동가들과 그들의 새로운 저널을 이끄는 역할
을 맡았으며, 이윽고 국가 권력의 중심에 가까운 마드리드로 저널을 옮겼다.
그때부터 1896년 7월 바르셀로나에서 사망할 때까지 그는 스페인을 한 번도
떠나지 않았다.

　델 필라르의 목적이 확실히 최종적으로는 필리핀의 독립이었고, 그가 마
닐라와의 긴밀한 유대를 적극적으로 발전시키면서 마닐라에서의 조직을 장
려하기도 했으나, 그는 필수적인 초기 주요 조치들은 스페인 내에서 취해져
야 한다고 굳게 믿고 있었다. 최종적으로 독립을 달성할 수 있도록 제도적 공
간을 만들어내기 위해서는 모든 가능한 수단을 동원하여 '자유주의' 내각과
코르테스의 자유주의자 및 공화주의자 의원들에 대한 로비를 전개해야 하며,
그동안 궁극적인 목적은 가능한 한 숨겨야 한다는 것이었다. 전술적으로 취
해야 할 조치들은 기본적으로 동화(assimilation)라는 강령을 통해 쿠바를 따라
잡는 것이었다. 쿠바는 오랫동안 코르테스에 대표를 보내고 있었지만 필리핀
은 1837년에 이 권리를 상실했다. 1886년의 노예제 폐지 이후 쿠바는 기본적

으로 스페인과 똑같은 법 체계를 갖게 되었다. 이 카리브 해 식민지는 스페인어를 사용하고 있었고, 교육 체계는 기본적으로 비종교적이면서 국가에 의해 제공되었으며, 교회의 정치적 권력은 미미한 편이었다. 델 필라르는 수준 높은 타갈로그어 문필가였으며(사실 리살보다 나았다), 사석에서는 장래의 독립 필리핀에서의 언어 정책을 논의했지만, 이 단계에서는 오직 동화와 스페인화만이 마드리드가 쿠바와 같은 정치적 지위를 필리핀에 허용할 만한 정치적 분위기를 만들어낼 것이라고 확신하였다. 필리핀에 국가가 지원하는 진지한 스페인어 교육 체계를 관철해내는 것은 또한 조국 특유의 교단 지배라는 기반을 파괴하는 효과를 지닐 것이었다.[66] 델 필라르와 그의 일파는 온건한 자유주의-공화주의 언론과 매우 적극적으로 유대를 맺어나갔으며, 보수주의 신문과 기자들에 대항해서는 논박을 펼쳤고, 아나키스트 좌파와의 관계는 피했던 것으로 보인다. 전술적인 이유들이 있는 신중함이었지만, 사실을 말하자면 식민지의 가난한 피지배자들을 위한 장학금이 전무했던 시대라 부유하고 연줄이 좋은 집의 자식들만이 식민 본국에서 학업을 추구할 만한 여유가 있었다.

• •

66 슈메이커의 *The Propaganda Movement*는 델 필라르의 삶과 생각, 목표, 정치적 활동에 대한 날카로우면서도 전반적으로 호의적인 설명을 제공한다. 위의 문단은 그의 논의를 상당히 불완전하게 축소해 놓은 버전이다. 아마 이쯤에서 스페인에서의 쿠바인과 필리핀인의 접촉에 대해 있는 그대로 간단하게 언급해야 할 것 같다. 식민 본국에서 프리메이슨 단원이 된 필리핀인들은 대개 쿠바인들이 다수인 지부에 가입하곤 했는데, 이는 아마도 쿠바인들이 스페인인들보다 더 친절하고 그들을 환대했기 때문일 것이다. 코르테스의 공화주의 그룹 크리올 쿠바인 원로(왕정복고 시대의 독특한 방식에 따라 푸에르트리코와 아스투리아스를 대표했던)였던 라파엘 라브라(Rafael Labra)는 강력한 자치론자였으며, 식민지 문제에 대한 방대한 저작으로 인해 지적으로 영향력이 컸을뿐더러 필리핀인 활동가들이 조직한 정치적 연회에 정기적으로 참석하여 연설을 했다. 그는 일찍이 스페인에서 최초의 노예제 폐지 운동을 이끌었다(1860년대에!)(Thomas, *Cuba*, p. 240). 이 이상의 유대는 1890년대 중반까지 상당히 제한적이었던 것으로 보인다. 쿠바의 정치적 지위는 필리핀보다 훨씬 앞서 있었으며, 스페인에서의 쿠바인 대표들은 (메스티소나 '토착민'보다는) 본국 출신자나 크리올일 가능성이 더 높았고, 두 식민지의 당면 문제들은 무척 달랐다. 나는 1890년대 이전에 스페인령 필리핀에 가 보았다는 쿠바인에 대해 아는 바 없으며, 식민지 시대 후반에 쿠바를 직접 경험한 필리핀인은 한두 명 정도에 지나지 않는다.

세 개의 세계 3: 태평양

몽골

중국
베이징
톈진
광저우
마카오
홍콩
하이난
푸젠
샤먼
상하이
중국 해

만주
하얼빈
무크덴(선양)

러시아
블라디보스토크
동해

한국
서울
황해
시모노세키
나가사키

일본
도쿄
요코하마
혼슈
큐슈
류큐 제도
(오가사와라 제도)
카잔 열도
보닌 제도

사할린
홋카이도

타이완

인도차이나

필리핀
루손
비간
마닐라
카비테
일로일로
세부
샌디칸
민다나오
다바오
술루 군도

네덜란드령 동인도
시암(태국)
방콕
사이공
말라야
싱가포르
수마트라
브루나이
사라왁
보르네오
셀레베스
할마헤라
셀레베스 해
자바
플로레스 제도
티모르 해
반다 해
바타비아

태평양

밴쿠버 섬
시애틀
미국
샌프란시스코

하와이 제도
미드웨이 제도
존스턴 섬

마커저스 제도
투아모투 제도
크리스마스 섬
팜미라 섬
페닝 섬
스타벅 섬
마니히키
캐롤라인 섬
시에배 제도, 타히티

마리아나 제도
괌
아요프 섬
팔라우 제도
캐롤라인 제도
트루크 제도
마셜 제도
웨이크 섬

길버트 제도
나우루
하울렌드 섬
베이커 섬
피닉스 제도
엘리스 제도
월리스 제도
투투나 제도 사모아
토켈라우 제도
피지
투벨라우 제도

솔로몬 제도
산타크루즈 제도
새들 섬
트로브리아드 섬
루이지애나드 제도
뉴헤브리디스 제도
비스마르크 제도
카이저 빌헬름스란트
뉴기니
산호 해
다윈

호주

인도양

기질이나 재능은 전혀 달랐지만, 리살과 델 필라르는 서로를 존중했으며, 리살이 잠시 그 새로운 저널을 위해 열정적으로 글을 쓰던 시기도 있었다. 그러나 그들의 관계는 서서히 긴장되어 갔다. 델 필라르는 리살보다 열한 살 더 많았으며, 필리핀에서 조직화라는 위험한 일에 몇 년간을 투자했고, 스페인에서는 국가의 정책을 조국에 유리한 쪽으로 끌어당기는 구체적이고 현실적인 정치 개혁을 위해 활동하는 명민하고 끈질긴 로비스트였다. 사실, 그와도 역시 훌륭한 관계를 맺고 있었던 블루멘트리트와 마찬가지로, 그는 다른 그럴듯한 행동의 노선이 있다고 생각하지 않았다. 그러나 그의 입장에는 세 가지 불리한 점이 있었다. 첫 번째이면서 가장 큰 불리함은 그의 정책이 의미 있는 결과를 낳는다는 것을 보여주어야 한다는 것이었는데, 그렇게 되지 않을 경우 환멸이 들어서게끔 되어 있기 때문이었다. 우리는 이 패턴을 칼람바 사건에서 볼 수 있는데, 이때 그는 리살의 가족과 주민들의 대의를 위해 지치지 않고 일했으나 아무 결과도 낳지 못했다. 둘째, 그의 로비가 주장하는 효과는 스페인 정치가들과 정치 평론가들에게 스페인의 필리핀인 사회가 굳건히 그의 배후에 있다고 설득하는 데 달려 있었고, 따라서 그는 리살이 그렇게도 격렬하게 비난했던 도박과 여자 문제, 음주, 사소한 파벌 다툼을 용인할 수밖에 없었다. 셋째, 『연대』의 편집 방침은 쓸데없이 스페인 독자들의 심기를 건드린다든가 마드리드의 우익 언론에 의해 이용당할 만한 소지가 있는 것은 전부 피하자는 것이었다. 반면 리살은 멀리 북쪽 유럽에 있었으며, 필리핀에서든 스페인에서든 실제적인 정치적 경험이라고는 전혀 없었다. 그는 현실적인 결과들을 산출해내거나, 필리핀인 사회의 다수가 지니고 있었다고 여긴 도덕적 결점들을 용인하거나, 자신이 경멸하거나 혐오했던 스페인인 정치가와 기자들의 개인적인 감수성에 대해 많이 걱정할 필요가 없었다. 그는 스스로가 스페인인 대중이 아니라 필리핀인 독자들을 위해 글을 쓰고 있다고 생각하고 있었다.

1890년 4월, 두 사람 모두에게 아직 일이 잘 굴러가고 있을 때, 리살이 그의 기고문 하나의 편집본을 돌려주면서 권고된 부분을 모두 수정했다고 말하면서도 의미심장한 한 문장을 덧붙인 것은 주목할 만하다. 수정은 "나의 생각이 바뀌거나, 그에 따라 나 자신을 표현하는 나의 방식이 망쳐지지 않는 한에서만" 받아들일 수 있다는 것이었다.[67] 그러나 5월 26일, 그는 델 필라르에게 당분간 『연대』에의 기고를 중단하기로 결심했다는 편지를 보내면서, 독자들은 그의 에세이를 읽는 것으로부터의 '휴식'이 필요하고 다른 필리핀인들도 스스로를 드러내기 위한 기회를 더 많이 가져야 한다는, 별로 그럴듯하지 않은 이유를 댔다. 11일 후 깊은 근심에 잠긴 델 필라르는 역시 타갈로그어로 된 답장을 보내, 자신이 뉘우칠 수 있도록 무엇을 잘못했는지 확실히 말해 달라고 요청하면서, 다음과 같이 슬프게 덧붙였다. "네 삶에 쌓이고 있는 온갖 비참함과 불운 가운데에서도, 이토록 버려지리라는 예상은 참을 수가 없다는 것을 믿어주시오." 이 호소에 확실히 마음이 흔들린 리살은 델 필라르가 과하게 반응하고 있으며, 『연대』에의 기고를 중단하기로 한 이유들을 액면 그대로 받아들이지 않고 있다는 답장을 썼다.

내 상상력은 침울한 생각들로 자극을 받습니다. 어릴 때에는 서른 살까지 못 살 것이라고 확신했는데, 왜 그랬는지는 모르겠어요. 밤마다 죽은 친구들과 친척들만 꿈에 나온 것이 두 달째입니다.[68]

1890년이 지나가면서, 델 필라르는 『연대』를 맡기에는 너무 업무량이 과중해서, 이 일을 허영과 야심을 지닌 크리올 에두아르도 데 레테(Eduardo de Lete)에게 넘기는 전술적 오류를 저질렀다. 레테는 10대에는 리살의 좋은 친

---

67 *Cartas entre Rizal y sus colegas*, p. 517. 편지 전체가 타갈로그어로 되어 있는데 이는 리살에게는 흔치 않은 일로, 명백히 친밀함과 호의를 전달하기 위한 것이었다. 편지는 브뤼셀에서 쓴 것으로, 리살은 생활비와 책을 인쇄하는 비용이 파리에서보다 훨씬 저렴하다는 이야기를 친구들로부터 듣고 1월 말 브뤼셀로 이사해 왔다. 여기에서 그는 『엘 필리부스테리스모』에 대한 본격적인 작업을 시작하였다.

68 *Cartas entre Rizal y sus colegas*, pp. 539~41, 547~51. 마지막 두 통의 편지는 1890년 6월 8일자와 11일자로 되어 있다.

구였으나 이제는 그에게서 등을 돌리고 있었는데, 리살이 『놀리 메 탕혜레』로 얻은 막대한 명성을 질투해서였던 것 같다. 언제나 민감했던 이 소설가는 점점 자신의 글이 『연대』에 실릴 때면 검열을 받고, 다른 곳에 실릴 때면 무시당하거나 얕잡아 보인다고 느끼게 되었다. 이른바 필라르파(Pilarista)와 리살파(Rizalista) 사이의 파벌 다툼이 현저해지기 시작했는데, 이는 개인적인 대립에 뿌리를 두고 있었지만, '동화' 대 '분리주의'에 대한 내부 논쟁으로 나타났다.

리살이 필리핀인 사회에 자체 헌법을 제정할 것과 정책을 수립할 권력을 지닐 지도자를 선출할 것을 설득하러 마드리드에 온 그해 말에 이런 일들은 절정에 이르렀다.[69] 자신의 저작들이 애국적 활동의 주요한 분출을 있게 했다는 내용의 편지들을 마닐라로부터 받고 확신을 갖고 있었던 그는, 세 번의 계속된 투표가 자신과 이미 오랜 기간 동안 스페인 내 필리핀인들의 사실상의 지도자였던 델 필라르 쪽으로 거의 똑같이 나뉘자 충격을 받았던 것으로 보인다. 결국 재난과도 같을 분열을 피하려고 마음을 졸이고 있었던 델 필라르는 자신의 지지자들에게 대신 리살에게 투표하라는 지침을 내렸고, 그러자 기분이 나빠진 리살은 자신이 불신하고 있던, 두 명의 부지도자 중 한 명으로 선출된 사람이 그 직책을 맡게 된다면 자신은 사퇴하겠노라고 위협했다. 형식적으로는 승리했지만, 리살은 자신이 바랐던 통합된 지지가 자신을 누그러뜨리기 위한 허구일 뿐 정치적 목적에 대한 동조 때문이 아니라는 것을 알았다. 그래서 그는 직책에서 사퇴하고 브뤼셀로 돌아갔다. 1891년 5월 그는 델 필라르에게 『연대』에 다시 기고하는 일은 절대 없을 것이지만 반대 활동을 하지도 않겠다고 편지를 쓴다. 대신 새 소설을 완성하는 일로 분주할 예정이라는 것이었다. 스스로가 현명치 못하게 촉발하였던 이 사건에서 본 쓴맛은 두 가지 다른 결과로 이어졌다. 첫째는, 우리가 살펴보게 될 것처럼, 이것이 『엘 필리부

••••••••••••••••••••••

69 여러 가지로 복잡한 리살과 델 필라르의 대립은 Schumacher, *The Propaganda Movement*의 훌륭한 제12장에서 충분히 그리고 공정하게 설명된다.

스테리스모』의 형식과 문체를 중심적으로 만들어냈다는 것이다. 둘째로, 선의의, 그리고 비난받을 만한 다양한 동기를 가지고 상징적인 지도자들을 움직이던 두 파벌, 필라르파와 리살파 사이의 적의가 크게 날카로워졌다는 것이다.

리살이 유럽을 떠나기 전날인 10월 9일까지 블루멘트리트에게 이런 것들에 대해 아무 말도 하지 않았다는 것, 그리고 편지가 그의 벗을 화나게 했던,『연대』와의 결별 결정에 대한 변명의 형식을 띠었다는 것은 주목할 만하다.

자네는 내가 『연대』에 글을 썼으면 하지만, 내게 이 신문을 위해 글 쓰는 작업을 하려는 생각이 전혀 없다는 것을 고백해야겠네. 자네한테 더 일찍 얘기를 할 수도 있었는데, 나에 대한 불쾌한 공격들을 감추고 싶었어. 우리 사이에 많은 일들이 있었지. 자네가 이미 기고를 하고 있고, 나는 자네가 쓸 수 있는 것에 전적으로 동의하네. 블루멘트리트와 리살이 할 수 있는 것을, 블루멘트리트가 혼자서도 할 수 있는 것이지. 나는 많은 계획을 내놓았는데, 그들은 나를 향해 은밀한 전쟁을 하더군. 나를 '우상'이라 부르고, 폭군이라 하질 않나 등등, 내가 필리핀인들이 일을 하게끔 하려고 들면 그런 식이라네. 그들은 마닐라를 향해 이런 글들을 쓰는데, 모든 것이 사실과 다르네. 내가 이런저런 것을 바란다고 하는데 거의 사실이 아니야. 몇몇으로부터, 내 『필리부스테리스모』가 출판되기도 전에, 이 작품이 가치가 없고 『놀리』보다 훨씬 못하다는 이야기가 돈다는 것을 알게 되었네. 이렇게 은밀하고도 사소한 일들이 참 많은데, 그들은 내가 가진 작은 평판을 무너뜨리고자 하나 봐. 나는 분열을 막기 위해 물러나려네. 다른 이들이 정치를 이끄는 편이 낫지. 그들은 리살이 참 어려운 성격이라고 한다네. 좋아, 그러면. 그 리살은 자기 갈 길을 가야지. 내가 방해가 되어서는 안 되겠지. 사람들이 자네에게 지금까지 일어난 일에 대해 실제와 다른 설명을 하는 일도 가능할지 모르네. 그렇지만 자네에게는 날카로운 눈이 있으니 다른 사람들이 하는 얘기 이상의 것을 이해할 수 있겠지.[70]

. . . .

70 The Rizal-Blumentritt Correspondence, 1890~1896, pp. 416~17 사이의 번호가 없는 쪽. 1891년 10월 9일 파리에서 보낸 편지이다.

블루멘트리트로부터 곧바로 온 답신은 행방불명되었으나, 1892년 7월 4일
자 편지로부터 그 내용을 추측할 수 있는데, 우리가 나중에 알게 될 이유로 인
해 리살은 아마 이 편지를 끝내 받지 못했던 것 같다. 오스트리아인은 평소와
달리 퉁명스러웠다. 그는 델 필라르로부터 자신이 받은 편지에는 예외 없이
리살에 대한 크나큰 존중이 담겨 있었다고 했다. 그 자신도 필라르파와 리살
파 모두에게 사소한 개인적 차이는 잊어버리고, 공동의 적만을 이롭게 하고
운동을 약화시킬 대립은 피하라고 강력하게 설득했다는 것이었다. 그는 완전
한 평화가 아니라 영리한 휴전만을 주장하고 있었다. 나아가 그는 『연대』에
대한 리살의 관점에 전혀 동의하지 않으며, 그 저널의 가치는 최근 적이 바로
그 영향력과 싸우기 위해 격주간지를 창간했다는 사실로부터 입증되었다고
하였다. 그는 그렇지만 잡지로부터 기적을 기대해서는 안 되며, 게다가 다른
민족들이 40년 걸려서 이루어낸 일을 그 잡지가 4년 만에 이룰 것이라는 생각
은 말할 것도 없다고 덧붙였다. 필리핀인들은 이 잡지를 경멸하지 말아야 하
는데, 나라와 민족의 영예가 그것을 통해 지켜지고 있기 때문이라는 것이었
다. "내가 하는 말이 거칠고 퉁명스러울지도 모르겠지만, 내 마음은 부드럽고
상냥하며, 나는 결코 나의 딱한 필리핀을 저버리지 않으려네. 나는 도망자가
되지 않겠어."[71]

리살은 동화주의 운동 전체가 쓸모없는 것이라고 점점 확신하게 되었다.
코르테스에서의 쿠바 대표권은 부패한 카노바스–사가스타 선거 체제 아래에
서 아무런 의미가 없었다. 이는 스페인이 계속해서 관세 조작과 독점을 통해
쿠바의 생산을 무자비하게 착취하고, 바스크와 카탈루냐의 사업적 이익에 종
속시키는 것을 막을 도리가 없었다.[72] 게다가 리살은 19세기 말의 상황에서

---

71 같은 책, pp. 47~48. 이 책에는 블루멘트리트의 원본 독일어 글은 없다.
72 마리아노 폰세로부터 마음씨는 좋으나 변덕스러운 동지 그라시아노 로페스 하에나(Graciano
    López Jaena)가 쿠바에 가는 것을 고려하고 있다는 소식을 들었을 때, 그는 이렇게 답장을 썼
    다. "헛된 일이야. 쿠바는 고갈되었어. 빈 껍질이라고." 1890년 7월 9일자 편지. *Cartas entre
    Rizal y sus colegas*, pp. 559~60.

수백만 명의 필리핀인들을 동화된 스페인어 구사자로 변화시키는 것은 전혀 가망 없는 일이라고 생각했다. 사가스타가 1888년 잔인한 웨일레르를 마닐라로 보낸 것, 또한 1890년 그 자신이 카노바스로 대체된 것은 스페인에서는 아무것도 성공적으로 이루어질 수 없다는 리살의 신념을 더욱 깊게 하였다. 해방의 과업은 필리핀에서 이루어져야 할 것이었다.

1891년 그가 『엘 필리부스테리스모』에만 집중하기 위해 저널리즘을 내던지고, 8월 책의 인쇄를 필사적으로 추진한 후 곧바로 고향으로 향한 것은 이런 사고틀에서였다. 『놀리 메 탕헤레』가 유럽과 필리핀의 다양한 독자층을 겨냥했다면, 『엘 필리부스테리스모』는 필리핀 독자들만을 향한 것이었다. 그는 스페인이나 다른 곳의 개인적 벗들에게 몇 부를 보냈지만, 전체 발행 부수의 나머지는 그가 웨일레르의 임기가 끝날 때까지 정착하려고 했던 홍콩으로 배송되었다. 20년 전 이스키에르도에 의해 추방된 희생자 중 한 명이면서, 홍콩에 정착하여 성공적인 사업가(이자 기민한 밀수꾼)가 되었던 신뢰하는 연상의 친구 바사에게 7월 9일 겐트에서 보낸 중요한 편지에는 그에게 책을 위탁하며, 교단이 그 영국 식민지에도 첩보의 손길을 뻗치고 있으니 철저히 비밀을 지켜 줄 것을 강조하는 내용이 들어 있다. 이 편지는 그의 극한적 빈곤과 스페인의 필리핀인 사회의 부유한 성원들로부터 재정적 도움을 주겠다는 약속이 끊임없이 깨지는 것에 대한 쓰라림도 담고 있다.[73]

나는 우리 동포들을 신뢰하는 것에 지쳐가고 있습니다. 그들 모두가 내 삶을 더 비참하게 하려고 짜고 있는 것 같아요. 아! [솔직하게] 말하자면, 당신이 아니었다면, 내가 아직은 [몇몇] 정말 좋은 필리핀인들이 있다는 것을 믿지 못했다면, 나는

••••••••••••••••••••••••

73 사실 『엘 필리부스테리스모』의 인쇄비 청구서는 좋은 친구인 부유한 팜팡가인 발렌틴 벤투라(Valentín Ventura)가 지불했다. 리살은 보통 무척 간소하게 살았으며 친구들로부터 구두쇠 취급을 받곤 했지만, 우리는 그가 여행할 때면 보통 1등석을 이용하고 값비싼 호텔에 머무르는 것을 알아챌 만한 기회가 있었는데, 이는 사치를 위한 것이라기보다는 식민지 피지배자의 자존심을 지키기 위한 것이었다.

우리 동포들을 전부 기꺼이 악마에게나 보내버리려고 했을 겁니다. 그들은 나를 뭐라고 생각하는 걸까요? 영혼을 평온히 하고 상상력을 자유로이 펼쳐야 할 바로 그런 순간에, 술책과 작은 비열함으로 머리를 채우게 되다니![74]

사라진 서재?

리살의 두 번째 소설을 읽는 독자들이 직면하게 되는 몇 가지 수수께끼, 특히 그 예시적인 측면들을 재고하는 방향으로 돌아서기 전에, 조사의 심각한 어려움 중 한 가지인 리살의 정치적 영역에서의 철학적 형성이라는 문제를 간단하게 논의해야 하겠다. 그의 칼람바 서재에 있는 책의 목록은 볼테르, 루소, 헤르더의 시대 이후에 나온 정치 사상가들의 저작을 한 권도 포함하고 있지 않았는데, 우리가 허버트 스펜서를 정치 사상가로 치지 않는 한 그렇다. 이 목록의 특성은 아마도 동시대의 정치 이론서들을 식민지 경찰 국가로 가지고 들어오려는 시도에 따르는 위험, 특히 그의 가족에게 끼칠 위험으로 적절하게 설명할 수 있을 법하다. 그러나 유럽에서 리살이 교환하였으며 이후에 출판된 방대한 서신들에서도 비슷한 부재가 드러난다. 콩스탕, 헤겔, 피히테, 마르크스, 토크빌, 콩트, 생시몽, 푸리에, 벤담, 밀, 바쿠닌, 크로포트킨에 대해서는 전혀 나오지 않고, 프루동과 톨스토이에 대한 딱 한 문장의 간단한 언급이 있을 뿐이다. 그가 마드리드와 파리, 런던, 베를린에서 보낸 10년에 가까운 시간에 걸쳐 이 모든 영향력 있는 정치 사상가들을 피하거나 무시할 수 있었다는 것이 가능한 일인가?

지금까지 직접적인 실마리라고는 약간 애매한 것 하나밖에 없는데, 1891년 5월 13일 파리에서 친한 친구인 화가 후안 루나가 브뤼셀로 보낸 편지이다. 이 편지는 상당한 길이로 인용할 만한 가치가 있다.

••••••••••••••••••••

74 *Epistolario Rizalino*, vol. 3 (1890~1892), ed. Teodoro M. Kalaw (Manila: Bureau of Printing, 1935), pp. 200~01.

후안 루나의 자화상, 당시 22세.

내일은 살롱 뒤 샹 드 마르스(Salon du Champ de Mars)가 문을 여는 날일세. 내가 틀(cimaise, 그림을 받쳐놓는 데 쓰는 작은 선반)이나 받침돌에 그림을 두 개 올려놓은 것은 처음이야. 이렇게 해놓으니 (지금으로서는) 조금 흡족하네. 자네는 내가 내 그림을 어떻게 다루는지 알고 있지, 시장바닥의 감자들처럼 말이야. 매장(burial)에 대한 내 그림에는 '버려진 자들'(Les Ignorés)이라고 제목을 붙였고, 자네가 알게 될 것처럼 [자네도 알다시피?] 지금은 초라하고 빼앗긴 이들에 대한 작업으로 바쁘다네. 이 계획에 있어 나에게 영감을 불러일으킬 만한 책으로 무엇을 추천하려나? 그토록 벌거벗은 물질주의와 가난한 자에 대한 그토록 파렴치한 착취, 그리고 가진 자들이 비참한 자들을 상대로 벌이는 전쟁에 대항하여 쓴 누군가의 글로 말일세! 나는 지금 8미터짜리 캔버스로 발전시킬 만한 주제를 찾고 있다네. 지금 읽고 있는 것은 E. 드 라블레이(E. de Lavelaye)의 『현대 사회주의』(Le Socialisme contemporaire)인데, 마르크스나 라살의 이론 같은 것들과, 가톨릭 사회주의, 보수적 사회주의, 복음주의적 사회주의 등등을 요약해 놓은 책이야. 이 책은 무척 흥미롭지만, 내가 읽고 싶은 것은 우리 현대 사회의 비참함을 비추는 그런 책이네. 『신곡』 같은 것, 숨도 쉬기 힘든 작업장들, 남자들과 어린아이들, 여자들이 상상할 수 있는 가장 비참한 조건에서 살아가는 곳들 사이를 걷는 단테 말이야. 친

168

구여, 나는 철공소를 직접 보러 갔었네. 거기서 다섯 시간을 보냈는데, 정말이지 어떤 몰인정한 자라도 내가 거기에서 목격한 것, 내게 가장 깊은 인상을 남긴 광경을 그냥 지나치지는 못할 걸세. 필리핀에서 수사들이 온갖 악행을 저지른다고는 해도, 우리 동포들은 이 비참함과 죽음에 비하자면 운이 좋아. 모래와 탄을 갈아서 가루로 만드는 작업장이 있었는데, 이것이 프레이즈반의 움직임으로 가장 미세한 먼지로 바뀌면서, 거대한 검은 구름의 소용돌이가 일고, 온 방이 연기에 휩싸인 것처럼 보이더군. 거기 있는 모든 것이 먼지로 가득 차 있었고, 석탄과 모래를 삽으로 퍼서 기계에 던져 넣느라 바쁜 노동자 열 명인가 열두 명인가는 딱 시체 같았어. 이런 것이 가난한 자의 비참한 광경이었네! 나는 거기 3분인가 4분 정도 서 있었는데, 마치 평생 모래와 먼지만 삼키고 살았던 것 같더군. 콧구멍, 입, 눈을 뚫고 들어오는 그 먼지라니……. 이 불운한 사람들이 석탄과 먼지를 하루에 열두 시간씩 들이마신다고 생각해 보게. 내 생각으로는 그들은 죽어 나가게끔 되어 있어. 가난한 사람들을 이런 식으로 버려두는 것은 범죄야.[75]

안타깝게도 우리는 이 서장(書狀)에 대한 리살의 답신을 가지고 있지 않다. 그러나 루나가 마르크스나 라살에 대해 이야기하면서 설명을 덧붙이지 않은 것은, 리살에게는 그런 설명이 필요 없다는 것을 그가 알았다는 뜻일 것이다. 더욱이 그는 소설가보다 나이가 많았는데도 현대 산업자본주의의 약탈에 대해 영감을 불러일으킬 만한 읽을거리를 좀 추천해 달라고 그에게 부탁하고 있다.

큰 도움은 되지 않지만 실마리라고 할 만한 것은 1890년 1월, 마닐라의 전직 고위 관료로서 자칭 필리핀 전문가가 된 비센테 바란테스(Vicente Barrantes)

---

75 *Cartas entre Rizal y sus colegas*, p. 660. 내게 이 글을 보내준 암베스 오캄포에게 감사를 전한다. 루나의 편지에 대한 그의 논평도 참조. *Rizal without the Overcoat* (Pasig City, Manila: Anvil, 2000), pp. 62~63. 라블레이(1822~92)는 잘 알려진 벨기에인 박학다식가로서 다면적인(bimetallic) 정치경제학자였다. [그가 복본위제(bimetallism)를 주장했다는 것과 여러 분야에 손을 댔다는 것을 엮은 언어유희—옮긴이]

가 마드리드에서 출간한 글이다. (바란테스는 아마 『놀리 메 탕헤레』에 등장하는, 잘 사는 메스티소와 '인디오'에게 돈을 뜯어내기 위해 그들을 감옥에 처넣는 고위 공무원의 초상에서 자신의 모습을 알아보았던 것일지도 모르겠다.) 블루멘트리트를 비스마르크의 '비열한(reptile) 자금'의 대리인이라 묘사한 후, 그는 리살을 '반가톨릭이자 프로테스탄트, 사회주의자, 프루동주의자'라 비난한다.[76] '프루동주의자'라는 말은 단순히 리살을 카탈루냐의 훌륭한 민주주의자이자 연방주의적 공화주의자였으며 1868년 프루동의 『연합 사회의 원리』(Du principe fédératif)를 번역하여 낸 프란시스코 피 이 마르갈(Francisco Pi y Margall)의 복사(服事)로 폄하하기 위해 동원된 것일지도 모르겠다.[77] 리살은 이 비난을 무척 재미있어했으며, 3월 6일 블루멘트리트에게 보낸 편지에서, 바란테스가 자신이 『연대』에 기고한 신랄한 답변 때문에 화가 나서 죽으면 어쩌느냐고 비꼬는 편지를 썼다. "이거 내 동물원에 손실이 크겠는데. 내 뱀하고 하마 표본에서 제일 훌륭한 놈들 중 하나인데 말이지."[78]

그러나 아마도 가장 많은 것을 말해 주는 증거이자 루나에게 보낸 답신이 발견되지 않은 이유를 암시하는 것은 『엘 필리부스테리스모』 그 자체일 것이다. 델 필라르와 『연대』가 필리핀의 열망에 대한 주적으로서 교단에 대한 공격을 계속하면서 (다른 여러 곳에서와 함께) 사가스타의 자유주의자 층에서 지지를 얻고자 했던 반면, 리살의 두 번째 소설은 수사들을 꽤 가볍게 놔주었기 때문이다. 한두 명의 적당한 수사들만 등장할 수 있었고, 『놀리 메 탕헤레』의 사악한 호색한 음모가 살비 신부는 여기에서는 심지어 웃어넘겨도 될 만한 미미한 존재이다. 이번에 가장 잔인하게 웃음거리가 된 인물은 남을 밑으로 보면서 안 그런 척하고, 무능하며, 엄청나게 기회주의적인 자유주의자 돈 쿠스

• •
76 이 글은 1월 2일 "근대 스페인"(La España Moderna)이라는 웃기는 제목이 붙어서 나왔다.
77 피 이 마르갈은 리살보다 거의 40년 손위이기는 했지만, 리살의 친한 친구였으며, 필리핀인들의 열망을 지지해 주는 몇 안 되는 스페인의 정치적 저명인사들 중 한 명이기도 했다. Sarkisyanz, Rizal의 p. 112, 그리고 (두 사람의 관계에 바쳐진) 제8장 참조.
78 The Rizal-Blumentritt Correspondence, vol. 2 (1890~1896), p. 336 이후 번호가 없는 세 번째 쪽.

토디오(Don Custodio)로서 그에게 지지를 구하는 학생들을 배반하는 자이다.

그러므로 『엘 필리부스테리스모』가 한편으로는 매우 선동적이고 전복적임에도 불구하고, 다른 한편으로는 편협하며 일관된 정치적 입장을 결여하고 있다는 결론을 피하기는 어렵다. 이렇게 이상하게 된 주요 원인은 무엇보다 리살이 정치 사상가가 아니라 소설가이자 모럴리스트였다는 데 있을 것이다. 그는 그의 서재와 서신에서 그렇게도 눈에 띄게 부재했던 저술가들 중 몇몇의 작품은 실제로 읽었을지도 모르지만, 그들이 그에게 그렇게 큰 인상을 남긴 것 같지는 않다. 또한 특히 두 번째 유럽 체류 동안 두드러졌던 조국에 대한 집착, 그리고 가족과 고향 주민들에게 닥친 재난으로 인해 그는 유럽 자체의 사회적 비극은 전반적으로 안중에 두지 않았거나 무심하게 대했을 것이다. 리살의 방대한 저작에서 파리의 철공소에 대한 루나의 전율하는 묘사와 같은 것은 전혀 찾아볼 수 없다. 필리핀인들은 파리의 산업 노동자들에 비하면 운이 좋다는, 그 화가의 순진하게 표현되었으되 많은 것을 말해 주는 이야기는, 이 소설가의 준거 기준에서는 한참 벗어나 있는 것으로 보인다.

『엘 필리부스테리스모』해석: 초대륙주의와 예시

처음 몇 장에서 『엘 필리부스테리스모』는 확실히 발레리아노 웨일레르의 필리핀 통치 시기(1888년 3월부터 1891년 4월까지)라는 실재하는 시기와 장소를 배경으로 하는 것으로 보인다. 멍청하며 잔인하고 냉소적인 '각하'(Su Excelencia)는 명백하게 장차 '쿠바의 도살자'가 될 인물을 모델로 하였으며,[79]

---

79 『엘 필리부스테리스모』의 마지막 장(p. 281)에서 시모운은 이바라로서의 그가 어떻게 가보를 가지고 필리핀에서 몰래 도망쳐 보석 거래에 전념하게 되었는지를 이야기한다. 그러고는, "그는 쿠바 전쟁에 참여했는데, 이쪽을 돕다가 저쪽을 돕곤 했지만, 언제나 이윤을 냈다. 그가 당시 소령이었던 장군을 알게 된 것은 거기에서였다. 처음에는 재정적인 도움으로 마음을 사로잡고, 나중에는 그 스스로 관여했던 비밀 범죄 덕분으로 친구가 되었다." 웨일레르는 1863년 3월 쿠바에서 소령이 되었다. 이 '비밀 범죄들'이 무엇을 의미하는지는 불확실하다. 잔혹함? 부패? 난봉? 마르틴이 쓴 찬양 일색의 전기에는 장군의 무자비하고 탐욕스러운 성욕을 그리는 흥미

총독에 반대한 대가로 해고당한, 토착민 편에 선 이름 없는 자유주의 성향의 고위 관료는 마닐라 민정 장관 센테노를 얇은 베일로 가린 초상이다. 이 시기적인 위치는 서브플롯 중 하나에 의해 뚜렷이 확증되는데, 이는 독자에게 정직한 농부 탈레스의 슬픈 이야기를 소개하는 부분으로서 제4장에서 시작된다. 탈레스는 (리살의 고향 칼람바를 모델로 한) 이바라의 고향 마을 산디에고에서 삼림 경계 내에 있는 작은 땅뙈기를 개간해서 경작한다.[80] 그가 풍족해지자, 익명으로 등장하는 교단의 근처 대농장 대리인들이 그에게 이 땅은 대농장의 법적 경계 내에 들어가지만, 임차료를 조금 낸다면 계속 쓰게 해주겠다고 통지한다. 그 후 임차료는 해마다 가파르게 올라, 마침내 탈레스는 지불을 할 수도 없고 하고 싶지도 않은 지경에 이른다. 퇴거 위협을 받은 그는 움직이기를 거부하고 땅을 지키기 위해 무장한다. 그동안 법정에서 권리를 찾으려는 헛된 노력으로 돈을 다 써버리고 만 그는 이윽고 산적들에게 납치당해 몸값을 요구받는다. 마침내 몸값이 지불된 후 소유지로 돌아간 그는 땅이 대농장에 접수되었으며, 새로운 소작인이 자신을 대신하고 있음을 발견한다. 그날 밤, 새로운 소작인과 그의 아내, 임차료를 담당하는 수사가 몸에 탈레스라는 이름이 피로 발린 채 잔인하게 살해된다.

이 시점에서 상당히 범상치 않은 일이 일어난다. 화자가 갑자기 울부짖는데, 이 소리는 마치 벨기에에서 들려오는 듯하다.

진정하라, 칼람바(Kalamba)의 평화로운 주민들이여! 당신들 중 아무도 탈레스라 불리지 않으며, 당신들 중 아무도 범죄를 저지르지 않았다! 당신들은 …… [다음과 같이 끝나는 이름들이 나열된다] 실베스트레 우발도, 마누엘 히달고, 파시아노

로운 부분이 있다. 쿠바의 우두머리이던 동안 은밀하게 정사를 벌였던 유부녀에 대해 웨일레르 스스로가 이렇게 적어놓았다. "그 여자는 나를 너무나 만족시켰다. 반란자들의 대부대가 우리 만남을 막으려 한다 해도, 나는 내 앞을 막아 선 총검의 숲을 뚫고 그녀에게 가려 했을 만큼." *Valeriano Weyler*, pp. 256~57.

80 제4장("카베상 이야기들")과 제10장("풍요와 빈곤"(Riqueza y Miseria)).

메르카도라 불린다. 당신들은 칼람바의 모든 사람들이라 불린다![81]

우발도와 히달고는 리살의 매형이고 파시아노는 그의 사랑하는 형이다. 이들 모두는 1888~90년에 도미니크회에 저항한 죄로 심한 처벌을 받았다. 그리고 '산디에고'는 조용히 가면을 벗고 '칼람바'가 된다.[82] 소설 후반부에서 우리는 탈레스가 산적에 가담하고, 딸 훌리가 카모라 신부의 욕정을 피하기 위해 자살을 택한 후에는 시모운과 한패가 되며, 마침내 마닐라 주변의 농촌에 공포를 불러일으키는 신출귀몰한 산적 두목 마탕라윈(Matanglawin, '매의 눈'이라는 뜻의 타갈로그어)이 된다는 것을 알게 된다. 역사적으로 그 당시 필리핀에는, 식민지 수도의 남쪽 구릉 지대에 작은 산적 떼가 번성하기는 했지만, 마탕라윈 같은 사람은 없었던 것으로 보인다. 그러나 리살의 학생 시절, 폭력이 난무하던 배고픈 안달루시아에는 한두 명쯤 있지 않았을까?

전위

『엘 필리부스테리스모』의 주요 서브플롯은, 이미 언급한 바 있듯이, 인구의 스페인화를 향한 첫 번째 단계로서 스페인어로 이루어지는 (세속) 교육을 시행하는 학교를 설립해 달라고 국가에 요구하는, 궁극적으로는 성공하지 못한 학생들의 운동이다. 역사적 사실을 보자면 그런 학생 운동이 마닐라에서 있었던 적은 전혀 없으며, 어찌 되었든 웨일레르가 그런 것을 잠깐이라도 허

---

81 이 돈호법으로 제10장은 끝을 맺는다. 데커의 『막스 하벨라르』의 유명한 결말을 떠올리게 하는데, 거기에서는 작가가 내놓고 인물들과 플롯을 내던져버리고 스스로의 이름을 내걸며 네덜란드령 인도의 식민 정권과 네덜란드 내의 그 후원자들에 대해 머리끝이 쭈뼛해질 만큼 맹렬한 공격을 퍼붓는다.

82 이 시기 리살의 정치적 취미 중 하나는 그가 직접 만든 철자법 체계에 따라 타갈로그어 단어들에 대한 스펠링을 고집하는 것이었는데, 단어들이 스페인어에서 왔을 경우에도, 아니 그럴 경우에는 어쩌면 더더욱 이를 지키려 했다. 이에 수반되는 도발 중 하나는 카스티야어와는 굉장히 거리가 먼 k를 c 대신 쓰는 것이었다. 그리하여 'Calamba'는 'Kalamba'가 된다.

용할 리 만무했다. 그러나 이 서브플롯이 1889년부터 계속 스페인에서 델 필라르가 펼치던 전술적 동화 운동, 리살이 모든 믿음을 상실했던 그 운동의 축소판이라는 것은 확연하다. 학생들에 대한 상세 묘사는 1870년대 후반 마닐라에서 리살이 경험했던 고등학교와 대학 세계에 대해 다른 출처로부터 얻을 수 있는 모습, 즉 정치에 거의 물들지 않은 모습과는 판이하게 달라 보인다. 대부분의 학생들은 어린 기회주의자, 허풍선이, 냉소주의자, 무위도식하는 부자들, 식객들로 풍자적으로 묘사된다. 충분히 마음씨가 선량하고 애국적인 것으로 그려지는 단 한 명의 인물은 '인디오'인 이사가니인데, 이사가니도 이 운동을 굳게, 순진하게 믿는 데다 심각한 성치석 생각은 전혀 없는 것으로 나온다. 그러니 이 서브플롯의 거의 전부가 단순히 1880년대의 마드리드를 대양을 건너 1890년대의 상상된 마닐라로 옮겨놓은 것이라는 결론을 피하기는 쉽지 않다.

그렇지만 절대 이것이 전부는 아니다. 바실리오가 시모운을 우연히 알아봄으로써 독자가 그가 사실은 『놀리 메 탕헤레』의 순진한 영웅 이바라라는 것을 알게 되는 중요한 초반부의 장("시모운")에서, 운동에 대한 문제가 그들의 대화 중에 제기된다. 냉소적 허무주의자 음모가 시모운의 말투가 격렬한 바스크 억양을 띤 것처럼 들리는 것에 독자들은 아마 놀랄지도 모르겠다.[83]

아, 젊은이여! 늘 순진하고, 늘 꿈꾸며, 늘 나비와 꽃을 쫓는구나! 장미 꽃장식으로 모국을 스페인에 묶으려는 노력으로 뭉쳤구나, 실은 다이아몬드보다 단단한 사슬을 엮는 것일진대! 권리의 평등과 관습의 스페인화를 외치면서, 지금 외치는 것이 죽음이요, 민족성의 말살이요, 모국의 파멸이요, 독재의 신성화임을 이해하지

---

83 이 비교는 쓸모없는 것이 아니다. 세아는 우나무노의 "찬사"(주 19 참조)에서 다음의 구절을 인용한다. "나의 조국 바스크에서와 마찬가지로, 필리핀에서는 스페인어가 외국어이고 최근에야 이식된 것이다. …… 나는 더듬는 스페인어로 말을 배웠고, 집에서도 스페인어를 썼지만, 이것은 빌바오의 스페인어, 즉 가난에 찌든 겁 많은 스페인어였다. [그리하여] 우리는 이를 고쳐야만 했으며, 우리만의 언어를 빚고자 노력해야만 했다. 그러므로 어떤 측면에서는, 작가로서의 우리의 약점은 또한 우리의 강점이기도 했던 것이다." (p. xxix)

못하다니! 장차 무엇이 되려는가? 개성 없는 민족, 자유 없는 나라. 모든 것을 다 빌려 오는, 심지어 단점조차도. 스페인화를 외치면서 그것을 거부당했을 때 수치로 새파래지지도 않는다니! 또 설사 쟁취한다 한들, 그걸로 무엇을 바라는가? 무엇을 얻으려는가? 운이 좋아 보았자 군부 쿠데타의 나라, 내전의 나라, 약탈자들과 불만분자들의 공화국이겠지. 남아메리카의 몇몇 공화국들처럼! …… 스페인어는 결코 이 나라의 공용어가 되지 않을 것이며, 민족은 결코 스페인어를 말하지 않을 것이다. 스페인어에는 그들 마음속의 생각과 그들 가슴속의 정서를 표현할 낱말들이 없으니. 민족마다 감정의 결이 있는 것처럼, 민족마다 스스로의 언어를 갖고 있는 것이다. 스페인어를 하는 한 줌의 이들이여, 스페인어로부터 무엇을 얻으려는가? 독창성을 죽이고, 다른 마음에 너희 생각을 종속시키고, 스스로를 자유롭게 하는 대신에 진짜 노예로 변질시키려는 것인가! 일루스트라도인 척하는 너희들 열 중 아홉은 나라를 배신한 변절자이다. 스페인어로 말하면서 제 나라 말은 쓰지도 이해하지도 않으며 잊는구나. 제 나라 말을 한 마디도 할 줄 모르는 척하는 자들을 내 얼마나 숱하게 보아왔는가! 운이 좋게도 너희 정부는 천치들의 정부이다. 러시아가 폴란드를 노예로 만들고자 러시아어를 말하게끔 강요하고, 독일이 정복한 지방에서 프랑스어를 금지하는 와중에, 너희 정부는 너희 말을 지키게 하려 애쓰고, 거기에 너희, 믿기지 않는 정부 하의 놀라운 민족인 너희는 스스로의 민족됨을 찢어 없앨 것을 고집한다. 너희는 모조리, 사람이 사고방식을 지키는 한 독립성을 보전할 수 있는 것처럼, 민족이 언어를 보전하는 한 자유의 담보를 보전한다는 것을 잊고 있다. 언어야말로 한 민족의 사상 그 자체인 것이다.[84]

이 장광설은 독자로 하여금 이바라–시모운이 잔인하고 파렴치한 바스크인 조부를 두었으며, 변장을 위해 서투르고 억양이 심한 타갈로그어를 구사하는 척한다는 것, 또는 여기에서 스페인화에 대한 비난이 뛰어난 스페인어로 표현된다는 것을 잊어버리게 할 만큼 강력하다. 독자는 시모운이 몇 줄 앞에서

---

84 *El Filibusterismo*, chapter VII ("Simoun"), pp. 47~48.

펼친 모순되는 주장마저 그냥 지나칠지도 모르겠다. "너희는 이 군도에서 사용되는 마흔 가지 남짓한 언어에 한 가지를 더해서 서로에 대한 이해력이 더 떨어지도록 하려는 것인가?"[85] 그러나 중요한 것은 유럽에 있는 동안 리살은 이런 식의 격정적인 토착 문화주의(nativist)의 언어로 글을 발표한 적이 없다는 사실로, 아마 『연대』 주변의 동료들은 깜짝 놀랐을 것이다. 스페인에서 그는 현재를 향해 말하고 있었겠지만, 마닐라로 옮겨 온 그는, 폴란드와 알자스를 경고로 끌고 들어오면서, 미래를 향해 말하고 있었다.

유사한 시공간의 변화가 소설이 절정으로 향해 가면서 눈에 띄게 된다. 스페인어 학교를 설립하려는 운동이 실패한 후, 불가사의한 전복적 대자보들(pasquinades)이 하룻밤 사이 온 학교에 나붙고 이는 정권에 의한 무차별적인 체포라는 결과를 낳는다. 이것은 명백히 리살의 학업 마지막 해 초반 마드리드 센트럴 대학에 대한 카노바스의 습격을 복제한 것이다. 불가사의한 대자보들은 전반적인 공포를 빠르게 야기하며, 잔인한 산적들의 반란과 침입에 대한 야단스러운 소문이 이를 부추기는데, 이것은 1883년 안달루시아의 '검은 손' 공포를 떠올리게 하는 동시에, 1892년 초반 이른바 '혁명적' 농민들에 의한 헤레스(Jerez) 공격을 예시한다. 리살이 관련 장에 (번역 없이) 타갈로그어 제목, '공포'를 의미하는 '타타쿳'(Tatakut)을 달아 플롯의 전개를 필리핀에 묶어두려 했다는 것이 흥미롭다.

라바숄 춤곡

드디어 우리는 시모운의 폭탄 투척 계획, 이 수수께끼의 보석상과 협조하

---

85 같은 책, p. 47. 논리적으로, 이것은 필리핀에 하나가 아니라 마흔 남짓한 수의 민족이 있다는 것을 의미한다. 이는 스페인어가 공용어로서 그 마흔 가지 남짓한 다른 언어 사이의 소통의 고리가 될 결정적 역할을 무시하는 것이기도 하다. 리살은 헤르더를 너무 가슴 깊이 진지하게 받아들였다. 오늘날에도 타갈로그어는 민족적 '언어'(national *idioma*)보다는 시장의 공용어로서 더 빨리 퍼지고 있다.

기로 한 탈레스의 사나이들 및 다른 무법자들의 무장 공격과 함께 진행될 이 계획까지 왔다.

이 실패한 음모에는 여러 가지 흥미로운 특징이 있다. 첫째로, 1890~91년에 상상된 것으로서, 이 계획은 1892~94년 스페인과 프랑스를 뒤흔든 눈부신 폭탄 공격의 물결을 따른 것이라기보다는 오히려 그보다 앞선 것이었다는 점이다. 그러나 1888년부터 크고 작은 폭탄을 이용한 사건의 횟수가 점점 늘어나는데, 이는 주로 산업적 바르셀로나에서 일어났지만, 마드리드와 발렌시아, 카디스에서도 있었다. 대부분은 공장에 설치되었으며, 인명 손실이나 중상을 야기하는 일은 드물었고, 범인의 신원이 밝혀진 경우는 거의 없다시피 했다. 어쩌면 몇몇은 경찰이 고용한 앞잡이들이 조직했을지도 모르겠지만, 대개의 경우 아나키스트 사상의 영향력 아래에 있던 분노한 노동자들이 계획한 일이라고 믿을 만한 이유가 충분하다. 그런데 폭탄 투척의 횟수와 그 심각성은 1892년 1월 8일 '헤레스 봉기' 이후 눈에 띄게 증가하였다. 그날 밤, 50~60명 정도 되는 농민들이 그 전에 투옥당하거나 고문당했던 그들의 동지 몇몇이 갇혀 있는 감옥을 공격하기 위해 읍으로 향했다. 그들은 순진한 발상으로 지방의 군사 수비대가 그들을 지지하리라고 기대했던 것 같다. 경찰이 그들을 해산시켰으며, 농민 한 명과 두 명의 읍 주민이 사망했음이 드러났다. 권좌에서 세 번째 임기를 거의 마쳐가던 카노바스는 농민과 노동자들에 대한 무차별적 탄압의 물결을 일으켰으며, 2월 10일 '봉기'의 지도자라는 이들 중 4명이 대중 앞에서 교수형을 당했다.[86]

• •

86 Nuñez, *El terrorismo*, p. 49; Esenwein, *Anarchist Ideology*, pp. 175~80. 19세기의 스페인은 세 가지 방법으로 사형을 집행했는데, 이는 총살형과 올가미를 이용한 교수형, 그리고 교살구(garrote)를 이용한 교수형이었다. 앞의 두 가지는 거의 즉각적인 죽음을 초래하는 것으로 여겨졌다. 중세의 고문 도구였던 교살구는 더 오래 걸렸고, 따라서 '최악의' (즉 정치적인) 범인들을 위해 예약되어 있었다. 잠시 언급하고 넘어가자면, 이슨웨인(Esenwein)의 훌륭한 연구는 몇 가지 이상의 점들을 발견해 냈다. 어떤 각도에서 보자면, 사건의 연쇄는 1886년 5월을 여는 날 시카고의 헤이마켓 '폭동'으로부터 시작되었다. '공산주의자'와 이민자에 반대하는 히스테리가 지배하던 분위기에서, 공정한 재판을 졸렬하게 모방한 절차를 거친 후, 11월, 네 명의 아나키스트가 교수형을 당했다. 처형은 유럽 전역에 걸쳐 (그리고 물론 미국에서도) 분노를 불러일으켰

한 달 후 파리에서 일련의 심각한 폭탄 투척 사건이 시작되었는데, 이는 네덜란드와 알자스의 피가 반씩 섞인 프랑수아―클로드 쿠니흐스테인(François-Claude Koenigstein), '라바숄'로 더 잘 알려져 있으며 살인과 강도 전력이 있는 범죄자의 작품이었다. 그는 빨리 잡혔고 재판에 부쳐졌다. 일찍이 클리쉬(Clichy)에서는 노동자 시위를 경찰이 폭력적으로 진압하고 검사가 몇몇 노동자들에게 (따내지는 못한) 사형을 구형했던 사건이 있었다. 그는 자신이 이 탄압에 대한 복수로 이 일을 저질렀다고 주장하면서, 법정을 향해 자신의 행동이 혁명적 아나키스트 원칙에 의거한 것이라고 말했다. 7월 11일 그는 "아나키 만세!"(Vive l'Anarchie!)를 외치는 동시에 자신의 죽음이 복수로 갚아질 것임을 단언하면서 기요틴으로 향했다.[87] 이것은 프랑스에서 코뮈나르 학살 이래 최초로 이루어진 정치적 처형이었다.

• •

으며, 프랑스 노동자 조직들이 선도한 가운데 희생자들을 추모하는 메이데이 행사가 (미국에서만 빼고) 매년 치러지게 되었다. 스페인 좌파 전체는 이 새로운 전통을 열렬히 지지했으며, 특히 사가스타가 아직 권력을 잡고 있을 때에 그러했다. 1891년 메이데이 기념식 직후, 카디스에서 폭탄 두 개가 터져 한 명의 노동자를 살해하고 다른 몇몇에게 부상을 입혔다. 지역 경찰은 157명을 체포했지만 증거가 있는 범인은 한 명도 찾아내지 못했는데, 따라서 고용된 앞잡이들이 저질렀을 가능성을 배제할 수 없다. 헤레스의 사나이들이 해방시키려 했던 것은 이 죄수들 중 몇몇이었다. 이상한 것은 바로 이 시기에 다른 누구도 아닌 말라테스타가 떠오르는 아나키스트 지식인 스타 타리다 델 마르몰을 동반하고 강연 및 조직을 위해 스페인을 순회하는 중이었으며, 헤레스에서 강연을 할 예정이었다는 것이다. 이 폭력적 사건들의 소식을 들은 말라테스타는 꽤나 용기 있게 카디스를 향해 계속 가기로 결정하였지만, 부유한 이탈리아인 기업가로 변장했다. 그는 아무것도 성취하지 못했던 것으로 보인다. 이슨웨인은 그 당시에든 그 이후에든 아나키스트들이 1월 8일 사건을 '행동에 의한 선전'이라고 공표한 적이 없었다는 것을 중요하게 생각하고 있다. 반대로, 그들은 늘 그 사건과는 아무 관계가 없다고 주장했다는 것이다.

87 Maitron, *Le mouvement*, pp. 213~24 참조. 감방에서의 인터뷰에서 쿠니흐스테인은 외젠 쉬의 『방랑하는 유대인』을 읽고 종교적인 신념을 저버렸다고 말했다! 메트롱은 이 시기 프랑스의 아나키즘은 대개 시로 제대로 된 조직적 연계가 없는 작은 비밀결사와 준비밀결사 단위들로 이루어져 있었다고 지적한다. 이러한 특징으로 인해 경찰은 그들을 효과적으로 감시하기 힘들었으며, 범죄자들이 조직에 침투하는 것도 상대적으로 쉬웠다. 프랑스 아나키즘은 1890년대 말 행동에 의한 선전이 폐기되고 노동 계급의 정치적 삶에 생디칼리즘이 부상하기 전까지는 정치적 세력이라고 할 만한 것이 되지 못했다. 스페인 아나키즘은 훨씬 넓고 강력한 사회적 기반을 보유하고 있었다. 라바숄에게 알자스 피가 흐른다는 것은 내가 라몬 셈파우의 증언(그의 *Los victimarios*, p. 15)을 통해 추론한 것이다.

의심스러운 과거에도 불구하고, 라바솔의 죽음은 그를 피레네 산맥 양쪽에서 아나키스트적(anarchisant) 좌파의 즉석 영웅으로 만들어냈다. 누녜스는 당시 잘 알려져 있던 대중적 노래 「라바솔」(La Ravachole)을 인용하는데, 이는 다음과 같다.*

> 라바솔을 춤추세!(Dansons la Ravachole!)
> 소음 만세, 소음 만세!(Vive le son, vive le son!)
> 라바솔을 춤추세!(Dansons la Ravachole!)
> 폭탄 소음 만세!(Vive le son/De l' explosion!)

스페인 아나키스트 언론은 유명한 아나키즘 이론가였던 엘리제 르클뤼(Elisée Reclus)가 "나는 라바솔이 드물게 숭고한 영혼을 가진 영웅이라고 보는 사람들 중 한 명입니다"라고 말했다고 인용했으며, 말라르메 패의 일원이었던 폴 아당은 "라바솔에게 바치는 헌사"(Éloge de Ravachol)라는 글을 써서 이렇게 주장했다. "라바솔은 주변 사람들의 고통과 비참함을 목격하고, 자신의 삶을 희생물로 바쳤다. 그의 자애심, 사리사욕에 물들지 않은 마음씨, 그 행동의 생기, 피할 수 없는 죽음에 맞서는 용기로 인해 그는 빛나는 전설로 떠올랐다. 빈정거림과 냉소주의가 만연한 이 시대에, 성인이 우리에게 나타난 것이다."[88] 스페인 아나키스트 언론은 라바솔을 '폭력의 예수'이자 '용감하고 헌신적인 혁명가'로 묘사했으며, 몇몇 아나키스트들은 1892년 말의 『라바솔』(Ravachol)과 1893년 초의 『라바솔의 메아리』(El Eco de Ravachol)라는, 그를 기리는 두 개의 단명한 출판물을 냈다.

1893년 가을에는 라바솔 사건의 주요한 반향들이 있었다. 9월 24일 파울리

---

* 프랑스 혁명기 마리 앙투아네트를 조소하여 인기를 끈 「카르마뇰」의 노래 가사를 바꾸어 부른 것. "대포 소리 만세!"

88 Núñez, El terrorismo, pp. 121~23. 프랑스어 원본을 입수하지 못한 상황에서, 여기에 스페인어 번역본에서 따온 말을 포함시키는 것은 별 의미가 없어 보인다.

노 파야스(Paulino Pallás)가 카탈루냐 총사령관인 아르세니오 마르티네스 캄포스 장군(Arsenio Martínez Campos, 쿠바에서 세스페데스의 10년 항쟁을 평화롭게 종식시킨 산혼 협정에 서명한 인물)에게 두 개의 폭탄을 던졌다.[89] 이 암살 시도는 한 명의 사망과 몇 명의 중상을 초래했지만, 마르티네스 캄포스 자신은 찰과상밖에 입지 않았다. 파야스는 숨거나 도망치려 하는 대신 모자를 공중에 던지며 "아나키 만세!"(Viva l'Anarquía!)를 외쳤다. 한 달 후 그는 곧 악명이 높아질 몬주익 요새에서 총살 집행대에 의해 처형당했다.[90] 11월 7일, 서른두 살의 산티아

• •

89 당시 신문 보도에 의하면 파야스는 표준적인 '오르시니 폭탄' 대신 '페니어힘 폭탄'이라고 묘사되는 것을 썼다. 같은 책, p. 53. 펠리체 오르시니(Felice Orsini, 1819년생)는 1848년의 혁명들에 참가한 경력이 있으며, 단명한 로마 공화국의 의원이었고 신념이 굳은 이탈리아 민족주의자였다. 1855년 오스트리아 정권에 의해 만토바의 요새에 투옥된 그는 극적인 탈옥에 성공한 후, 마치니가 폴햄 로드의 초라한 셋방에서 항쟁의 계획을 짜고 있던 파머스턴의 런던으로 향했다. 센세이션을 일으킨 오르시니의 1856년 회고록 The Austrian Dungeons of Italy: a narrative of fifteen months of imprisonment and final escape from the fortress of S. Giorgio(London: G. Routledge, 1856)은 금방 3만 5천 부가 팔렸고, 바이런같이 잘생긴 용모와 격정적인 수사로 그는 순회 강연에서 폭발적 인기를 얻었다. 그러는 동안 그는 새로운 종류의 폭탄을 개발하고 있었는데, 그것은 뇌산수은을 주재료로 도화선이 필요 없지만 부딪친 순간에 폭발하는 것이었다. 그는 이것을 퍼트니에서, 그리고 데번셔와 셰필드의 버려진 채석장에서 시험했다. 그 후 그는 루이 나폴레옹의 암살이 프랑스에서 혁명에 불을 붙일 것이며, 그러면 이탈리아도 파리의 예를 따르게 될 것이라는 믿음으로 해협을 건너 1858년 1월 14일 그의 발명품을 사용해 보았다. 목표물은 찰과상도 거의 입지 않았지만, 156명이 다쳤고 그중 여덟 명은 결국 사망했다. 3월 13일 오르시니는 기요틴에서 처형당했다. 파머스턴은 살인음모법을 통과시켜 외국 통치자들에 대한 살해 음모를 중죄로 만들려 했지만, 법안 통과에 실패했고, 총리 직으로부터 물러나야 했다. Jad Adam, "Striking a Blow for Freedom", History Today, 53: 9(September 2003), pp. 18∼9 참조.

90 스페인으로 말할 것 같으면 이것이 '행동에 의한 선전'의 첫 번째 명백한 사례였다. 1878년 10월 후안 올리바라는 젊은 카탈루냐인 통 제조공이 알폰소 7세에게 총을 발사했으나 명중하지 못했다. 1년 뒤, 열아홉 살의 프란시스코 오테로가 똑같은 시도를 했으나 역시 명중과는 거리가 먼 사격이었다. 둘 다 아나키스트 폭에 확실한 연계를 갖고 있지 않았고, 둘 다 즉시 처형되었다. (Núñez, El terrorismo, p. 38.)
파야스는 타라고나 출신의 가난하고 젊은 석판공으로, 아르헨티나로 이주해 가서 결혼한 이후 가족을 부양하기 위해 더 나은 벌이를 찾아 브라질로 옮겼다. 산타페에서 식자공으로 일하면서 그는 급진주의자이자 아나키스트가 되었다. 1892년 메이데이에 그는 "아나키 만세!(Viva la anarquía!)"를 외치며 리우의 알칸타라 극장에 소형 폭탄을 던졌다. 아무도 다치지 않았고 관중은 환호성을 터뜨렸다. 이렇게 열광적인 반응이 나온 이유는, 브라질 아나키즘의 초기 시대 동

고 살바도르는 로시니의 오페라 「기예르모 텔」이 상연되고 있던 바르셀로나 오페라 하우스에 대형 폭탄을 던져 이 도시의 돈 많은 엘리트 무리 가운데 여럿의 사망 및 중상이라는 결과를 낳았다. 은신하고 있던 살바도르가 잡히기까지 죄 없는 용의자들 여러 명이 체포 및 고문을 당했다.[91] 그는 자신이 알고 있었고 경모했던 파야스에 대한 복수로 행동했다고 선언한 후, 24일 몬주익에서 교수형(garrote)을 당했다.[92] (1892년부터 다시 권력을 잡은) 사가스타는 바르셀로나에 1년간 지속될 계엄령을 선포했다. 그 집행자는 다름 아닌 웨일레르로서, 그는 필리핀에서 막 돌아온 참이었다. 아나키스트 언론은 강제로 문을 닫게 되었다.

그리고 12월 9일, 오귀스트 바이양(Auguste Vaillant)이 프랑스 의회에 대형 폭탄을 던졌는데, 사망자는 없었으나 의원 몇몇이 부상을 입었다. 1894년 2월

• •

지들은 정치적 회합을 열고 자신들의 극을 상연할 건물을 구입하기에는 너무 가난해서, 지방 극장을 빌려 사용했기 때문이다. 파야스의 리우 관객은 스페인인과 포르투갈인 아나키스트들이었을 것이고, 상파울루는 그에 상대가 될 만한 이탈리아인 이민자들의 구역이었다.(Edgar Rodrigues, *Os Anarquistas, Trabalhadores italiano no Brasil* [Sao Paolo: Global editora e distribuidora, 1984], pp. 66 and 73.) 스페인 경찰은 그의 집을 수색하여 아나키스트 신문들과 크로포트킨의『굶주림의 정복』한 부, 그리고 헤이마켓 열사들의 석판화 한 점을 찾아냈다. 대부분의 역사가들은 그가 부분적으로 헤레스의 처형에 대한 분노로 행동한 것이라고 주장하지만, 누녜스는 파야스가 이 주장을 뒷받침할 만한 어떠한 기록도 가지고 있지 않았다고 말한다. Esenwein, *Anarchist Ideology*, pp. 184~85; Núñez, *El terrorismo*, pp. 49, 53; 그리고 Maura, "Terrorism", p. 130(여기에는 두 명이 죽었고 열두 명이 다쳤다고 나온다)을 비교할 것.

91 이 오페라가 선택된 것은 우연이 아닐지도 모른다. 1879년의 첫 대회에서 나로드나야 볼랴의 강령을 발표하였는데 그중에는 이런 말이 있었다. "우리는 빌헬름 텔이 채택한 수단으로 싸울 것이다." 이 전설적인 스위스 궁수는 19세기 후반 유럽 급진주의자들 사이에서 널리 영웅적 선조로 여겨졌다. Walter Laqueur, *A History of Terrorism* (New Brunswick, NJ: Transaction, 2002, revised edition), p. 22 참조.

92 살바도르는 카를로스주의자이자 열렬한 가톨릭으로 출발했지만, 가난과 자잘한 범죄(밀수), 갚을 길 없는 빚은 아나키즘에 대한 그의 흥미를 불러일으켰다. 그가 파야스처럼 독자적인 행동을 한 것이 아니라는 믿을 만한 증거가 없는데도, 다섯 명의 다른 사람들이 그와 함께 처형당했다. 특히 Esenwein, *Anarchist Ideology*, pp. 186~87과 Maura, "Terrorism", p. 130 참조. Bécarud and Lapouge, *Anarchistes*, p. 44에 의하면, 산티아고 살바도르는 처형당한 후 딸들이 어떻게 되겠느냐는 질문을 받자 이렇게 말했다고 한다. "예쁘면 부르주아들이 보살펴 주겠지." 아나키스트식 돌출 발언(boutade)인가? 아니면 신화?

5일 그는 기요틴에서 처형당했는데, 이는 프랑스의 기억의 역사에서 사망한 희생자가 나오지 않았는데도 사형이 이용된 최초의 경우였다.[93] (프랑스 혁명의 위대한 군사 지도자 라자르 카르노의 보잘것없는 손자인 사디 카르노 대통령은 이 판결을 감형해 주기를 거부했는데, 이로 인해 그는 1894년 6월 24일 리옹에서 칼에 찔려 죽게 된다. 그를 암살한 젊은 이탈리아인 아나키스트 산테 제로니모 카세리오는 두 달 후 기요틴에서 처형당했다.) 이 아나키스트 폭탄의 물결이 최고조(결코 결말은 아니었던)에 이른 것은 바이양의 처형 직후 파리에서 일어난 일련의 폭발로서, 사망자를 낳은 이 폭발 사건들은 명백히 부분적으로 바이양에 대한 복수로 의도된 것이었다. 범인은 도망친 코뮈나르 망명자들의 아들로 스페인에서 태어난 젊은 지식인 에밀 앙리(Émile Henry)인 것으로 밝혀졌다.[94] 그 역시 빨리 잡혔고, 5월 21일 기요틴의 이슬로 사라졌다.[95] (이 연구를 위해 가장 중요한 하나의 폭탄 투척은 1896년 6월 7일 바르셀로나의 성체축일 '사태outrage'에 이르러서야 일어나는데, 이는 제4장에서의 고려를 위해 남겨둔다.)

1892~94년의 유명한 폭탄 투척자 다섯 명 중 누구도 시모운의 약력에 들어맞지 않는다. 이들 모두는 무척 젊고, 가난하며, (앙리를 제외하고는) 교육을

••••••••••••••••••••••

93 메트롱은 바이양이 파나마 운하 사기 스캔들이 대중적으로 노출된 것 때문에 비틀거리고 있었던 제3공화국의 몇몇 지도자들(dirigeants)에게 무척 유용했다고 말하는데, 그로 인해 이들은 대중의 관심을 다른 곳에 돌릴 기가 막힌 방법을 찾아냈을뿐더러, 어떤 종류의 '혁명적 선전'에도 제한을 가하는 엄혹한 법을 제정할 수 있었다는 것이다. Le mouvement, p. 237.

94 가족이 도망쳤을 때 앙리는 세 살짜리 아기였다. 스페인에서 그의 아버지는 광산에서 일할 수밖에 없었고, 수은 중독으로 고통스러운 죽음을 맞았다. 1880년의 사면 이후 프랑스로 돌아온 소년은 총명한 학생으로서 에콜 폴리테크닉에 들어갔다. 그러나 1891년 (스물세 살로) 그는 아나키즘의 대의를 위해 학교를 중퇴했다. 매혹적인 Joan Ungersma Halperin, *Félix Fénéon: Aesthete and Anarchist in Fin-de-Siècle Paris*(New Haven: Yale University Press, 1988), p. 268 참조.

95 앙리의 처형에 마음이 깊이 움직인 클레망소는 이렇게 썼다. "앙리의 범죄는 야만인의 것이다. 그러나 나에게는 사회의 행동이 저열한 복수인 것처럼 보인다. …… 사형 제도를 지지하는 자들로 하여금 라 로케트(La Roquette, 1851년 이후 파리에서 모든 사형이 집행된 형무소)에 가서 피 냄새를 맡게 하라, 그들이 그럴 용기가 있다면. 그리고 나서 이야기를 하자." Maitron, *Le mouvement*, p. 246의 인용.

제대로 받지 못했고, 스스로 아나키스트라 선언한 자들이었다. 이들의 폭탄 중 그 어느 것에도 위스망스적인 요소는 없었다. 그러나 졸이 전해 주는, 에밀 앙리가 재판에서 한 말 몇 마디를 생각해 보라.[96] 왜 죄 없는 사람을 그토록 많이 죽였느냐는 질문을 받자 앙리는 냉소적으로 답했다. "죄 없는 사람이란 없다"(Il n'y a pas d'innocents). 그리고,

나는 현존하는 [사회] 조직이 악하다고 확신했다. 나는 그 소멸을 앞당기기 위해 그에 대항하여 투쟁하고 싶었다. 나는 모두가 저열하고, 모두가 비겁하며, 모든 것이 인간 열정의 발달과, 아량 있는 가슴과, 생각의 자유로운 비상에 대한 장애물인 이 사회의 구역질 나는 광경들로 인해 날마다 커져가는 깊은 증오로 투쟁에 나섰다. …… 나는 부르주아지에게 그들의 쾌락이 방해를 받을 것이며, 그들의 황금 송아지가 마지막 충격을 받고 진흙과 피 속으로 떨어질 날까지 받침대 위에서 격렬히 흔들릴 것임을 보여주고 싶었다.

그는 나아가 이렇게 선포한다.

아나키스트들은 부르주아 여자와 아이들에게 자비를 베풀지 않을 것이다. 그들이 사랑하는 이들의 아내와 아이들에게도 자비는 베풀어지지 않고 있으니까. 집에 빵이 없어 빈혈로 서서히 죽어가는 빈민가의 아이들은 죄 없는 희생자가 아닌가? 하루에 40수를 벌기 위해 너희들의 작업장에서 창백한 얼굴로 닳아가고 있는, 가난으로 창녀가 되지나 않으면 다행인 처지의 여자들은 어떤가? 너희들이 평생 생산을 위한 기계로 만들어놓았다가, 힘이 고갈되면 쓰레기장과 구빈원에 버리는 저 노인들은 어떤가? 부르주아 신사들이여, 적어도 너희 범죄에 대한 용기를 가져라. 그리고 우리의 보복이 완전히 정당하다는 것을 인정하라.

너희는 시카고에서 사람들을 목매달아 죽였고, 독일에서는 그들의 목을 쳐서

---

96 같은 책, pp. 115~19. 앙리가 헤레스와 시카고, 파야스와 바이양에 대해 말하고 있음에 주목하라.

죽였으며, 헤레스에서는 목을 졸라 죽였고, 바르셀로나에서는 쏘아 죽였고, 몽브리종과 파리에서는 기요틴으로 보내 죽였지만, 결코 아나키즘을 파괴하지는 못할 것이다. 아나키즘의 뿌리는 너무 깊다. 아나키즘은 조각 나고 있는 부패한 사회의 심장에서 태어났다. 아나키즘은 안정된 질서에 대항하는 격렬한 반발이다. 아나키즘은 현존하는 권위를 쳐부수는, 자유와 평등을 위한 열망을 표현한다. 아나키즘은 어디에나 있어 사로잡을 수 없다. 아나키즘은 너희를 죽임으로써 끝날 것이다.

앙리의 수사는 신비롭게도 시모운의 것을 재현한다. 부패한 체계를 나락으로 굴러떨어지도록 재촉, 지배 계급('죄 없는 자'들까지 포함하여)이 비참한 이들과 가난한 이들에게 저지르는 범죄에 대한 폭력적 복수, 앞으로 올 평등하고 자유로운 사회에 대한 비전 등이 그러하다. 타갈로그 농민들에게 민간 가톨릭에서 온 그들 나름의 유토피아적·메시아적 전통이 있기는 했지만,[97] 시모운의 담론은 이 전통을 반영하지 않으며, 그 전까지는 아니라도 적어도 프랑스 혁명까지는 거슬러 올라가는 유럽식 사회적 분노의 언어를 담고 있다. 그러나 시모운은 더 복잡하고 모순적이기도 한 방식으로 가공된다. 그에게는 악한들과 착취자들에 대해 몸소 자경단 식의 심판을 집행했던 귀족이자 '사회주의자'인 로돌프, 가증스러운 사회에 적을 한 명 더하려는 데제생트, 심지어 아마도 네차예프의 음화가 중첩돼 있다.[98] 그렇지만 동시에 시모운은

<hr>

97 '표준구'(locus classicus)는 Reynaldo Clemeña Ileto, *Pasyón and Revolution: Popular Movements in The Philippines, 1840~1910*(Quezon City: Ateneo de Manila University, 1989) 이다.

98 네차예프를 배제해서는 안 될 것이다. 그가 1869년 바쿠닌과 공저했던 『혁명가의 교리문답』은 유럽 전역에서 널리 읽혔다. 1891년 1월 15일자와 31일자의 『연대』에는 "Una Vista"라는 제목이 붙은 블루멘트리트의 흥미로운 2부작 기고가 실렸는데, 여기에서는 시모운의 모습을 한 예상치 않은 손님이 나타나, 리살이 그가 살아 있다는 것과 필리핀 사람들 사이에서 그가 어마어마하게 정치적으로 증식하고 있다는 것을 식민 당국으로부터 숨기기 위해 소설에서 그가 죽은 것으로 보이게 했다고 설명한다. 필리핀의 장래 및 정치적 투쟁에서 취해야 할 방법에 대한 길고 열띤 토론이 둘 사이에서 전개된다. 어떤 시점에서 화가 난 민족학자가 이렇게 말한다. "시

반식민적 민족주의자로서 마음속에 혁명 비슷한 것을 품고 있었다. 그러나 "폭탄 투척 계획이 성공하면 그다음엔 뭐지?"라는, 물어서는 안 되는 질문을 던진다면 돌아와서는 안 되는 답은 "니힐"일 것이다. 시모운에게는 성공적인 복수 다음의 후속 계획이 없었으며, 『엘 필리부스테리스모』의 다른 인물들에게 그런 계획이 있었다고 나오지도 않는다. 오직 무정형의 유토피아적 '자유'의 꿈이 있을 뿐이다. (이것이 음모가 실패해야 하는 하나의 이유였을 것이다.) 바로 여기에서 리살은 그 계획 없는 유토피아주의와 자기희생에 대한 취향으로, 반식민적 민족주의와 '행동에 의한 선전'이 교차하는 점을 찍는다. 나의 행동과 죽음으로부터, 살아갈 수 없는 현재보다 나은 무엇인가가 올 것이다.

같은 테마가 바실리오가 석류 안에 감추어진 '지옥의 기계'에 대해 알게 된 후 이렇게 외치는 장면에서 등장한다. "그렇지만 그런 살육을 보고 세상이 무어라 할까요?" 그러자 시모운은 냉소적으로 대답한다.

세상이야 언제나 같이 가장 힘 있고 가장 폭력적인 자를 정당화하며 손뼉을 치겠지! 서양의 나라들이 훨씬 도덕적이고 평화를 사랑하는 다른 나라들을 건설하는 것은 확실히 아닌 이유로 해서 아메리카에서 '인디오' 수백만 명의 목숨을 앗았을 때 유럽은 손뼉을 쳤네. 저기에는 이기적인 자유와 린치 법, 정치 조작의 북아메리카가 서 있고, 또 저기에는 모국 스페인하고 똑같은 소란스러운 공화국, 야만스러운 혁명·내전·포고령의 남아메리카가 서 있군! 유럽은 힘 있는 포르투갈이

• •

모운 씨, 당신은 반역자일 뿐만 아니라 니힐리스트이기까지 하군요." 신비롭게 떠나는 시모운은 이에 냉소적으로 대꾸한다. "니힐리스트 학교에 등록하러 러시아로 갑니다!" 네차예프는 리살이 유럽에 도착하기 전에 죽었다. 그런데 블루멘트리트는 리살의 가장 친한 친구였으니, 내 생각으로는 둘이 니힐리즘에 대해 전에 심각하게 토론한 적이 없었으면 블루멘트리트가 시모운을 니힐리즘과 연결시켰을 것 같지 않다. 게다가 1886년 도스토예프스키의 『악령』이 파리에서 프랑스어 번역판으로 나왔는데, 이것은 리살이 프랑스의 수도를 떠나 독일로 향한 지 얼마 되지 않아서의 일이다. 또한 데 오캄포 덕분에 우리는 리살이 투르게네프의 『아버지와 아들』을 독일어 번역본으로(그러나 정확히 언제?) 읽었다는 것을 알고 있다. (블루멘트리트의 글을 주의 깊게 보게 해준 메건 토머스에게 감사를 전한다.)

몰루카 제도를 약탈할 때 손뼉을 쳤고, (이제) 영국이 태평양 지역에 자기네 이민들을 심으려고 현지의 원시적 인종들을 싹쓸이하는 것을 보고 손뼉을 치네. 유럽은 [우리에게] 손뼉을 칠 거야. 극이 끝날 때, 비극이 대단원의 막을 내릴 때 손뼉을 치듯이. 보통 사람들은 일어나는 일의 저간을 거의 알아채지도 못하고 단순히 결과만을 보는 법이지![99]

시모운이 이야기하는 사례는 영국, 포르투갈, 미국의 것이지만, 이 논리는 시모운이 일찍이 그렇게도 경멸적으로 이야기했던, 카우디요들이 맹위를 떨치는 혁명 이후의 라틴아메리카 공화국들을 대표하는 아르헨디나, 콜롬비아, 베네수엘라, 페루에도 똑같은 정도로 확실히 적용된다. 그러나 동시에, 나와 있든 그렇지 않든, 이 사례들은 모두 폭력적인 '성공'의 사례들이다. 이 수사에 비추어 보았을 때, 이런 방식의 '성공'은 필리핀에서 상상 가능한 것이 되어가고 있었다. 『엘 필리부스테리스모』가 출판된 지 5년 후, 그리고 마르티가 쿠바에서 길을 밝힌 지 겨우 18개월 후, 안드레스 보니파시오(Andrés Bonifacio)는 마닐라 교외에서 무장 항쟁을 시작한다.

수수께끼의 미소

이렇게 해서 우리는 『엘 필리부스테리스모』의 마지막 정치적 측면까지 왔다. 소설의 마지막 쪽들은 죽어가는 시모운과 그가 잠시 몸을 의탁하고 있던 온화한 토착민 플로렌티노 신부의 긴 대화로 채워진다. 시모운은 신부에게 이반 카라마조프의 질문을 던진다. "이토록 비인간적인 희생들, 이런 굴욕·고문·빼앗김, 착하고 죄 없는 이들의 곤궁과 착취, 그저 고통받으며 일하라고 그들에게 말하는 것이 당신의 신(vuestro Dios)이 요구하는 것이라면, 이 신은 대체 어떤 신입니까(Qué Dios es ése)?"[100] 플로렌티노는 인간을 다루는 신의

. . . .
99 *El Filibusterismo*, chapter XXIII ("La última razón" [The final argument]), p. 250.

방식들을 정당화하는 긴 설교로 답한다. 그는 시모운에게 신은 그의 모든 고통을 이해하며 그를 용서할 것이지만, 그는 가치 있는 목적을 쟁취하기 위해 사악한 방식들을 택했으며, 이는 용인할 수 없는 것이라고 말한다. 대부분의 해설자들은 늙은 신부가 이 소설의 정치-도덕적 극에 대한 리살의 결론적 입장을 대변한다고 추정해 왔다. 그러나 판단을 그토록 쉽게 내리려면 두 가지를 빠뜨리고 넘어가야만 한다. 첫째, 시모운은 설교 중간에든 그 이후에든 아무 말도 하지 않았으며, 심지어 전혀 듣지 않고 있었을지도 모른다. 그는 합당한 고해를 하지도 않았으며 용서를 빌지도 않았다. 얼마 지나지 않아 그는 죽는다. 둘째, 결말 부근에 "미스터리"(El misterio)라는 기묘하고 짧은 장이 있는데, 원본 원고의 7쪽 가운데 3쪽이 작가에 의해 검게 지워진 부분이다.

우리는 부유한 오렌다 가의 집에 있는데, 실패한 폭탄 투척과 무장 습격 직후 혼란의 와중에 세 명의 방문자가 도착한다. 손님 중 한 명은 말쑥한 젊은이 모모이(오렌다 가의 맏딸 센시아의 구혼자)로서, 그는 파울리타 고메스의 심상찮은 결혼 파티에 다녀왔으며 사건을 목격하고 어리둥절해 있다. 다른 한 명은 파울리타의 목숨을 구하기 위해 치명적인 램프를 탈취하여 파시그 강에 뛰어든 학생 이사가니이다. 모모이는 신원이 확인되지 않은 강도가 램프를 들고 물로 뛰어들어 도망쳤다고 말한다. 센시아는 다음과 같이 눈에 띄는 말을 하며 끼어든다. "강도라고요? 검은 손 단원인가요?" "아무도 모릅니다." 모모이는 계속해서 말한다. "스페인인인지, 중국인인지, 아니면 '인디오'인지는요." 세 번째 손님은 결혼식의 장식을 도왔던 은세공사로, 램프가 폭발 일보 직전이었으며 신부의 집에서도 화약이 나왔다는 소문을 더한다. 모모이는 이것을 듣고 간담이 서늘해질 만큼 공포에 휩싸이며, 그의 표정에는 두려움이 고스란히 묻어난다. 그러다가 센시아가 알아차렸다는 것을 깨닫고 자신의 남성다움이 망가졌다고 느끼며 그는 말을 잇는다. "이렇게 부끄러운 일이!" (그는 힘을 짜내 소리쳤다.) "강도가 그 일을 망쳐버린 거라니! 우리 모두 죽을 수도

100 같은 책, chapter XXXIX (untitled), p. 283.

있었군요……." 여자들은 깜짝 놀라 굳어버린다. 그러자,

　　"자기 것이 아닌 것을 탈취하는 것은 언제나 잘못된 일이지요." 이사가니는 수수께끼의 미소를 띠고 말했다. "그 강도가 무슨 일이 일어나는지 알았더라면, 그리고 그에 대해 숙고할 수 있었더라면, 그렇게 하지 않았을지도 모르는 일이지요." 잠시 멈춘 후 그는 이렇게 덧붙였다. "저는 세상 그 무엇을 준대도 결코 그의 입장에 처하고 싶지는 않습니다."

　한 시간 후, 이사가니는 아저씨(플로렌티노 신부)의 집으로 '영구히 퇴장'하기 위해 작별 인사를 하면서 소설에서 사라진다.[101] 그 전에는 결코 수수께끼의 미소를 띤 적이 없었던(이것은 음울한 시모운의 전매 특허였다.) 이 선량하고 애국적인 학생은 자신이 보석상의 계획을 좌초시켰다는 것을 후회한다. 스페인어로 읽으면 '영구히'(por siempre) 퇴장하겠다는 것은 단지 떠나는 순간의 의도일 뿐이라는 것이 분명해진다. 그는 누구의 발자취를 따를 것인가? 마치 독자에게 『엘 필리부스테리스모』의 속편을 기다리라고 청하는 것 같다.
　이제 우리는 이 책의 예시적인 성격과 리살이 이 책에 붙인 '필리핀 소설'이라는 부제, 양자 모두의 중요성을 이해하기에 더 나은 위치에 있는 것 같다. 예시는 대부분 스페인에서 필리핀으로 교묘하게 대량으로 옮겨 온 실제의 사건들, 경험들, 감정들로부터 만들어진 것으로, 임박한 미래의 그림자로 나타난다. 또한 이 임박함은 이 책이 나올 때 아직 권력을 잡고 있었던 웨일레르 총독의 시대에 단단히 뿌리박힘으로써 확실해진다. 그러나 시모운은 완전히 다른 문제이다. 그는 『놀리 메 탕혜레』를 비롯한 전작들에 근원을 둔 인물이며, 스페인으로부터가 아니라 상상된 쿠바로부터, 그리고 지구를 도는 방랑으로부터 소설에 입장한다. 그는 이스키에르도가 한때 인터내셔널이라는 감추어진 마키아벨리적 네트워크를 공상했던 것에 대한 거울, 필리핀에 출몰하

．．．．．．．．．．．．．．．．．．．．．．
101　같은 책, pp. 271~72.

게 될 '세계적 유령'(espectro mundial)의 일종이다. 마치 그의 민족처럼, 아직 현실에는 없지만, 이미 상상되었으므로, 앞으로 오게 될.

스페인 제국의 중심은 언제나 아메리카였고, 1810년에서 1830년 사이에 제국이 사실상 증발해 버린 것은 그 잔여가 최종적으로 청산될 가망을 보이게 하는 동시에 시기상조의 일이 낳을 결과에 대한 경고를 내밀기도 했다. 리살의 생각으로는 유럽 그 자체도 위협받고 있었다. 전쟁에 빠진 강대국들이 튀기는 거대한 불꽃에 의해서만이 아니라, 밑으로부터의 격렬한 운동으로부터도. 『엘 필리부스테리스모』는 비스마르크와 베라 자술리치가, 양키의 조작과 쿠바의 항쟁이, 메이지 일본과 대영박물관이, 위스망스와 코뮌이, 카탈루냐와 캐롤라인 제도가, 니힐리스트와 아나키스트가 모두 한 자리씩을 담당했던 지구적 무대의 날개들로부터 나온 작품이다. '마부들'(cochers)과 '동종요법가들' 역시 한 자리를 맡고 있는.

1945년 말, 일본 점령이 끝난 지 겨우 두 달 뒤, 그러나 네덜란드 식민 지배가 아직 복귀하지 않았던 순간에, 인도네시아의 젊은 초대 총리 수탄 샤흐리르는 막 혁명을 시작하려는 겨레의 상황을 '겔리샤'(gelisah)라는 단어로 묘사했다. 이 말은 영어로 쉽게 번역할 수 있는 말이 아니다. '조마조마한'(anxious), '떨리는'(trembling), '잡아매어지지 않은'(unmoored), '기대하고 있는'(expectant)을 포함하는 의미의 범위를 상상해야 한다. 이것이 『엘 필리부스테리스모』의 느낌이다. 무언가가 오고 있다는.

제4장 소설가의 발자취

체르니셰프스키의 질문

발행된 『엘 필리부스테리스모』의 거의 전부를 홍콩에 있는 신뢰하는 연상의 친구 호세 바사에게 싸서 부치고, 남아 있는 일들을 마무리한 후, 1891년 10월 19일 리살은 유럽을 떠났다. 음침한 날 하루를 제외하고는, 그는 다시는 유럽 땅을 밟지 않을 것이었다. 이 시기는 잘 고른 것이었다. 발레리아노 웨일레르의 필리핀 총독 임기 4년은 한 달 안에 끝날 예정이었다. 경력의 대부분을 유능한 참모 장교로 보낸 후임자 에울로히오 데스푸홀 장군은 그보다 훨씬 덜 지독한 인물로 여겨졌다. (실로 그는 부패한 관료 여럿을 공개적으로 쫓아내고 짐을 싸서 집에 돌아가게 했으며, 강력한 종교 교단으로부터 거리를 유지하여 곧 식민지의 피지배자들로부터 큰 인기를 얻었다.)[1]

리살의 가족은 그에게 돌아오지 말라고 몇 번이고 경고했으며, 차라리 마닐라에서 1,300킬로미터밖에 떨어져 있지 않은 조용하고 안전한 홍콩에 정착하라고 강력하게 설득하면서, 그러면 그들이 그를 만나러 가보겠다고 했다.

----

1 데스푸홀의 정책과 개인적 성격에 대해서는 Schumacher, *The Propaganda Movement*, pp. 274 ~75 참조.

그가 그 영국 식민지에 도착한 지 며칠 되지 않아 나이 든 아버지와 파시아노 형, 그리고 매형 중 한 명이 도착했는데, 파시아노와 매형은 민도로 섬으로의 유배에서 '탈출'한 것이었다.[2] 그해가 끝나기 전, 눈이 거의 멀게 된 어머니와 누이들 두 명이 따라왔다. 젊은 소설가는 성공적인 안과 진료소를 개업했고, 행복하게 재결합한 가족은 영국 지배 아래에 정착하는 방안을 환영했던 것으로 보인다. 그러나 필리핀에서 지적 선도자의 대열 맨 앞에 서 있던 그의 평판과 유럽에 남겨놓고 온 관계들은 그가 가족의 소망을 오랫동안 따르는 것을 어렵게 했다. 그는 아직 유럽에 있는 더 급진적인 동지들로부터 온, '다음'에는 무엇을 할 것인지 물으며 그 '다음'이 무엇이 되든지 간에 전폭적으로 지지하겠다고 약속하는 편지들에 포위되어 있었다. 델 필라르와 그의 동료들에게 그들이 유럽에서 시간을 낭비하고 있다고 말한 바 있는 사람으로서 리살은 홍콩에서 시간을 낭비하는 것처럼 보이는 일이 얼마나 통렬하게 자신에 대한 공격으로 돌려질지를 알고 있었다.

"무엇을 할 것인가(Chto dyelat)?" 우리는 블루멘트리트에게서 온 날카로우면서도 근심에 싸인 1892년 1월 30일자 편지로부터 음화 사진으로 찍힌 것 같은 하나의 주요 대안을 볼 수 있다.

무엇보다도 나는 자네에게 어떤 혁명적 선동에도 끼어들지 말라고 간청하네! 불필요하게 흘린 피로 양심의 가책을 받는 것을 원하지 않는다면, 혁명을 일으키는 자는 적어도 성공할 가능성을 최소한도로나마 갖고 있어야 하니 말일세. 어떤 민족이 그들을 지배하는 다른 민족에 대항해서, 식민지가 모국에 대항해서 반란을 일으켰을 때, 혁명이 그들 스스로의 힘으로만 되는 일은 결코 없었네. 아메리카 연방*은 프랑스와 스페인, 네덜란드와 동맹을 맺었기에 자유를 얻었네. 스페인령 공

2 이 사람들 모두가 식민 당국이 모르고 있는 가운데 평범한 여객으로 증기선을 타고 필리핀을 떠날 수 있었을 것 같지는 않다. 아마 당국에게는 웨일레르의 격리 명령을 공식적으로 무효화하는 것보다는 눈을 슬쩍 감아주는 것이 더 쉬웠을 것이다.
* 미국.

화국들은 모국이 내전에 휩싸여 있었기에, 그리고 영국과 북아메리카가 돈과 무기를 공급해 주었기에 자유를 얻었네. 그리스인들은 영국, 프랑스, 러시아의 지원을 받았기에 자유를 얻었고, 루마니아와 세르비아, 불가리아인들은 러시아로 인해 자유를 얻었네. 이탈리아인들은 프랑스와 프로이센 덕분에, 그리고 벨기에인들은 영국과 프랑스 덕분에 자유를 얻었지. 스스로의 힘에만 의존했던 그 모든 민족들은 정통성의 폭력의 군대에 짓밟혔네. 이탈리아인들이 1830년, 1848년, 1849년에, 폴란드인들이 1831년, 1845년, 1863년에, 헝가리인들이 1848년, 1849년에, 크레타인들이 1868년에 그러했듯이.[3]

블루멘트리트는 나아가 이런 종류의 혁명은 다음과 같은 조건 없이는 결코 성공의 기회를 가질 수 없다고 말한다. (1) 적의 육군과 해군 일부가 무장 폭동을 일으킬 것 (2) 본국이 다른 나라와 전쟁 중일 것 (3) 돈과 무기가 미리 잘 마련되어 있을 것 (4) 외국의 정권이 공식적으로든 은밀하게든 항쟁을 지지할 것. 그는 "이 조건 중 어느 하나도 [오늘날] 필리핀에는 들어맞지 않네"라고 덧붙였다.[4] 아무 민족에게도 자유를 얻도록 도움의 손길을 내민 바 없었

· ·

3 *Cartas entre Rizal y El Profesor Fernando Blumentritt, 1890~1896*, pp. 783~84. 이 필사본은 오염되어 있다. 헝가리는 Ungara가 아니라 Ungarn이어야 한다. [여기에서 크레타로 번역된 – 옮긴이] Kider는 틀림없이 원래 Kreter였을 것이다. 1868년 투르크 지배에 대항한 기독교도 크레타인들의 봉기는 실제로 피흘리며 짓밟혔다. 이 유명한 편지로부터의 인용을 담은 리살의 전기 여러 종이 늘 독자에게 이해 불가능한 'the Kider'나 'los Kider'라는 말을 읽히면서 뭐가 이상한지 전혀 생각지 않는다는 점은 흥미롭다. 훨씬 더 이상하게도, National Historical Institute의 *The Rizal-Blumentritt Correspondence, 1890~1896*(Manila: 1992), p. 430에서는 '아일랜드인'을 번역으로 제공한다. 베껴 쓰는 사람이 붙어 있는 et를 d로 혼동하여 읽고 불가해한 Krder를 남겨놓았던 것이 틀림없다. 그렇게 되어 이번에는 Kreter의 첫 번째 r을 대체할 수 있는 모음이 필요해졌고, i만이 알맞게 수직으로 뻗은 모양을 하고 있었던 것이다.

4 인용한 발췌에 나오는 '어떤 혁명적 선동에도 끼어들지 말라'(lass Dich nicht in keine revolutionären Agitationen ein)는 말이 리더십이 아니라 연루를 의미한다는 것에 주목하라. 일찍이 인용된 바 있었던, 리살에게 보낸 1892년 7월 4일자 편지에서 이 오스트리아인은 이렇게 쓴다. "내게 리살이 혁명적 신문을 창간해야 한다는 등 혁명적 운동을 시작해야 한다는 등 하는 편지를 쓴 사람들은 필라르파가 아니라 리살파였네. 나는 자네에게 그런 일을 권하지 말라고 그들을 타일렀고, 바로 자네에게 편지를 쓴 것일세." 블루멘트리트가 썼다는 이 편지들은 현재 남아 있지 않

던, 그러나 폴란드인들, 헝가리아인들, 이탈리아인들, 세르비아인들, 불가리아인들, 루마니아인들, 그리스인들, 그리고 크레타인들까지도 그 주변 궤도 안에 있었던 합스부르크 제국의 심장부 라이트메리츠에서 교사로 일하면서, 블루멘트리트는 최근의 역사와 전략의 법칙들을 확고히 옆에 끼고 있었던 것 같다. 또한 1891년에는 필리핀의 성공을 위해 그가 제시한 네 가지 전제 조건들 중 어느 하나도 존재하지 않는다는 말은 정확했다. 그러나 이 상황이 오래 지속될 것이었던가?

다른 한편으로, 리살의 정력적인 연하의 친구 에딜베르토 에반헬리스타(Edilberto Evangelista, 나중에 스페인에 대항한 1896~98년의 무장 항쟁에서 살해당하고 영웅이 된다)는 1892년 4월 29일에 (당시에는) 프랑스어권이었던 겐트로부터 이런 편지를 보낸다.[5]

자네 생각을 받아들이고 같은 열정(élan)으로 불타는 사람들이 얼마나 되는지라도 찾아낼 생각을 하는 것이 어떤가? 내 이야기는 정부에 도전하는 혁명적 클럽을 조직해서 자네 생각에 형상을 부여하는 것이 꼭 필요하다는 거야. 자네는 홍콩에서든 어디 다른 곳에서든 클럽을 이끌 수 있을 것이고, 이것이 쿠바 분리주의자들이, 스페인 진보파가 하는(했던) 일이 아니던가?[6]

• •

은 것으로 보인다.

5 에반헬리스타와 호세 아브레우(José Abreu), 호세 알레한드리노(José Alejandrino)는 리살에게서 '후진국' 스페인을 떠나 겐트에서 공학(블루멘트리트의 충고를 따라)을 공부하라고 설득당했다. 후에 혁명 장군이 되는 알레한드리노는 『엘 필리부스테리스모』의 집필 기간에 브뤼셀에서 리살과 함께 살았고, 겐트에서 그에게 출판사를 찾아주었으며, 교정 보는 일에 힘을 보탰다. 에반헬리스타, 알레한드리노, 안토니오 루나(Antonio Luna)는 모두 알레한드리노가 델 필라르의 '개탄스러운 정책'이라 부른 것에 반대하는 강경한 리살파였다. Schumacher, *The Propaganda Movement*, pp. 236, 271~72 참조.

6 *Cartas entre Rizal y sus colegas de la Propaganda*, p. 800. 마르티는 그의 쿠바혁명당을 그 전해 1월에 미국에서 결성했다. 스페인에 대한 이야기는 분명히 파리에서 망명 생활을 하며 혁명을 구상하는 데에 정치적 삶의 대부분을 보낸 마누엘 루이스 소리야의 급진공화파 추종자들에 대한 것이다. 리살의 친구 중 많은 이들이 소리야파 신문 *El Porvenir*와 *El Progreso*에 기고했었는데, 이 신문들은 전반적으로 필리핀 운동에 호의적이었다. Schumacher, *The Propaganda*

콘래드의 나라

이 상충되는 압력을 해결 혹은 회피하기 위한 리살의 첫 번째 계획은 오늘날의 동부 말레이시아 연방주 사바에 위치한 산다칸(Sandakan) 만에 그의 가족과 뜻이 맞는 친구들을 위한 정착지를 건설하는 것이었다. 이곳은 한때 강성한 이슬람 술탄 왕국이었던 술루의 중심지였으며 여전히 느슨한 스페인 지배권 아래에서 완전히 길들여지지 않았던 홀로(Jolo)로부터 400킬로미터 거리에 있었으며, 마닐라에서도 1,000킬로미터 남짓밖에 떨어져 있지 않아, 지리적으로 이보다 더 필리핀에 가까운 곳을 구하기는 힘들었다. 아바나와 마이애미 사이의 거리, 그리고 마르티가 쿠바인 담배공장 노동자 사회에서 혁명가들을 모집하던 탬파와의 거리도 꼭 이만큼 떨어져 있었다. 이곳은 정치적으로도 유망해 보일 수 있었다. 1890년대 보르네오 섬의 북부 해안 지역은 아주 특이한 콘래드적 장소였다. 서쪽 부분에는 1840년대에 영국인 모험가 제임스 브룩(James Brooke)이 건설하였으며 1880년대부터 런던의 간섭 없는 보호 아래 있었던 이른바 백인 왕(White Rajah)들의 왕국이 자리하고 있었다. 한때 강성했던 브루나이 술탄 왕국의 잔여가 중간에서 작고 적당한 구석을 차지하고 있었고, 산다칸을 비롯한 동쪽 부분은 1882년부터 영국북보르네오회사라는 사기업이 운영하고 있었다. 더 유리한 점은 1885년에 스페인이 홀로의 변화하는 종주권에서 파생되는 유사법적 영토권의 모든 부분을 포기하도록 설득당했다는 것이었다. 그러므로 홍콩이 스페인 영사관 및 가톨릭 교단의 현지 기관들의 의심 많은 눈초리 아래 있었던 데 반해, 산다칸에는 이 중 어느 것도 없었다. 그러니 마르티의 플로리다를 꿈꾸던 에반헬리스타나 안토니오 루나 등 유럽에 있던 리살의 더 열렬한 동지들 몇몇이 정착지 계획에 열광적이었다는 것은 놀라운 일이 아니다. 1892년 1월의 어느 날엔가 루나는 홍콩의 리살에게 편지를 썼다. "보르네오는 우리에게 카요우에소(뼈의 암초bone reef라는

••••••••••••••••••••••
Movement, pp. 46, 55, 202 참조.

뜻으로, 미국인들이 음성을 따서 왜곡하여 '키웨스트'라 불렀다)가 될 것이며, 상황이 요구한다면 나도 틀림없이 그 주민 중 한 명이 될 것이네."[7] 한편, 산다칸은 리살의 가족과 소설가 자신에게, 그의 서재와 그의 저술에 괴롭힘 없는 삶을 약속하기도 했다.[8] 또한 그는 고향 칼람바의 쫓겨난 사람들도 이 보르네오의 안식처로 와 그와 합류하기를 바랐다.[9]

• •

7 *Cartas entre Rizal y sus colegas*, pp. 771~72. 루나는 매우 지적인 사람이었고, 그래서 편지 전체가 무척 흥미롭다. 그는 자신이 독립을 위해 일하러 마닐라로 돌아갈 것이라고 리살에게 말했다. "그러나 연구와 요령, 신중함이 많이 필요한 일이고, 우리의 힘에 대한 내실 없는 오만도 있어서는 안 되겠지. …… 착실함과 침묵으로 우리는 예수회처럼 될 것이고, 우리가 그 열쇠를 가질 집을 세우게 될 거야. 그래서 이런 뜻으로 나는 자네에게 내 도움을 제공하려 하지만, 만일 내가 단순한 군사 폭동 이상의 것이 일어나지 않을 것이라 생각이 되면 적극적인 운동에서 발을 뺄 수 있다는 한 가지 조건을 달겠네. …… 나는 자네가 나를 잘 이해한다는 것을, 그리고 그들이 이기면 큰 유혈의 참극이 빚어지리라는 것을 믿네. 어찌 되었든 나는 마닐라로 떠나네. 분리주의자로서의 나의 의무가 늘 나의 모든 행동을 따라다닐 거야. 미심쩍어할 일은 없네. 상황에 따라 내가 마닐라의 스페인인들 쪽에 있게 된다면, 그들에게는 그만큼 더 나쁜 일일 테니까. 나는 과실이 무르익을 때까지 생활비를 벌면서 그들의 비용을 들여 계속 땅을 파 내려갈 거야. 그러면 자네는 (이 생각이 자네의 것과 같다면) 알맞은 자리에서 착실하게 일하는 종자를 두게 되겠지."

8 리살은 1892년 1월 31일에 블루멘트리트에게 다음과 같이 심금을 울리는 편지를 썼다. "내 (의사로서의) 직업적 노동으로부터 휴식을 취하는 동안, 책의 세 번째 부분을 타갈로그어로 쓰고 있네. 이 책은 오로지 타갈로그 관습만을, [즉] 오로지 타갈로그인들의 습성과 미덕, 결점만을 다루게 될 거야. 이제 아름다운 주제를 찾은 마당에 내가 스페인어로 책을 써서는 안 된다는 생각이 들어. 나는 근대적인 감각의 말로 소설을, 예술적이고 문학적인 소설을 쓰고 싶네. 이번에는 예술을 위해 정치와 나머지 것들을 희생시키려고 해. 만일 스페인어로 쓴다면, 딱한 타갈로그인들은 이 책을 못 읽게 되겠지. …… 이 책이 그들에게 헌정되는 것이고, 누구보다도 그들이 이 책을 읽어야 할 사람들인데도. 이 책 때문에 골치가 많이 아픈데, 신조어들을 끌고 들어오지 않고서는 내 생각의 많은 부분을 자유롭게 표현할 수가 없어서 그러네. 게다가 나는 타갈로그어로 쓰는 연습이 부족해." *The Rizal-Blumentritt correspondence, 1890~1896*, p. 431 이후의 번호가 없는 쪽들. 이 세 번째 소설은 결코 완성되지 않았다. 조금이라도 남은 것은 암베스 오캄포에 의해 그의 *The Search for Rizal's Third Novel, Makamisa* (Manila: Anvil, 1993)에서 조심스럽게 재구성되었다. 리살은 원고를 스무 쪽 쓰고 나서 타갈로그어를 포기하고 스페인어로 되돌아갔다. 마카미사(Makamisa)란 '미사가 끝나고'(After Mass)라는 뜻이며, 필리(Pili) 읍의 주민들과 그 스페인 출신 교구 신부에 초점을 맞춘 글은 『놀리 메 탕헤레』의 풍자적인 풍속 묘사(costumbrista) 스타일로 돌아온다. 이것이 그가 이 소설을 포기한 이유일 수도 있고, 아니면 『엘 필리부스테리스모』를 넘어서는 것을 쓸 수 없다고 결론지었는지도 모르겠다. 어느 쪽이든 1892년 중반 이후로 그는 소설을 계속 쓴다는 생각을 완전히 버렸던 것 같다.

9 임차인들과 칼람바 사람들에게 도미니크회를 법정에 세우라고 설득하고 재판을 마드리드의 대

3월 말 리살은 영국북보르네오회사 홍콩 대표와의 예비 협상 후 몇 차례에 걸친 북보르네오 방문의 첫 삽을 떴다. 처음에는 전망이 아주 밝아 보였다. 리살은 3년간 임차료 없이 20,000평방미터의 미개간지를 일구고, 이후 저가에 땅을 구입할 수도 있다는 조건을 제공받았다. 인구가 매우 희박한 지역에 이주민들을 정착시키는 계획에 적극적이었던 영국북보르네오회사는 나아가 필리핀인 공동체가 그들의 관습에 따라 그 구성원에 의해 운영될 것과, 부역이나 부당한 세금을 부과당하지 않을 것이라는 조건도 받아들였다. 그러나 몇 달 안에 계획 전부가 무너지기 시작했다. 리살은 그가 이 작은 식민지가 굴러가는 데 필요한 돈과 비슷하기라도 한 액수를 모금하는 것은 불가능하리라는 것을 깨닫기 시작했다. 뿐만 아니라, 식민을 하려면 상당한 규모의 이주에 대한 스페인의 동의가 필요할 것이었다. 리살은 신임 총독에게 편지를 써서 그가 가족 및 고향 사람들과 함께 조용히 정착하고자 한다고 설명했지만, 데스푸홀은 설득당하지 않았다. 이러한 규모의 이주는 그가 이끄는 정부의 이미지를 해칠 것이었다. 게다가, 스페인의 보수 언론이 이를 마닐라의 정치적 · 군사적 영향권을 바로 벗어나는 곳에서 보르네오의 탬파가 시작되는 것으로 비출 가능성이 농후했다.[10]

그의 가족에게 더 걱정스러웠던 리살의 대안은, 필리핀 자체 내에 필리핀인들을 위한 최초의 합법적 정치 조직을 창설하는 것이었다. 이 계획이 어디까지 가는 것이었는지는 확실하게 말하기 힘들다. 리살 자신이 갖고 있던 문

....

법원까지 계속 가져가라고 주장했던 것이 리살이었음이 생각날 것이다. 이미 언급했듯이, 복수심에 불타는 교단이 재판에 이겼을 때, 그리고 웨일레르가 집을 불태우는 것으로 모자라 말을 듣지 않은 자들에게 칼람바 근처 어디에도 거주하지 못하도록 금지령을 내렸을 때, 리살은 크게 절망했고 그가 고향에 초래한 고통에 대해 막대한 죄의식을 느꼈다.

10 하나의 측면에서 보자면, 산다칸과 탬파의 비교는 부당한 것이었다. 미국의 강력한 집단들이 상당한 기간 동안 탐욕스러운 눈으로 쿠바를 주시하고 있었던 데 반해, 영국은 필리핀에 대한 계획이 전혀 없었다. 그렇지만 이러한 대조는 1890년대에는 지금에 비해 훨씬 덜 분명해 보였을 것이다. 안토니오 루나와 에딜베르토 에반헬리스타가 단지 야채나 키우고 책이나 좀 읽을 기회를 기대하고 유럽으로부터 와서 산다칸의 리살에게 합류하겠다고 약속한다는 것은 상상하기 힘든 일이다.

서는 전혀 남아 있지 않다. 기록된 증거의 거의 대부분은 4년 뒤 혁명의 발발 이후 경찰의 심문자와 고문자들이 얻어낸, 혹은 짜낸, 종종 모순되는 증언에서 나온 것이다.[11] (리살 자신은 1892년에 심문을 당하지 않았지만, 우리가 곧 보게 될 것처럼 그는 마닐라로 돌아온 지 열흘 만에, 그가 리가 필리피나라 부른 단체의 창립을 선포하는 사적인 연회가 개최된 직후 체포당했다.)

라 리가 필리피나

리가 필리피나(LA LIGA FILIPINA)가 명시한 다섯 가지 목표는 1890년 이후 리살의 저술 및 서신들에서 드러난 그의 생각과 모순되지 않는 것으로 보인다. (1) 치밀하고 강건하며 동질적인 전 군도의 연합체를 구성할 것 (2) 위급할 시, 필요할 시에는 언제나 서로 보호할 것 (3) 모든 폭력과 불의에 대항하여 방어할 것 (4) 교육 · 농업 · 상업을 증진할 것 (5) 개혁을 연구하고 적용할 것.[12] 첫 번째 항목은 식민지의 법이 본국 출신자, 크리올, 메스티소의 위계적 특권을 제거하는 쪽으로 급진적으로 바뀌어야 함을 의미한다. 나머지 항목들은 식민 국가가 종종 무법적이었으며, 근대 사회를 창출하기 위해 거의 아무것도 하지 않았다는 것을 보여준다. 그러나 전체적으로 강령의 내용과 그 예의 바른 말투는 현존하는 식민지 필리핀의 합법성이 허용하는 한도 내에 있었다. 이를 넘어선 곳에 명시되지 않은 1880년대 쿠바 사례가 있었는데, 우리가 앞으로 곧 보게 될 것처럼 쿠바에서는 노예제가 폐지되었으며, 시민(civic) 단

----

11 Guerrero, *The First Filipino*, pp. 315~16 참조. 게레로는 W.E.Retena의 1907년작 *Vida y escritos del Dr José Rizal*을 주요 자료로 삼았으며, 레타나는 거의 전적으로 경찰 보고서에 의존했다. 아주 중요한 하나의 예외는 이사벨로 데 로스 레예스의 회고록으로, 이는 그가 1896년 8월 보니파시오의 반란에 연루되었다는 (부당한) 의심을 받고 마닐라의 빌리비드 형무소에 갇혀 있을 때 작성된 것이다. 그는 동료 '반란자'(insurrecto) 수감자들 여럿을 인터뷰했다. 인터뷰는 덧붙여진 다른 자료와 함께 곧 *La sensacional memoria de Isabelo de los Reyes sobre la Revolución Filipina de 1896~97* (Madrid: Tip. Lit. de J. Corrales, 1899)로 출판되어 나왔다.

12 레타나의 책(pp. 236ff)을 인용한 Guerrero, *The First Filipino*, p. 295. 레타나의 출처는 에피파니오 데 로스 산토스가 작가에게 준 정체불명의 문서라고 한다.

체나 심지어 좌파 단체는 물론 정당이 (일정한 한계 내에서) 합법화되었고, 비슷한 한계 내에서 다양하고 활기찬 언론이 자라났다. 쿠바에서 이 모든 것이 가능했다면, 왜 필리핀에서는 안 되겠는가? 해볼 만한 일인 것처럼 보였다.

그러나 리가의 내부 조직은, 1896년의 진술서에서 그려지는 바로는, 명백히 부분적 비공개로 설계되어 있었다. 공식적으로 조직은 지방 평의회에 기반을 두고 있고, 그 지도자들이 지역 수준에서 상급 평의회를 꾸린다. 그리고 지역 지부의 지도자들은 리가 전체에 통제권을 가진 최고 평의회를 구성하게 된다. 그런데 각각의 회원은 의무적으로,

> 모든 개인적 이익을 희생하고 그의 소속 평의회나 직속 상급 평의회의 의장으로부터 구술 혹은 서면으로 내려온 모든 지침 및 명령에 문자 그대로 맹목적으로 복종해야 한다. 또한 리가의 평온에 위험이 되는 어떤 것이라도 보거나, 관찰하거나, 들은 경우에는 평의회 집행부에 지체 없이 즉각 고지해야 한다. …… 그리고 그의 평의회와 리가의 행위 · 행동 · 결정을 …… 외부자들에게 철저히 비밀로 지켜야 하며, 이는 부모나 형제, 자식 등에게도 마찬가지이고 자신의 생명을 희생해야 될 때에라도 마찬가지이다.

또한 회원은 "어떠한 굴욕에도 굴복하지 말아야 하며", "위험에 처한 동료를 구조해야 하고, 새로운 회원도 모집해야 한다." (특징적이라고 여겨지는 것은 아내나 누이들은 언급할 가치조차 없는 것으로 보인다는 것이다.)[13]

프리메이슨에서 대대로 내려오는 전승을 번안한 것이 분명한 이 권위주의적인 구조가 리살의 머리에서 나왔다고 쉽게 믿기는 힘들다.[14] 이 소설가는

---

13 게레로는 이 심문 결과를 신뢰하는 경향이 있는데, 그것도 어느 한도까지만이다. 한 세대 일찍 라파엘 팔마는 이 결과를 아무런 의심 없이 그의 책, *Biografía de Rizal*(Manila: Bureau of Printing, 1949)에 이용했다. 이 변화는 무언가를 보여주는 것이다. 1940년대에 리살은 여전히 논쟁의 여지가 없는 혁명 영웅이었다. 1960년대가 되자 그는 부르주아적 우유부단함이나 그 이상의 것들로 공격을 받게 되었고, 게레로의 저작은 어느 정도 이에 대한 미묘한 응답이다.

14 1896년 12월, 리살은 심문자들에게 자신이 홍콩에 도착하자마자 활동적인 메이슨 단원이었던

1888년 유럽으로 돌아온 후 얼마간의 시간이 지나 프리메이슨 단원이 되었던 것 같지만, 그의 지부는 마드리드였고 그는 마드리드에 잠시밖에 머무르지 않았다. 그가 북유럽으로 다시 이사한 후에도 활동을 했다는 증거는 없다. 지금까지 알려진 바로는, 1891년까지 식민지 내에는 토착민 프리메이슨 단원이 한 명도 없었고, 단원 수가 급격히 증가한 것은 그 이후의 일이다.[15] 이 구조가 리살이 민다나오로 추방되고 리가가 급작스레 무너진 뒤 얼마 지나지 않아 지하 혁명 조직 카티푸난을 결성한 안드레스 보니파시오의 머리에서 나왔을 것이라는 추론 쪽이 훨씬 더 그럴듯하다.[16] 1896년 말 고문에서 심문당

. . . .

호세 바사로부터 리가 필리피나의 정관을 메이슨의 관례에 기초하여 작성하라는 요청을 받았지만, 바사가 그들과 한 일에 대해서는 전혀 아는 바가 없다고 말했다. 이는 좀 너무 무심한 것 같은데, 그가 갖고 있었다는 그런 정관은 전혀 발견된 바 없다. Horacio de la Costa, SJ, ed. and trans., *The Trial of Rizal: W.E. Retana's Transcription of the Official Spanish Documents*(Quezon City: Ateneo de Manila University Press, 1961), p. 6 참조. "excitado por D. José Basa... redactó los estatutos y reglamentos de una Sociedad denominada 'Liga Filipina,' bajo las bases de las prácticas masónicas... que en este momento no recuerda el declarante haber indicado ningún fin político en los estatutos, que se los entregó á José Basa, no recordando á la persona que se los remitió." 델 필라르 역시 스페인에서 리가 필리피나에 대해 생각하고 있었다는 사실은 언급할 만하다. 말하자면 그 계획은 띄워져 있는 상태였다는 것이다.

15 Schumacher, *The Propaganda Movement*, pp. 174~75.
16 여기에 대한 이사벨로의 회상은 매우 흥미로운데, 많은 역사가들이 그를 믿을 만한 증인으로 생각하지 않는데도 불구하고 그러하다. "리살이 다피탄으로 추방되었을 때 나를 리가의 회원으로 초청하라는 지침을 남기고 떠난 것은 놀랄 일이 아니다. 영감에 찬 작곡가 돈 훌리오 낙필(Julio Nakpil)이 리가의 정관 한 부를 내게 가져다주는 임무를 맡았으며, 그는 리살이 개인적으로 내 집을 찾아왔지만 내가 집에 없었더라는 이야기를 했다. 내가 이 정관에서 "맹목적인 복종 및 리가의 비밀을 폭로한 자는 누구라도 사형으로 처단할 것"에 대한 내용을 읽었을 때, ……[나는 여러 가지 이유를 대며 재치 있게 가입을 거절했는데, 그중에서도 가장 특징적인 것은 내 성격과 의견은 매우 독립적이며, 나의 가입은 어느 단체에나 매우 필요한 규율이 흐트러지는 결과만을 낳을지도 모른다는 것이었다." *La sensacional memoria*, p. 105. 이사벨로의 진실성을 의심할 만한 명백한 이유가 없기는 하지만, 리살이 '맹목적 복종'을 요구하고 리가의 비밀을 폭로한 자 누구에게나 사형을 부과하는 정관 같은 것을 썼다는 것은 상상할 수 없는 일이다. 리살이 이사벨로의 집에 갔다가 그를 못 만났다는 이야기는 사실일 수 있어도, 그가 낙필에게 초대장을 들려 보냈으리라는 이야기는 믿기 힘들다. 이사벨로는 마닐라에서 가장 영향력 있는 필리핀인 저널리스트였으며 『연대』에 정기적으로 (필명을 써서) 기고하고 있었다. 은세공사

한 카티푸네로*들에게는 그들 조직의 모습을 설명할 때 리가의 모습을 갖다 붙이는 것이 쉬웠을 텐데, 그 이유는 이것이 심문자가 듣고자 했던 말인 데다 보니파시오는 언제나 이 두 가지 단체가 연속성을 띤 것이라고 주장했기 때문이다.

그러고는? 여기에서 마르티와의 비교가 유용해진다.[17] 마르티는 1세대 크리올이었고, 모어는 스페인어였으며, 쿠바 농장주 집안의 딸과 그다지 행복하지 않은 결혼을 했다(그는 게이였을지도 모른다). 그는 성인이 된 후 생애의 대부분을, 멕시코 및 그 대륙 내에서의 탐욕스러운 팽창주의에도 불구하고 1892년에는 아직 식민 강국은 아니었던 미국에서 보냈다. 그는 넓고 오래된 의미에서의 아메리카인(americano)이었다. 그는 라틴아메리카 전역에 걸쳐 방대한 연줄을 보유하고 있었으며, 미국에서 우루과이 명예 영사 직을 맡기까지 했다. 그는 웅변가이자 시인, 날카로운 정치 평론가로 다년간에 걸쳐 명성을 쌓았다. 나아가 정치적 조직에 방대한 경험을 보유하고 있었고, 쿠바에서 지난 수십 년간 있었던 내부 반란과, 이해관계가 있는 미국 로비 세력이 다양한 정도로 참여했던 미국으로부터의 무장 습격을 활용할 수 있었다. 그는 쿠바에 합법적으로 귀환한 후 그에게 무슨 일이 일어날지에 대해 아무런 환상이 없었고, 여러 대안을 갖고 있었다. 그리고 1868~78년 10년간 지속된 세스페데스 주도의 반란 및 그 짧은 여파로 일어난 1879~80년의 '소규모 전쟁'(Guerra Chiquita)의 결과, 게릴라 전투에 경험이 많고 새로 시작될 무장 투쟁에 동원 가능했던, 전투에 단련된 수천 명의 고참병들이 있었다.

••••••••••••••••••••••••••

의 아들이자 독학으로 깨우친 교사, 연주자, 피아노 수리공이었던 낙필은 당시 마닐라 직공 계층의 일원으로 리살의 주변과는 전혀 인연이 있을 법하지 않았다. (애국적 작곡가로서의 그의 경력은 리살이 죽은 후에야 시작되었다.) 그는 보니파시오의 카티푸난에서 활동적이었으며 대장이 처형당한 후 그의 미망인과 결혼했다. *Filipinos in History*, vol. II, pp. 49~52에서 그에 대한 항목을 참조. 그러므로 리살이 아니라 보니파시오가 이사벨로에게 그를 보냈을 거라고 의심하는 편이 더 가능성 있다.

* katipunero: 카티푸난 회원.

17 마르티의 출신과 경력에 대해서는 주로 Thomas, *Cuba*, chapter xxv에 의존하였다. 마르티의 아버지는 발렌시아, 어머니는 테네리페 출신이다.

리살은 메스티소로서 부분적으로는 '인디오', 부분적으로는 중국인, 부분적으로는 스페인인이었으며, 모어는 카스티야어가 아니었고, 결혼 경험이 전혀 없었을 가능성이 크다.[18] 그의 성인기는 아메리카가 아니라 유럽 전역에서 형성되었다. (그는 처음 마르세유에 도착했을 때 아메리카인으로 여겨진 것에 분노했었다.) 웅변가는 아니더라도 유능한 정치 평론가이기는 했지만, 무엇보다도 그는 뛰어나게 훌륭한 소설가였다. 그가 일찍이 북유럽으로 옮겨 간 것은 여러 가지로 유익하기는 했지만, 마르티가 풍부하게 갖고 있었던 것, 즉 다름 아닌 실질적인 정치적 경험은 갖지 못하는 이유가 되었다. 그의 조국이 위치한 지역은 거의 전부가 다양한 세력에 의해 식민 지배를 받고 있었다. 영국은 인도-버마와 말라야, 싱가포르, 그리고 분명치 않은 정도로 북보르네오를 지배

---

18 유배(이에 대해서는 아래를 참조)의 마지막 기간 동안 그는 조세핀 브랙켄(Josephine Bracken)이라는 여자와 만족스럽게 살았다. 이 여자의 배경은 다소 분명치 않다. 1897년 2월 리살의 죽음 이후 써 내려갔다고 하는 자신의 삶에 대한 짧은 서술에서 그는 자신이 두 벨파스트 출신 가톨릭교도의 딸로, 1876년 8월 9일 아버지가 위병 하사로 근무하고 있던 홍콩의 빅토리아 병영에서 태어났다고 썼다. 어머니인 엘리자베스 맥브라이드는 그를 낳다가 사망했고, 아버지는 아는 사이로서 아이가 없는 타우퍼 부부에게 아기를 입양시키는 것 외에는 길이 없다고 느꼈다. 타우퍼 씨는 세 명의 박정한 아내를 거쳐 1895년 1월 혹은 2월쯤에는 마침내 거의 눈이 먼 상태로 조세핀과 함께 길을 떠나, 민다나오 섬에서 유배를 살며 진료소를 열었던 리살을 찾아가게 되었다. 일주일의 치료 후 그는 호전된 듯 보였고, 아버지와 딸은 마닐라로 돌아갔다. 그러나 조세핀은 노인을 마닐라에 버리고 안과 의사와 함께 지내기 위해 민다나오로 돌아갔다. 교회가 리살이 믿음을 일찌감치 저버렸다고 단언했던 데다 식민지에는 세속적 결혼(civil marriage)이 없었기 때문에 결혼의 가능성은 없었다. 그를 담당하고 있었던 군대 지휘관은 표준적인 이베리아 스타일 정부(querida)의 존재에 대해 틀림없이 모른 척했던 것 같다. 키가 152센티미터였던 조세핀은 리살보다 10센티미터 작았다. Guerrero, *The First Filipino*, pp. 360~67. 안타깝게도 암베스 오캄포가 내부적 증거들로부터 이 문서가 위조라는 결론을 내렸는데, 위조자의 신원이나 그 동기에 대해서는 밝혀놓지 않았다. 타우퍼 부부나 다피탄으로의 치료 여행에 대한 부분은 사실이라고 하면서, 그는 또한 리살의 전기 작가인 오스틴 코어테스(Austin Coates)가 홍콩의 다양한 문서 보관소를 조사한 끝에 조세핀의 출생 증명서에서 '부친 불명'이라는 기록을 발견했다는 것, 그리고 어머니는 중국인 세탁부였던 것 같다는 코어테스의 추측 등을 인용한다. 예수회 신부인 비센테 발라게르는 리살이 처형을 한 시간가량 앞두고 있었을 때 그와 조세핀을 결혼시켜 주었다고 주장했지만, 결혼 증명서는 발견되지 않았으며 조세핀이 사형수 감방에 있는 리살을 방문한 적이 있었는지조차도 분명치 않다. Ocampo, *Rizal without the Overcoat*, pp. 160~66 참조. 더 이른 시기에 나온 표준적 해석으로는 Guerrero, *The First Filipino*, pp. 472~86 참조. (조세핀은 리살과 함께 다피탄에서 도착한 후 그의 누이들 중 한 명과 같이 지냈다.)

하고 있었고, 프랑스는 베트남과 캄보디아, 라오스를, 네덜란드는 광대한 네덜란드령 인도*를 지배했다. 태국(Siam)만이 공식적으로 독립국의 지위를 유지했다. 리살이 이런 여러 곳들, 특히 그의 모어와 관련된 오스트로네시아어군의 언어를 사용하는 지역에 대한 독서를 많이 하기는 했지만, 싱가포르 및 며칠간의 북보르네오 방문 경험을 제외하고는 이 장소들에 발을 디딘 적은 없었다. 만주 왕조의 중국은 최후의 고통을 맞이하고 있었다. 그에게는 마르티의 광대한 공화주의의 신세계와 같은, 가까이 있는 발판(point d' appui)이 없었다. 필리핀에 지방의 농촌 항쟁과 크리올의 무장 폭동 전통이 있기는 했지만, 이 모든 것은 지나간 지 오래된 일로, 그에게는 카비테(1872)와 그 소름끼치는 교수형의 여파 말고는 활용할 만한 것이 거의 없었다. 1890년대 초 가톨릭교도 필리핀인들 중에는 게릴라 전투 경험자가 한 명도 없었다.

1892년의 늦은 봄, 리살의 선택은 제한되어 있었다. 그는 영원히 유럽을 떠났다. 산다칸은 점점 환상으로 느껴졌다. 홍콩은 영국이 그에 대해 관용을 베푸는 한에서만 안식처가 될 수 있었으며, 영국은 식민지 마닐라의 화를 돋우는 데 아무런 관심이 없었다. 그의 신념과 그를 민족의 지도자로 여기는 모든 이들에게 계속 충실하려면, 그가 갈 수 있는 길은 단 한 갈래인 것으로 보였다. 고향으로 돌아가 당당하게 나아가는 것.

두 번째 귀향

1892년 6월 19일 리살은 서른한 살이 되었다. 다음 날 그는 편지 두 통을 완성하여 홍콩의 형무소 담당관인 포르투갈인 친구 P. L. 마르케스(Márquez) 박사에게 맡겼다. 편지들은 봉해져 있었고, 그의 사망 시 개봉 및 공표하라는 설명이 붙어 있었다.[19] 21일에는 데스푸홀 총독에게 보내는 개인적 편지를 썼

....
* Indies: 현재 인도네시아의 모태.
19 훌륭한 마르케스에 대해서는 Palma, *Biografía*, p. 220 참조. 이 편지들이 부모나 누이들에게 맡겨지지 않은 이유는, 가족이 흔히 그렇듯이, 그들이 엿보지 않으리라고 믿을 수 없었기 때문이

으며 이 편지는 그를 마닐라로 태워 간 것과 같은 배에 실려 갔다.

봉해진 편지 두 통 가운데 한 통은 수신자가 가족으로 되어 있었고 다른 한 통은 '필리핀 사람들'(the Filipinos)로 되어 있었다. 두 통 모두 왜 그가 필리핀으로 돌아가는 위험천만한 여행을 결심했는지 설명하고자 하는 것이었다. 그의 행동이 죄 없는 사람들, 특히 누구보다도 그라는 사람으로 인해 가혹한 박해를 받은 식구들과 고향 사람들에게 고통을 안겨주었다고 그는 썼다. 택한 진로를 바꾸지는 않을 것이지만, 당국과 몸소 맞섬으로써 책임을 지고자 하며, 그렇게 하여 다른 모든 희생을 아낄 수 있었으면 한다는 것이었다. 두 번째 편지는 그의 목적을 너 넓은 시각으로 비춘다.

> 그리고 나는 애국심[을 가질 우리의 역량]을 부정하는 자들에게 우리가 우리의 의무와 우리의 믿음을 위해 죽는 법을 안다는 것을 보여주고 싶다. 사랑하는 것을 위해, 조국을 위해 그리고 숭앙하는 사람들을 위해 죽는다면, 죽음이 무슨 문제이겠는가? 만일 내가 오직 나만이 필리핀의 정치를 위한 발판이라 생각했다면, 그리고 동포들이 나의 수고를 이용할 것이라 확신했다면, 아마도 나는 이 길을 가기를 망설였으리라. 그러나 나의 자리를 대신할 수 있는 다른 이들, 나의 자리를 유익하게 이용할 수 있는 다른 이들이 있다. 나아가, 내가 활동을 그만두도록 몰아붙이는 것을 보건대, 내가 불필요하고 나의 수고가 필요 없다고 생각하는 사람들도 있을 것이다. 나는 언제나 나의 가엾은 조국을 사랑했으며, 내가 부당한 대접을 받는다 하더라도, 마지막 순간까지 사랑할 것을 믿는다. 나의 앞날, 나의 삶, 나의 기쁨들, 나는 조국에 대한 사랑으로 이 모두를 희생하였다. 어떤 운명이 닥쳐오더라도, 나는 조국을 축복하고 그 구원의 새벽을 열망하며 죽어가리라.[20]

애국적 파토스와 개인적 쓰라림의 기묘한 결합에 대한 해설이 따로 필요

라 추측할 수 있겠다.

20 *Cartas entre Rizal y sus colegas*, pp. 831~32.

하겠다. 그보다 두 달 전, 『연대』는 리살이 그와 그의 정치에 대한 악의에 찬 개인적 공격으로 여길 만한 글을 실었다. 공격은 "10원짜리 구세주들"(Redentores de Perro Chico)이라는 제목으로, 노골적인 풍자의 형태를 띠고 있었다. 리살은 이 글에서 자신이 나폴레옹의 스타일을 흉내 내는 허영에 찬 선동가이자 스스로를 망상의 도시(그러니까 필리핀)의 해방을 위해 신이 보낸 사자라고 생각하는 '망상 1세'라 조롱받았다고 확신했다. '망상 1세'는 주변에 천치, 광신도, 순진무구한 자들을 끌어 모으고 그들에게 억압자들에 대항하여 무기를 들라고 부르짖는다. 좌중에서 무기도, 배도, 자금도 없이 어떻게 그런 일이 가능하겠느냐고 의심하는 목소리가 들려오자, 이 협잡꾼은 이렇게 대답한다.

불행한 자여, 무슨 말을 하는 것인가? 무슨 반대를 하는 것인가? 돈? 필요 없다. 칼 한 자루와 강건한 심장, 이것이 비책이지. 신이 너희들을 훌륭한 애국자로 창조하신 것을! 언론? 글은 이미 쓸 만큼 썼는걸. 지사와 시장에게서, 그리고 교구 신부에게서조차, 우리는 아무것도 기대해서는 안 된다. 내가 하는 말을 듣지 못했는가? 내가 큰소리를 이만큼 쳤는데 충분한 몫을 못 했다고 생각하는 건가? 너희들에게 길을 가리켜주었는데? 너희들을 전투에 떠밀어 넣었는데? 나 자신은 싸움에 나가면 안 되지. 내 삶은 신성하니까. 내 사명은 더 고결하니까! ……군량이 필요하다고? 하늘에서 떨어져 내릴 거야, 하늘은 옳은 대의를 도우니까. 안 떨어지면, 굶으면 되지! 무기? 사면 되지! 군대 조직? 알아서 하면 되지! 배? 헤엄치면 되지! 운송? 짐이야 어깨에 지고 옮기면 되지! 옷? 벗고 나가면 되지. 숙소? 땅바닥에서 자면 되지. 의료진? 전사하면 되지, 그것이 모든 애국자의 의무이거늘.

넝마를 입은 비무장 군중은 억압자들을 공격하러 떠나지만, 금방 체포되어 만인의 웃음거리로 전락하며, 교수대나 추방지로 보내진다. 망상 1세는 그대열에 없다. "그는 조국의 불운을 통곡하러 떠나버린 상태였다. 이미 열변을 토함으로써 애국심을 증명해 보였기 때문이다." 그는 "그의 숭고함으로 쌓아

올린 올림푸스 산 위에 앉아" 스스로에게 이렇게 말하곤 한다. "나는 더 고결한 일들을 할 사람이야. 나는 유일한 선지자야. 조국을 마땅히 그래야 할 만큼 사랑하는 사람은 나밖에 없어." 그는 결국 정신병원에서 최후를 맞는다.[21]

　마드리드에서 무슨 일이 있었는지는 분명치 않다. 델 필라르는 틀림없이 그의 지지자들과 리살파 사이의 불화에 신경이 곤두서고, 루나나 알레한드리노, 에반헬리스타 같은 사람들의 언어에 자극을 받았던 것 같고, 산다칸 정착지 계획 배후에 있는 의도를 둘러싼 왜곡된 소문을 듣고 걱정하고 있었던 것도 같다. 그는 어떠한 가망 없는 무장 혁명의 발발도 그가 하고 있는 동화주의 정치 운동에 재난이 될 것이라는 사실을 깨닫고 있었다. 일단 일이 터지면 이 운동의 폐기를 피하기가 어려울 것이고, 필리핀에는 내다보기 힘든 결과들이 닥칠 것이다. 그러므로 그가 가능성을 사전에 제거해 버리기를 희망했으며, 그러기 위해서는 정책으로 간주될 것이며 면밀한 정당화가 필요할 정통적인 글보다는 '꼴통들'(hotheads)에 대한 풍자적인 글이 더 유용하다고 생각했으리라는 것은 이치에 맞는다. 풍자가 "10원짜리 구세주들", 즉 복수의 목표를 겨냥했다는 것은 델 필라르의 의도에 대한 좋은 증거이다. 동시에 그는 차분한 사람이었고, 경험이 많은 조정자이자 빈틈없는 전략가이기도 했으며, 리살을 궁지에 몰아넣으려는 생각은 전혀 없었다. 그가 소설가에게 보낸 편지는 전부 우호적이고 합리적이었는데, 그가 받은 답장들은 언제나 그렇지는 않았

· ·
21　*La Solidaridad*, April 15, 1892, pp. 685~87. 이 글 전체의, 불완전하고 다 정확하지는 않지만 생생한 영어 번역은 Guerrero, *The First Filipino*, pp. 289~92에서 찾아볼 수 있다. 이 풍자문이 필명으로 발표되기는 했어도 그 작가가 리살이 상당 기간 동안 원칙 없는 술책가라고 여겨온 레테라는 것은 명백했다. 4월 15일자를 받아본 리살은 델 필라르에게, 자신에 대한 개인적 공격뿐만 아니라 이 글이 공개적으로 스페인에 대한 (어리석은) 무장 공격이 계획되고 있는 것처럼 암시하고 있는 데 대해서도 설명을 요구한다는 편지를 썼다. 7월 20일, 델 필라르는 이 풍자는 전혀 리살 개인을 향한 것이 아니며 파국적인 결과의 가능성에 대해서는 진지하게 생각지도 않고 즉각적인 반란을 일으키고자 하는 어리석은 꼴통들에 관한 것이라는 차분한 답장을 보냈다. 우리가 곧 보게 되듯이 리살은 7월 7일 민다나오로의 유배 길에 오르게 되기 때문에, 그가 이 편지를 받았을 가능성은 거의 없다. 이 두 통의 편지글은 *Cartas entre Rizal y sus colegas*, pp. 809 ~11, 841~43에서 찾을 수 있다.

다. 동시에 풍자글 자체는 명백히 한 명의 구세주, 즉 리살을 겨냥하고 있었지 ("그들은 나를 '우상'이라 부르며 나더러 폭군이라 한다") 꼴통들 전반을 향한 것이 아니었다. 가장 그럴듯한 설명은 델 필라르와 레테가 풍자글을 쓰자는 생각에 동의했지만, 집행은 『연대』의 주간이었던 레테에게 맡겨졌고, 이에 레테는 리살에 대한 개인적 분풀이를 할 야비한 기회를 잡았다는 것이다. 글이 나온 뒤 델 필라르와 레테 사이에 무슨 일이 있었는지는 알 수 없지만, 델 필라르가 기뻐했을 리는 없다. 그러면 그가 리살에게 보낸 긴 편지는 어색한 양의 성을 띤 것으로 읽을 수 있다. '꼴통들'을 풍자하기로 한 결정에 대해서는 책임을 인정하면서도, 레테가 실제로 쓴 글이 딱 거기까지인 척하는 것으로. 유일한 대안은 사죄의 글을 쓰는 것이었을 텐데, 이 글은 틀림없이 회람되었을 테고, 그러면 레테와는 관계를 끊는 수밖에 없을 것이었다.

늘 민감했던 리살에게 이 풍자는 마지막 지푸라기였다. 과대망상증 환자에다 자칭 구세주라는 조롱을 받는 것이야 그렇다 치고, 자신의 안전을 도모하면서 동포들은 죽음의 길로 보내는 겁쟁이라는 오명을 쓰는 것은 전혀 다른 문제였다. 필리핀으로 돌아가는 가장 큰 이유가 친족과 고향 사람들의 상황이기는 했지만, 이 풍자가 그의 의지를 단단히 했을 개연성은 충분한 것 이상이다. 그는 식민지의 수도에 공개적으로, 무장하지 않은 채, 직계 가족 이외에는 어떠한 동반자도 없이 나타남으로써 그 글이 거짓임을 입증하려 했던 것이다.[22]

• •

22 팔마의 책 *Biografía*, p. 199에는 호세 알레한드리노의 1933년 비망록 『회생에의 길』(*La senda del sacrificio*)의 두 번째 쪽에 나온 구절이 인용되어 있는데, 이는 다음과 같다. "그가 우리와 자주 토론하던 주제 중 하나는 필리핀에서 혁명을 촉진하기 위해 우리에게 가능한 수단은 무엇이 될 수 있을지에 관한 것이었는데, 그는 이 문제에 대한 자신의 생각을 다음과 같은, 아니면 이와 마찬가지의 말로 표현했다. '내 양심을 무모하고 헛되게 흐른 피로 짓누르고 싶지 않기에, 나는 성공의 가능성이 전혀 없는 막연한 혁명은 절대 이끌지 않겠네. 그러나 누군가 다른 이가 필리핀의 혁명을 이끄는 일에 착수한다면, 나는 그의 편에 설 걸세.'" 이 회상이 정확할 가능성도 없지는 않지만, 토론이 있은 지 40년이 지난 뒤에, 처음에는 스페인인들과, 그다음에는 미국인들과 싸운 혁명의 가장 유명한 장군들 중 한 명에게서 나온 것인 데다, 당시 민족주의 엘리트들이 리살을 혁명가이자 열사로서 기억하려는 소망에 있어서는 뜻을 모았던 것을 생각할 필요가 있

마닐라로 떠나며 6월 21일 리살이 쓴 세 번째 편지는 수신인이 총독으로 되어 있었는데, 그 내용은 자신이 돌아가는 것은 몇 가지 개인적 문제들을 해결하기 위함임을 알리는 것이며 웨일레르가 그의 가족에게 가한 박해를 끝내 달라고 호소하는 것이었다. 어떠한 죄과를 물어도 그의, 그리고 그만의 책임으로서 답하고자 하는 준비가 충분히 되어 있다는 것이었다. 그는 일요일인 26일 마닐라에 내렸으며, 비논도의 차이나타운에 있는 최신식 고급 호텔에 방을 잡고, 바로 그날 저녁 그의 편지를 받을 사람과의 짧은 면담을 허가받았다.[23] 리살보다 나이가 두 배는 많은 이 장군은 즉각 리살의 아버지를 '사면'했으며, 작가에게 사흘 내에 다시 전화하라고 밀했다.

적어도 비교의 시각으로 보았을 때에는, 여기에는 무언가 남다른 것이 있다. 이 사람은 아홉 달 전 무명의 총독이 식민지의 고위층 엘리트들과 함께 노벨의 방식으로 산산조각이 날 뻔했다는 내용의 소설을 발표한 젊은 식민지 피지배자이다. 게다가, 식민 정권은 여섯 달 전에 책을 입수했다. (호세 바사는 작은 통관 항구들을 통해 책을 필리핀에 몰래 들여오려는 시도를 했었는데, 큰 탁송물 꾸러미 하나가 중부 필리핀의 일로일로 항에서 발각되었다.)[24] 영국 · 프랑스 · 네덜란드 · 포르투갈의 제국 어느 곳에서라도, 아니 스페인령 쿠바에서조차, 이와 비교할 만한 조우를 상상하기란 불가능한 일이다. 한두 가지 추측. 첫째, 데스푸홀은 소설을 읽기에는 너무 바빴거나, 소설 읽는 사람이 아니었다. 둘째, 더 다정한 쪽. 그는 소설의 가치를 알아보았다.

· ·

다. 마닐라 바로 북쪽에 있는 팜팡가의 부유한 지주 가문 출신인 알레한드리노는 누가 뭐래도 1892년 델 필라르의 골치를 아프게 했던 리살과 '꼴통들' 중 하나였다.

23 리살의 배가 홍콩 항을 떠날 때, 현지의 스페인 영사는 데스푸홀에게 이 소식을 전하는 전보를 치며 "쥐가 덫에 들었다"라고 덧붙였다. Austin Coates, *Rizal—Philippine Nationalist and Patriot*(Manila: Solidaridad 1992), p. 230. 이 말은 교묘하게 준비된 음모의 증거라고 여겨질 수도 있지만, 첩보 업계에서 전형적으로 쓰이는 상투어일 가능성이 더 크다. 그런 덫이 존재했더라면, 데스푸홀이 그다음 주 리살을 여섯 번이나 만나는 수고를 했을 것 같지 않다. (게다가 덫이라면 미끼가 있어야 하는데, 이 경우에는 그런 것이 없었다.) 우리가 곧 볼 수 있듯이, 리살을 다피탄으로 추방한다는 결정은 어느 모로 보나 즉흥적인 것이었다.

24 같은 책, p. 217. 대부분은 곧 소각되었다.

사건들은 대단한 속도로 움직이기 시작했다. 다음 날인 월요일, 리살은 마닐라 북쪽으로 새로 개설된 철도를 달리는 열차에 올랐는데, 다양한 마을에 기차가 멈추면서 그가 알게 된 사실은, 그를 알아보는 사람은 없지만 그의 이름이 모두의 입에 오르내리고 있으며, 그가 마닐라에 도착했다는 소식도 이미 알려져 있다는 것이었다. 데스푸홀은 수요일과 목요일에 그를 다시 맞이하였으며, 리살의 누이들이 홍콩으로부터 집에 돌아올 수 있도록 허가를 내주었다. 토론은 주로 산다칸 계획에 관한 것이었는데, 리살은 이 계획이 아직 진행되는 중이라고 주장했고, 장군은 이에 강력하게 반대했다. 다음 면담은 7월 3일 일요일로 잡혀 있었다. 그동안 경찰 요원들이 리살을 그림자처럼 따라다니며 그가 방문한 모든 집을 수색하기 위해 항시 대기 상태로 있었다. 같은 날, 리살은 부유한 정치적 지지자의 사저에서 리가 필리피나를 공식적으로 출범시켰다. 참석했던 많은 사람들 중에는 4년 후 혁명을 일으키게 되는 젊은 직공이자 대리상인 안드레스 보니파시오(Andrés Bonifacio)가 있었다. 리살 자신은 리가의 목표에 관한 윤곽을 그리고, 왜 정치적 투쟁의 중심이 스페인에서 필리핀으로 옮겨져야 하는지 설명하고, 여러 종류의 지지를 부탁하는 선에서만 관여한 것으로 보인다. 화요일 아침, 경찰의 계획된 대규모 급습이 있었지만, 소설 몇 부와 프리메이슨의 소책자들, 수사 지배를 반대하는 팸플릿들 정도밖에 찾아내지 못했는데, 전부 스페인 본국에서는 처벌 대상이 되지 못하는 것들뿐이었다. 대규모 체포는 없었다.

열대의 시베리아

수요일에 리살은 데스푸홀을 일주일 안에 다섯 번째로 만나, 자신이 홍콩으로 돌아갈 준비가 되었다고 안심시키려 했다. 그러나 장군은 이제 그에게 그의 짐 속에 교황 레오 8세에 대한 풍자문을 포함한 수사(修士) 지배 반대 전단들이 숨겨져 있었던 사실에 대해 설명할 것을 요구했다. 리살은 그런 일은 불가능하다고 대답했다. 누이들이 짐을 싸주었는데, 그런 어리석은 짓을 결코 했을 리 없으며, 특히 그에게 알리지 않고 했을 리는 더더욱 없다는 것이었다. 그러자 데스푸홀은 그를 체포하여 산티아고 요새에 구금했다. 그러나 그는 이송될 때 총독의 마차를 탔으며, 데스푸홀의 아들과 시종무관의 호위를 받았다. 다음 날 그는 멀리 떨어진 남쪽 민다나오 섬의 북서쪽 해안에 있는 작은 정착지인 다피탄으로 유배된다는 명령을 전달받았다.[25] 거기에서 그는 남아 있는 4년간의 삶의 대부분을 보내게 될 것이었다. 나쁘지만은 않았다. 그는 놀랄 만큼 정중하게 대우받았으며, 자신이 결코 '망상 1세'가 아니라는 것을 증명해 보였다. 그러나 무슨 일이 일어났던 것일까?

데스푸홀의 말로는 추방 명령 열흘 선 리살이 홍콩으로부터 도착하던 시점에 발견되었다던 밀반입 전단지들로부터 시작할 수 있을 것이다. 정말 이런 일이 있었다면, 곧장 총독에게 보고되었을 것이다. 총독이 전단지들이 스페인의 지배에 전복적인 것이라고 판단했다면, 그는 밀반입자와 그렇게 여러 차례 우호적인 면담을 갖지도 않았을 것이고, 체포 후 그렇게까지 눈에 띄는 정중함으로 그를 대우하지도 않았을 것이다. 리살에 대한 초기의 전기(1907)에서, 웬세슬라오 레타나(Wenceslao Retana)는 이 인쇄된 비방문을 발견했다고 하는 세관 공무원이 도미니크회 소속으로서 대(大)반동이었던 마닐라 대주교 베르나르디노 노살레다(Bernardino Nozaleda)의 조카였다고 말한다. 또한 그는 리살이 도착하기 직전 스페인인 법관인 미겔 로드리게스 베리스(Miguel Rodríguez Berriz)가 아우구스티누스회에서 운영하는 고아원에서 수사 지배 반대 인쇄물 여러 종이 은밀하게 찍혀 나오고 있었다는 사실을 발견한 바 있다고 지적한다.[26] 게다가, 리살은 레오 8세에 대해 조금도 개의치 않고 있었다.

••••••••••••••••••••••••

25 리살의 유배에 동원된 이유들에 리가 필리피나나 리가를 출범시킨 연회가 전혀 들어가 있지 않다는 것이 인상적이다. 이 부재는 데스푸홀이 리가를 별로 심각하게 받아들이지 않았거나 리살을 반국가폭동교사죄로 다루려는 생각은 별로 없었다는 두 가지 중 하나의 가능성을 시사한다. 어찌 되었든 이 고요한 침묵은 리가의 설립에 대한 1896년의 자백이 그해 스페인에서의 공포와 관계 있는 것이지, 1892년 웨일레르의 느슨한 후임자가 이끌어낸 평정 때문이 아니라는 결론을 뒷받침한다.

26 Guerrero, *The First Filipino*, p. 337에 인용된 내용. 레타나는 묘한 인물이다. 1880년대와 1890

그러니 전단지가 식민 정권으로 하여금 칼람바 사건에서 권력을 휘두르는 (domineering) 도미니크회를 스페인의 최고 법정까지 끌고 올라갔던 '필리부스테로'를 단호하게 처리하게끔 하기 위해 고안된 위조품인 것은 거의 확실하다. 또한 데스푸홀도 이에 대해 알고 있었거나 적어도 의심하고는 있었을 것이 틀림없다. 그럼에도 전단지들은 편리했다.

데스푸홀이 진짜로 걱정했던 것은 따로 있었다. 무엇보다도 동방의 카요우에소라는 문제. 리살은 데스푸홀에게 몇 번이나 자신이 산다칸 정착지를 진지하게 생각하고 있으며, 홍콩으로 돌아가도록 허락된다면 이에 대한 작업을 계속해 나갈 것이라고 이야기했다. 시간이 흐른 뒤에도 소설가가 후원자들을 찾을 수 없으리라고 확실히 말할 수 있을까? 어찌 되었든, 보르네오에서 리살은 스페인 제국의 바깥에 있으면서도, 너무 가까이 있었다. 반면 이 젊은이가 마닐라와 그 주변을 자유롭게 돌아다닐 수 있게 된다면, 그의 명성이 자아낼 열광은 식민지 피지배자들의 소요를 초래하거나, 식민되어 온 사람들 (colon)이나 교회 내 적들의 손에, 아니면 그 둘 모두의 손에 리살이 암살당하는 결과를 낳을지도 모를 일이다. 데스푸홀 쪽의 시각에서 보자면, 이 둘 중 어느 하나라도 정치적 재난이 될 것이었다. 상황의 논리는 명백하게 한쪽을 가리키고 있었다. 이 친구를 필리핀 안에 놓아두되, 안전한 곳에 두라. 그리고 또한 그가, 특히 본국의 언론에서, 열사가 되지 않을 만한 방식으로 대접하라. 게다가 이 장군은 전통적인 가톨릭교도이기는 했지만, 구식 신사였으며, 19세기 스페인에서 쓰였던 특이한 의미로 이야기하자면 일종의 자유주의자이기도 했다.[27] 또한 그가 매력덩어리였던 리살을 실제로 좋아했을 가능성조차 있다.

••••••••••••••••••••••••••

년대에 그는 수사들과, 식민 지배의 혜택들과, 스페인다움(hispanidad)을 열렬하게 옹호하는 정치 평론가인 동시에, 리살과 그의 동지들에 맹렬하게 반대하는 선전가였다. 그러나 1896년 리살에게 집행된 야만적인 처형과 1898년 스페인 제국의 붕괴는 특이한 종류의 전향을 초래했다. 그는 리살 찬미자가 되어 리살이 스페인 문화에서 가장 뛰어난 모든 것의 본보기라고 주장했다. 필리핀의 장기 체류자이자 교회의 동맹자로서, 그는 수사들이 꾸미는 음모를 알기에 아주 좋은 위치에 있었다. 그러나 완전히 똑같은 이야기가 이미 그보다 8년 전 이사벨로의 *Sensacional memoria*, pp. 64~65에 나왔던 적이 있다.

리살의 목적지와 그 장소가 선택된 방식은 이 추측을 굳힌다. 다피탄은 예수회 선교의 전초 기지였으며, 리살을 그리로 추방하기로 한 결정은 공식 발표 전 데스푸홀과 카탈루냐인 예수회 대교구장 파블로 파스텔스(Pablo Pastells)만이 알고 있던 비밀이었다. 계몽절대군주 카를로스 3세가 제국에서 예수회를 내쫓았을 때 라이벌들, 특히 도미니크회와 아우구스티누스회가 예수회의 통제 아래 있던 교구와 자산, 수입을 재빨리 채어 갔다. 리살이 태어나기 직전인 1859년, 예수회가 다시 돌아올 수 있게끔 되었을 때, 여기에는 그들의 교회 동지들에 의한 수용을 인정하고, 식민지의 영토와 최남단의 무슬림 세력권(술루와 민다나오) 사이의 불확실한 경계에 대힌 선교로 주요 활동을 제한한다는 조건이 붙어 있었다. 그들이 마닐라에 엘리트 중등학교, 즉 우리의 이야기에 몇 번 나왔던 아테네오 학교를 세우려고 했을 때, 세속 마닐라 지사의 도움이 아니었더라면 도미니크회의 독기 품은 반대를 이겨내지 못했을 것이다. 19세기 유럽에서 예수회가 종종 교활하고 정치 공작에 능한 가톨릭 교회의 지적 전위로 여겨졌다면, 식민지 필리핀에서는 보호할 만큼 가치 있는 자산 관련 이익이 없었던 그들은 자유주의자같이 보였다. 1892년 아테네오에는 여전히 그들의 예전 제자를 좋아하고, 『놀리 메 탕헤레』가 주로 도미니크회와 프란치스코회를 조롱했다는 것을 알고 있었으며, 어찌 되었든 적을 골탕 먹일 기회에 기뻐하던, 파스텔스를 비롯한 교사들이 있었다. 대교구장 스스로에 관해서라면, 데스푸홀과의 공모를 위한 다른 동기가 또 있었던 것으로 보인다. 예수회의 다피탄에 고립된 리살이 예수회의 설득으로 가톨릭의 품에 다시 안기게 되리라는 확신이 그것이었다. 이 얼마나 다른 교단들의 면전에서 기뻐 날뛸 만한 승리가 될 것인가![28] 신사적으로 마키아벨리적인 데스푸홀에게, 도

....

27 암베스 오캄포는 나에게 리살이 받은 비정상적으로 정중한 대접이 프리메이슨으로 맺어진 관계 때문일지도 모른다고 말해 주었다. 이사벨 여왕 이후 세대, 즉 데스푸홀의 세대에서 스페인 고위 장군들 여러 명이 프리메이슨 단원이었다.

28 위의 분석에서, 나의 해석은 부분적으로 The First Filipinos, pp. 333~35에서의 게레로의 논의 및 Coates, Rizal, pp. 236~37(슬프게도 출처가 없는)에 의거하였다. 다피탄에서 지내는 동안 리살은 파스텔스와 기나긴 신학적-정치적 서신을 주고받아야만 했으며, 이는 후세에 유익하게도

미니크회의 클로버 잭과 예수회의 하트 퀸을 맞붙게 하는 것보다 더 즐길 만한 일이 있었을까?[29]

마르티의 반란

바로 이때 지구의 반대편에서는 마르티가 혁명적인 망명 정당을 창설하고 최종적인 혁명 전쟁을 준비하려는 체계적인 노력을 펼치고 있었다. 1894년 말이 가까워지면서, 그는 때가 됐다고 느꼈고, 다음 해 2월 교전을 시작하기로 결정했다. 쿠바는 그 전 20년 동안 극적으로 변화하고 있었으며, 이는 그의 목표에 유리하게 보이는 방식의 변화였다. (필리핀에서는 1872년의 카비테와 1896년 보니파시오의 반란 사이에 비교할 만한 변화가 전혀 일어난 바 없다.) 10년 전쟁은 이 전환의 주요 원인이었다. 전에 언급했듯이, 이 전쟁은 마드리드 쪽의 압도적인 승리가 아니라, 정치적 타협으로 끝났다. 몇 년 동안 세스페데스(공화국을 선포하던 날 그의 노예들을 해방시켰던)는 노예들이 상대적으로 드물었고 경제는 상당 부분 목축업에 의존하고 있었던 동부 쿠바의 울퉁불퉁한 시골을 전반적으로 통제하고 있었다. 그러나 그는 몇몇 반어법을 쓰지 않는 역사가들이 '식민지 귀족'이라 묘사하곤 했던 계급에 의해 거대한 노예 인구가 통제되고 있었고, 부유한 사탕 플랜테이션이 지배적이었으며, 식민지의 수도가 위치하고 있었던 서부 쿠바에 대한 결정적인 돌격을 해내지 못했다. 전쟁 동안 마드리드를 등에 업은 식민 정권은 쿠바의 본국 출신자 및 크리올 엘리트들에게서 지지를 동원하기 위해 끊임없이 아이티라는 피투성이의 환영을 이용했다. 그

....

출판이 되어 나왔다. Raul K. Bonoan, SJ, ed., *The Rizal-Pastells Correspondence*(Quezon City: Ateneo de Manila Press, 1994). 말할 필요도 없이, 항상 극도의 공손함을 유지하면서도, 리살은 남을 웃게 만드는 촌뜨기 같은 면이 있었던 대교구장의 이야기를 손쉽게 요리조리 빠져나가곤 했으며, 대교구장은 리살의 사법살인 다음 해 그의 고향 바르셀로나에서 분노에 찬 *La masonización de Filipinas: Rizal y su obra*를 출판했다.

29 그리고 장군은 즐거움을 맛볼 만한 자격이 있는 사람이다. 이것은 19세기 필리핀의 지배자에 의해 내려진 모든 결정 중 유일하게 지적이고 악의가 없으며 마키아벨리적인 결정이었다.

호세 마르티.

러니까, 반란이 성공하면 '백인들'은 학살될 것이며, '생도밍그의 폐허' 위에 세워진 이 섬의 번영은 심연으로 사라질 것이라는. 전설적인 안토니오 마세오(Antonio Maceo) 등 세스페데스의 가장 잘나가는 게릴라 사령관들 중 몇몇이 '네그로'였다는 사실은 스페인인들에 의해 교묘히 다루어졌는데, 이는 단지 서부에서의 지지를 굳히기 위한 것뿐만 아니라, 반란을 일으킨 동부의 연대를 손상시키기 위한 것이기도 했다.

그럼에도 1880년대에, 마드리드는 노예제의 시대가 끝났다는 것을 알아차렸다. 남부 연방을 그랜트와 셔먼이 쳐부순 것, 그리고 영국, 프랑스, 네덜란드 제국에서 노예 폐지론이 성공한 것은 1878년에 브라질과 쿠바만이 심각한 노예제 국가들로 남아 있었다는 것을 의미했다.[30] 그러므로 반란자들이 사면과 개혁을 무장 해제와 맞바꾸었던 산혼의 타협 이후, 마드리드는 쿠바의 노

••••••••••••••••••••••

30 브라질, 쿠바의 옆에 푸에르토리코가 놓여 있을 것을 예상하는 사람들이 있을 것이다. 그러나 이사벨이 추락하고 세스페데스의 봉기가 시작될 무렵, 그 섬에는 노예가 41,738명, 즉 겨우 인구의 7퍼센트밖에 되지 않았다. (쿠바에는 그보다 열 배나 많이 있었다.) 이것이 푸에르토리코에서 1873년이라는 이른 시기에 노예제가 폐지된 이유이다. 예측할 수 있듯이, 노예 소유주들은 배상을 받았지만 노예들은 받지 못했다. Ojeda, *El desterrado*, pp. 123, 227.

예제를 평화롭게 종식시키기 위해 빠르게 그리고 솜씨 좋게 움직였다. 이 평화로운 종식은 양면적인 것으로 드러났는데, 이로 인해 아이티의 유령이 꼬마 도깨비일 뿐이라는 것이 밝혀졌기 때문이다. 두 번째로, 마드리드의 디즈레일리와 글래드스턴은 정치 개혁이 불가피하다는 것, 그리고 경제를 부활시키기 위한 진지한 조치들이 필요하다는 것을 깨달았다. 동부는 장기간의 전쟁으로 인해 물리적으로 황폐화되어 있었으며, 서부는 1880년대에 세계적 공황과 비트 및 사탕수수 농산업에서 미국과 유럽이 발휘하던 우월한 효율성으로 인해 휘청거리고 있었다. 쿠바에 처음으로 정당과 상대적으로 자유로운 언론, 행정 개혁과 합리화를 허용한 정치 개혁은 그러나 희망했던 대로 노쇠한 제국에 대한 지지의 공고화라는 결과를 낳지는 못했다. 다른 한편, 본국의 농산업 기업들에 대한 개방은 비효율적인 대농장제의 대부분을 끝장냈으며, 스페인으로부터의 대량 이주를 장려한 조치는 전혀 예상치 못했던 결과를 낳았다. 1882~94년에(1888년에만 수치가 없다.) 224,000명의 스페인인이 쿠바로 이주해 왔는데, 당시 쿠바의 인구는 200만 명이 채 되지 않았다. 이 스페인인들 중 14만 명만이 고국으로 돌아갔다.[31] 에이다 페러는, 1887년의 인구 조사에 의하면 '백인종'으로 묘사된 이들의 35퍼센트만이 읽거나 쓸 줄 알았던 데 비해, 같은 항목에 대한 '유색인종'의 수치는 12퍼센트였다고 이야기한다. (두 집단의 문맹률 모두 아바나에서만 훨씬 낮았다.)[32] 쿠바의 '백인종' 3분의 2가 당시 문맹이었다는 것은 새로운 이민자들 대부분이 본국, 특히 카탈루냐로부터 온 전직 농민과 프롤레타리아였다는 충분한 증거가 된다. 이것이 마르크스주의와 아나키즘이 쿠바로 오게 된 경위이다. 쿠바 아나키즘을 창시한 인상적인 인물, 제3장에서 등장한 바 있는 카탈루냐인 이주자 엔리케 로이그는 이 빈곤한, 그리고 때로 급진적인 이주자들 중의 핵심적 인물이었으며, 1889년 때이른 죽음을 맞기까지 마르티의 기획에 대한 강력한 지지자였다.[33]

••••••••••••••••••••••

31 Thomas, *Cuba*, p. 276.

32 그의 날카로운 *Insurgent Cuba: Race, Nation and Revolution, 1868~1898* (Chapel Hill: University of North Carolina Press, 1999), p. 116 참조.

쿠바 독립군의 부사령관이자 19세기가 낳은 걸출한 게릴라 지휘관, 전설적인 안토니오 마세오.

이 인구의 변화는 조용하고 서서히 진행된 노예제 종식과 함께 마르티가 혁명 사업을 인종의 담론을 초월한, 아니면 초월한 것처럼 보이는 민족주의적 스타일로 개작하는 것을 가능하게끔 했다. 말하자면, 백인과 흑인 쿠바인 남성들은 제국주의 지배에 대항하는 싸움에서 서로를 동등한 상대로서 (은유적으로, 혹은 전장에서는) 끌어안을 것이었다.[34] '아이티'가 서서히 사라지고 설탕 '귀족'이 몰락하면서, 마드리드 편의 광신적인 지지자들은 점점 줄어들었다. 그리하여 리살 스타일의 보편적 민족주의가 1888년 이후 거의 모든 부문에서 빠르게 퍼지게 되었다.[35] 이러한 변화들은 또한 1895년의 혁명가들이 동

----

33 토머스는 거의 1,700쪽에 달하는 그의 책에서 로이그에 대해 한 문단(p. 291)을 할애한다. 페러는 전혀 언급하지도 않는다.

34 기본적으로 19세기 쿠바의 인종/민족 문제에 대한 설득력 있는 연구인 페러의 매력적인 책은 종종 무의식적으로 개입되어 있던 인종주의와 기회주의의 요소들을 점검하는 데에서는 주춤했다. 이 주제 전체가 토머스의 거대한 렌즈에서는 벗어나 있다.

35 식민 정권에 대한 적의가 점점 노골적으로 되어가는 현상은 농장제의 잔재들로 하여금 그들이 장기적으로는 마드리드에서 많은 것을 기대할 수 없다고 생각하게끔, 그리고 이후에 무엇이 오

부와 서부의 경계를 성공적으로 뚫는 것을 가능케 하였다. 10년 전쟁의 위풍 당당한 물라토 영웅 마세오는 동부로부터 서부에까지 섬 전체를, 찬사와 지지를 한 몸에 받으며, 행진할 수 있는 능력을 입증했다.

마르티와 마세오, 그리고 1868~78년의 또 다른 5성 영웅 막시모 고메스 (Máximo Gómez)가 섬에 잠입한 4월, 전쟁은 심각한 양상을 띠게 되었다. 3월 마드리드에서는 자유주의 총리 사가스타가, 스페인은 반란을 쳐부수기 위해 "마지막 페세타까지 다 쓰고, 우리 아들들의 마지막 핏방울까지 다 바칠" 준비가 되어 있다고 상원에 엄숙하게 선언했으나, 전쟁의 시기에 나라를 이끌도록 마련돼 있지는 않았다. 그의 정부는 8주가 지나기도 전에 무너졌던 것이다.[36] 여섯 번째로, 그리고 마지막으로 권력을 잡은 카노바스는 재빨리 유능한 정치 장군이자 10년 전쟁을 협상으로 종식시킨 설계자였던 아르세니오 마르티네스 캄포스에게 총독 겸 사령관으로 쿠바로 돌아가라고 설득한다. 우리는 마르티네스 캄포스가 바르셀로나 총사령관으로 있던 시기인 1893년 9월 24일, 파울리노 파야스가 감행한 아나키스트 폭탄 공격의 표적이 되었던 것을 기억할 것이다. 상처를 입지 않은 그는 이후 스페인령 모로코의 반란을 진압하기 위해 파견되었다. 그는 제국 내의 군사-정치적 안정이라는 목적을 달성할 만한 경험과 신망을 지닌 유일한 인물이었다. 여덟 달 후, 그는 쿠바 땅에서 사라진다.

1895년 6월이라는 이른 시기에, 마르티가 그 전 달 전투 중 사망했다는 사실에도 불구하고, 신임 총독은 새로운 현실에 대해 망상 없이 묘사한다. 그리하여 그는 카노바스에게 이런 편지를 쓴다.

••••••••••••••••••••••
든지 간에 영향력을 유지할 수 있는 방법을 숙고하게끔—아마도 미국으로부터 적당한 종류의 지지를 얻어—하였다.

36 Carlos Serrano, *Final del imperio. España 1895~1898* (Madrid: Siglo Veintiuno de España, Edit. SA, 1984), p. 19로부터 인용한 Fernández, *La sangre de Santa Águeda*, p. 125. 페르난데스는 이 유명한 경구가 종종 카노바스에게로 잘못 돌려진다고 말할 기회를 잡는다. 자유주의자들의 인지 부조화 사례인가?

산티아고데쿠바, 1856.

이 섬의 몇 안 되는 스페인인들만이 스스로 스페인인이라 선언하고 …… 나머지는 …… 스페인을 증오하네 …… 문명국의 대표로서, 나는 …… 비타협의 전례를 먼저 만드는 쪽이 될 수 없으며, 그들이 시작하기를 바랄 수밖에 없네. 농가의 가구들을 도시에 집결시킬 수 있겠지만, 그렇게 강요하는 데에는 무력이 많이 필요할 텐데, 이미 내륙에는 [스페인 쪽에] 지원해서 싸우고자 하는 이들이 거의 없기 때문이지 …… 비참함과 곤궁은 끔찍해질 것이야. 그러면 그들에게 배급을 주어야 하는데, 그 대상은 지난 전쟁에서 하루에 4만 명에 달했네. 이렇게 하면 농촌을 도시로부터 격리시킬 수는 있겠지만, 정탐을 막지는 못할 텐데, 정탐은 여자들과 아이들이 할 것이기 때문이지. 아마 우리는 여기까지 오게 되겠지만, 이는 최종 수단일 뿐이고, 나 자신은 이러한 정책을 실행할 만한 자질이 부족하다고 생각하네. 현직 장군들 중에서는 웨일레르만이 이러한 정책을 실시하는 데 필요한 역량을 갖추고 있는데, 그만이 필수적인 지적 능력과 용기, 전쟁에 대한 지식을 겸비하고 있기 때문이라네. 친애하는 친구여, 생각해 보게나. 논의 이후에 내가 이야기한 정책에 찬성하게 된다면, 지체하지 말고 나를 소환하게. 우리는 스페인의 운명을 가지고 도박을 하고 있네. 그렇지만 나는 어떤 신념들을 지키고 있고, 이 신념들이 모든 것에 우선해. 그로 인해 나는 즉결 처형이나 그런 비슷한 행위들을 실시할 수가 없네 …… 우리가 전장에서 승리하여 반도들을 진압한다 하더라도, 나라는 우리의 적들을 사면하기도, 그들을 절멸시키기도 원하지 않을 것이므로, 나의 충심에서 나온 거짓 없는 의견은, "개혁 여부와는 상관없이" 12년이 지나기 전에 우리는 또 다른 전쟁을 치르게 되리라는 것이네.[37]

멀리 내다보는 노련한 총독은 제국주의의 명분이 패배했다는 것을 알아차렸다.(그리고 빠져나가기 위해 서둘렀다.) 개혁은 민족주의의 파도에 맞서서는 소용이 없을 것이었다. 군사적 승리는 막대한 피해를 동반할 것이며, 12년 내에 재차 벌어질 전쟁을 막지 못할 것이었다. 카노바스가 이 메시지를 이해했을 가능성도 있지만, 그는 쿠바에서의 패배가 단지 그를 권좌에서 몰아내고 그와 사가스타가 지난 세대에 걸쳐 스페인에 건설해 놓은 토호 민주주의를 거의 틀림없이 파괴하게 될 뿐만 아니라, 스페인을 2류 유럽 국가의 지위로 떨어뜨림으로써 그 민족적 자부심과 자신감에 통렬한 일격을 가할 것이라는 확신 또한 갖고 있었다. 이에 따라, 그는 웨일레르에게 전권을 부여하여 그를 아바나로 급파했다.[38] 장군은 1896년 2월 10일 쿠바에 도착했으며 그 후 18개월 간 거기에 머물렀다. 카노바스는 그의 말에 충실했다. 웨일레르를 지원하기 위해 그는 20만 명에 달하는 스페인 군대가 조속히 이 카리브 해의 섬으로 수송될 것임을 보증했는데, 이는 그때껏 대서양을 건너 운송된 군대 중 가장 큰 규모였다.[39]

웨일레르는 카노바스의 기대에 완벽하게 부응했다. 강철 같은 프로이센적 효율성으로 그는 1896년 중에 군사적 흐름을 바꾸어놓았다. 12월, 마세오와 막시모 고메스의 아들 '판초'가 전사했으며, 살아남은 아버지는 대개 쫓기는 쪽이 되었다. 그러나 대가는 엄청났다. (전쟁까지 이르는 기간, 그리고 전쟁 중과 이

• •

37 Thomas, *Cuba*, pp. 320~21에서의 인용. 강조를 위한 따옴표는 내저자의 것.

38 웨일레르는 1893년 11월 29일부터 카탈루냐 사령관 직에 있었으며, 그의 임기는 파울리노 파야스의 처형을 맡기에는 두 달 늦은 것이었지만, 산티아고 살바도르의 처형을 감독하게 되는 시기였다.

39 Thomas, *Cuba*, p. 349. 마드리드가 1898년 6월 (미국인들에게) 항복했을 무렵, 스페인이 치른 비용은 15억 페세타 이상이었으며, 게다가 4만 명 이상의 사상자가 발생했는데, 대부분이 황열병을 비롯한 질병의 희생자였다.(p. 414)

스페인의 쿠바 군정장관, 발레리아노 "도살자" 웨일레르.

후에 위선적인 미국인들이 벌인 짓에 대한 경멸을 주된 이유로 하여) 전반적으로 카노바스와 웨일레르에게 호의적인 휴 토머스는 "섬 전체가 거대한 수용소로 변했다"라고 논평한다. 1895년과 1899년 사이에 쿠바의 인구는 180만 명에서 150만 명으로 줄어들었다. 섬 전체에 걸친 수용소에서 발생한 사망자 대부분은 영양 실조와 그에 기생하는 질병으로 죽은 어린아이들이었다. 토머스의 주장에 의하면 1899년 쿠바는 인구 조사가 실시되는 세계에서 5세 이하 인구가 가장 적은 나라였다. 19세기에 인구의 6분의 1을 잃은 나라는 그 외에는 없었다는 것이다.[40] 경제는 파괴된 상태였으며, 여기에는 대농장주들에 대항하

· · · · · · · · · · · · · · · · · · ·

40 같은 책, pp. 328, 423. 토마스의 비교상의 주장은 적어도 하나의 사례를 보아서는 부당한 것이다. 1865년 브라질과 아르헨티나, 우루과이에 전쟁을 선포하기 직전, 파라과이의 인구는 1,337,439명이었으며, 이들 대부분이 과라니였다. 5년 후 전쟁이 끝났을 때 이는 28,746명의 성인 남자와 15세 이상의 여자 106,254명, 86,079명의 어린이를 합하여 총 221,079명으로 줄어들었다. 손실은 1,115,320명, 즉 인구의 83퍼센트에 달했다. 파라과이의 세 적국도 백만의 목숨을 잃었다. Byron Farwell ed., *Encyclopedia of Nineteenth Century Land Warfare*(New York:

기 위한 고메스의 무자비한 초토화 작전도 일익을 담당했다.[41] 그러나 더 심각한 문제는 카노바스도 웨일레르도 군사적인 해결책 외에 그럴듯한 정치적인 해결책을 들고 있지 않았다는 것이다. 앞으로 볼 수 있듯이, 이 난국은 10대를 간신히 벗어난 방황하는 이탈리아인 젊은이에 의해 해결될 것이었다.

쿠바로 가는 리살?

오랜 기간 좁은 다피탄에서 유형 생활을 하게 될 것 같다는 사실을 알아차린 리살은 도착 후 금방 정착했다. 오늘날에도 여전히 아름답고 고요한 만의 해안 부근에 직접 기둥 위에 올려진 소박한 초가집을 지었고, 진료소와 동네 소년들을 위한 작은 학교를 열었으며, 농업과 식물학에 관심을 가졌고, 친척들과 친구들이 보내준 것들 중 들여보내진 것은 뭐라도 읽었다. 물론 그의 서신은 검열되었고, 지금까지 남아 있는 편지들은 차분하지만 신중하다. 그는 정착지 내에서는 마음껏 돌아다닐 수 있는 자유가 있었고, 지휘관에게서 대개 정중한 대접을 받았다. 1893년 여름, 마닐라의 본국 출신인 사회와 교단에게서 죽 미움을 받은 데스푸홀의 이른 후임으로 새로운 총독 라몬 블랑코가 마닐라에 도착했다. 카를로스주의 전쟁과 쿠바 10년 전쟁의 노장이기는 했지만, 블랑코는 유연한 사람이라는 평판이 있었다. 한편 리살의 다양한 친구들

••••••••••••••••••••••
Norton, 2001) 참조.

41 Ojeda, *El desterrado*, p. 340은 쿠바 군대의 도미니카인 대장이 내놓은 변명을 다음과 같이 인용한다. "일하는 사람들의 고통받는 심장에 손을 얹으면, 나는 내 손이 슬픔으로 다치는 것같이 느낍니다. 그 모든 풍요의 옆에 놓인, 그 놀라운 부유함에 둘러싸인 그 비참함과 그 도덕적 빈곤을 만질 때, 내가 소작인의 집에서 이 모든 것을 볼 때, 그의 아내와 아이들이 넝마를 입고, 다른 이의 땅 위에 세워 올린 초라한 오두막에 살면서, 속임수에 야만적으로 당하며 감내하고 있는 것을 볼 때, 내가 학교에 대해 질문했을 때 그런 것은 있은 적이 없었다는 이야기를 들을 때⋯⋯ 그럴 때 나는 분노하며 이 나라의 상류층에 깊은 적개심을 느낍니다. 그런 처절한 슬픔과 고통스러운 불평등을 목격하는 격노의 순간, 나는 외쳤습니다. '횃불이 되게 할 은총에 감사하옵고.'" 이 인용구는 Juan Bosch, *El Napoleón de las guerrillas*(Santo Domingo: Editorial Alfa y Omega, 1982), p. 13에서 가져온 것이다.

은 그를 구출하러 가려는 계획들, 그를 자유의 몸으로 만들기 위해 배를 한 척 빌려서 홍콩으로 데려간다든가, 사가스타 총리에게 사면을 받아 코르테스의 스페인인 의석에 출마하게 한다든가 하는 것 등을 꾸며냈는데 결과는 모두 실패였다. 1894년 11월 블랑코는 민다나오 중북부의 무슬림 마라나오 지역에서 벌인 작은 전쟁에서 이기고 돌아오는 길에 직접 다피탄에 들렀다. 그는 리살에게 스페인으로 돌아갈 것을(리살은 이를 거절했다), 다음에는 루손으로 다시 옮기되 최북단의 일로카노 지방으로 올 것을 제의했다고 한다. 그러나 결국 아무것도 성사되지 않았다.[42]

그러나 1895년, 쿠바의 힝젱은 필리핀 정치의 맥락 전체를 변화시키고 있었다. 블루멘트리트의 '선결 조건들'은 현실화되기 시작하고 있었다. 스페인에서 무역과 투자를 하는 영국 사업가들의 법률 고문으로 일하며 런던에서 부를 쌓았으며 마드리드 고위직에 친구가 여럿 있었던 리살의 연상의 친구 레히도르는 황열병에 시달리던 쿠바에서 군대에 소속된 의사가 태부족이라는 사실을 알게 되었다. 그리하여 그는 리살이 자원하도록 설득하라고 블루멘트리트와 바사에게 로비를 했다. 리살은 오래 망설인 끝에 마침내 동의했으며, 아직 마르티네스 캄포스가 아바나에서 지휘권을 맡고 있던 11월에 쿠바의 부상자들에게 의료를 제공하겠노라며 허가를 내어달라고 요청하는 편지를 블랑코에게 보냈다. 바사의 믿음은 이 요청이 제국에 대한 리살의 기본적인 충성심을 증명하는 것으로 받아들여지리라는 것이었다. 어찌 되었든, 중요한 것은 이 추방자를 필리핀 바깥으로 꺼내 오는 것이다. 아바나로 가려면 스페인을 거쳐야 했다. 일단 스페인에 닿으면, 리살은 영향력 있는 친구들과 정치적 동맹자들의 보호 하에 안전하게 머무를 수 있게 된다. 소설가 자신의 생각이 무엇이었는지는 훨씬 덜 분명하다. 그는 명예에 대해 과민한 감각을 지닌 남자였고, 블랑코가 일찍이 그에게 명예롭게 스페인에 보내주겠다는 제안을 했던 적도 있었던 마당에 블랑코에게 그냥 거짓말을 한다는 생각은

....

42 Guerrero, *The First Filipino*, p. 342.

받아들일 수 없었을 것이다. 그는 오랫동안 식민 본국에서는 아무것도 이룰 수 없다고 확신하고 있었다. 1895년 11월에 그가 쿠바에 대해 상당히 진지하게 생각하고 있었을 가능성은 높다.

그러나 대체 왜? 이에 대해서는 머리를 굴려보는 수밖에 없다. 그는 10년 전쟁을 종식시킨 산혼 협정을 설계한, 피를 즐기지 않는 인물 마르티네스 캄포스에 대해 알고 있었다. 의사로서 그는 어느 편의 부상자이든 돌보아야 한다는 히포크라테스 선서를 진지하게 받아들이고 있었다. 그는 스페인에서, 누구보다도 노예 폐지론자 크리올 라파엘 라브라(Rafael Labra)를 비롯하여, 훌륭한 쿠바인들과 알고 지냈으며, '선진적' 쿠바의 1880년대 말까지의 정치사에 대해 전반적으로 친숙했다. 그는 필리핀의 자매 식민지가 겪은 일들로부터 무엇을 배울 수 있을지에 관해 궁금했을지도 모른다. 어찌 되었든 민다나오에서 고립되어 지낸 몇 년의 기간으로 인해 그는 당시 웨일레르 '각하' 치하 카리브 해의 섬에서 일어나고 있던 일에 대해 정보가 부족했던 것 같다.

좌우간 블랑코는 리살의 편지에 그의 승인 도장을 찍어 마드리드로 신속하게 보냈다. 그러나 몇 달이 지나도록 제국의 수도에서는 아무 반응이 없었다. 그동안 쿠바에서는 웨일레르와 웨일레르 체제(weylerismo)가 마르티네스 캄포스를 대체했다.

새로운 국면들

1892년 7월 리살이 다피탄으로 추방되자 걸음마 단계에 있던 리가 필리피나는 즉각 붕괴를 맞았다. 그러나 얼마 지나지 않아, 리가의 세력 범위 내에 있던 극소수의 활동가들이 마닐라에서의 비밀 회동을 통해 카타아스타아산, 카갈랑갈랑 카티푸난 낭 망아 아낙 낭 바얀(Kataastaasan, Kagalanggalang Katipunan ng mga Anak ng Bayan, '가장 훌륭하고 영광스러운 민족의 아들딸 연맹' 정도)이라는 비밀 혁명 조직으로 리가를 대체한다는 결정을 내렸다. 그 지도자인 안드레스 보니파시오는 리살보다 두 살 아래의 인물로, 당시 스물아홉 살이었다. 카티푸난은 1895년 말까지 조직을 유지하는 것 외에 별다른 일을 성취하지 못했던 것 같고, 당시에도 회원은 300명이 채 되지 않았다.[43] 그러나 그해의 국제적 국면들이 단체의 활발한 성장을 부추겨, 몇몇 열성분자들에 의하면 8월에는 회원 수가 1만 명에 달했다고 한다.[44]

카티푸난 지하 운동이 처한 가장 핵심적인 국면은, 조선에서 벌어진 1894~95년의 청일전쟁에서 도쿄가 베이징을 격파한 후 양자 사이에 맺어진 시모노세키 조약의 조인 바로 6일 전인 1895년 4월 11일 마르티가 쿠바에 상륙했다는 사실이 상징적으로 가장 잘 드러내고 있다. 쿠바의 경우는 단지 마르티라는 싸릿한 본보기나, 마세오와 고메스가 초기에 거둔 화려한 군사적 성공의 문제만은 아니었다. 보니파시오와 그의 동지들은 스페인이 세계의 반대편에서 일어나는 두 반식민 항쟁을 상대해야 할 경우 겪게 될 어려움에 대해 날카롭게 인식하고 있었다. 또한 그들은 그런 일이 언젠가 일어날 경우 마드리드가 대체로 돈이 나가는 쪽인 필리핀보다는 돈이 들어오는 쿠바에 압도적인 군사적 우선권을 부여하리라는 것도 알고 있었다. 다른 한편 대만의 남쪽 끝은 루손 섬의 북쪽 해안에서 400킬로미터밖에 떨어져 있지 않았는데, 이 대만이 이제는 일본 국가의 영토였다. 쿠바인들이 이웃한 미국에서 지원을 얻을 수 있었다면, 필리핀인들이 떠오르는 태양의 제국으로부터 같은 것을 얻을 수 있으리라 기대하는 것도 가능하지 않을까?

••••••••••••••••••••••

43 사실 리가는 1893년 4월 본래의 기반을 바탕으로 재구성되었다. 이사벨로에 따르면 트로소 (Trozo) 지역의 지부를 이끌던 보니파시오는 "리가의 일이, 진정한 애국심보다는 철없는 이기주의에 더 많이 물들어 있는 것 같은 일루스트라도 동지들의 끝없는 토론 때문에 활력을 잃고 있는 것을 보고, 그들을 제쳐놓고 그가 관장하던 평의회를 카티푸난(리가의 착오)의 최고 회의로 격상시켰다." De los Reyes, *Sensacional memoria*, p. 87. 긴장한 일루스트라도들은 보니파시오를 반란자라 선언하고 트로소 지부를 해산시키려 했으나, 보니파시오는 이에 따르기를 거부했다. 이는 10월 리가의 해산을 초래했는데, 그 전에 총독은 리가의 내부 문서 몇 점을 입수하게 되었다. 이로부터 분명해지는 것은, 보니파시오는 그가 경멸했던 리가를 가능한 한 카티푸난의 비밀 활동을 견고히 하기 위한 차폐물로 이용하려 했다는 것이다.

44 Teodoro A. Agoncillo, *A Short History of the Philippines* (New York: Mentor, 1969), pp. 77~81의 간결한 설명을 참조. 1만 명이라는 숫자는 과장이겠지만, 주로 단도로 무장한 항쟁 운동이 초기에 폭발적인 성공을 거둔 것을 보면 그다지 대단한 과장은 아닌 것 같다.

사실 두 '이웃'의 지정학적 위치는 무척이나 달랐다. 당시의 미국은 서반구에서 거의 맞붙을 자 없는 패권이었던 데 반해, 동쪽 아시아는 영국, 프랑스, 독일, 러시아, 미국 등 야심을 품고 경쟁하는 '백인' 제국주의들로 바글바글한 무대였다. 시모노세키 조약이 체결되자마자 독일, 프랑스, 러시아가 개입하여 일본 정부로 하여금 방금 얻은 랴오둥 반도를 청 정권에 돌려주게 했다. 나아가 일본은 여전히 그 전 30년 동안 강요에 의해 맺었던, 경쟁자들에게 상당한 정도의 치외법권을 부여하는 불평등 조약의 부담을 지고 있었다. 청일전쟁 발발 직전 조인된 영일협정으로 그러한 조약들을 없애리라 기대할 수있게 되었지만, 1899년까지 기다려야만 했다. 그러나 다른 제국 수도들은 런던이 여는 길로 따라오게끔 되어 있었다. 이리하여 1890년대 후반은 '아직' 일본이 무모한 모험을 벌일 때가 아니었다.

도쿄와 마닐라의 공식적 관계에는 전반적으로 별문제가 없었으나, 스페인 당국은 장래에 대해 점점 더 걱정하게 되었다.[45] 일본의 배들이 필리핀의 바다로 떼지어 몰려오고 있었고, 무역 수지는 그 어느 때보다도 더 일본 쪽에 유리했다.[46] 일본인들이 필리핀으로 이주해 들어오기 시작했고, 도쿄는 이 식민지의 이민법을 완화해 달라고 거세게 압력을 넣었다. 일본의 엘리트들은 필리핀에 대해 점점 잘 알게 되었던 반면, 일본어를 읽거나 말할 줄 아는 사람이 단 한 명도 없었던 스페인 외교단은 일본의 정책이나 의도에 대해 영국인과 미국인들이 이해하는 바에 의존할 수밖에 없었다. 1890년대 초에는 야당 의원, 신문, 군사주의자, 기업 이익, 이데올로그들에 의한 로비가 점점 시끄러워지면서 태평양과 동남아시아에서의 일본의 팽창 정책(부분적으로는 독일과 미국의 진출을 막기 위한)을 재촉하고 있었다. 필리핀에서의 스페인 식민주의의 허약

....

45 일본에 대한 이어지는 부분에 대해서는 일본어, 스페인어, 영어 원전들에 대한 면밀한 조사에 기초한 선구적인 저작 Josefa M. Saniel, *Japan and the Philippines, 1868~1898* (third edition)(Manila: De La Salle University Press, 1998)에 상당 부분 의존했다.

46 1890년과 1898년 사이 일본에 대한 마닐라의 무역 적자는 60배 증가하였다. 같은 책, Appendix IX, p. 101.

함과 노쇠함은 널리 알려지게 되었다.[47] 그리고 모호한 연고의 민간인, 군인 모험가들이 필리핀에 왔다 갔다 하고 있었다.

중국에 대한 도쿄의 군사적 승리로 인해 스페인에서도 '일본이라는 허수아비'(espantajo Japonés)가 대중적 관심의 핵심으로 떠오르게 되었다.[48] 1895년 2월 사가스타 정부에서 해외영토 장관을 지냈던 모레트가 일본이 일류 강국의 지위로 떠오르는 것은 "유럽과 동방의 관계, 특히 그 해역에 있는 스페인 영토와의 관계가 철저하게 변화한다는 의미이다"라는 글을 썼다. "이를 인정하기를 거부하면서 지체 없이 오게 될 사건들을 그저 기다리기만 하는 것은, 마치 기차가 오면 레일이 떨려 위험을 경고해 줄 것이라 굳게 믿으며 철도 레일 위에서 잠자는 사람이나 마찬가지의 꼴일 것이다."[49] 얼마 지나지 않아 급진 공화주의 신문 『라 후스티시아』(La Justicia)가 빈정거리는 논평을 실었다. "쿠바와 필리핀에서의 동시 전쟁이라는 아름다운 미래는 …… 왕정복고 정부 [카노바스 정부]가 스페인 민족국가의 폐허 위에 스페인의 종말(Finis Hispanae)이라는 역사적 묘비명을 쓰기에 충분한 일이다."[50]

이러한 정세 아래 필리핀 민족주의자들이 일본인들과의 쓸모 있는 연락망을 구축하고자 시도했다는 것은 놀랄 만한 일이 아니다. 첫 삽을 뜬 것은 런던에서 교육을 받을 만큼 넉넉한 가문 출신이었던 호세 라모스였다. 1895년 여름, 그는 자신이 민족주의 선전을 퍼뜨린 혐의로 곧 체포될 것이라는 소식을

• •

47 메이지 시대의 저명한 작가이자 정치 평론가인 후쿠모토 마코토는 1889년과 1891년, 두 번에 걸쳐 필리핀으로 장기 여행을 떠났다. 두 번째 여행 이후 쓴 연작에서 그는 몇몇 스페인 장교와 그들이 불편하게 통제하는 현지인 부대로 구성된 스페인 식민 군대의 나약함을 묘사했다. 특히 그는 1890년에 웨일레르가 캐롤라인 제도에서 재발한 반란을 진압하기 위해 두 번째 원정대를 보냈을 때, 마닐라에는 얼마 동안 군인 한 명도 남아 있지 않았다고 지적했다. 같은 책, p. 68.

48 이 '일본의 유령'은 L. González Liquete가 엮은 Repertorio histórico, biográfico y bibliográfico (Manila: Impr. Del Día Filipino, 1930) 중 "El espantajo Japonés y la revolución de 1896"이라는 제목의 섹션에 나오며, 이는 Saniel, Japan and the Philippines, p. 186에 인용되어 있다.

49 La España Moderna, LXXIV (February 1895)에 처음 실린 모레트의 "El Japón y Las Islas Filipinas"에 대한 Saniel, Japan and Philippines의 인용.

50 같은 책. 여기에서 '필리핀에서의 …… 전쟁'이란 필리핀인들의 항쟁이 아니라 일본과 스페인의 전쟁을 가리킨다는 데 주의할 것.

입수하고 영국인으로 가장하여 필리핀에서 탈출한 후 요코하마로 향하는 영국 배에 올랐다. 거기에서 그는 일본인 여성과 결혼하여 그 성(이시카와)을 따랐으며, 마침내 메이지 천황의 귀화 신민이 되었다. 그는 조선에서 있었던 전쟁에서 쓰다 남은 소총을 구입하여 필리핀으로 보내려는 헛된 시도에 많은 시간을 소비했다.[51] 다른 부유한 필리핀인들도 관광이나 학업을 계속한다는 구실로 그 뒤를 따랐다.

그리고 1896년 5월 4일 일본 해군의 훈련 함정 '콩고' 호가 간부 후보생 서른세 명과 일본 해군학교 학생 스무 명을 태우고 마닐라 항에 입항했으며, 검역 규정을 위반했을지도 모른다는 구실로 스페인 당국에 의해 즉각 격리되었다.[52] 현존하는 일본, 스페인, 필리핀의 사건 기술이 세부 사항에서는 서로 다르지만, 카티푸난의 지도자들인 보니파시오와 피오 발렌수엘라 박사(Dr. Pio Valenzuela), 열성적인 젊은이 에밀리오 하신토(Emilio Jacinto), 그리고 다니엘 티로나(Daniel Tirona)가 콩고 함장과 개인적으로 접촉하여 자신들이 "정부에 대항하여 봉기하고자 하는 열망"을 이룰 수 있도록 일본의 원조와 지도를 요청하는 서면 청원을 전달하였다는 데에서는 모두가 일치한다. 그들과 동행한 '호세' 타가와 모리타로는 필리핀 여성과 결혼한 필리핀의 장기 체류자로서 보니파시오에게 콩고의 도착에 대해 일깨워주는 동시에 통역자 역할을 했다. 낌새를 챈 식민지 경찰이 경계를 배가한 것 외에 이 조우에서 그다지 중요한 결과는 나오지 않았다.[53] 세라다 함장은 상급자에게 보고할 때 이 만남을 언급하지 않았다.

••••••••••••••••••••••

51 같은 책, pp. 180~82.
52 '콩고' 사건에 대한 이하의 설명은 사니엘의 주의 깊은 재구성에서 가져온 것이다. 같은 책, pp. 192~94.
53 나가사키에서 온 목수인 타가와는 필리핀에 정착한 최초의 일본인들 중 한 명으로, 1870년대 초에 필리핀에 도착했다. 필리핀에서 그는 사업가로서 어느 정도 성공을 거두었다. 1895년 7월 보니파시오가 그에게 대마·설탕·담배 등의 작물들을 수출하는 무역 회사를 세워 여기에서 나오는 수입으로 일본의 무라타 소총을 사자고 요청한 일이 있었던 것 같다. 카티푸난은 타가와에게 일본에 가서 구매를 처리할 의사가 있다면 모든 비용을 지불하겠노라고 제안했다. 그러나 이 계획에서 성사된 일은 없는 것으로 보인다. 같은 책, pp. 249~50.

다피탄을 떠나다

카티푸난의 최고 지도부가 이후 5월 회동을 가져 무장 봉기는 실현 가능한 계획이라고 판단하고, 일본에 대폭 지원을 요청하는 사절을 파견하는 동시에 리살의 승인을 얻기 위해 다피탄으로 밀사를 보내기로 결정하게 된 직접적인 배경은 이러한 것이었다. (이 소설가는 모르는 새에 카티푸난의 명예 의장이 되어 있었다. 또한 카티푸난의 연설들은 관례적으로 "필리핀 만세! 자유 만세! 리살 박사 만세!"를 힘차게 외치며 끝났다고 한다.) 그 달 말, 카티푸난의 유일한 일루스트라도였던 피오 발렌수엘라 박사가 시각장애인인 하인이 치료를 받도록 데려간다는 구실로 민다나오로의 항해에 올랐다. 리살이 개인적으로든, 그냥 이름만으로든 발렌수엘라에 대해 모르고 있었으며, 그의 마음속에 이자가 경찰의 앞잡이로 일하는 요원일지도 모른다는 생각이 틀림없이 스쳐 지나갔을 것이라는 점에 주목해야 할 것이다. 이 두 사람의 짧은 대화가 어떤 식으로 진행되었는지에 대한 확실한 증거는 없다. 나중에 심문자들이 세부 사항에 대해 물었을 때, 기록된 리살의 답변은 다음과 같았다.

돈 피오 박사는 (그에게) 봉기가 일어날 것이며, 그들이 다피탄(에 있는 그)에게 무슨 일이 일어날지 염려하고 있다고 이야기했다. (그는) 모험을 시도하기에 적절한 때가 아니라고 분명히 말했는데, 필리핀(사회)의 다양한 요소들이 전혀 통합되어 있지 않으며, 그들이 저항 운동에 필요한 무기나 배, 교육 따위를 보유하고 있는 형편도 아니기 때문이었다. 그들은 풍부한 자원과 강대국의 지원, 전투에서 쌓은 경험에도 불구하고 민족의 열망을 성취해 낼 수 없었던 쿠바에서 일어나는 일의 사례에 주의를 기울여야 한다. 쿠바 투쟁의 결과가 무엇이 되든지 간에, 필리핀에 양보해 주는 것이 스페인에 이익이 될 것이다. 이러한 이유로 해서 (그의 생각은) 그들은 기다려야 한다는 것이었다.[54]

....
54 De la Costa, ed., *The Trial*, p. 9.

이것은 군대 속기사의 딱딱한 언어로 쓰였지만, 리살은 그 특유의 세련된 방식으로 지은 「나의 변호에 붙임」이라는 간단한 글을 법정에 제출했다. 여기에 그는 이렇게 썼다.

돈 피오 발렌수엘라에게서 봉기가 준비되고 있다는 이야기를 듣고, 나는 그에 반하는 조언을 했으며, 합리적인 논의로 그를 설득하려 했습니다. 나중에 반란에 참여하는 대신 사면을 구하며 당국에 출두한 것을 보면, 돈 피오 발렌수엘라는 설득되어 떠난 것 같군요.

두 번째 문장에는 약간 복잡한 모호함이 더해진다.

돈 피오 발렌수엘라는 나에게 경계하라는 주의를 주었는데, 그의 말에 따르면 그들(아마 카티푸난이 아니라 스페인인 것 같다)이 나를 연루시킬 수도 있기 때문이라고 했습니다.[55]

이 증언은 꽤 현실에 부합하는 것 같다. 리살이 의사에게 건넨 부정적인 충고로부터 혁명적인 모험에 대한 블루멘트리트의 합리적이고 비교적인 경고가 메아리치는 것을 들을 수 있다. 그가 쿠바에서 실제로 일어나고 있는 일에 대해 얼마나 알고 있었는지는 명확하지 않지만, 쿠바 투쟁이 부딪친 어려움은 충고를 보강하기 위해 수사적으로 배치되었다. 그러나 발렌수엘라가 항쟁에 대한 승인이 아니라 단순히 그 시의적절함에 대한 조언을 구하러 온 것으로 보이도록 주의를 기울였다는 것은 분명하다. 리살이 다른 방문객들이나 그의 가족에게, 아니면 다피탄 당국자들에게마저 말을 흘리지 않으리라고 확신할 수 없었다는 이유로라도, 그는 소설가의 논의에 진짜로 설득되었든 아니든 그것을 받아들인 것처럼 보이고자 했다.[56] 마닐라로 돌아온 발렌수엘라

....

55 같은 책, pp. 67, 68.

가 동지들에게 정확히 뭐라고 말했는지는 전혀 분명치 않다. 그는 성공적인 봉기를 위한 조건들이 아직 마련되지 않았으니 기다리라는 리살의 충고를 정확히 전달했을까, 아니면 그냥 리살이 보니파시오의 계획을 승인하기를 단호히 거절했다고만 말했을까? 보니파시오가 처음에는 믿지 않다가 나중에는 리살더러 겁쟁이라고 하며 펄펄 뛰었다고 전해지는 것을 보면 아마 두 번째 쪽인 것 같다. 그러나 리살의 신망은 이 두 사람으로 하여금 카티푸난의 동지들에게 리살의 '거부'를 숨기기로 동의하도록 했을 정도였다.[57]

그러던 중 7월 1일, 갑자기, 블랑코는 전쟁 장관 아스카라가(Azcárraga)로부터 리살이 의사로 일하러 쿠비에 온다는 데 대해 웨일레르가 아무런 이의를 제기하지 않았으니 그에게 카리브 해로 떠나도 좋다는 허가를 내려야 한다는 편지를 받았다. 리살에게 보내는 총독의 공식 서한은 30일 다피탄에 도착하였다. 다음 날 리살은 블랑코의 서한을 배달한 바로 그 배를 타고 마닐라로 떠났다. 이 결정의 급작스러움은 이 예수회 정착지의 지루함과 고립으로부터 탈출하고픈 리살의 바람이나 블랑코의 전언이 띠었을지도 모를 긴급성만으로는 설명할 수 없다. 재판에서 리살은 쿠바로 가겠다는 굳은 결심이 순전히 선교사 신부와의 트러블까지 불러온 사적인 이유에서 나온 것이었다고 설명했다.[58] 이는 신부가 리살이 이단적인 의견을 전부 철회하지 않는 한 그와 조세핀 브랙켄을 결혼시켜 줄 수 없다고 거절한 일에 대한 이야기일 것이다. 그러나 진짜 이유는 유혈의 실패가 될 것이라 확신했던 임박한 카티푸난 봉기에 연루될까 봐 두려워서였음에 틀림없다. 그렇지만 이 시점에서 그의 운은 다했다.[59]

....

56 발렌수엘라는 재판에서 그 자백이 리살에게 불리하게 사용된 '카티푸네로' 중 한 명이었다. 그는 혁명이 터지자 은신했고, 블랑코가 항복한 반란자들을 사면하겠다고 발표했을 때 가장 먼저 출두한 대열에 끼었다. 그는 심문자들에게 아는 것을 다 말하고 그 이상의 것도 말했으며, 예전의 동지들 여럿을 휩쓸려들게 했다. 여러 해가 지난 뒤 출판된 그의 회고록은 아전인수 격에다 믿을 수 없는 것으로 악명이 높다.

57 Guerrero, *The First Filipino*, pp. 381~83.

58 De la Costa, ed., *The Trial*, p. 68.

딱 7주 전인 6월 7일, 바르셀로나의 연례 성체축일 행렬 도중에 거대한 폭탄이 투척되었다. 여섯 명이 그 자리에서 사망했고, 42명이나 되는 부상자가 이후 병원에서 죽었다. 다음 날 도시에 계엄령이 선포되었으며, 당시 통제권자는 다름 아닌 데스푸홀 장군이었다. 이 계엄령은 1년간 지속되었다. 폭탄이 특히 위협적이었던 이유는 이것이 어떤 특정한 정치적·종교적 저명인사를 겨냥한 것으로 보이지 않았으며, 희생자가 일반 시민들이었기 때문이다.[60] 교회와 여러 우익 그룹 및 그들의 언론이 히스테리에 의해서든 책략에 의해서든 경찰을 부추기자, 경찰은 날뛰며 모든 종류의 아나키스트, 반교권주의자, 급진공화주의자, 진보적 지식인과 언론인 등등 300명가량을 체포하였다. 이들 대부분은, 곧 지하 감옥에서 실행된 고문으로 유럽 전역에서 악명을 떨치게 될 음울한 몬주익 요새에 감금되었다.[61] (최종적인) 주요 용의자는 스물여섯 살의 프랑스인으로 밝혀졌다. 마르세유에서 태어난 토마 아셰리(Thomas Ascheri)는 전직 신학생이자 전직 선원, 프랑스군 탈영병이면서 프랑스 경찰의 정보원이었는데, 진짜 직업은 경찰에 거짓 정보를 주고 동지들에게 다가올

....

59 안타깝게도, 마르셀로 델 필라르의 운도 마찬가지였다. 그는 6월 4일 바르셀로나에서 가난과 건강 악화로 사망했으며, 당시 겨우 마흔여섯 살이었다. 리살과의 견해 차이에도 불구하고 필리핀인들은 그를 언제나 혁명 세대의 주요 영웅에 포함시킨다.

60 경찰 자료의 주장은 이 암살 시도가 행렬의 선두에 있던 교회와 군대의 고위급 인사들을 겨냥한 것이었으나 일이 서투르게 되다 보니 대신 후미에 있던 사람들을 죽이게 되었다는 것이다. 라몬 셈파우는 그의 *Los victimarios*, p. 282에서 이 이론에 강력한 의혹을 제기하는 이유들을 내놓는다. 우리가 보게 되듯이, 셈파우 자신도 나중에 암살을 위한 던지기 실력을 시험해 보게 되는데, 몬주익 경찰 고문자의 우두머리를 제대로 겨냥했으나 죽이는 데는 실패한다.

61 이 흥미로운 이름의 기원에 대해서는 여러 가지 의견이 있다. 가장 그럴듯한 설명은 라틴어 'Mons Jovis'(주피터의 산 혹은 언덕)의 오염이라는 것이다. 도시를 내려다보는 높고 가파른 경사는 로마인들의 '보스들의 보스'(capo di tutti capi)에게 희생물을 바치기 알맞은 장소였다. 그러나 일부 카탈루냐인들은 이것이 그 자리에 있던 오래된 유대인 묘지를 가리키는 말이라고 생각한다. 결국 87명의 죄수가 재판에 부쳐졌으며, 첫 재판은 12월 15일에 열렸다(곧 나오는 리살의 군사 법정은 26일에 열렸다). 나머지 대부분은 즉결로 스페인령 아프리카에 추방되었다. 전반적으로 신중하고 주의 깊은 이슨웨인은 진짜 배후가 아르헨티나로 도망친 장 지롤이라는 프랑스인이라고 믿는 학자들 중 한 명이다. Esenwein, *Anarchist Ideology*, p. 192와 Núñez, *El terrorismo*, pp. 96~97, 161~64 참조.

습격에 대해 미리 경고하는 아나키스트 스파이였다고 주장하기도 했다.[62] 끔찍하게 고통스러운 고문과 군사 법정에서의 재판을 거친 후, 그는 거의 틀림없이 결백한 네 명의 스페인인들과 더불어 다음 해 5월 5일 처형당했다.

쿠바는 계엄령 아래 있었고, 이제 바르셀로나도 그러했다. 필리핀은 곧 그 뒤를 따를 것이었다. 유럽에서 가장 엄혹했던 국내적 탄압 및 아바나에서 웨일레르가 사용한 소름끼치는 방식들에 대한 국내적 인식의 확대는 이제 스페인 정치를 극단적으로 분열시켰다. 카노바스는 두 가지 모두에 대해 찬양 혹은 증오를 받았으며, 그의 적들 중 많은 이들 사이에서 몬주익에 대한 분노는 곧바로 쿠바에 대한 견고한 동조로 번졌다.

마지막 여정

리살은 매달 스페인으로 향하는 우편선을 잡을 수 있으리라 기대하며 1896년 7월 31일 마닐라행 배에 올랐다. 그러나 그가 탄 배는 곤경을 겪었고, 8월 6일 배가 필리핀의 수도에 닿았을 때 우편선은 이미 떠난 상태였다. 9월 3일로 예정된 다음 배의 출발을 앞두고 그는 스스로의 요청에 의해 직계 가족 외의 누구와의 접촉으로부터도 차단된 채 카비테 선창에 내려 편안한 구류 생활을 하고 있었다. 그는 자신이 마닐라에 있는 동안 카티푸난이 봉기하는 경우에 연루될 가능성을 확실히 차단하고자 했다. 그가 쿠바, 마드리드, 바르셀로나는 고사하고 마닐라에서 일어나고 있는 일들에 대해서라도 알고 있었으리라고 확신할 길은 없다. 그러나 보니파시오에게는 명백했던 것, 즉 20만 명의 스페인 군대가 쿠바에 발목이 묶여 있는 상황에서 마드리드는 필리핀에 압도적인 군사력을 파견할 역량이 안 된다는 것을 리살은 이해하지 못했던 것 같다. 해방 투쟁의 성공을 위한 블루멘트리트의 시간이 이제 반역의 지평

62 아셰리의 국적은 당국에는 소중한 재산이었다. 이는 스페인 대중에게 라바숄, 바이양, 에밀 앙리를 떠올리게 하여 충격의 원인을 피레네 산맥 저편으로 밀어냈다. 게다가 곤궁한 외국인으로서 그는 스페인에서 정치적 도움을 거의 구할 수 없었다.

선에 떠오르고 있었다.

1895년 말부터 블랑코 총독은 비밀 요원들로부터 지하 혁명 조직 카티푸
난이 심상치 않게 활발한 활동을 보이고 있다는 보고를 받고 있었다. 수중에
있는 군대가 소수에 불과하다는 것을 고려하는 동시에 마닐라의 스페인인 사
회를 공포에 빠뜨리지 않으려 조마조마해하면서, 그는 의심스러운 사람들은
미행하고 의심스러운 가옥들은 조용히 수색하라는 명령을 내렸다. 1896년 봄
카티푸난 회원들이 사라져 눈에 띄지 않게 외딴 섬으로 이송되기 시작했다.
카티푸난 지도부가 이 모든 것에 대해 점점 똑똑히 의식하게 되었다는 점이
발렌수엘라를 다피탄에 파견한 하나의 이유이기도 했다. 7월 중순, 블랑코의
요원들이 지부 한 곳의 전체 회원이 적힌 비밀 명단을 입수하여 그들 모두를
체포하거나 추적했다. 체포된 이들 중 몇몇이 입을 열기 시작했다. 그러나 카
티푸난을 조용히 깨뜨리려는 총독의 계획은 여자들을 계산에 넣는 데 실패했
다. 체포된 이들의 아내, 어머니들 몇몇이 혹시 남자들을 풀려나게 할 수 있을
까 하여 교구 신부에게 도움을 구하러 간 것이다. 8월 19일, 『엘 에스파뇰』(*El
Español*)은 고해 성사를 통해 혁명적 봉기가 일어날 것이라는 사실을 알게 되
었다는 한 교구 신부의—이 가톨릭 식민지에서 고해의 신성함이란 이다지도
대단한 것이었던가!—이야기를 실어 세상을 놀라게 했다. 스페인인 사회는
분노에 찬 공포에 빠져들었다. 이제 블랑코는 대대적인 공개 검거 및 수색을
명령해야만 했으며, 그의 화를 돋우기라도 하듯 교단은 오로지 자신들이 애
국적으로 불침번을 선 까닭에 학살을 막을 수 있었고, 그동안 쓸모없는 총독
은 아무것도 하지 않았다고 주장하기 시작했다.[63] 쫓기고 있던 보니파시오는
이제 그의 시간표를 앞당겨야 했으며, 다음에 무엇을 할지 결정하기 위한 '카
티푸네로' 총회를 마닐라 북쪽 근교의 발린타왁(Balintawak) 마을에서 소집한
다는 명령을 발표했다. 그러나 압력은 회의를 23일로 앞당겨야 할 정도로 거

----

63 Onofre Corpuz, *The Roots of the Filipino Nation*(Quezon City: Aklahi Foundation, 1989), vol.
2, pp. 217~19의 명료한 설명을 참조할 것.

셌으며, 장소는 푸갓라윈(Pugadlawin) 마을로 옮겨졌다. 이 모임은 29일 항쟁을 시작하기로 동의했으며, 출석한 이들은 그들의 '세둘라'(cédula, 모든 토착민이 신분 증명을 위해 들고 다녀야 했던 납세 증명서)를 찢으며 "필리핀 만세! 카티푸난 만세!"를 외쳤다. 이웃 지역들에도 동시에 들고 일어나 식민지 수도에 집결하라는 지침이 내려졌다.[64]

거사의 날, 보니파시오는 마닐라 교외 마리키나(Marikina)에 있는 무기고 습격을 지휘했다. 이틀 뒤 카비테 주가 어설프게 무장한 반란자들의 손에 떨어졌고, 마닐라를 둘러싼 다른 주들도 곧—얼마 동안—반란자들이 장악하게 되었다.

블랑코는 곤란한 입장에 처했다. 공포에 질린 식민시의 스페인인들(700만 명의 인구 중 여자와 아이들까지 하여 1만 5천 명 정도라고 하는)과 훨씬 더 강력한 교단은 즉각적이고 폭력적인 진압을 요구했다.[65] 블랑코는 이에 상당한 정도로 굴복했는데, 스스로의 더 나은 판단력에는 반하는 결정이었을지도 모르겠다

....

64 자기 주장이 많이 들어가 있지만 획기적인 테오도로 아곤실로(Teodoro Agoncillo)의 *The Revolt of the Masses*(Quezon City: University of the Philippines Press, 1956), 제9장에서 생생하고 자세한 설명을 참조할 것. 이 외침은 푸갓라윈에서 있었던 일이지만 민족주의 역사에서는 '발린타왁의 외침'(Grito of Balintawak)이라 전해진다. 이는 명백히 1868년 10월 10일 세스페데스의 항쟁 선언문에서 나온 쿠바의 유명한 문구 '야라의 외침'(Grito de Yara)을 참조한 것이다. 그러나 이 표현이 1896년 8월보다 한참 뒤의 시기에 만들어졌을 가능성도 있다. 어찌 되었건, 이 순간 필리핀은 아직 쿠바보다 '28년 뒤떨어져' 있었다. 그러나 우리가 살펴볼 것처럼, 2년 뒤 둘은 근접한 동시대성을 띠게 된다.

65 스페인령 필리핀의 인구 자료는 불확실하고 서로 모순되기로 악명이 높은데, 정권은 결코 제대로 된 근대적 인구 조사를 실시하려 들지 않았고, 그들의 어림짐작(guesstimates)은 교회가 집계한 통계와 맞아떨어지는 법이 거의 없었다. 여러 가지 수치에 대한 가장 완전하고 자세한 연구는 오노프레 코르푸스의 책 1권의 56쪽짜리 부록에 나와 있다. *The Roots of the Filipino Nation*, pp. 515~70. 혁명 전야에 나라 전체 인구가 700만 명쯤 되었다는 그의 수치는 스페인의 통제가 빈약했던 남부 무슬림 지역 인구와 루손 산악 지대 고원의 이교도 인구까지 포함한 것이다. 스페인인에 관해서는 1876년에 15,327명(본국 출신자와 크리올, 스페인계 메스티소까지)이라는 수치를 내놓는데(p. 257), 이 중 1,962명(약 15퍼센트)이 성직자였다. 이들 대부분은 마닐라나 그 주변에 살았다. 시크로프스키(Sichrovsky, *Ferdinand Blumentritt*, p. 25)는 아무 출처도 인용하지 않으면서 19세기 말 다양한 교단에 대한 수치를 다음과 같이 내놓는데, 꼭 설득력이 없지는 않다. 아우구스티누스회 346명, 묵상회(Recollects) 327명, 도미니크회 233명, 프란치스코회 107명, 예수회 42명, 카푸친회 16명, 베네딕트회 6명. 계: 1,077명.

(식민지의 군대는 아주 적었고, 그는 병력 증원을 위해 마닐라에 전보를 쳐야만 했다).[66] 수백 명의 필리핀인들이 체포되었으며, 일부는 처형되었고, '반란자'의 재산은 몰수되었다. 군사 법정에 의해 보니파시오 일파를 도왔다는 결론이 난 이들은 모두 총살대로 끌려가는 운명을 맞았다. 그러나 식민지 엘리트를 분노하게 한 것은 블랑코가 초기 마르티네스 캄포스의 쿠바 정책을 따라 즉시 항복하는 반란자 전원에게 완전한 사면을 즉각적으로 제공한 데다, 다음 달 두 번째 포고령에서 이 제안을 반복했다는 것이었다. 10월 말 노살레다 대주교는 마드리드의 도미니크회 본부에 전보를 쳤다(스페인의 정치적 계급 내에 더 많이 알려지도록 하기 위해). "상황 악화. 반란 확산. 블랑코의 무관심 납득 불가. 위험 피하려면 급히 새 지도자 임명 필요." 6주가 지나지 않아 블랑코는 소환되었다.[67]

그러면 리살은? 인상적인 일은 보니파시오가 마리키나 무기고를 공격함으로써 항쟁의 포문을 연 '다음' 날인 8월 30일, 이 소설가가 총독이 개인적으로 쓴 소개장 두 장을 건네받았다는 것인데, 한 통은 전쟁 장관에게, 다른 한 통은 해외영토 장관에게 가는 것이었다. 편지의 언어는 주목할 만하다. 첫 번째 편지에서, 블랑코는 이렇게 썼다.

[리살이] 4년간 다피탄에서 머무르는 동안 그의 행동은 모범적이었으며, 내가 생각하기에 그는 음모 계획에든 그 계획을 세운 비밀결사에든, 우리가 오늘날 한탄하는 터무니없는 시도에는 어떤 식으로든 전혀 연루되어 있지 않은 것으로 보이므로, 충분히 용서와 자비를 베풀 만합니다.[68]

•••••••••••••••••••••
66 혁명이 발발했을 때 블랑코의 수중에는 스페인인 장교들과 토착민 용병 보병대로 이루어진 3,000명의 군대밖에 없었다. 네 척에 가득 실린 스페인 징집병들이 10월 중 도착하기로 되어 있었는데, 그래도 그가 보유하게 될 병력의 규모는 8천에 조금 못 미치는 정도였다. Corpuz, *The Roots*, vol. 2, p. 233. 쿠바와 필리핀을 비교해 보면, 우리는 인구로는 필리핀의 4분의 1 정도 되는 쿠바가 거의 25배 정도 규모가 큰 제국 군대와 맞서야 했다는 결론을 내릴 수 있다.
67 Guerrero, *The First Filipino*, p. 409.
68 같은 책, p. 391. 나는 문법 교정을 위해 게레로의 번역을 조금 손보았다.

말투를 보면 블랑코가 카노바스 내각과 마드리드의 군부 고위층에게 전달하고자 했던 바는 리살은 봉기와 아무 관련이 없다는 이야기였음이 드러나는데, 이를 위해 그는 다피탄에서의 리살의 행실을 칭찬하고 그가 수개월간 고국에 보고해 왔던 다양한 음모 그룹의 활동을 끌어넣었다.

우편선은 예정일에 떠났다. 배가 싱가포르에 닻을 내렸을 때, 그곳에 체류하는 지지자들이 배로 리살을 방문하여 다른 배로 뛰어내리라고 강력히 권유했다. 그들은 그를 대신해 이 영국 식민지의 인신 보호 영장을 청구할 준비가 되어 있다는 것이었다. 그러나 리살은 이미 블랑코에게 명예를 걸고 스페인으로 가겠다는 의사를 밝혔기에 그들의 도움을 거절했다. 9월 25일 아덴을 떠날 때 그는 징집병들로 가득 메워진 커다란 스페인 수송선을 만났는데, 이는 필리핀에는 새로운 일로서 쿠바에서의 전쟁 때문에 필요해진 것이었다. 3일 후 배가 몰타에 닿았을 때, 그는 선실 감금 명령을 받았지만, 블루멘트리트에게 보내는 피로가 담긴 편지 한 통을 몰래 빼낼 수는 있었다. 10월 3일 그는 계엄령(戒嚴令) 하의 바르셀로나에 닿았다. 선실에 3일간 감금된 후 그는 몬주익 요새로 호송되어 감방에 갇혔다. 다음 날 그는 데스푸홀 총사령관을 만나는 자리에 안내되었는데, 데스푸홀은 그에게 슬프고도 정중한 말투로 그날 마닐라로 출발하는 증원 병력을 가득 태운 다른 수송선에 올라 돌아가야 할 것이라고 알려주었다. 마닐라에 도착하자마자 그는 산티아고 요새에 수감되었다.

무슨 일이 일어난 것인가? 필리핀이 평화로운 한, 카노바스는 아바나에서 웨일레르가 펼치는 엄혹한 정책과 마닐라에서 블랑코가 실천하는 온건함 간의 현저한 차이에 대해 걱정할 필요가 없었다. 그러나 카티푸난의 무장 봉기가 발발하자, 이 차이는 더는 용납할 수 없는 것이 되었다. 블랑코가 그에게 상당한 규모의 군사력 증강을 요청하는 전보를 보냈으며, 이는 웨일레르가 긴급하게 필요로 하는 인력 및 재정적 자원을 위협하는 것이었기에 더더욱 그러했다. 게다가 총독은 현지의 토착민 용병이 아니라 본국의 군대를 간청하고 있었는데, 이를 조달할 수 있는 방법은 징집밖에 없었으며, 이는 이미 무척이나 인기가 없는 데다 대중을 상대로 끊임없이 정당화를 해야만 하는 정책이었다. 마지막으로, 필리핀에 대한 태도가 심약한 것으로 인식되면 이는 쿠바의 '피투성이' 총독이 극심하게 엄혹한 정책을 펼치는 근거를 침식할 것이었다. 결과적으로 스페인의 마지막 남은 두 커다란 식민지에서 서로 다른 정책을 추구하는 것은 정치적으로 불가능한 것이 되어가고 있었다.

문제는 이것뿐만이 아니었다. 법적으로 말해서 계엄령 하 바르셀로나에서 조차 리살을 재판에 부치는 것은 논외의 일이었는데, 그의 '불법 행위들'이 스페인에서 저질러진 것이 아닌 데다 부를 증인도 없었기 때문이었다. 정치적으로 말해서 스페인에서 재판을 열어 사형을 내리는 것은 재난이 될 것이었다. 스페인에서 리살은 잘 알려진 인물이었다. 대단치 않은 아나키스트들을 십자가에 못 박는 것과 모레트, 모라이타, 피 이 마르갈과 개인적 친분이 있는 인물에게 똑같은 일을 하는 것은 전혀 다른 문제였다. 바르셀로나 바깥의 스페인은 계엄 치하가 아니었으며, 이러한 종류의 사건은 원치 않는 막대한 대중적 관심을 끌게 될 것이었고, 이는 틀림없이 델 마르몰이 곧 스페인의 새로운 종교재판소라 이름붙일 것에 대한 맹공격을 이미 시작한 국제 언론에 의해 증폭될 것이었다. 계엄령 하 바르셀로나마저도 꼭 믿음직스럽지는 않았다. 내각은 데스푸홀이 일찍이 리살과 맺었던 관계를 알고 있었고, 그에게 이 젊은 필리핀인을 다룰 엉터리 군사 법정을 맡겨도 될지 확신하지 못했다. 그럼에도 정권은 필리핀 독립운동의 상징적 지도자를 세계 두들기고자 결심한 상태였고, 이런 결과를 얻기 위해서는 그를 출발한 곳으로 되돌려 보내야 했다. 다행히 두들길 도구는 수중에 있었다.

보니파시오의 항쟁이 발발한 지 얼마 지나지 않아 블랑코는 항쟁의 기원과 계획, 자원에 대해 조사할 힘 있는 위원회의 수장으로 프란시스코 올리베 대령이라는 사람을 임명했는데, 이 인물이 5년 전 웨일레르에게 리살의 가족과 친족들을 비롯하여 도미니크회에 반항적인 임차인 모두를 퇴거시키는 데 필요한 무력을 얼마든지 사용하라는 지시를 받고 칼람바에 파견되었던 적이 있다는 사실에 대해서는 모르고 있었다. 마드리드를 배후에 둔 대령은 리살을 즉각 심문하고 재판에 부쳐야 한다고 주장했으며, 마드리드의 새로운 정책,

마닐라의 스페인 사람들로부터 받는 미움, 그리고 막 받은 소환 명령으로 무력해진 블랑코는 어떻게 할 수 없음을 느꼈다. 12월 2일, 열렬한 가톨릭 신자인 카밀로 폴라비에하 장군이 신뢰하는 부하들 한 무리를 데리고 식민지 수도에 도착하였으며, 열흘 뒤 블랑코로부터 권력과 정책 지시권을 넘겨받았다.

마닐라의 웨일레르 체제

신임 총독은 필리핀에서 복무한 경력은 전혀 없었으나, 세스페데스에 대항하여 쿠바의 10년 전쟁에서 싸웠던 능력 있는 노장이었다. '소규모 전쟁' 동안 그는 아바나 총독으로 복무하고 있었지만 임기가 끝나기 전에 사직했는데, 이는 식민지 민간 관료제에 깊이 뿌리박혀 있는 대규모의 부패에 대한 좌절 때문이었다.[69] 그는 정치적 선견지명을 결여하고 있지도 않았다. 쿠바에 있는 동안 그는 공개적으로 "모든 대가를 치르며 언제까지나 쿠바 독립을 막으려는 무익한 시도를 하는 대신에, 우리는 독립에 대비해야 하고, 섬에 남아 있는 것이 적절할 때까지만 남아 있어야 하며, 호의적인 분위기에서 떠나기 전에 무력에 의해 쫓겨나 우리의 이익과 명예에 손상을 입는 사태를 피하기 위해 모든 조치를 취해야 한다"라고 천명했다.[70] 그는 섭정 왕비의 왕실 군대에서 수장을 맡고 있다가 마닐라로 왔으며, 정직함과 충성심, 군사적 강경함이 눈에 들어 뽑혔던 것 같다. 그는 카노바스의 지시를 깊은 생각 없이(sin contemplaciones) 수행할 채비를 갖추었다고 여겨졌다.

리살이 감방에서 이 사건들의 함의에 대해 인지하고 있었는지는 분명히 판단할 수 없다. 그러나 블랑코가 실각하기 이틀 전인 12월 10일, 그가 그의 재판을 위한 문서를 준비하고 있던 조사 법관을 통해 총독에게 청원서를 보냈다는 점은 주목할 만하다. 그의 심문자가 기록한 이 청원서의 핵심은 다음

....

69 Thomas, *Cuba*, p. 299.
70 Guerrero, *The First Filipino*, p. 411.

과 같다.

그는 만일 그 같은 처지에 있는 자에게도 성명 발표가 허용된다면, 그가 그런 범죄적 방식을 비난하며 그의 이름을 사용하라는 허가를 내준 적이 없다(고 선언하)는 성명을 어떤 식으로든 낼 수 있도록 마음을 써달라고 각하에게 탄원했다. 이는 오로지 몇몇 불운한 자들을 깨우쳐주기 위한 것으로 어쩌면 그들을 구제할 수도 있는 조치(로서 그가 할 일)이다. 이하 서명자는 결코 이것이 그의 소송에 영향을 끼치기를 원하지 않는다.[71]

블랑코는 이 청원서를 그다음 날이자 그의 임기 마지막 날에 승인했다. 같은 날, 조사 담당 장교는 "피고인과 증인들의 대면이 범죄를 증명하는 데 불필요하며, 범죄는 충분히 증명될 것으로 여겨지므로, 대질은 생략하도록 한다"라는 공식적인 결정을 내렸다.[72]

우리는 리살이 이제는 블랑코가 없다는 것을 알게 되었는지 확신할 수 없으며, 12월 15일 그가 '선언'을 썼을 때에도 여전히 모르고 있었을 가능성이 있음을 짐작할 수 있다. 아니면 그는 폴라비에하가 블랑코의 허가 서한을 승인했다고 전해 들었을지도 모르겠다. 「몇몇 필리핀인들에게의 선언」(Manifiesto á Algunos Filipinos)은 그가 쓴 마지막 정치적 텍스트이며, 이러한 이유 및 그 내용으로 인해 전문을 인용할 만한 가치가 있다.

동포들이여! 스페인에서 돌아오는 길에 나는 내 이름이 무기를 들고 일어난 어떤 사람들 사이에서 전쟁의 나팔로 사용되고 있다는 것을 알게 되었습니다. 이 소식은 내게 고통스러운 놀라움이었지만, 나는 다 끝난 일이라고 믿고 돌이킬 수 없는 사실이라 여긴 것에 대해 침묵을 지켰습니다. 지금 내 귀에 소요가 계속되고 있

---

71 De la Costa, ed., *The Trial*, p. 32.
72 같은 책, p. 30.

다는 소문이 들려옵니다. 몇몇 사람들이 여전히 좋은 뜻에서건 나쁜 뜻에서건 내 이름을 이용하고 있기 때문에, 이러한 남용을 교정하고 경솔한 이들을 깨우치기 위해, 진실이 알려질 수 있도록 여러분에게 급히 몇 줄 남깁니다. 처음에 내가 계획되고 있는 일에 대해 전해 들었을 때부터 나는 그에 반대했고, 그에 대항하여 싸웠고, 완전히 불가능한 일이라는 것을 증명하였습니다. 진실은 이러하며, 내가 한 말을 확인해 줄 증인들도 살아 있습니다. 나는 이 생각이 대단히 터무니없으며, 나아가 재난을 초래할 것이라 확신했습니다. 그리고 나는 한 걸음 더 나아갔습니다. 나중에 나의 충고에도 불구하고 운동이 터졌다는 것을 알게 되자, 나는 자발적으로 나의 **노력뿐**만 아니라 나의 삶, 나의 이름까지도 그들이 반란을 억누르는 데 적절하다고 여기는 방법으로 이용될 수 있도록 제공했습니다. 해악에 대해 확신한 나는 내 쪽에서 조금 희생하여 그런 무익한 불행을 막을 수 있다면 다행이라고 여겼기 때문입니다. 아직도 나는 그런 의견입니다.

동포들이여! 나는 다른 누구 못지않게 내 조국의 자유를 열망한다는 증거를 내놓았으며, 나의 열망은 계속되고 있습니다. 그러나 나는 가르침과 노동을 통해 민족을 교육시켜 그들이 스스로의 품성을 지키고 자유를 누릴 만한 자격을 갖추도록 하는 것을 필수적인 전제로 삼고 있었습니다. 저술 활동을 통해 나는 학업을 권고했고, 시민적 덕성 없이는 무엇을 되찾아도 의미가 없게 될 거라고 권고했습니다. 게다가 나는 개혁이 결실을 맺으려면 '위에서부터' 와야 한다고 썼는데(이는 여러 번 반복된 이야기입니다), '아래에서부터' 오는 개혁은 불규칙적이고 불명확한 충격과 다름없을 것이기 때문입니다. 이런 생각을 자양분으로 하여, 나는 이 터무니없고 야만적인 반란, 나의 등 뒤에서 계획되었고, 필리핀인들을 치욕스럽게 하며, 우리를 옹호해 줄 이들에게 불신을 심어줄 반란을 비난하지 않을 수 없고, 그리하여 비난합니다. 나는 그 범죄적 절차를 혐오하며, 어떤 방식으로의 참여도 거절합니다. 그리고 스스로를 속도록 내버려둔 경솔한 이들에 대해 내 마음속 가득 찬 고통과 함께 개탄하는 바입니다. 그러니 여러분, 집으로 돌아가십시오. 신이 부정한 행동을 한 자들을 용서하기를 빕니다.[73]

이 선언이 필리핀 사람들에게 방송되리라고 리살이 생각했다면, 그는 스스로를 속이고 있는 것이었다. 군법무관인 니콜라스 데 라 페냐 장군은 폴라비에하에게 냉담한 진술을 써 보냈다. "그의 선언은 다음과 같이 단순화할 수 있습니다. 동포들이여, 실패를 직시하고 무기를 내려놓아라. 나중에 내가 그대들을 약속의 땅으로 이끌어 가리라. 이 글은 평화에는 전혀 보탬이 되지 않는 반면, 장래에 반란의 사기를 돋울 수는 있을 것입니다." 그는 그러므로 이 글을 은폐할 것을 제안했으며, 총독은 이에 동의했다.[74]

12월 19일 폴라비에하는 리살을 군사 법정에서 폭동 교사 및 반역죄로 즉시 재판하라는 지시를 내린다. 이 재판은 26일에 열렸으며, 하루 동안 지속된 약식 절차 끝에 군사 재판관들은 피고인의 처형을 권고했다. 폴라비에하는 28일에 이 권고를 승인했다. 서명을 위해 사형 집행 영장을 건네받았을 때, 죄수는 그것을 훑어보다가 자신이 거기에 중국인으로 나와 있는 것을 발견했다. 그는 이 단어에 줄을 긋고 고쳐 넣었다. 필리핀인(filipino)이 아니라 인디오(indio)로.[75] 그가 마지막 순간들을 보내는 동안 누이 트리니다드가 방문했을 때, 그는 누이에게 작은 램프를 건네며 거기 그녀에게 줄 것이 들어 있다고 귀띔했다. 집에 왔을 때 그는 램프 안에 작은 글씨로 조국을 향한 70행의 고별시가 적힌 종이쪽지가 숨겨져 있는 것을 발견했다. 「내 마지막 안녕」(Mi último adiós)이라 알려진 이 아름답고 슬픈 시는 곧 타갈로그어로 번역되었는데, 역자는 역설적으로도 보니파시오였다. (다음 한 세기 동안 65가지의 외국어와 49가지의 필리핀 언어로 된 번역본들이 출현했다.)[76] 12월 30일 새벽, 리살은 감방으로부터 바굼바얀 광장—현재의 루네타 공원—이라는 곳으로 인도되었는데, 이곳은 사반세기 전 재속 신부 세 명이 교수형을 당한 곳이었다. 거기에서 그는 수천

---

73 같은 책, pp. 172~73. 작은따옴표 안의 강조는 원문.

74 같은 책, p. 173. 레테가 1892년에 쓴 풍자문이 여기에서 흥미롭게 메아리친다.

75 원본 문서를 직접 본 암베스 오캄포가 친절하게도 제공해 준 정보이다.

76 National Historical Institute, *Dr José Rizal's Mi Último Adiós in Foreign and Local Translations* (Manila: National Historical Institute, 1989~1990), 2 vols 참조.

12월 30일 새벽, 바굼바얀(현재의 루네타 공원)으로 끌려간 리살은 총살대 앞에서 죽음을 맞았다.

명의 구경꾼이 지켜보는 가운데 스페인 장교와 토착민 병사들로 이루어진 분대에 의해 총살당했다. 겨우 서른여섯 살이었던 그는 존엄과 평온으로써 죽음을 맞이했다. 시신은 가족에게 반환되는 대신 비밀리에 매장되었는데, 이는 눈에 보이는 무덤이 있을 경우 그곳이 민족주의 순례자들의 메카가 될 것이라는 두려움 때문이었다.

그러나 이 비열한 계산은 사실 상관없는 것이었다. 리살의 공개 처형은 카노바스가 그것을 통해 얻고자 했던 효과와 완전히 반대되는 것을 만들어냈다. 독립을 위한 필리핀인들의 열망은 말할 것도 없고, 반란의 불길을 잠재우기는커녕, 본보기로서의 리살의 죽음은 즉석에서 민족의 열사를 만들어냈고, 혁명 운동을 넓고 깊게 키워낸 데다, 다음 해 카노바스의 암살을 간접적으로 초래했으며, 스페인 제국의 종말을 향한 길을 열었다.

세 가지 숙고

이 장을 결론으로 이끌고 가기 위한 숙고의 목적으로, 세 가지 관찰을 해볼 수 있겠다.

첫째, 리살이 1892년 발행된 『엘 필리부스테리스모』를 거의 다 가지고 고향에 돌아왔을 때, 그는 무엇을 기다리고 있었던가? 그가 다피탄에서 보낸 4년간을 살펴볼 때 가장 눈에 띄는 점은 이 막대한 재능을 부여받은 작가가 검열의 그림자가 드리워진 편지 몇 장 이외에는 사실상 아무것도 쓰지 않았다는 것이다. 그가 원고를 써서 현지에 숨기거나 그를 방문하러 오는 누이들 편으로 몰래 반출할 수 있었으리라는 데에는 의문의 여지가 있을 수 없다. 세 번째 '아름답고' '예술적인' 소설에 대한 계획은 아무 성과도 거두지 못했고, 『마카미사』의 파편들은 『엘 필리부스테리스모』보다 한 단계 나아간 것이라기보다는 『놀리 메 탕헤레』로의 복귀에 지나지 않았다. 위대한 소설을 한 편 더 쓰는 것은 그의 한계를 넘어서는 일이었는지도 모른다. 그러는 동안 산다칸과 리가 필리피나 계획은 식민 정권에 의해 재빨리 좌절되었다. 그는 스페인으로 도로 보내주겠다는 블랑코의 제안 역시 거절했듯이, 레히도르가 배로 구출될 기회를 제공했을 때 이를 거절했다. 그는 스페인에서는 어떤 유익한 일도 불가능하다고 확신하고 있었다. 그는 발렌수엘라가 방문하기까지는 쿠바로 가는 데 대한 열의가 전혀 없었다. 그리고 그가 블랑코의 제안을 받아들이기로 급히 결정했을 때, 이것은 무언가를 하기 위한 것이라기보다는 무언가로부터 도망가기 위한 것이었다.

1896년 여름, 그가 독창적인 작가들 여럿에게 일어나는 일을 똑같이 겪고 있었다고 말할 수도 있겠다. 일단 그들의 작품이 인쇄소를 떠나 공공 영역으로 향하는 순간, 그들은 더 이상 작품을 소유하지도, 통제하지도 못한다. 리살은 자신이 민족의 정치적 스승이라고 오해했지만, 그의 힘은 다른 재능 있는 일루스트라도들이 생산해낸 것과 크게 다르지 않은 그의 설교나 비판적 논설들에서 나오는 것이 아니었다. 그의 힘은 다른 누구도 시도하지 않은 것, 즉 그의 소설에서 나왔다. 그가 『놀리 메 탕헤레』에서 한 일은 필리핀 '사회'의 전체상(이자 동시대상)을 상상 속에서 창조해낸 것이었다. 고위급 식민지 관료들, 마을의 도박꾼들, 불만을 품은 지식인들, 무덤 파는 사람들, 수사들, 경찰 앞잡이들, 야심가들, 어린 복사들, 여배우들, 소읍의 토호들, 산적들, 개혁가들, 목수들, 10대 소녀들, 혁명가들이 서로 맞물려 돌아가는. 그리고 소설의 진정한 영웅인 혁명가 엘리아스는 최후에 개혁가 이바라를 위해 그의 삶을 희생한다. 리살이 『엘 필리부스테리스모』에서 한 일은 이 사회의 정치적 파멸 및 사회를 지배하는 권력의 제거나 다름없는 것을 상상해 낸 것이었다. 그런 꿈이 공적인 영역에 진입히는 것은 고시히고, 이미 그때끼지 어떤 필리핀인도 그런 가능성을 꿈꾸어 본 적조차 없었을 것이다. 이는 마치 이 천재(genius)의 지니(genie)가 병에서 빠져나온 것이나 다름없는 일로, 엘리아스와 시모운이라는 대조되는 인물들은 스스로의 삶을 개척하기 시작했다. 리살은 보니파시오를 개인적으로 알지 못했고, 보니파시오는 아마 단 하룻밤 리살의 연설을 들었을 것이다. 그러나 카티푸난이 리살을 명예 의장으로 추대했을 때, 그리고 토의를 "리살 박사 만세"라는 환호로 끝냈을 때, 이것은 틀림없이 엘리아스와 시모운이, 그리고 소설의 생동감 있는 다른 인물 여럿이 이제 그들에게 속해 있었기 때문일 것이다.[77] 소설가와 소설들은 갈림길에서 고별한 길동무이다. 호세 리살과 리살 박사는 별개의 인물이다. 발렌수엘라의 보고를 받은 보니파시오가 그렇게도 격분한 것은 이 간극을 발견하였기 때문일 것이다. 리살이 그가 삶을 마감하기 전 몇 달 동안 분노에 찬 근심을 띠고 있었던 이유를 깊은 곳에서 찾아보면, 그것은 틀림없이 그의 '이름'(nombre)에 관한 것이었다. 말하자면 이런 것이다. "시모운, 그건 내가 아니야"(Simoun, ce n'est

----

[77] 우리가 다음 장에서 보게 되듯이, 보니파시오는 리살보다 5개월도 더 오래 살지 못했다. 논쟁의 여지가 없이 그의 것이라고 여겨지는 문서들은 극히 적고, 비밀스러움의 그늘로 덮여 있는 그의 삶은 수없이 많은 추측이 만발할 여지를 제공한다. 그러나 리살이 고향에 도착하기도 전 『엘 필리부스테리스모』의 적어도 몇 부는 마닐라에서 조용히 돌아다니고 있었다. 나는 1892년에서 1896년 사이 어느 시점에 이 카티푸난 지도자가 그 책을 읽을 수 있는 길을 찾았으리라고 확신한다.

pas moi).

조금 더 앞으로 눈을 돌려보면, 특이한 역설이 눈에 띈다. 리살은 필라르파가 스페인에서 아무것도 성취할 수 없으며 동화란 환상일 뿐이라고 여러 번에 걸쳐 이야기해 왔다. 그러나 식민지에서 그는 그 자신 역시 아무것도 성취할 수 없는 것이나 다름없음을 발견했다. 그는 발렌수엘라에게 쿠바 전쟁이 필리핀에 대한 마드리드의 양보를 이끌어낼 것이라 이야기했고, 스페인어의 위험성에 대해 더 이상 말하지 않았으며, 카티푸난 봉기에서 스스로를 떼어놓으려 했다. 결과적으로 필라르파 입장을 취한 것이다. 동시에 이미 『연대』의 재정적 파산으로 인해 비틀거리고 있던 델 필라르의 운동은 쿠바 전쟁으로 그 장래를 파괴당했다. 그의 삶에 마지막 남은 몇 달간, 델 필라르는 동화와는 아무 상관도 없는 장소인 홍콩으로 돌아갈 계획을 세웠다. 살아 있었더라면 이 노련한 현실 정치가가 종국에 카티푸난을 지지했으리라는 것은 전혀 가능성의 영역 바깥에 있는 일이 아니다. 다른 무엇이 남아 있었단 말인가?

두 번째 숙고는 쿠바와의 관계에서 떠오르는 것이다. 1895년 마르티의 반란은 민족주의자 필리핀인들을 들뜨게 하는 본보기였을 뿐만 아니라, 왕정복고 정치 체계와 제국 전체에 대한 치명적인 일격이기도 했다. 우리가 다음 장에서 살펴볼 바와 같이, 카노바스가 쿠바로 파견해야 했던 군대의 거대한 규모, 이에 따른 인명과 재정적 자원, 국제적 체면의 막대한 손실로 인해 마드리드는 필리핀에서 효과적인 행동을 펼치기가 극히 힘들었다. 1895년 말부터 카티푸난이 빠르게 성장한 것은 마드리드의 취약함에 대한 인식이 인쇄 매체를 통해 퍼지고 있었음을 드러내는 일로, 보니파시오와 그의 친구들은 이에 대해 손쉽게 접근할 수 있었지만, 다피탄에 있는 리살은 그렇지 않았다. 리살이 카티푸난의 봉기에 대해 '터무니없고' '완전히 불가능한 일'이라고 한 것은 1895~96년의 실제 국면들에 대한 그의 이해가 얼마나 부족했는지를 분명히 드러낸다. 웨일레르와 고메스의 유혈 투쟁이 최고조에 있지 않았는데도 1896년 8월 카티푸난이 봉기했을 가능성은 극히 적다. 그럼에도 불구하고 그들이 반란을 일으켰다면, 그들은 웨일레르에게 주어졌던 것과 같은 종류의 군사력에 의해 재빨리 짓밟혔을 것이다. 그러나 카티푸난이 일단 항쟁을 일으키자, 웨일레르 없는 웨일레르 체제(weylerismo)가 마닐라에 도착하는 것은 사실상 불가피한 일이었다. 리살은 단지 이 '국가적 이유'(raison d' état)에서, 혁명적 본보기가 아니라 협박의 본보기로서 사법살인을 당했다. 리살을 위한 블랑코의 편지들은 이 소설가가 봉기 연루 혐의에서는 완전히 결백하다는 것을 최고 당국에 입증하기 위한 것이었다. 그러나 행간에서는 마드리드가 결국 조금도 신경 쓰지 않을 것이라는 두려움이 엿보인다. 폴라비에하가 어리석게 행동했다거나 어리석은 지시에 복종했다고 논할 수도 있겠다. 리살을 살려주는 대신 그가 감옥에서 했던 선언을 외치며 티갈로그 지역을 순회하도록 하는 쪽이 더 교활한 일이 아니었을까? 이렇게 하면 리살의 평판이 파멸하지 않았을까? 답은 긍정적인 쪽이겠지만, 아마 너무 늦은 일이었을 것이다. 대중 항쟁은 세 달 동안 한창 진행 중이었으며 독자적인 동력을 지니고 있었다. 어찌 되었든 많은 사람들이 이 선언이 강요에서 나온 것이라고 믿었을 것이다. 그뿐만 아니라, 이런 질문들은 쿠바를 계산에 넣지 않는 것이다. 리살을 살해한다는 마드리드의 결정은 카리브 해의 섬과 그 너머 세계의 관중을 향한 의도도 담고 있는 것이었다. 폴라비에하가 블랑코 대신 파견된 이유는 그가 더 훌륭한 장군이었기 때문이 아니라 죽어가는 초대륙적 제국을 유지하려고 발버둥치는 스페인 국가가 그에게서 강철 같은 웨일레르에 버금가는 사나이의 면모를 보았기 때문이었다.

마지막으로, 리살의 운명에 끼친 결정적 중대함에도 불구하고, 쿠바 독립 전쟁은 1914년에 그 절정에 달하게 될 끓어오르는 세계적 격동의 한 부분에 지나지 않았다. 반세기 동안 영국이 지배적인 힘을 발휘하고 있었던 동아시아는 일본, 미국, 독일로부터 새로운 경쟁이 출현함으로써 지극히 불안정한 상태로 접어들고 있었다. 남아프리카에서는 보어 전쟁이 시작되려 하고 있었다. 중부 유럽과 동부 유럽의 민족주의 투쟁으로 인해 이스탄불, 빈, 상트페테르부르크, 그리고 심지어 베를린에 의해 통제되던 다민족 영토의 제국들은 그 지배권을 침식당하고 있었다. 우리가 곧 살펴볼 것처럼, 가장 광범위한 의

미에서의 사회주의 또한 민족적 · 국제적으로 움직이는 중이었다. 리살이 유럽에서의 마지막 밤을 보낸 계엄령 하 바르셀로나는 확산일로에 있었던 이 운동이 중심축으로 삼은 하나의 핵심적 장소였다.

제 5 장 · 몬주익

타리다의 성전

1896년 6월 7일 성체축일 폭탄 투척 사건의 여파로 몬주익에 수감된 300명이 넘는 사람들 대부분이 리살이 10월 초 하룻밤 동안 합류했을 때 아직도 그 안에 있었다. 핵심적인 예외는 리살과 동갑인 주목할 만한 쿠바인 크리올 페르난도 타리다 델 마르몰(Fernando Tarrida del Mármol)로서, 우리가 그를 마지막으로 마주친 것은 그가 1892년 헤레스 '폭동'(émeute)의 시기 에리코 말라테스타의 실패한 스페인 정치 순회에 동반하였던 때의 일이다. 7월 21일이라는 늦은 시기에 기술이사(Engineer-Director)이자 수학 석좌 교수로 일하고 있던 바르셀로나의 폴리테크닉 아카데미 계단에서 체포된 타리다는 8월 27일 풀려났다. 은사를 알아본 젊은 교도소 부관이 병을 핑계로 용기 있게 바르셀로나로 잠입하여 전국적 언론 및 그가 생각해낼 수 있는 모든 영향력 있는 인사들에게 타리다의 투옥 소식을 전했다는 데에서 그는 운이 좋았다. 그러자 그의 사촌이자 보수파 상원 의원인 몬트로이그 후작이 죄수를 빼내는 데 영향력과 연줄을 이용했다는 점에서도 이 쿠바인의 행운은 남다른 것이었다. (타리다는 우파로부터 이런 종류의 도움을 받은 것에 대해 전혀 곤혹스러워하지 않았으나, 이 때문에 그가 연줄의 혜택에서 상대적으로 소외되어 있는 감방의 동료들을 위해 활발히 활동하게 되었음은 분명

바르셀로나에서의 아나키스트 처형.

할 것이다.) 풀려난 후, 그는 어렵게 혹은 그냥 밀반출하는 데 성공한 동료 죄수
들의 편지 및 다른 서류들을 들고 아주 조용히 피레네를 넘어 파리로 향했다.

타리다의 「스페인 감옥에서의 한 달」(Un mois dans les prisons d'Espagne)이 프
랑스 지성계의 선도적인 격주간지 『라 르뷔 블랑슈』에 실린 것은 정확히 리살
이 엄중한 감시 아래 바르셀로나로부터 마닐라로 도로 실려 가던 때였다. 이
글은 타리다가 그 후 15개월 동안 이 저널에 기고한 14편의 글 중 첫 번째에
지나지 않았다.[1] 이 글들은 몬주익에서 실행되는 소름끼치는 잔혹 행위들뿐

1 *La Revue Blanche*, 11: 81(October 15, 1896), pp. 337~41 참조. 이 평론지는 원래 한쪽은 벨기에
   인, 다른 쪽은 프랑스인인(이 중 동생은 겨우 열여섯이었다) 두 쌍의 형제들로부터 탄생한 아이
   디어로, 이들은 1889년 여름 사우나에서—다른 데 어디겠는가?—회동을 가졌다. 이 네 명은
   1880년에 파리로 이주해 왔던 부유하고 교양 있는 폴란드계 유대인 화상, 나탕송 형제로부터 재
   정적 지원을 확보했다. 소년들은 창간호를 1889년 12월 리에주에서 발간했다. 그러나 1891년 평
   론지는 파리로 옮겨 왔고, 나탕송 형제 중 타데(Thadée Natanson)가 직접 일을 맡게 된다. 10월
   격주간지는 훨씬 더 호화롭고 우아한 판형으로 나오기 시작했다. 1895년 1월, 악명 높은 30인 재
   판에서 테러리즘과 폭동교사죄로 기소되었다가 막 방면된 참이었던 펠릭스 페네옹이 주요 편집
   일을 맡았다. 우리는 곧 신념에 찬 세계시민주의적 아나키스트이자 반제국주의자였던 그가 이

만 아니라 쿠바의 독립전쟁, 필리핀과 푸에르토리코의 민족주의 운동, 세우타에서의 카리브 해 출신 수감자들에 대한 학대, 미국의 시끄러운 제국주의음모 등에 대해 자세히 다루었으며, 놀라울지도 모를 일인데 '항공 운항'에 대한 수식으로 가득 찬 전문적 글까지 라이트 형제보다 먼저 내놓았다. 연작의두 번째 글은 리살이 처형되기 2주 전인 12월 15일에 발표되었으며, 실로 "필리핀 문제"(Le problème philippin)에 바쳐진 글이었다(우리의 소설가도 정치적 추방자로 짧게 그려진다). 이 시기 이 평론지에 가장 자주 기고한 사람이 타리다였다고 과감하게 말할 수 있을 것이다. 그에게 주어진 예외적인 지면은 처음에는몬주익에 대한 그의 개인적 증언에 따른 결과였다. 이것은 늘 언론을 다루는데 타고난 육감을 지니고 있던 작가에 의해 '스페인의 종교재판관들'이라 명명된 카노바스 정권에 대한 범대서양적 항의 운동의 포문을 연 글이었다. 『라르뷔 블랑슈』로서는 타리다가 진정한 횡재였는데, 이는 단지 그가 카탈루냐출신으로 개방적이면서 프랑스어가 가능한 아나키스트 지식인이었기 때문이아니라, 쿠바인 애국자로서 몬주익을 쿠바, 푸에르토리코, 필리핀의 독립 투쟁에 체계적으로 연관시킬 만한 완벽한 위치에 있었기 때문이기도 했다.

　이 국면은 어떻게 도래했는가? 타리다 자신의 경력이 결정적이었다.[2] 그는우리가 이미 보았듯이 1861년 아바나에서 태어나, 1868년 이사벨 여왕이 눈부시게 몰락할 때까지 그곳에 살았다. 결국에는 장화와 단화를 생산하는 부유한 카탈루냐인 제조업자가 된 그의 아버지가 왜 애초 쿠바에 살러 갔는지는 명확하지 않다. 그러나 이 가족이 돌아온 날짜를 보면, 그들이 정권 막바지

....

저널을 전보다 더 눈에 띄게 좌파적으로 만들었다는 것을 알게 된다. 『라 르뷔 블랑슈』의 마지막호(312호)는 1903년 4월 15일에 나왔다. 저널은 늘 적자로 운영되었는데, 당시 타데는 동부 유럽에서 현명치 못한 투자를 하다가 큰 재산을 잃었으며, 그의 아름다운 폴란드인 아내 미시아 고뎁스카는 그를 떠나 신문업계의 백만장자 거물에게 가버린 상태였다. 일류 금융업자이자 주식 거래업자였던 형 알렉상드르는 혼자서 재정적 부담을 다 짊어질 만한 여유는 없다고 느꼈다. Halperin, *Félix Fénéon*, pp. 300~14 참조.

2　그의 경력과 다음 문단을 서술하면서 나는 이슨웨인의 *Anarchist Ideology* 중 화려하게 세부적인제8장 "Anarquismo sin adjetivos"에 의존하였다.

의 억압적인 몇 해 동안 목표에 낄 소지가 있었을 것으로 보인다.[3] 그리고 어린 페르난도는 포(Pau)의 리세로 보내지는데, 이곳은 수십 년 후 피에르 부르디외가 고통을 당하게 될 그곳이다. 이 학교에서, 장차 프랑스의 총리가 될 급우 장-루이 바르투가 타리다를 공화주의자로 변모시켰다. 스페인으로 돌아오면서 페르난도는 더욱 왼쪽으로 기울게 되었고, 노동 계급의 회합이나 클럽에 자주 드나들었다. (『놀리 메 탕헤레』가 나오기 1년 전인) 1886년 즈음 그는 확신에 찬 아나키스트이자 자석같이 청중을 끌어당기는 강연자, 그리고 주요 아나키스트 출판물인 『라 아크라시아』와 『생산자』의 정기 기고자가 되어 있었다. 1889년 7월에는 파리의 새로운 인터내셔널 사회주의자 회의에 파견될 대표로 바르셀로나 노동자들에 의해 선출되었다.[4] 같은 해 11월 대중 강연에서 그는 좌파의 파벌 다툼을 해소하자는 꾸준한 운동의 일환으로 비길 데 없는 슬로건, "형용사가 붙지 않은 아나키즘"(anarquismo sin adjetivos)을 개발해 냈다. "완전한 사회적 해방을 보장한다고 주장하는 모든 혁명적 이론들 중, 자연과 과학, 정의에 가장 엄밀하게 부합하며, 모든 정치적·사회적·경제적·종교적 도그마를 거부하는 그 하나의 이론은 '형용사가 붙지 않은 아나키즘'이라 불린다." 취지는 마르크스주의와 바쿠닌주의 당파들 간의 심각한 불화를 끝내고자 하는 것이었다. 그가 말한 대로, 진정한 아나키즘은 결코 누구에게든 미리 고안된 경제적 계획을 강제하지 않는 것일 터였는데, 이는 계획이란 선택이라는 기본 원칙을 위반하는 것이기 때문이다. 그러나 그의 캠페인은 외로운 '행동에 의한 선전'이라는 개념 전체에 반대하고자 하는 것이

••••••••••••••••••••••••

3 페르난데스는 다른 가능성을 지적한다. 크리올이었을 가능성이 높은 타리다의 어머니에게는 도나토 마르몰이라는 사촌이 있었는데, 그는 오리엔테 지방 출신으로 최초로 세스페데스의 편에 선 사람들 중 하나였다. 10년 전쟁 동안 그는 장군의 지위까지 올라갔다. 타리다의 가족이 항쟁이 시작된 직후 유럽으로 떠났다면, 이는 그의 아버지가 위험한 친족 관계의 결과를 두려워했다는 의미이다. *La sangre de Santa Águeda*, p. 25.

4 이 회의는 같은 해 에펠탑—조리-칼 위스망스는 '다리를 벌린 창녀'라 불렀지만 조르주 쇠라는 꽤 좋아했던—이 공개되었던 대박람회가 한창인 도중 열렸다. Halperin, *Félix Fénéon*, p. 204.

기도 했다.

　종종 농담으로 '아나키즘의 교황'이라 불리던 장 그라브는 『반역』(La Révolte)에서 즉각 타리다를 비난했는데, 그가 스페인의, '집단주의'라는 비뚤어진 아나키스트 전통, 즉 조직된 노동 계급 기반에 대한 애착을 대변한다는 것이었다. 그가 타리다의 투우사 같은 답변을 바로 실었다는 것은 이 교황이 분별 있게도 자신의 무오류성을 주장하지 않았음을 잘 보여준다. 이미 수학 교수였던 스물여덟 살의 타리다는 작은 그룹들이 배후에 집단적인 조직을 두지 않고 행동에 의한 선전을 이용하는 것으로는 부르주아지의 중앙집권적 권력에 제대로 대항할 가능성이 없다고 설득력 있게 썼다. 스페인의 아나키스트들은 오랜 경험을 바탕으로 공동 행동은 필수적이라는 믿음을 갖게 되었는데, 오직 노동 계급의 조직된 저항만이 국가의 억압에 맞서 싸우는 데 생산적인 도구이기 때문이다. 그러므로 '노동자 단체들'(centros obreros)을 권위주의적인 것이 당연한 '위계질서'라고 하며 깊이 생각지도 않고 무시해 버리는 것은 완전히 잘못된 일이다. 그 반대로 단체들은 스페인에서 혁명 운동의 성장에 필요불가결한 것이었음이 밝혀졌다. 노동자 단체들이 폐지되어야 한다는 그라브의 요구는 어불성설이다. 그러나 동시에 타리다는 빈사 상태의 FTRE(제1인터내셔널의 잔해인 스페인지역노동자연맹)의 경우에는 관료주의가 깊이 뿌리박혀 어떠한 유용성도 상실한 조직이라는 점을 인정할 채비가 되어 있었다.

　타리다의 주장은 그 자체로 중요하지만(그리고 금방 말라테스타와 엘리 르클뤼 등등을 설득하게 되었지만), 현재의 맥락에서 핵심적인 것은 그의 글들이 파리에서 손꼽히는 소설가·시인·화가들 여럿이 충실한 구독자였던 『반역』에 실렸다는 사실이다. 그리하여, 타리다가 몬주익에서 풀려난 후 파리에 도착했을 때, 그는 (지면 상으로는) 친숙한 인물이 되어 있었다. 그가 쿠바인이라는 사실은 쿠바에 대한 웨일레르의 억압이 매우 널리 잘 알려져 있던 시점에서 그의 진입을 한층 확고하게 했다.

　두 번째로, 타리다는 외로운 희생자로서 파리에 출현한 것이 아니었다. 바르셀로나의 계엄령 체제가 폭력적이었던 만큼, 카노바스는 계엄령을 스페인 전체로 확대하지 않을 만큼은 교활했다. 그러나 9월 그는 코르테스를 압박하여 당시 서유럽에서 테러리즘과 반역을 가장 가혹하게 다스리는 법안을 통과시키도록 했다. 그럼에도, 리카르도 멜라(타리다의 꼼꼼한 전우)가 1897년 파리의 『뤼마니테 누벨』(L' Humanité Nouvelle, 신인류)을 위해 집계한 통계에 따르면 스페인에는 진지한 아나키스트 활동가들과 동조자들이 다음과 같이 분포해 있었다. 안달루시아: 아나키스트 12,400명(+동조자 23,100명). 카탈루냐: 6,100명(+15,000명). 발렌시아: 1,500명(+10,000명). 신·구 카스티야 1,500명(+2,000명). 계: 25,800명 및 54,300명.[5] 카를로스주의 전쟁으로 나타난 사회적 등압선은 더 명확한 지도로 그려지기도 힘들었다. 북부와 북서부에는 차가운 반동, 교권의 날씨가, 남부와 동부에는 격렬한 비와 폭풍이 몰아쳤는데, 그 태풍의 눈은 바르셀로나가 아니라 총리의 출신지인 안달루시아였다. 게다가, 카노바스의 적들—그가 속한 당내의 적 및 자유주의자·연방주의자·공화주의자·마르크스주의자들 가운데의 적—은 원칙적인 이유에서든 기회주의적인 이유에서든 '문명의 사형 선고'라는 선정적인 언어로 노출된 몬주익 스캔들을 화제로 삼을 호기가 무르익었다고 생각했다. 바르셀로나에 수감된 이들 중 전직 장관이 적어도 한 명, 의회 의원이 세 명이었다는 사실이 도움이 되었다.

나아가, 파리는 점점 스페인 제국 신민들의 정치 활동을 위한 주요 거점이 되어가고 있었다. 급진 공화주의 지도자 소리야는 왕정복고에 대항할 계획을 짜며 그곳에 오랫동안 정착해 있는 상태였다. 그의 개인 비서이자 우리가 다시 만나게 될 노련한 좌파인 페르난도 페레르 과르디아(Fernando Ferrer Guardia)는 파리의 유명한 리세 콩도르세에서 스페인어를 가르쳤는데, 말라르메 역시 1898년 때 이른 죽음을 맞이할 때까지 이곳에 고용되어 있었다. 1895년 봄 마르티가 쿠바 독립전쟁에 착수하자, 스페인은 카리브 해에서 온 민족주의자와 급진파들에게는 너무 뜨거운 곳이 되었고, 이들은 전설적인 푸에르토리코인 혁

---

5 Esenwein, *Anarchist Ideology*, p. 202에 인용 및 논의되어 있다.

명가 라몬 베탄세스 의사 선생의 정력적인 리더십 아래 프랑스 수도에 모여 카노바스와 웨일레르에 맞선 선전 및 계획 입안에 열중하고 있었다. 마지막으로 성체축일 습격 이후 본국 급진파 여러 명이 피레네를 넘어 도망쳐 왔다. 그렇게 파리에 모인 이들 가운데 오직 필리핀 대표들만이 보잘것없는 수준이었다. 리살과 델 필라르는 죽었고, 마리아노 폰세는 홍콩으로 떠나 있었다. 잘 알려진 고참 민족주의 인사 중 유일하게 화가 후안 루나만이 그곳에 남아 있었다.

급진화된 파리

1897년의 파리가 타리다의 엄청나게 성공적인 운동에 열려 있었던 이유를 이해하려면, 새로운 지적·정치적 풍토를 창조하는 데 중심 역할을 했던, 세대가 다른 두 남자의 초기 경력을 고려하기 위해 시간을 거슬러 올라 가야만 한다.

조르주 클레망소는 1841년에 태어나 루이 나폴레옹의 억압적 제국주의 정권 아래에서 성장했다.[6] 리살이 막 태어나던 무렵인 1861년, 그는 급진 공화주의 좌파 서클에 들어갔는데, 나중에 그의 사돈이 된 인물로서 유별나기로 소문난 급진적 언론인이자 편집자 앙리 로슈포르(구귀족 로슈포르-뤼세 후작)를 만난 것이 여기에서였다. 1862년, 클레망소는 비판적인 논설들로 인해 황제에 의해 투옥되었으며, 풀려난 이후에는 '정치범'들이 수감된 생트 펠라지 교도소 옆에 있는 병원에서 일하면서 블랑키와 알게 되었고 그에게 매료되었다. 그는 이 영원한 음모꾼을 위해 벨기에로부터 인쇄기를 밀수해 오기까지 했다. 스당 이후 그는 코뮌이 다음 해 봄 터져 나온 구(arrondissement)였던 몽마르트의 시장이 되었다. 클레망소는 루이 나폴레옹을 계승한 정부가 비스마르크에게 비굴한 태도를 취하는 것에 강력하게 반대했으며, 독일의 파리 포위

---

6 클레망소의 정치 경력(1900년까지)에 대한 다음의 설명은 주로 Gregor Dallas, *At the Heart of a Tiger: Clémenceau and his World, 1841~1929*(New York: Carroll & Graf, 1993), 특히 pp. 30~38, 97~120, 185~87, 212~340에 바탕을 둔 것이다.

라몬 에메테리오 베탄세스(좌), 그가 살던 파리 샤토덩 거리의 집(우).

공격에 대항하여 열심히 일했다. 그는 시장 사무실에 무기 공장을 만들어 침략자에 대항하여 사용할 오르시니 폭탄을 적어도 23,000개는 제작했다. 그가 루이즈 미셸(Louise Michel)과 무척 친밀해진 것은 바로 이때였다. 그보다 열한 살이 많은 이 대단한 여자는 지방 귀족과 하녀의 사생아로서, 겨우 열네 살 때 빅토르 위고에게 자신이 쓴 시를 보내기 시작했다. 1860년대에 그는 파리에 있었고, 정치에서는 꾸준히 왼쪽으로 옮겨 왔으며, 1870~71년에 다친 이들과 굶주리는 이들을 위해 몽마르트에서 헌신적으로 일한 것으로 유명해졌다. 클레망소는 마지막까지 직위에 머물러 있었으며, 스스로에게―댈러스의 상상에 따르면―이렇게 말하며 수도를 떠났다. "그들은 우리 구민들 모두에게 총질을 하겠지. 그러나 나는 그 모든 일에 대하여 내 이름이 비난을 짊어지도록 할 수는 없다."

클레망소는 처음으로 코뮈나르들에 대한 일반 사면을 요구한 제3공화국 의원들 중 하나였으며, 블랑키를 감옥에서 빼내기 위해 노력했고, 루이즈 미셸이 1880년 뉴칼레도니아에서의 징역살이를 마치고 돌아온 후 그를 도와주

널리 칭송받던 프랑스의 아나키스트이자 교사,
구호 일꾼인 루이즈 미셸의 경찰 사진.

었다. 이 붉은 성모가 1883년 다시금, 이번에는 아나키즘의 죄목으로 징역을 선고받자, 클레망소는 그를 석방하도록 제3공화국에 압력을 넣는 언론 캠페인을 주도했다. 노동자들의 단체 및 노조 결성권을 강력하게 지지했던 그는 또한 인도차이나와 아프리카, 오세아니아에서 프랑스가 행한 잔인한 모험들을 비롯한 식민주의와 제국주의에 헌신적으로 반대하기도 했다. 프랑스 정치계에서 쿠바의 대의에 그보다 더 동조적인 저명인사는 없었다. 1897년 10월에야 문을 닫은 그의 신문 『라 쥐스티스』(La Justice)는 코뮌 이후 시기 가장 강력하고 존중받는 야당 언론이었다. 클레망소는 드레퓌스 사건이 폭발한 바로 그 즈음에 에르네스트 보건(Ernest Vaughan)의 새로운 『로로르』(L'Aurore, 여명)로 옮겨 갔다.

클레망소보다 20년은 젊은 펠릭스 페네옹은 1861년 토리노에서, 리살이 칼람바에서 태어난 지 열흘 뒤에 태어났다. 영민한 지방 학생이었던 그는 스무 살에 파리로 이사해 왔으며, 전쟁부에서 일자리를 얻었고, 미술평론가와 문학 편집자, (1880년 중반 즈음에는) 활동적인 아나키스트로서 놀라운 경력의 첫발을 내딛었다.[7] 스물세 살의 나이에 그는 아방가르드 저널 『르뷔 앙데팡

펠릭스 페네옹을 그린 폴 시냐크의 아방가르드 작품.

당』(Revue Indépendente, 독립 평론, 창간되어 1년밖에 발행하지 못한)을 창간했는데,
대들보는 위스망스의 소설들이었지만, 프루동과 블랑키, 바쿠닌, 크로포트킨
의 글들을 싣기도 했다. 이 저널은 인도차이나의 프랑스 제국주의 및 복수를
꿈꾸는(revanchiste) 프랑스 민족주의에 대한 극심한 적의를 불태웠다. 페네옹
은 전쟁 장관에 대해 그가 "중국인들을 살육하고 강탈하기 위해 극동으로 새
로운 병력을 파견하고 있다. 중국인들에게 따뜻한 안부를 전한다"라고 빈정
거리는 투로 썼다.[8]

　리살의 『놀리 메 탕헤레』와 이사벨로 데 로스 레예스의 『엘 폴크로레 필리
피노』의 시대였던 1880년대의 후반 5년간, 페네옹은 파리지엔 아방가르드의
중심에 선 인물이 되었다—막후에서 일하는 쪽을 선호하기는 했지만, 여러
면에서 그는 중심에 선 인물이었다. 그는 프랑스의 민족주의적 편협성과 싸

7　페네옹의 아버지는 프랑스인 행상이었고, 어머니는 젊은 스위스인이었다. Halpern, *Félix
　Fénéon*, p. 21.
8　같은 책, p. 56.

우기 위한 방식으로 키츠, 도스토예프스키, 휘트먼의 작품을 실었으며 라포르그의 가장 몽상적인 시도 지면을 얻었던 원래의 『보그』(La Vogue, 1885~89) 및 복간한 『르뷔 앵데팡당』(1885~89)의 편집 일을 (라포르그 등의 도움을 받아) 동시에 해냈다. 랭보가 남기고 간 시적 혼란을 꼼꼼하게 편집하고 구성하여 1886년 『일루미나시옹』이라는 폭탄으로 선보인 것이 페네옹이었다.[9] 같은 해, 첫 전시회에서 (페네옹보다 두 살 많은) 조르주 쇠라와 (두 살 적은) 폴 시냐크를 화려하게 내놓았던 앵데팡당전의 제2회가 열렸다. 페네옹은 이 젊은 반란자들을 위해 '후기 인상주의자'라는 말을 만들어냈을 뿐 아니라, 이들의 확고하고 명민한 옹호자가 되었다.[10] 벨기에 아방가르드 사회주의 저널인 『라르 모데른』(L'Art Moderne, 현대 예술)에 이 전시회에 대한 획기적인 '지식인용'(high-brow) 평론을 보내고 완전히 파리의 은어로만 쓴 또 다른 평론을 급진적인 타블로이드 『르 페르 페나르』(Le Père Peinard, 느긋한 사람)에 실었다는 것은 그의 정치관을 특징적으로 보여준다. 이 모든 것이 충분치 않다면, 그가 친한 친구 위스망스에게서 『라르 모데른』의 연극 평론가 일을 넘겨받아 입센의 강렬한 영향력 하에 쓰이던 새로운 희곡들을 옹호했다는 점도 이야기할 수 있겠다.

『엘 필리부스테리스모』의 시대인 1890년대 초, 페네옹은 그의 다른 직업들을 내팽개치지 않으면서 급진적 정치 쪽으로 선회했다. 1891년 8월 페네옹은 자칭 조 닥사(Zo d'Axa, 별칭 알퐁스 갈로 드 라 페루즈)라는 기이한 인물을 만났는데, 그는 그로부터 석 달 전 격렬한 아나키스트/아방가르드 저널 『랑드오르』(L'Endehors, 밖으로)를 창간한 바 있었다.[11] 이 저널은 2년도 가지 못했다. 창간한 지 6개월 후, 조는 그의 저널이 프랑스 군대와 사법부, 의회에 대한 통렬한 논평들을 실었다는 이유로 '도덕 위반' 죄목으로 기소되었다. 그는 영국으로 도망쳤지만, 아내의 정절을 염려하여 파리로 돌아왔다가 체포되어 2주간

....

9 같은 책, pp. 62~67.
10 Farewell to an Idea(New Haven: Yale University Press, 1999), p. 62에서 저자 T. J. Clark는 그를 '보들레르 이후 최고의 미술 평론가'라고 부르는데, 이는 대단한 칭찬이다.
11 Halperin, Félix Fénéon, pp. 245~46.

1894년, 감옥에 갇힌 페네옹을 그린 막시밀리앙 뤼스의 「감방에서」.

독방에 감금되었으며, 재판 때까지 잠시 풀려났다가 영원히 사라졌다.[12] 그러나 그의 동지 여럿은 여러 해 동안 감옥에 갇혀 있었다. 페네옹은 체포되지 않았지만, 그에 대한 경찰의 기록은 그해(1893년)부터 시작되었다. 그는 저널이 폐간될 때까지 그 일을 맡아 보았으며, 위대한 벨기에 급진파 시인 에밀 베르아렌 및 말라르메 패에 있던 프랑스의 두 젊은 아나키즘 동조 작가 옥타브 미르보와 폴 아당을 소개하였다.[13]

그가 에밀 앙리를 만나 그에게 매료된 것은 조 그룹의 회합에서였다. 그는 시냐크에게 보내는 편지에서 앙리를 "모든 이들 중 가장 아나키스트다운 아나키스트"라고 묘사하는데, 그의 행동들이 제3공화국에 궁극적인 책임이 있는 유권자들을 겨냥했기 때문이라는 것이었다. (또한 페네옹은 시냐크에게 "지금까지 아나키스트 행동들은 르클뤼나 크로포트킨이 20년 동안 펴낸 소책자보다 더 많은 선전을 해냈다"라고 썼다.)[14] 1894년 4월 4일 앙리가 (신속한 처형이 확실시되는 가운데)

• • • • • • • • • • • • • • • • • • • •

12 같은 책, p. 252.

13 Maitron, *Le mouvement*, p. 137.

14 Eugenia Herbert, *The Artist and Social Reform: France and Belgium, 1885~1898*(New Haven:

체포된 후, 페네옹은 상원 바로 맞은편에 위치한 최신 유행의 포요 레스토랑 창턱에 폭탄을 설치했는데, 사망자는 없었으나 몇 명이 중상을 입었다.[15] 우리가 전에 보았듯이, 그는 곧 체포되었다. 사형이 걸린 재판을 기다리는 동안 놀랍게도 그가 형무소 도서관에서 찾아낸 『노생거 대수도원』의 번역에 착수했다는 것은 그의 태연자약함을 전형적으로 드러낸다.[16] 치안 방해자 30명 가운데 하나로 피고석에 앉은 그는 판사들과 재기 넘치는 밀고 당기기 게임을 펼치고 클레망소를 비롯한 지식인 명사 여럿을 피고 측 증인으로 세운 끝에 무죄 방면되었다.[17] 말라르메는 판사들에게 페네옹을 "상냥한 사람"(cet homme doux)이라고 묘사했으며, 기자들이 이 미술평론가 및 그와 같이 피고석에 앉아 있는 지식인·범죄자·아나키스트의 기묘한 조합에 대해 그의 전반적인 의견이 무엇인지 묻자 "그는 이 성자들에 대해 어떤 이야기를 하는 것도 원치 않더군요"라고 침착하게 대답했다.[18] 그렇지만 1895년에 발레리가 그에 대해 "내가 만나본 사람들 중 가장 지적인 축에 드는 사람. 그는 공정하고, 냉혹하며, 점잖다"라고 규정했던 쪽이 더 적확한 표현이다.[19] 풀려난 뒤 페네옹은 원하는 대로 공개적인 일을 하는 것은 힘들다는 것을 깨닫고, 막후에서 일하는 비상근 편집자로 『라 르뷔 블랑슈』에 일자리를 얻었다. 오래지 않아 그는 저널을 추진하는 동력이 되었다.[20]

●●●●●●●●●●●●●●●●●●●●●●●

Yale University Press, 1961), p. 113. 두 번째 인용구는 John Rewald, "Extraits du journal inédit de Paul Signac", in *Gazette des Beaux-Arts*, 6: 36(1949), p. 113에서 따온 것이라고 한다.

15 Halperin, *Félix Fénéon*, pp. 3~4의 생생한 재구성을 참조. 몇 해 지나지 않아 그는 다우에스 데커의 『막스 하벨라르』를 처음 프랑스어로 번역한 교양 있는 네덜란드계 유대인 아나키스트 알렉산더 코헨에게 자신이 한 일을 고백했다.

16 David Sweetman, *Explosive Acts: Toulouse-Lautrec, Oscar Wild, Félix Fénéon and the Art and Anarchy of the Fin-de-Siècle*(London: Simon and Schuster, 1999), p. 375. 이 번역은 나중에 『라 르뷔 블랑슈』에 실렸다.

17 Halperin, *Félix Fénéon* 제14장의 세부적 설명은 걸작이며, 무척 익살맞다. 경찰이 페네옹의 전쟁부 사무실에서 기폭 장치를 찾아냈는데도, 그들은 피고를 포요 폭탄 투척 사건에 연결시키는 직접적 증거를 만들어낼 수 없었다.

18 Joll, *The Anarchists*, pp. 149~51.

19 Halperin, *Félix Fénéon*, p. 6.

에밀 앙리의 체포에 대한 당대의 묘사(좌), 유명한 아나키즘 이론가인 엘리제 르클뤼(우).

클레망소와 페네옹은 서로 다른 세대에 속해 있었으며, 강력하면서도 대
조되는 성격을 지니고 있었고, 정치적 견해는 부분적으로만 겹칠 뿐이었지
만, 1890년대 후반 서로 영향을 끼치는 동맹의 위치에 놓이게 되었다. 제3공
화국이 아시아와 아프리카에서 보였던 제국주의의 잔혹함에 대한 증오 이외
에도 직접적인 이유로 들 수 있는 것은 라바숄, 바이양, 앙리의 암살 시도 이
후 법제화된 이른바 '악랄법'(lois scélérates)에 대한 분노이다. 이 법령들은 모
든 혁명적 선전을 금지했으며, '혁명가'들을 돕거나 이들에게 동조하는 사람

· ·

20 『라 르뷔 블랑슈』가 문을 닫은 후, 페네옹은 정치적 삶에서 물러나게 되었지만, 1906년
   "Nouvelles en trois lignes"라는 제목으로『르 마탱』(Le Matin) 지에 풍자적이고 때로는 감동적
   인 미니멀리즘 기고를 시작하였다. 같은 책, chapter 17. 그는 유럽에서 가장 성공적인 화랑 한
   곳에서 핵심적 인물이 되었다가 1924년 은퇴했다. 생애 마지막 20년 동안 그는 너무나 완벽한
   고독 속에 살아서 여러 사람이 그가 죽었다고 생각할 정도였다. 수십 년간 마르크스주의에 별
   관심을 보이지 않았던 그는 제1차 세계대전이 끝난 후 거의 예순 살이 다 되어 프랑스 공산당에
   입당하였다. 그는 1944년에 사망했으며, 독일이 파리를 점령하지 않았더라면 그의 엄청난 미술
   소장품을 소련에 남겼을 것이다. Sweetman, Explosive Acts, pp. 493~95.

들에게조차 가혹한 처벌을 내릴 수 있도록 했다. (엄청난 양의 경찰기록이 작성되어 있었던 카미유 피사로는 일찍이 안전한 벨기에로 피신했다.)[21] 그러나 1885년 벨기에노동당(Patri Ouvrier Belge)의 탄생 및 다음 해 졸라의 소설 『제르미날』의 출간이 상징적으로 드러내는 더 광범위한 정치적 전환 또한 진행되고 있었다.

벨기에노동당과 『제르미날』

19세기의 상당 기간 동안 벨기에의 산업화 수준은 영국의 수준에 버금갔다. 그러나 투표권은 극히 제한되어 있었으며, 국내의 권력이 대개 자유무역을 신봉하는 자유주의적 실력자들의 수중에 있어, 정치적 수준은 전반적으로 뒤떨어진 상태였다. 세기말 벨기에의 국가 원수였던 레오폴드 2세는 악명 높은 외교적·군사적 개입을 통해 1885년 콩고를 절대적으로 지배하는 개인 통치자가 됨으로써 이 상황을 벌충했다. 그러나 같은 해, 주목할 만한 인물 에밀 반데르벨데(Émile Vandervelde)가 벨기에노동당을 창당하여 노동 계급을 동원하였는데 그 결과로 10년이 채 지나기 전에 투표권이 급격히 확장되고 의회에서 당의 의석 점유율은 한때 전능했던 자유주의자들을 능가할 정도였다. 반데르벨데는 스스로를 벨기에 노동자들의 프루동주의 전통을 존중하는 개방적인 마르크스주의자라 여겼으며, 평화적인 아나키스트 여럿과 우호적인 관계를 지켰다. 이보다 더 중요할지도 모를 일로, 그는 열렬한 예술 애호가로서 벨기에의 급진적 아방가르드 진영에 친한 친구들을 두고 있었다. 그래서 그는 브뤼셀에 아주 성공적인 민중의 집(Maison du Peuple)을 열었고, 에밀 베르아렌을 예술 담당자로 채용했다. 베르아렌은 20인회(Les Vingt)라는 이름으로 뭉친 벨기에의 아방가르드 화가들을 정당의 세력 범위 내로 데려왔는데,

---

21 피사로(와 아들 뤼시앵)는 진지한 급진주의자였다. 카미유는 유대인으로서 덴마크령 앤틸리스 제도에서 태어났으며, 그리하여 카리브 해 노예 반란의 잔인한 진압과 프랑스 학교에서의 반유대주의에 대한 불쾌한 경험들을 갖고 있었다. 드가와 르누아르는 그에 관해 이야기할 때 꼭 '그 유대인 피사로'라고 칭하였다. 같은 책, p. 220.

이 중 가장 널리 알려진 멤버는 아나키스트적 몽상가 제임스 엔소르였다. 베르아렌은 문학 전선에서도 마찬가지로 성공적이었고, 마테를링크를 비롯한 많은 이들에게서 충실한 지지를 받았는데, 마테를링크는 반데르벨데가 나중에 "공격적인 혁명가"였다고 호의적으로 회상한 바 있는 인물이다.[22] 미술 저널 『라르 모데른』과 문학 간행물 『라 르뷔 루주』(La Revue Rouge, 적색 평론)는 현지의 인재들을 키웠을 뿐 아니라 견고한 국제주의 입장을 취하기도 했다. 우리가 앞에서 보았듯이 위스망스와 페네옹이 평론가로 초청되고, 프랑스의 인상주의자들과 후기 인상주의자들이 자신들의 신작을 기꺼이 브뤼셀의 전시회에 제공했던 것은 베르아렌과 반데르벨데의 후원 하에서 있었던 일이었다. (이 브뤼셀이 리살이 1890년 1월, 『라 르뷔 블랑슈』가 리에주에서 태어난 지 한 달 후 『엘 필리부스테리스모』를 지으러 왔던 그곳이다.) 프랑스와 벨기에의 작가들은 서로의 잡지에 글을 실었고, 윌리엄 모리스의 생각과 작품이 무척 따뜻한 환영을 받았다. 프랑스에서 벨기에노동당의 지도자들과 정책이 끼친 효과는 상당했다. 철저한 속물이었던 쥘 게드가 파리 인텔리겐치아와의 모든 접촉을 피했던 그곳에서 1890년대 중반 장 조레스가 게드를 밀어내기 시작했으며, 조레스는 열심히 벨기에 모델을 모방하고자 했다.[23]

졸라는 전반적으로 파리의 급진적 문학계에서 경멸당하고 있었지만, 동북부의 앙쟁 탄전에서 일어난 쓰라리고 비극적인 파업에 대한 철저한 조사를 바탕으로 한 그의 『제르미날』은 정치적 센세이션으로 떠올랐으며, 모든 다른 유럽 언어로 번역될 정도로 폭발력을 발휘했다. (19세기에 상당히 자주 일어났던 일로, '사회적' 소설은 팩트를 바탕으로 한 저널리즘보다 훨씬 더 크고 더 오래가는 정치적 효과를 거둘 수 있었다.) 졸라가 탄광 노동자들 가운데의 '혁명가들'을 적대적인

....

22 우리는 마테를링크를 주로 몽롱한 중세주의 작품 『펠레아스와 멜리상드』(Pelléas et Mélisande)의 작가로 기억하겠지만(그는 또한 어린이극으로 유명한 『파랑새』의 작가이기도 하다.—옮긴이), 그는 1889년 브뤼셀에서 결성된 사회주의 학생회 겸 동문회의 초기 회원이었다. 1913년이 되어서도 그는 여전히 그해 총파업 시기 노동당의 메이데이 기념 책자에 글을 쓰고 있었다. Herbert, The Artist, p. 99.

23 이상 단락은 대개 같은 책, pp. 9, 27~34, 67~71에 기초한 내용이다.

방식으로 그리기는 했지만, 그럼에도 『제르미날』은 독자들에게 광부들의 빈곤, 산업이 유발하는 질병, 안전 조치의 부재, 광산 소유주들에 의한 착취에 대해 간담이 서늘해지는 그림을 제공한다.[24] 클레망소도 직접 파업 광부들을 방문하였고, 자신이 본 광경에 소스라쳤다. 탄전이 1894년 앙리의 더 치명적인 암살 시도 중 한 가지로 연결된다는 것 또한 주목할 만한데, 연결 고리는 역시 졸라였을지도 모르겠다. 그는, 무장 경찰을 끌어들여 조직을 파괴하는 것으로 노동자들의 파업에 대응한 카르모 탄광 소유주들을 벌하기 위해, 여자로 변장하여 카르모광업회사 사무실에 폭탄을 설치했다. 사회주의자 의원들이 중재를 약속했지만, 아무 결과도 나오지 않은 채 몇 달이 흘러갔고, 노동자들은 기아 상태에 빠져 있었다. 앙리의 폭탄은 발각되어 경찰서로 운반되었는데, 그곳에서 폭발하여 다섯 명의 경찰관과 소년 한 명을 죽였다.[25]

드레퓌스 사건

악랄법이 제정된 지 채 3년이 지나지 않았을 무렵인 1897년 이른 봄, 『라 르뷔 블랑슈』가 엘리제 르클뤼, 루이즈 미셸, 장 그라브 등의 유명한 아나키스트들 및 클레망소의 급진파 귀족 사돈 앙리 로슈포르의 기고를 받아 커다란 「코뮌에 관한 탐구」(Enquête sur la Commune)를 냈다는 것은 정치적 분위기의 변화를 무엇보다도 잘 드러낸다. 타리다의 글 역시 돋보이게 실렸고, 말라르메, 라포르그, 자리, 다니엘 알레비, 니체, 고(故) 에두아르트 다우에스 데커, 폴 아당, 그리고 위스망스의 동성애자 친구 장 로랭의 글도 있었다. 여러 해가 지난 후 1872년에 태어난 레옹 블룸은 이렇게 썼다. "내가 속해 있었던 문학적 세대 전체에는 …… 아나키스트 사상이 스며들어 있었다."[26]

....

24 같은 책, p. 162. 허버트(Herbert)는 『제르미날』이 노동 계급을 겨냥한 최초의 주요 소설이라고 까지 말한다. 졸라는 변화하고 있었다.
25 Halperin, *Félix Fénéon*, pp. 272~73.
26 Herbert의 *The Artist*, p. 12에서의 인용.

1894년 가을—카르노의 젊은 암살자가 기요틴형을 받고, '30인 재판'이 열린 지 겨우 석 달 뒤—알프레드 드레퓌스 대위가 독일 스파이 죄목으로 기소되어 첫 번째 군사 법정에서 엉터리 재판을 받고 악마의 섬으로 추방된 사건은 다음 해 페네옹이 『라 르뷔 블랑슈』의 지면에서 이 판결을 공격했던 것 이외에는 집중적인 관심을 거의 이끌어내지 못했다. 그러나 1896년 유대인 드레퓌스의 사건이 반유대주의자이자 귀족주의자인 고위급 장교들에 의해 날조되었다는 사실이 새어 나가기 시작하자, 곧 맹렬한 언론의 캠페인이 시작되어 국가로 하여금 1897년 10월 진짜 범인인 마리-샤를 에스테라지 소령을 체포하여 다음 해 1월 재판에 부치도록 하였다. 뻔뻔스럽게도 재판 시작 다음 날 그가 방면되자, 졸라는 클레망소의 『로로르』에 유명한 「나는 고발한다」라는 공개 서한을 싣게 된다. 전투 태세를 갖춘 정권은 1898년 2월 졸라를 재판에 부치는 것 외에는 다른 길이 없다고 여겼다. 비판적 좌파 지식인들에게 '부르주아 소설가'라고 불리던 졸라는 벌금형과 징역형을 받은 후 갑자기 자신이 좌파의 영웅이 되어 있는 것을 발견했다.[27] 이 사건으로 우파와 좌파 간의 엄청난 정치적 대립이 출현했으며, 아방가르드 지식인 여러 명이 생애 처음으로 활발한 정치 활동에 나섰고, 그중 더 열렬하게 참여했던 옥타브 미르보 등은 반유대주의 군중에 의해 살해될 뻔했다.[28]

한편, 마르티의 봉기가 시작되자 파리의 쿠바인 망명자들은 점점 활동의 강도를 높여갔으며 클레망소 같은 주요 저널리스트들에게 쿠바의 대의에 대한 반제국주의적 지지를 밝혀달라는 로비를 (점점 성공적으로) 펼쳤다.[29]

••••••••••••••••••••••

27 졸라를 '부르주아'에다 속물이라고 경멸하던 작가들 여럿이 그의 편에서 증언하려고 달려들었다. 판결은 4월 대법원에서 뒤집혔다. 그러자 두 번째 소송이 제기되었지만, 정치적 목적을 이미 달성한 졸라는 영국으로 도주하여 사면령이 내릴 때까지 그곳에 머물렀다.

28 Herbert, *The Artist*, p. 203. 미르보는 당시 『로로르』에서 일하고 있었다.

29 우익인 에두아르도 코민 콜로메르(Eduardo Comín Colomer)에 따르면, 타리다는 당시 리세 콩도르세에서 스페인어를 가르치고 있던 아나키스트 페르난도 페레르 과르디아(만년의)와 클레망소, 아리스티드 브리앙, 샤를 말라토, 앙리 로슈포르 등 쿠바를 강력하게 지지하는 그룹, 그리고 베탄세스가 이끄는 카리브 해 출신 급진파들을 만났다. 그의 *Historia del anarquismo español*(Barcelona: Editorial AHR, 1956), Tomo I, pp. 180~81 참조.

일찍이 언급되었듯이, 타리다는 파리에 오래 머무르지 않았다. 그는 스페인의 외교적 압력 때문에 벨기에로 추방되었다.[30] 거기에서 그는 도버 해협을 건넜다. 이것이 나중에 『라 르뷔 블랑슈』에 기고된 글들 중 상당수가 런던으로부터 오게 된 이유였는데, 당시 런던은 여전히 세계에서 정치적으로 가장 중요한 수도이자 각자의 억압적 정부 치하에서 도망쳐 온 아나키스트들에게 인기 있는 안전한 피난처이기도 했다. 겹쳐서 터진 몬주익과 드레퓌스 스캔들은 런던에서 널리 분노를 불러일으켰으며, 이 젊은 쿠바인 아나키스트는 키어 하디(Keir Hardie)와 램지 맥도널드(Ramsay MacDonald) 등이 준비한 장기간의 공개 순회 강연에서 열렬한 환영을 받았다.[31] 오랜 역사에 걸쳐 스페인에 적의를 품고 있던 나라에서 '새로운 종교재판소'의 소행에 대한 이야기를 들을 준비가 되어 있는 사람들은 충분했다. 타리다는 대양을 넘고 국경을 가로지르는 자신의 다양한 연고를 솜씨 좋게 활용하여, 스페인 총리에 대항하는 자유주의자, 프리메이슨, 사회주의자, 아나키스트, 반제국주의자, 반교권주의자들로 구성된 광범위한 인쇄 언론의 연합을 형성하는 데에 박차를 가했다. 이 캠페인에 참여한 신문과 잡지의 (극히 부분적인) 이하 목록을 생각해 보라.[32]

프랑스: 클레망소의 *La Justice*, 로슈포르의 *L' Intransigeant*, *Le Jour*,
　　　L' Écho de Paris, 장 그라브의 *Les Temps Nouveaux*, *Le Libertaire*,
　　　La Petite République 그리고 *Le Père Peinard*.

영국: *The Times*, *The Daily Chronicle*, *Freedom*.

스페인: *El País*, *La Justicia*, *La Autonomía*, *El Imparcial*과

---

30 Fernández, *La sangre de Santa Águeda*, p. 27.

31 타리다는 영국을 좋아하게 되었으며 결국 그곳에 정착하여, 어쩌면 안타깝게도, 페이비언이 되었다. 그는 제1차 세계대전 중에 요절했다.

32 Comín, *Historia del anarquismo español*, vol. 1, pp. 173~75; Esenwein, *Anarchist Ideology*, p. 194. 『종교재판관들』의 영역본이 필라델피아에서만 5만 부 돌았다는 주장에 대해 Paul Avrich, *An American Anarchist: The Life of Voltairine de Cleyre*(Princeton: Princeton University Press, 1978)를 인용한 Fernández, *Santa Águeda*, p. 31 참조.

피 이 마르갈의 *El Nuevo Régimen*.

독일: *Frankfurter Zeitung, Vorwärtz, Der Sozialist*.

이탈리아: 로마의 *La Tribuna*와 메시나의 *L' Avvenire*.

포르투갈: *A Libertade, O Caminho, O Trabalhador*.

루마니아: *Miscarea Sociala*.

아르헨티나: *El Oprimido, La Revolución*과 *L' Avvenire*(이탈리아어).

미국: 보스턴의 *Liberty*, 뉴욕의 쿠바인 간행물 *El Despertar*,

　　 탬파의 쿠바인 간행물 *El Esclavo*.

카노바스는 가톨릭 유럽에서조차 자신이 이용할 만한 외부의 지지는 거의 없음을 알게 되었다. 오스트리아-헝가리는 제국 내의 투쟁적 민족주의들과 발칸 문제에, 프랑스는 드레퓌스 사건에, 이탈리아는 1896년 3월 에티오피아의 지배자 메넬리크에게 아도와에서 비참한 패배를 당한 후과에 몰두해 있었다. 그러나 카노바스는 여전히 강심장이었다. 우리가 살펴본 바와 같이 몇몇 상대적으로 저명한 몬주익의 죄수들에게는 망명이 허용되었지만, 군사 법정에서 재판을 받지 않은 이들 대다수는 아바나에서 이송된 쿠바인 '말썽꾼들'과 함께 스페인령 아프리카의 가혹한 수용소로 추방되었다. 1897년 5월 5일 성체축일에 '분노'로 사형을 선고받은 아셰리와 네 명의 스페인들이 처형당했지만, 그 전에 그들이 당한 고문을 묘사하면서 무죄를 주장하는 편지들이 석방된 이들 몇몇에 의해 몰래 반출되어 있었다. 석 달 후, 바스크 산타아게다의 온천에서, 이제는 카노바스가 유혈의 정치적 죽음을 맞이할 차례였다.

앤틸리스의 애국자: 의사 베탄세스

라몬 베탄세스는 1827년 4월 8일, 톨스토이보다 1년 반 전에 푸에르토리코의 카보로호(Cabo Rojo)에서 태어났다. 그가 어떻게 하여 아프리카 피를 일부 물려받게 되었는지는 불확실한데, 사생아였던 것으로 보이기 때문에 더더

욱 그렇다. 어찌 되었든 그의 아버지는 이 나이에 비해 지적인 아들을 콜레주
드 툴루즈에 보내 의학 공부를 시킬 만큼 돈도 많고 근대적이기도 했다. 거기
에서 그는 유창한 프랑스어 실력을 얻었다. 그 후, 그는 소르본에서 의학 공
부를 계속하여 1853년 졸업했다. 푸에르토리코로 돌아온 후, 그는 1855년의
콜레라 유행 덕분에 명성을 얻게 되었다. 디드로와 바이런의 후예인 그는 프
랑스령 카리브 해에서 노예제를 폐지시키기도 했던 1848년 혁명에 휩쓸렸으
며, 어쩌면 파리의 바리케이드에서 직접 싸웠을지도 모른다.[33] 남은 생애 50
년을 그는 의술(리살과 마찬가지로 안과 전문의였다)과 급진 공화주의 및 반식민
주의 정치에 바쳤다. 처음부터 노예 폐지론자였던 그는 스페인의 노쇠하고
잔인한 식민주의와 그가 '아메리카의 미노타우루스'라 부른 나라의 굶주린
제국주의 양쪽에 모두 반대하는 광대한 범대륙적 해방 운동이라는 볼리바르
주의의 비전에 매료되기도 했다.[34] 푸에르토리코의 애국자이기는 했으나,
그는 지리적으로 흩어져 있고, 다양한 세력에 의해 식민 지배를 받고 있으
며, 군사적으로 중요하지 않은 카리브 해 섬들이 살아남아 진보할 수 있는
길은 아이티, 덴마크 식민지인 세인트토머스, 그리고 비앵글로색슨 세력이
통제하는 다른 영토들이 앤틸리스 '볼리바르주의' 연방으로 묶이는 것뿐이
라고 확신하고 있었다.[35] 그는 이 꿈을 실현하기 위한 하나의 조건으로 자신

....

33 "그는 1848년 프랑스 혁명에 활발하게 참여하였다 ……. 이 혁명은 그에게 신비한 계시와도 같
   이 왔다." Félix Ojeda Reyes, "Ramón Emeterio Betances, Patriarca de la Antillanía", in Félix
   Ojeda Reyes and Paul Estrade, eds., Pasión por la libertad (San Juan, P.R.: Editorial de la
   Universidad de Puerto Rico, 2000), p. 32.

34 Paul Estrade, "El heraldo de la 'independencia absoluta' ", in Ojeda and Estrade, eds., Pasión
   por la libertad, p.5에 인용된, 1870년 4월 8일 포르토프랭스로부터 푸에르토리코인 친구 프란
   시스코 바소라에게 보낸 편지.

35 베탄세스는 1870년 2월부터 1871년 초가을까지 아이티에 살면서 콜레라 유행의 퇴치를 돕고,
   베네수엘라에서 도망친 볼리바르를 숨겨 주었으며 이후 귀환하는 볼리바르에게 중요한 군사적
   지지를 제공한 아이티인 애국자 알렉상드르 페티옹(Alexandre Pétion)에 관한 훌륭한 에세이를
   지었다. 베탄세스의 책은 1871년 뉴욕에서 출판되었다. 현대에 나온 판본은 Carlos A. Rama가
   편찬하였으며 Las Antillas para los Antillanos라는 제목이 붙은 그의 주요 저작 선집(San Juan:
   Instituto de Cultura Puertorriqueña, 1975)에서 찾아볼 수 있다. 그는 페티옹을 찬미하다 보니 투

이 쿠바와 푸에르토리코, 산토도밍고의 완전한 탈스페인화라 부른 것을 꼽았다. 그러므로 그는 식민지 주민들의 '동화주의' 이데올로기에 완전히 적대적이었고, 스페인이건 미국이건 좋은 의도를 갖고 있으리라고는 전혀 믿지 않았다.[36]

1860년대의 카리브 해로 돌아가 보면, 그는 1863~65년 도미니카 독립의 회복을 위한 무장 투쟁을 활발하게 지원했고(제3장 참조), 도망쳐야 할 지경에 이를 때까지 푸에르토리코 내에서 급진적 선전을 퍼뜨렸다. 1872년 파리로 돌아오기 전에 그는 스페인의 스파이들에게 추적당하고, 독립 이후의 타락한 독재 정권들에게 위협당한 데다, 마드리드의 압력에 굴복한 다른 세력의 식민 당국들로부터 추방당하면서 세인트토머스, 아이티, 도미니카 공화국, 베네수엘라, 그리고 뉴욕까지 끊임없이 이동하며 다니고 있었다.[37] 그는 가난한 환자들을 치료하고, 강력하고도 논쟁적인 글을 쓰는 한편 항쟁의 시간이 무르익을 때까지 가능한 어떤 무기라도 사서 안전하게 은닉하려 노력하면서 시간을 보냈다. 또한 그는 세스페데스가 쿠바 독립을 선언하기 불과 4주 전, 1868년 9월 9일 라레스(Lares)라는 산간 소읍에서 발생해 겨우 24시간밖에 지속되지 못한 푸에르토리코 최초의 무장 봉기에도 주된 영향을 끼쳤다.[38] 제대로 된 일은 하나도 없었는데, 그가 무장 항쟁이라는 단일한 방법을 고집한 것과 프리메이슨, 블랑키주의(blanquismo), 1848년의 냄새가 가시지 않은 비밀 조직 방식을 이용한 것도 큰 원인이었을 것이다.[39] 그러나 이 과정에서 그는

생을 좀 과하게 비판하게 되었다.

36 "이 멍에나 저 멍에나 마찬가지다"(Es igual yugo por yugo). Estrade, "El heraldo", p. 5.

37 베탄세스가 푸에르토리코혁명위원회(Comité Revolucionario de Puerto Rico)의 설립을 도운 것은 1867년 7월 16일 뉴욕에서였다. 위원회는 강령에서 식민지의 노예제와 스페인 본국 자본의 상업 독점, 기아, 학교의 부재, 진보의 철저한 결여를 비난했다. 한 달 후 그는 스페인의 발톱에서 놓여날 수 있을 것이라는 계산으로 법정에서 미국 시민이 되고자 한다고 태연하게 맹세했으며, 그 바로 다음 날 덴마크령 세인트토머스로 떠났다! Ojeda, *El desterrado*, pp. 98~99.

38 베탄세스 자신은 네덜란드 식민지 쿠라사오(Curaçao)에 총을 구하러 가느라 이 역사적 사건을 놓쳤다.

39 베탄세스와 블랑키의 유사성에 대한 흥미로운 고찰에 관해 Ojeda, *El desterrado*, pp. 349~51

274

전설이 되었다.

베탄세스는 1871년 말, 코뮌이 함락된 지 8개월이 흘렀을 무렵 파리로 돌아왔고, 남은 생애 대부분을 그곳에서 보냈다.[40] 그는 의학 연구로 마침내 레지옹 도뇌르 훈장을 받았으나, 논쟁적 글을 쓰거나—우리는 이미 마닐라 '공주들'(prinsesas)의 사례에서 하나의 좋은 예를 본 바 있다—파리 및 서유럽 다른 지역에서 정치적 동맹을 구하기를 결코 멈추지 않았다. 1879~87년 그는 프랑스 수도의 도미니카 공사관에서 고위직을 맡기까지 했으며, 런던과 베른도 담당했다.[41] 시간이 흐르면서 그는 불가피하게 파리(와 다른 이웃 나라에서도 조금 덜한 정도로) '라틴 사회'(Latin community)의 최고 장로가 되었다. 이것은 베탄세스와 같은 시각과 기질을 가진 사람에게 수행하기 쉬운 역할은 아니었다. 1890년대 중반 빛의 도시에는 다른 라틴아메리카인 수백 명을 제외하고도 300명 가량의 쿠바인과 푸에르토리코인이 있었다. 거의 대부분은 무척 부유하였으며, 지대로 생활하는 대농장주·은행가·의사·실업가·바람둥이들이었는데, 이들의 정치관은 완전히 보수적이거나 기껏해야 자유주의적 동화주의이거나 둘 중의 하나였다. 오헤다는 비꼬는 투로 이렇게 언급한다. "그['라틴' 사회의] 가운데에는 단 한 명의 흑인도 없었다. 직공 계급은 그 부재로 인해 번쩍번쩍 빛났다."[42] 마르티가 지지자들을 찾아냈던 탬파, 카요우에소, 뉴욕의, 가난한 노동 계급이 대다수인 쿠바인 사회와는 극적일 정도로 판이했다. 그러나 베탄세스는 인격과 의료 서비스, 샤토덩 거리 6번지에 있는 그의 널찍한 사무실에서 매주 열린 친목회(tertulia)의 힘으로 이 사회의 대체적인 단합을 이루었는데, 흥미롭게도 그의 사무실은 『엘 필리부스테리스모』의 출판 자금을 댔던 리살의 부유한 친구 발렌틴 벤투라의 주택(4번지)에 바로 이웃하고 있었다.[43]

•••••••••••••••••••••
참조.

40 같은 책, p. 221.

41 Estrade, "El heraldo", p. 10.

42 Ojeda, *El desterrado*, p. 338.

나이 든 베탄세스는 그 나름대로는 실용적인 사람이었고 가능한 어떤 동맹이든 환영했다. 스스로는 아나키스트와 무척이나 거리가 먼 그에게는 놀라움이 될 수도 있었을 일로, 아나키스트나 아나키스트 성향을 가진 이들이 이 동맹들 중 가장 정력적인 것으로 드러났다. 마르티는 자신이 일반적 의미에서의 정치에 대한 경멸과 조국(patria) 개념의 부정이라고 여긴 점에 대해 아나키즘을 종종 신랄하게 공격했다. 다른 한편으로, 민족주의 지도자들이 국가권력에 굶주려 있으며 선거에 맹목적으로 집착하는 것을 볼 때 독립이 현존하는 노동자들의 실질적인 삶을 개선하는 데 그다지 도움이 되지 않을 것이라고 여긴 아나키스트들도 많았다.[44] 파리에서 베탄세스의 정치적 친구들은 코뮈나르 출신자들과 아나키스트 지식인들이었다. 엘리 제르클뤼(1830년생)와 루이즈 미셸(1833년생) 모두 그와 같은 세대였으며, 뒤마 가의 사생아이자 코뮈나르였으며 뉴칼레도니아 유형지의 동문인 앙리 보에르(Henri Bauer)도 마찬가지였다. 로슈포르도 있었고, 쿠바에서 웨일레르가 벌이고 있는 군사 작전을 약화시키기 위해 바르셀로나에 가서 노동자들의 봉기를 일으켜 보라고 베탄세스가 설득했던 샤를 말라토도 있었다.[45] (물론 말라토는 그런 일을 할 수 없었다.) 이들 중 누구도 쿠바나 필리핀에 가본 적이 없었고, 쿠바나 필리핀의 민족주의에 어떠한 감정적인 출자도 하지 않았다. 그러나 이들은 국내적·제국적(뉴칼레도니아와 악마의 섬)으로 프랑스 국가의 손에 의해 쓰라린 경험들을 겪

43 1890년 2월 5일과 5월 19일 벤투라가 리살에게 보낸 편지를 참조. 2월의 편지에서는 그가 2년 임대 계약서에 서명했다고, 5월의 편지에서는 곧 이사해 들어갈 것이라고 말하고 있다. 리살은 1891년 10월 마르세유와 홍콩을 향해 떠나기 전 그와 함께 그곳에 머물렀다. *Cartas entre Rizal y sus colegas*, pp. 493~94, 531. [약 30년이 흐른 뒤인 1919년, 같은 거리 38번지에서는 김규식 선생을 비롯한 한국인들이 파리강화회의 대응을 위해 방 한 칸을 빌려 살고 있었다고 한다. 이때 클레망소는 프랑스 총리로 파리강화회의의 의장이었다.—옮긴이]

44 이 중요한 지점은 Francesco Tamburini, "Michele Angiolillo e l'assassinio di Cánovas del Castillo", *Spagna contemporanea*[Alessandria, Piedmont] IV: 9(1996), pp. 101~30 중 p. 117에 잘 나타나 있다. 이론적으로는 그럴 수 있다. 그러나 쿠바 민족주의는 현지 아나키스트 여러 명을 마르티의 편으로 데려왔고, 스페인 민족주의는 쿠바 (부르주아) 민족주의의 분리주의적 이상주의에 대한 스페인 아나키즘의 불신을 드러나지 않게 강화했다.

45 Ojeda, *El desterrado*, pp. 339, 348; Estrade, "El heraldo", p. 9.

은 바 있었다. 카노바스와 웨일레르는 티에르와 갈리에니(티에르는 코뮌을 처부
순 프랑스 대통령, 갈리에니는 프랑스령 아프리카가 된 지역 대부분을 정복한 장군)를 이
베리아에 이식한 것 같은 인물들이었다. 그들을 베탄세스의 궤도에 끌어넣은
것은 자유 쿠바(Cuba Libre)나 자유 필리핀(Filipinas Libre)의 아름다움보다는 몬
주익, 쿠바, 필리핀에서 자행된 야만성에 대한 깊은 혐오였다.

프랑스 바깥에서 베탄세스와 가장 가까운 연계를 맺은 것은 프란체스코
크리스피의 카노바스 식 지배 및 에티오피아에서의 가증스러운 대재앙에 분
노한 가리발디주의 전통의 이탈리아 아나키스트들이었다. '민족들의 봄날'이
었던 1848년의 정신 역시 일익을 담당했다. 스스로도 1848년의 남자였던 베
탄세스는 쿠바로 가서 가리발디 스타일로 혁명을 위해 싸우고자 하는 이 동
지들 여럿의 노력을 지지했지만, 보통은 토마스 에스트라다 팔마가 운영하는
마르티의 혁명 조직 뉴욕 본부의, 어떤 '외국인들'도 이 섬의 투쟁에 개입하
지 못하게 한다는 정책에 가로막히곤 했다.[46] 무척이나 흥미롭게도, 베탄세스
의 하부 그룹 중 가장 활발했던 것은 벨기에에 있었던 것으로, 리살의 '수하'
였던 알레한드리노, 에반헬리스타의 급우이자 친구였던 젊은 쿠바인 엔지니
어 페드로 에레라 소톨롱고(Pedro Herrera Sotolongo)가 운영하고 있었다.[47] 말할
필요도 없이 흑인이나 직공은 물론이고 아나키스트 한 명도 없었던 부유한
쿠바인 사회를 그의 친구들, 즉 쿠바인이 아닌 아나키스트들과 엮는 일은 상

....

46 Francesco Tamburini, "Betances, los mambises italianos, y Michele Angiolillo", in Ojeda and
    Estrade, eds., Pasión por la libertad, pp. 75~82; and Ojeda, El desterrado, pp. 362~71 참조.
47 이 위원회는 쿠바인 2명, 벨기에인 2명과 페르디난드 브룩이라는 젊은 영국인으로 구성되어 있
    었는데, 브룩에게는 스페인인들에 대항하여 쿠바로 싸우러 간 형제가 있었다. Paul Estrade,
    Solidaridad con Cuba Libre, 1895~1898. La impresionante labor del Dr Betances en París(San
    Juan: Editorial de la Universidad de Puerto Rico, 2001), p. 143. 에레라는 알레한드리노가 홍콩
    으로 옮겨 간 이후에도 그와 계속 가깝게 연락하고 지냈다. 그는 필리핀 혁명의 진전에 대한 정
    보를 받으면 베탄세스에게 전해 주었다. 1897년 베탄세스의 저널인 『라 레푸블리카 쿠바나』는
    7월에 한 번, 그리고 9월에 한 번 홍콩 소인이 찍힌 알레한드리노의 편지 두 통을 실었다. 리살
    의 후배는 뉴욕의 쿠바인들에게 무기 문제 해결을 도와달라고 설득하는 데 에레라와의 연계를
    이용하기도 했다. 알레한드리노가 알아서 행동하고 있었던 것인지, 아니면 명목상의 상급자 마
    리아노 폰세로부터 지시를 받고 있었던 것인지는 분명치 않다.

당히 시지프스적인 것이었지만, 이 푸에르토리코인은 어느 정도로, 최소한도로 이 일을 해냈다.

1895년 마르티의 독립 전쟁이 발발하자 마침내 베탄세스의 순간이 왔다. 이 두 사람은 단 한 번도 만난 적이 없었던 것 같고, 그들이 교환한 서신도 거의 남아 있지 않다. 그러나 베탄세스가 마르티보다 두 배는 나이가 많았으며 또한 젊은 마르티와는 완전히 다른 인생 경험을 겪어왔다는 사실에도 불구하고, 둘은 서로를 존경했다.[48] 뉴욕에 있는 마르티의 혁명 본부는 언제나 최고 위급에 푸에르토리코인들을 두고 있었으며, 푸에르토리코인들은 10년 전쟁에서 그들 나름의 역할을 수행했다. 이에 따라 1896년 4월 2일 베탄세스는 공식적으로 쿠바 혁명의 파리 주재 최고위 외교 요원으로 임명되었으며, 이는 단지 그의 연배와 명망을 인정했기 때문만이 아니라 서유럽에 대한 그의 따라올 자 없는 지식과 그가 서유럽에 보유한 정치적 동맹들 때문이기도 했다.

하나만 더 살짝 덧붙여 말하자면, 베탄세스는 필리핀 혁명에 대한 관심을 생기 넘치게 유지하고 있었는데, 부분적으로는 필리핀이 스페인 병력을 쿠바로부터 빼내고 있기 때문이었지만, 그 달콤한 민족주의 때문이기도 했다. 보니파시오가 봉기를 시작한 지 한 달 뒤인 1896년 9월 29일이라는 이른 시기에, 선량한 의사는 뉴욕의 에스트라다에게 항쟁은 스페인의 대중이 생각하는 것보다 훨씬 더 심각하며 1만 5천의 병력이 이미 진압하러 길을 나섰다고 편지를 썼다.[49] 같은 달, 베탄세스의 저널 『라 레푸블리카 쿠바나』(*La República Cubana*, 쿠바 공화국)는 봉기에 대한 강력한 지지를 천명하며 필리핀에 관한 글 두 편을 실었는데, 그 제목은 "자유 필리핀 만세!"(¡Viva Filipinas Libre!)와 "필리핀은 무엇을 열망하는가?"(¿Qué quiere Filipinas?)였다.[50] 에레라로부터 필리핀인들이 얼마나 절박하게 무기를 필요로 하는지 알게 된 그는 이 소식을 뉴욕

48 그들의 관계에 대해서는 Ojeda, *El desterrado*, pp. 329~33 참조.

49 같은 책, p. 372. Estrade, *Solidaridad*, p. 147에 의하면, 베탄세스는 자신이 스페인 대사관에 기밀 정보를 많이 넘겨주는 첩자를 두고 있다고 저자에게 이야기했다.

50 Estrade, *Solidaridad*, p. 147.

미켈레 안졸릴로(좌), 영향력을 떨치던 페르난도 타리다 델 마르몰(우).

의 에스트라다에게 전하며 도울 수 있는 만큼 도우라고 재촉하였다.[51] 그는 또
한 플로리다로 리살의 마지막 시를 부치기도 했으며, 이 시는 1897년 10월 7
일 "내 마지막 생각"(Mi último pensamiento)이라는 제목으로 『레비스타 데 카요
우에소』(Revista de Cayo Hueso, 카요우에소 잡지)에 실렸다.[52]

안졸릴로: 포자에서 산타아게다까지

미켈레('미겔') 안졸릴로는 파리코뮌이 유혈로 종식된 직후인 1871년 6월 5
일, 말라테스타의 나폴리에서 북동쪽으로 112킬로미터 거리에 위치한 남부
이탈리아(mezzogiorno) 도시 포자(Foggia)에서 태어났다.[53] 그러니 안졸릴로는

• • • • • • • • • • • • • • • • • • • •
51 Ojeda, El desterrado, p. 373.
52 같은 책, p. 374.
53 안졸릴로의 짧은 생애에 대한 다음의 설명은 탐부리니(Francesco Tamburini)의 "Michele
    Angiolillo"에 크게 의존하였다. 이 논문은 이 포자인 및 그의 스페인 총리 암살에 대하여, 그때껏
    조사가 별로 이루어지지 않았던 이탈리아 국가문서보관소 기록을 면밀히 연구한 결과물이다.

베탄세스보다 마흔네 살 젊었다. 그는 전문학교를 다니는 동안 왕정에 깊은 적대감을 품은 급진 공화주의 투사로서 정치적으로 의식화되었다. 1892년 징집된 그는 1799년의 파르테노페아 공화국 기념식에 참석하다가 들켜 군대의 상급자들로부터 잔인한 처벌을 받았다.[54] 그는 신념에 찬 아나키스트로서 민간인의 삶에 복귀했다. 1895년 선거 기간에 그는 크리스피 총리 버전의 '악랄법'에 반대하는 선언문을 발표했다가 계급 간 증오를 조장한다는 혐의로 체포되었다. 재판을 앞두고 잠시 풀려나 있을 때 법무부 장관에게 검사에 대한 불만을 담은 통렬한 편지를 보낸 그는 이것 때문에 18개월 징역형과 이어지는 3년간의 국내 유형을 신고받았다. 이 시점에서 그는 동급생이었던 친구 로베르토 단조(Roberto d'Angiò)를 만나러 갔는데, 그는 벌써 장 그라브의 『레 탕 누보』(Les Temps Nouveaux, 새 시대, 30인 재판 이후 『반역』의 새 이름)에서 통신원으로 일하고 있었다. 단조는 오레스테 페라라(Oreste Ferrara)를 만나자며 그를 데려갔는데, 페라라는 당시에는 눈에 띄지 않는 법대생이었지만 그 후 곧 쿠바 혁명의 신병이자 막시모 고메스 장군이 신뢰하는 부관으로, 마침내는 헤라르도 마차도 장군의 잔인한 대통령 집권기(1925~33)에 쿠바 외무 장관을 지내기까지 하며 명성을 얻는다.[55] 페라라에게서 이탈리아로부터 도망치라는 충고를 받고 그는 1896년 초 가명으로 마르세유를 거쳐 바르셀로나에 도착한다. 이도시는 상당한 규모의 이탈리아 노동자들과 직공들의 거류지일 뿐만 아니라 아나키스트 운동에 대한 합당한 명성을 지니고 있기도 했다. 성체축일 폭탄 투척 사건이 터지고 도시가 계엄령 아래 놓였을 때 안졸릴로는 프리랜서 인쇄업자로서의 직업(과 스페인어 익히기)에 가까스로 정착하려는 참이었다. 그의 친구들 여럿이 몬주익에 투옥되었는데, 그중에는 타리다와 셈파우의 저널인 『라 시엔시아 소시알』(La Sciencia Social, 사회과학)에서 그와 함께 일했던 카예타노 오예르(Cayetano Oller)도 있었다. 그곳에서 죄수들에게 가하는 고문에 대한

---

54 파르테노페아 공화국은 1796년에서 1799년 사이 나폴레옹 군대의 보호 하에 세워진 네 개의 이탈리아 공화국 중 마지막 것으로서, 나폴리에 기반을 두고 있었다.

55 페라라의 경력에 대해서는 Tamburini, "Betances," pp. 76~77 참조.

섬뜩한 소문들은 이 젊은 인쇄공이 스페인에서 도망쳐 프랑스로 가게 하는 충분한 유인이 되었다. 그는 마르세유에서 위조 문서 소지로 체포되었으며, 감옥에서 한 달을 보낸 후 벨기에로 추방되었고, 반데르벨데의 벨기에노동당원로 당원이 소유주인 인쇄소에서 임시직으로 일하다가 1897년 3월 영국으로 옮겨 갔는데, 이는 리살이 처형된 지 세 달이 지났을 무렵이자 카노바스 정권에 대한 타리다의 성전이 최고조에 달했을 때의 일이었다.

앞에서 언급했듯이, 런던은 도망 중인 대륙의 아나키스트들에게 가장 안전한 피난처였다. 스페인 아나키스트 대표단은 이제 '페데리코 우랄레스'나, 끔찍한 고문을 당한 후 증거 부족으로 풀려났다가 고국에서 추방당한 오예르 같은 사람들로 증원되고 있었다. 안졸릴로는 인쇄공으로서의 일을 다시 시작했는데, 여기에는 영국 인쇄공 노조가 외국인들을 위해 마련해 둔 특별 지부인 타이포그라피아(Typographia)라는 잘 알려지지 않은 기구의 회원권이 도움이 되었다. 그는 틀림없이 5월 30일 영국인 아나키스트 조지프 페리(Joseph Perry)가 이끄는 스페인 만행 위원회(Spanish Atrocities Committee)의 조직으로 트라팔가 광장에서 열린 만여 명이 모인 대형 집회에 참가했을 것이다. 광범위한 정치적 명사들이 군중 앞에 연설하러 나왔으며, 이 중에는 유럽 전체에 명성을 떨치는 타리다도 있었는데, 타리다는 아나키즘의 이름이 아니라 『라 르뷔 블랑슈』의 대표 자격 및 베탄세스가 파리에 두고 있던 쿠바 혁명 대표단의 이름을 걸고 연설하였다.[56] 말라토는 호세 리살을 비롯하여 카노바스 정권이 살해한 무수한 이들의 원수를 누가 갚아줄 것이냐고 묻는 열정적인 연설을 했다. 그러나 가장 감정적인 순간들은 불구가 된 몬주익의 희생자들이 자신들의 이야기를 들려주고 벗은 몸을 드러내기 위해 일어났을 때에 왔다. 그 후 오래지 않아 안졸릴로는 오예르 및 잔혹하게 불구가 된 또 한 명의 희생자인 프란시스코 가나를 사교적인 스페인 아나키스트 망명자의 집에서 개인적으로 만났

----

56 Estrade, *Solidaridad*, p. 146. 탐부리니는 타리다가 『종교재판관들』에서 표리부동하게도 자신에 관해 "쿠바인이지만 필리부스테로는 아니며, 연방주의자이지만 아나키스트는 아닌 동시에, 자유사상가(freethinker)이지만 프리메이슨은 아니다"라고 묘사했다고 지적한다.

다. 동석했던 독일인 아나키스트 루돌프 로커는 만남의 장면을 다음과 같이 묘사한다.

그날 밤 가나가 우리에게 불구가 된 그의 사지와 고문이 온몸에 남긴 흉터를 보여주었을 때, 우리는 그런 문제에 대해 읽는 것과 희생자들의 입으로부터 직접 듣는 것은 완전히 다른 일이라는 것을 깨달았다. 우리 모두는 돌이 된 것처럼 그곳에 앉아 있었으며, 분노의 말 몇 마디를 내뱉을 수 있게 되기까지는 몇 분이 걸렸다. 안졸릴로만이 한 마디도 하지 않았다. 잠시 후 그는 갑자기 일어서더니 간결한 작별 인사를 우물거리고 집을 나가버렸다 …… 이것이 내가 그를 마지막으로 보았던 때이다.[57]

이 일이 일어난 지 얼마 지나지 않아, 안졸릴로는 마음속에는 복수심을 품고 주머니에는 런던에서 입수한 권총을 넣은 채 어쩌어찌하여 파리로 가게된다. 이 즈음 그는 타리다가 급히 짜맞춘 『스페인의 종교재판관들』(Les Inquisiteurs d' Espagne)을 읽은 상태였는데, 당시 나온 다른 어느 글보다도 마닐라와 몬주익, 아바나를 상세하게 연계시켜 놓은 책이었다.[58] 그는 스페인 정부의 초대륙적 범죄에 대한 로슈포르와 베탄세스의 강연에 참석한 것으로 전해진다. 그가 이 푸에르토리코인을 만나러 샤토덩 거리에서 열리는 정기 친

57 루돌프 로커(Rudolf Rocker)의 회고록 스페인어본 *En la borrasca* (*Años de destierro*)(Puebla, Mexico: Edit, Cajica, 1967), pp. 118~20를 인용한 Fernández, *La sangre de Santa Águeda*, p. 40. 그는 또한 클레이르(Cleyre)가 가나를 직접 만난 뒤 어머니에게 보낸 편지도 인용하는데, 편지는 그의 양손이 벌겋게 달군 인두로 지져진 것, 손톱이 뽑혀 나오고 머리가 금속 압축기에 넣어진 것, 양쪽 고환이 찢겨진 것 등을 이야기하고 있다. 이 이야기는 위에 인용한 Avrich, *An American Anarchist*, p. 114에 나온 것이다.
58 막스 네틀라우(Max Nettlau)가 장 그라브의 『레 탕 누보』 1897년 6월 19일자를 인용한 바에 따르면 이 책은 6월 중순의 초반에 나왔다.
여기에서 참조한 것은 암스테르담 국제사회사연구소의 미케 아이제르만스(Mieke Ijzermans)가 친절하게도 나에게 제공해 준 네틀라우의 미발표 원고 *Anarchisten und Syndikalisten*, 제2권의 p. 116이다.

목회에 한 차례 간 것은 이때의 일이다. 처음에는 안졸릴로를 경찰 끄나풀로 의심했던 베탄세스는 그와 런던에서 대화를 나눈 적이 있었던 타리다와 말라토의 이야기를 듣고 안심하였다. 베탄세스와 안졸릴로가 마침내 단둘이 대면하였을 때 실제로 무슨 이야기가 오갔는지는 불확실함의 장막 속에 가려져 있다. 나중에 베탄세스는 안졸릴로가 섭정 왕비와 유년의 알폰소 8세를 암살하러 스페인에 갈 계획이라고 이야기했다고 전했다. 선량한 의사는 그것은 실수가 될 것이라고 대답했다. 여자와 어린아이를 죽이는 것은 '끔찍하게 서투른 선전'인 데다, 둘 다 스페인 정권의 잔인함에는 책임이 없기 때문이다. 진정한 악당은 카노바스이다.[59] 이 설명은 분명히 무언가 좀 받아들이기 힘들다. 안졸릴로는 무지렁이가 아니었다. 그는 계엄령 하 바르셀로나에서 살았었고, 고문당한 예전의 동지들과 대화를 나누었으며, 트라팔가 광장의 집회에 참석했었다. 그는 카노바스가 스페인 제국의 주인이라는 것을 완벽하게 잘 알고 있었다. 아마도 이 늙은 푸에르토리코인은 후세에 자신이 여자와 아이의 목숨을 구했다는 생각을 전하는 동시에 안졸릴로의 과녁을 스페인 총리에게 돌린 것으로 점수를 따고자 했던 것 같다.[60] 거의 30년 전에 그는 훌륭한 친구인 도미니카의 애국자 그레고리오 루페론(Gregorio Luperón)에게 부패한 독재자 부에나벤투라 바에스(Buenaventura Báez)를 체포하여 반역죄로 재판에 부칠 필요성에 관해 편지를 쓴 적이 있었다.

바에스를 잡는 것이 불가능하다고는 생각지 않고, 도미니카공화국에는 급진적 개혁이 필요하니, 나는 루이 16세의 죽음을 예언한 것처럼 보이는 디드로와 함께 이렇게 말하려네. "왕에 대한 처벌은 민족의 정신을 영원히 변화시킨다."[61]

• •

59 베탄세스의 설명으로부터 길게 발췌한 것으로, 이에 대해서는 Fernández, *La sangre de Santa Águeda*, p. 45 참조.
60 탐부리니의 연구에서 핵심적 요소는, 베탄세스(혹은 로슈포르)가 안졸릴로에게 상당량의 돈 (500프랑에서 1,000프랑까지 다양하게 이야기되는)을 건넸다는, 종종 나오던 이야기를 설득력 있게 무너뜨린 것이라는 점이 덧붙여져야 할 것이다.
61 Manuel Rodríguez Objio, *Gregorio Luperón e Historia de la Restauración* (Santiago, Dominican

어찌 되었든 이제 안졸릴로는 보르도를 거쳐 마드리드로 향했고, 프루동주의 전통의 영향 아래 있던 젊은 아나키스트 앙토니 앙티냐이 그를 잠시 돌보아주었다.[62] 스페인 수도에서 그는 카노바스가 나이 차이가 많이 나는, 새로 얻은 젊은 페루인 아내와 함께 산타아게다 온천에 있다는 것을 알게 되었다. 같은 호텔에 투숙한 그는 과녁의 움직임을 하루이틀 정도 관찰한 뒤 8월 8일 런던에서 가져온 권총으로 쏘아 죽였다. 안졸릴로는 도주하려는 시도를 전혀 하지 않았다. 그다음 주 사흘간 군사 법정에서 방청이 금지된 가운데 그의 재판이 열렸다. 변론에서 그는 주로 몬주익에 대해 이야기하면서 쿠바와 필리핀의 전쟁에 대한 모호한 언급을 덧붙이기도 했다.[63] 또한 그는 이렇게 말하기도 했다. "(카노바스는) 종교적 잔인성과 군사적 잔혹함, 사법부의 무자비함, 권력의 폭정, 소유 계급의 탐욕을 가장 구역질나는 형태로 인격화한 인물이다. 나는 스페인, 유럽, 그리고 전 세계에서 그를 제거하였다. 이것이 내가 결코 암살자가 아니요, 오히려 처형자인 이유이다."[64] 그러자 법정은 그에게 사형을 선고했고, 그는 8월 20일 교수형(garrote)을 당했다. 생의 마지막 순간

· ·

  Republic: Editorial El Diario, 1939), pp. 167~68의 제2권을 인용한 Ojeda, *El desterrado*, p. 121.

62 탐부리니는 앙티냐의 회고록으로부터 다음과 같은 슬픈 문장들을 인용한다. "그가 읽고 또 읽던 책은 타리다 델 마르몰의 『몬주익』이었고, 그의 수트케이스에는 그 외에 아무것도 들어 있지 않았다. 그가 떠나기 몇 시간 전, 우리는 그에게 '다시 만나세, 동지여'라고 말했다. '아니, 다시 만날 일은 없네. 아듀!' 이 순간 그의 눈은 안경 뒤에서 광채를 발했다. 우리는 얼어버렸다." "Michele Angiolillo", p. 118.

63 흥미로운 사실은 런던에서 8월 10일자 『더 타임스』와 『데일리 텔레그래프』 모두 미켈레 안지노 골리(Michele Angino Golli)라는 남자가 "바르셀로나 아나키스트들 및 필리핀에서 처형당한 반란 지도자 리살 박사에 대한 복수로 세뇨르 카노바스를 쏘았다고 인정했다"라는 로이터 보도를 실었다는 것이다. 다음 날 『텔레그래프』지는 "골리는 혁명을 선동한(filibustering) 지도자 리살을 처형시킨 폴라비에하 장군을 죽이지 못한 것에 대해 유감을 표시했다"라고 하는 다른 로이터 보도를 독자에게 제공하였다. 웨일레르나 쿠바에 대한 언급은 전혀 없었다. 이 정보에 대해 벤저민 호크스-루이스(Benjamin Hawkes-Lewis)에게 감사를 전한다.

64 Tamburini, "Michele Angiolillo", pp. 123, 129. 이 인용구는 탐부리니가 1897년 9월 2일에 나온 안코나의 *L'Agitazione*에 (크리스피 정권의 검열을 거친 후) 실린 기사 "La difesa de Angiolillo"에서 가져온 이탈리아어 원본을 내가 번역한 것이다.

에 그는 이렇게 외쳤다고 전해진다. "제르미날!"[65]

그리하여 피오 바로하는 그를 이렇게 상상했다.

　　그는 홀쭉한 친구였는데, 키가 아주 크고, 아주 말랐으며, 몸짓은 아주 예의 바르고, 말투는 외국 억양이었다. 그가 한 일에 대해 알게 되었을 때 나는 어리벙벙해졌다. 그토록 점잖고 수줍은 남자가 그런 일을 했으리라고 누가 믿겠는가?[66]

카노바스의 죽음은 단지 스페인의 왕정복고 '토호 민주주의'에만 조종을 울린 것이 아니었다. 이는 또한 장군 자신이 즉각 이해했듯이, 아바나의 웨일레르가 실각하는 결과를 낳기도 했다.[67] 전쟁 장관 아스카라가의 임시 정부는 10월 4일까지만 지속되었고, 불사의 사가스타가 정부 수반의 자리로 돌아왔으며, 사가스타는 세히스문도 모레트를 다시금 자신의 해외영토 장관으로 앉혔다. 두 사람 모두 쿠바와 바르셀로나에서 카노바스가 시행하던 정책에 대해 대중적으로 강력히 반대해 왔었다(마르티의 봉기가 시작되었을 때 권좌에 있던 사가스타는 마찬가지로 강경한 방식으로 적어도 말을 꺼낸 적이 있었지만). 10월 31일 웨

· ·

65　'제르미날'은 아나키스트 운동에서 인기를 누리던 구호였는데, 아마 졸라의 소설이 엄청난 성공을 거둔 결과였을 것이다. Tamburini, "Michele Angiolillo", p. 124. 그러나 이 상징은 봄이 시작되는 달을 '제르미날'이라 불렀던 프랑스 혁명력으로 거슬러 올라간다. 말하자면, "겨울이 온다면 봄이 어찌 멀었으리요?"

66　Nuñez, *El terrorismo*, p. 131에 인용된 Pío Baroja, *Aurora roja*, p. 160.

67　베탄세스가 미니 아틸라(pequeño Atila)라 즐겨 불렀던 이 장군은 아마 부분적으로는 안심이 되기까지 했을지도 모르겠다. 페르난데스는 그가 그 전 해 4월 조각나 날아가지 않은 것만 해도 다행이었다고 전한다. 아스투리아인 아나키스트 두 명의 도움을 받아 아르만도 안드레(Armando André)라는 젊은 쿠바인 민족주의자가 총독 공관의 1층 화장실 천장에 폭탄을 숨겼다는 것이다. 이 장치는 웨일레르가 변기에 앉을 때 폭발하여 2층 바닥 전체가 그의 머리 위로 떨어지게끔 고안되어 있었다. 그러나 모의자들은 웨일레르가 치질에 너무나 심하게 시달리는 나머지 거의 변소 시설을 이용하지 않았으며, 대신 질그릇 요강을 이용하여 답답함을 해소하는 쪽을 선호한다는 것을 모르고 있었다. 폭탄은 터졌지만 부상자는 아무도 없었고, 웨일레르는 마드리드에 이 폭발이 본래 정상적으로 배출되는 변소의 가스가 무언가에 막혀서 일어난 것이라고 보고하기로 결정했다.

일레르는 쿠바 지휘권을 다름 아닌 라몬 블랑코, 리살을 구하려 노력했으며 카노바스 내각과 섭정 왕비에 대한 교회의 로비 공작으로 인해 마닐라에서 쫓겨나 있었던 인물에게 넘겼다.[68] 블랑코는 관대함과 타협, 개혁을 위임받고 왔으나 때는 이미 너무 늦었다. 고집불통 식민자(colon)들은 그를 기 몰레가 60년 후 알제에서 겪게 될 조직적인 군중 폭력으로 맞이했다. 혁명가들은 두 번째 산혼 협정에 대해서는 아무런 흥미가 없었으며, 미국의 제국주의가 움직이고 있었다. 8개월 후 미국이 쿠바의 주인이 되었다. 아마 웨일레르만이 매킨리, 루스벨트, 허스트에게 애써 심각하게 힘을 들이도록 할 만한 역량과 결단력을 지니고 있었다는 것이 진실일 것이다.

소용돌이 속으로

리살의 처형과 그의 정치적 처형자에 대한 암살 사이의 7개월 동안 필리핀에서는 무슨 일이 일어나고 있었던가?

카밀로 폴라비에하가 필리핀에 머문 기간은 고작 4개월이었지만, 이 짧은 통치가 가져온 결과는 길게 지속되었다. 리살의 죽음으로부터 12일이 지난 후, 백만장자 프란시스코 로하스(Francisco Roxas)가 '이끄는' 열두 명의 저명한 필리핀인이 소설가가 죽음을 맞은 그곳에서 총살대 앞에 섰다. 웨일레르 체제가 마닐라에 도래한 것이다.[69]

---

68 11월 19일 웨일레르가 스페인에 귀환하면서 받은 열렬한 대중적 환영은 새로운 자유주의 정부로 하여금 그가 쿠데타를 지휘할지도 모른다는 공포에 떨게 했다. 그러나 결코 바보가 아니었던 이 장군은 헌법을 준수하였고 그의 지지자들을 고무하기 위한 어떠한 일도 하지 않았는데, 그러자 이들은 열렬한 가톨릭 신자 폴라비에하를 가능성으로 보고 기대하기 시작했다. Martín, *Valeriano Weyler*, chapter xiii 참조.

69 그들의 죄목이 진짜였다고 믿을 만한 이유는 없다. 이들 중 일부는 실패한 리살의 1892년 리가 필리피나에 연관되어 있었고, 델 필라르 및 『연대』 진영과 교신했으며, 잃을 것이 무척이나 많은 주의 깊은 민족주의자들이었다. 오캄포가 전하는 바에 따르면 보니파시오가 로하스에게 카티푸난을 원조하는 자금을 요청했으나 이 백만장자는 이를 거절했다고 한다. 그러자 화가 난 혁명가는 그의 신뢰하는 부관 에밀리오 하신토로 하여금 로하스 같은 사람들의 서명을 위조하

혁명 단체 카티푸난의 창설자, 안드레스 보니파시오.

　그러나 폴라비에하의 주요 임무는 반란을 군사적으로 박살내는 것이었으며, 그는 구릉으로 이루어진 카비테를 제외한 지역에서는 이를 달성하는 데 성공했다. 카비테에서 그의 부대들은, 도시공학 학위증을 쥐고 겐트에서 돌아온 리살의 예전 심복 에딜베르토 에반헬리스타의 명령에 따라 설계 및 건설된 참호와 요새의 복잡한 시스템에 가로막혔다.[70] 폴라비에하의 공세가 낳은 정치적 결과는 보니파시오를 그의 권위가 확실했던 마닐라 지역에서 쫓아내어 그에게 친숙하지 않았던 지역이자 지방 사람들이 배타적이기로 유명한 카비테로 가게 했다는 데 있었다.[71] 거기에서 보니파시오는 작은 읍 카윗(Kawit)의 스물일곱 살짜리 시장 에밀리오 아기날도(Emilio Aguinaldo)가 이끄는 야심찬 카비테인(caviteño) 당파와 충돌을 겪게 되었다. 아기날도는 리살로 대

여 카티푸난의 회원 명부에 올려놓고, 이 명부를 스페인 경찰이 찾을 만한 곳에 두도록 했다. 그는 이들이 체포와 고문을 당하면 반란의 대의 쪽으로 개심하리라고 생각했던 것 같다. Ocampo, *Rizal without the Overcoat*, p. 246. 필리핀 혁명에 대한 저자 자신의 선구적인 두 권짜리 연구를 바탕으로 한 Teodoro Agoncillo, *A Short History*, p. 86도 참조.

70　에반헬리스타는 1897년 2월 17일 전사하였다.

71　이 주의 언어는 타갈로그어의 독특한 사투리이다. 이 지역 유지들은 그때나 지금이나 복잡한 통혼으로 잘 알려져 있다.

표되는 고학력 일루스트라도 엘리트에도, 보니파시오같이 종종 독학을 하는 마닐라 직인 계층에도 속해 있지 않았다. 스페인어는 짧았지만 그는 상업 작물을 재배하는 지방 중농 지주 계급의 일원이었고, 가족은 카비테 지역에 두루 연고를 갖고 있었다. 그는 1895년 3월 하급자 자격으로 카티푸난에 입회했으나, 일단 싸움이 시작되자 스스로가 뛰어난 군인임을 입증했다.

3월에 테헤로스(Tejeros) 마을에서 누가 혁명의 대통령이며 누가 그 정부의 성원이 될 것인지를 결정하는 선거가 열렸다. 보니파시오는 자신이—아기날도가 입회했던—카티푸난을 창설했으며 항쟁을 시작했다는 정당한 주장을 할 수 있었다. 그러나 아기날도의 지지자들은 보니파시오의 마닐라 봉기는 대실패로 드러났고 과거의 일일 뿐이라고 여겼다. 목전의 임무는 효과적인 전쟁의 수행이며, 카비테는 무엇이 이루어져야 할지 보여주었다는 것이었다. 결국에는 아기날도가 선거에 이겼고 그는 거의 전체가 그의 동료 카비테인들로 이루어진 내각을 구성했다. 게다가, 전직 최고 지도자는 정규 교육을 받지 못했고 하층 계급 출신이라는 이유로 공공연히 조롱을 당했다. 보니파시오는 이 모욕을 엎드려 감내하지 않았으며, 모을 수 있는 지지자들을 모두 긁어모으기 시작했다. 그러자 아기날도 패거리는 그를 체포하여 4월 재판에 부쳤으며, 그 자신이 시작한 혁명에 대한 반역 혐의로 사형 선고를 내렸다. 그와 형제 한 명은 5월 10일 처형당했다.

폴라비에하가 이러한 사건 전개에 대해 알고 있었는지, 그리고 알았다면 신경을 쓰고 있었는지는 확실치 않다. 4월 그는 혁명을 끝장내기 위해 필요하다고 생각한 병력 증강에 대해 마드리드가 의지 부족 혹은 무능만 보이는 데 신물이 나 (일찍이 쿠바에서 그랬던 것처럼) 총독 직에서 사퇴하였다. 1896년 말 그의 병력은 1만 6천 명까지 늘었고, 1897년 1월에는 1만 3천 3백 명을 더 받아 총 2만 9천 3백 명의 병력을 보유하게 되었다. 그 이후로는 아무것도 없었다.[72] 반란이 군도의 다른 지역들로 퍼지면, 그에게는 임무를 수행할 인력이

....

72 Corpuz, *The Roots*, vol. 2, p. 239.

없어지는 셈이었다. 카노바스는 필리핀에서 웨일레르 체제의 시대가 지나갔음을 이해했던 것 같다. 능력 있는 폴라비에하가 사임하게 된 상황을 안다면, 정책이 바뀌지 않는 한 원로 장군 누구도 총독 자리를 맡으려 하지 않을 것이었다. 4월, 페르난도 프리모 데 리베라(Fernando Primo de Rivera)가 폴라비에하의 자리를 메우기 위해 도착했다. 그는 리살이 유럽을 향해 떠났던 평온한 1880년대 초에 가벼운 인기를 누리던 총독이었다. 그는 이 식민지에 대한 지식과 군사적 경험, 정치적 유연성을 통해 현지 엘리트를 끌어당기는 동시에, 이제는 폴라비에하와는 달리 생각을 좀 하더라도(contemplaciones) 전쟁을 계속하는 양면적 정책을 수행할 수 있으리라는 기대를 받았다. 부활한 블랑코 체제(blanquismo) 같은 것이라고도 말할 수 있을 것이다. 실로 신임 총독은 카비테를 재탈환할 수 있었지만, 아기날도와 그의 장군들은 포획을 피해 마닐라를 멀리 돌아 수도에서 꽤 떨어진 북쪽의 바위로 된 요새에 은신하였으며, 이어진 군사 작전은 모두 그들을 격퇴하는 데 실패했다.[73]

보니파시오가 처형된 후 일주일이 지난 5월 17일, 프리모는 자신이 주요한 화해 제스처라고 여긴 것, 즉 블랑코나 폴라비에하에 의해 투옥된 636명에 대한 사면을 단행했다. 그는 나아가 감사의 표시와 갱신된 충성심을 기대하며 이 그룹의 대표단을 자신의 관저로 초청하였다. 그러나 그는 불쾌한 놀라움에 직면하게 되었다. 이 대표단에서 눈에 띄는 인물은 다름 아닌 이사벨로 데 로스 레예스로서, 그는 보니파시오의 봉기 직후 체포되었다. 이 바쁜 민속학자 겸 저널리스트는 항쟁 때문에 전혀 뜻밖의 일을 당했다. 감옥은 끔찍한 충격이었다. 몇 달 후 마리아노 폰세는 블루멘트리트에게 이렇게 편지를 썼다.

딱한 이사벨로, 성품이 그렇게도 평온하고 침착했었는데, 가장 침통한 일이었던 아내의 죽음부터 하여 모진 정신적·물질적 고통까지 연이어 재난을 겪더니,

---

73 오늘날 비악나바토(Biak-na-Bató, 쪼개진 바위)는 발길이 뜸한 공식 사적이다. 작은 강의 굽이를 헤치며 조금 걸어 올라가면 박쥐로 가득 찬 석회암 동굴이 나오는데, 이곳이 아기날도와 그의 부하들이 은신했다고 여겨지는 곳이다.

신경과민 발작으로 종교 교단을 저 거대한 죄악의 뿌리라고 하면서, 자신이 부조리하고 야만적이라고 생각하는 것들을 공개적인 자리에서 커다랗게 소리 치며 비난하는 데까지 갔더랍니다.[74]

실제로, 병든 아내가 그가 수감되어 있는 동안 죽었고, 폴라비에하는 그가 아내의 장례식에 참석하거나 자식들 여럿을 위해 무언가 할 수 있도록 허가를 내어주지 않았다.

어찌 되었든 이사벨로는 자신이 평화로운 해결을 위해 일루스트라도들이 내세우는 조건들이라고 생각한 것들을 개략적으로 그린 통렬한 격시를 회동에 가져갔는데, 이는 이미 그 전에 스페인에 있는 친구들에게도 보낸 것이었다. 무엇보다도 그는 교단의 즉각적 추방을 요구하며 그 권력 남용의 사례들을 무척이나 자세하게 열거하였다. 그리고 그는 정부가 식민지의 열망, 혹은 최소한 그가 속한 동화주의 '당'(19세기적 의미에서)의 열망에라도 어떻게 대답할 계획인지 설명하라고 프리모에게 강요했다. 총독은 "꼭 뱀에 물린 것처럼" 반응했다.[75] 이사벨로의 오만—"그 안하무인격의 기질과 악명에 대한 사랑"—에 분노한 그는 사흘 후 이 민족학자를 재구속하여 마닐라 빌리비드 형무소의 차꼬에 채워놓으라는 명령을 내렸다.[76] 얼마 지나지 않아 이사벨로는 비밀리에 계엄령 하 바르셀로나로 이송되어 갔다. 그를 태운 배의 함장은 이 젊은 악당을 "그가 상당한 영향력을 행사하고 있는" 필리핀인들과의 어떤 접촉으로부터도 차단하라는 다짐을 받았다.[77] 한 달 후, 카노바스가 아직 잘 살아

<hr />

74 홍콩의 폰세가 블루멘트리트에게 보낸 1897년 9월 22일자 편지. 폰세의 *Cartas sobre la Revolución, 1897~1900*(Manila: Bureau of Printing, 1932), pp. 42~45. 폰세는 대표단의 일원이었던 사람들 중 한 명으로부터 프리모와 대표단의 만남에 대해 전해 들었다고 이야기한다.

75 Ponce, *Cartas*, p. 24. 1897년 8월 18일 홍콩에서 블루멘트리트에게 보낸 편지. 정확한 문구는 다음과 같다. El General saltó como picado por una culebra.

76 Scott, *The Unión Obrera Democrática*, p. 14. 프리모가 마드리드의 상급자들과 교환한 서신을 인용하며.

77 같은 책. 위에 인용된 블루멘트리트에게 보내는 8월 18일자 편지에서 폰세가 어떤 탑승자 명단에서도 이사벨로의 이름을 보지 못했다고 말하는 것은 흥미로운데, 이는 곧 그가 마닐라에서

있을 때 바르셀로나에 도착한 이사벨로는 시 형무소로 들어가게 되었고, 약간의 돈이 몇 사람 손을 거친 후 카탈루냐인 아나키스트–공화주의자 노장 저널리스트인 이그나시오 보 이 싱글라(Ignacio Bó y Singla)라는 다른 죄수와 접촉하게 되었다. 쿠바 독립을 요구하고 웨일레르의 아바나로 스페인 군대를 보낸 것에 항의한 죄목으로 6년형을 살고 있던 이 훌륭한 인물은 어리둥절해 있는 젊은 필리핀인에게 '선진 공화주의 당'은 필리핀의 독립을 지지한다고 이야기했다.[78] 그러나 이는 시작에 불과했다.

일주일 후 이사벨로는 몬주익으로 이감되었으며, 그곳의 사령관은 침착하게 (그리고 거짓말로) 그에게 사형 선고를 앞둔 자들만이 거기에 갇힌다고 이야기해 주었다. 이사벨로는 리살 이후 그곳에 격리된 최초의 필리핀인이 단연코 아니었다. 대담하게 파야스의 고아가 된 딸을 데려다 키운 것 때문에 성체축일 폭탄 투척 사건 이후 체포되었고, 어린이들을 위한 비종교 학교를 열어 큰 인기를 누렸으며, 바르셀로나 군사 법정의 재판들을 공격하는 글을 발표했던 아나키스트 '페데리코 우랄레스'는 회고록에서 다음과 같은 감동적인 이야기를 제공한다. 그가 말하기를,

정부로 하여금 너무 무르다는 이유로 블랑코 장군을 내쫓고 필리핀인 시인이자 의사인 리살의 살해자, 기독교인 폴라비에하 장군으로 갈아치우게 하는 데 성공했

출항하는 선박을 모니터하는 사람 누군가를 두고 있었다는 뜻이다. 그는 이 민족학자가 우리가 오늘날 말하듯이 '의문의 실종'을 당했을지도 모른다는 두려움을 피력한다.

78 Scott, *Unión Obrera Democrática*, p. 14. 이사벨로는 1900년 이렇게 회상했다. "바르셀로나의 국가 형무소들에서, 나는 외부와의 연락이 일체 차단된 채, 잠긴 문 세 개를 통과해야만 들어올 수 있는 독방에 감금되어 있었다. 그러나 역시 혁명가라는 죄목으로 붙잡혀 온 죄수였던 고명한 연방주의자 저널리스트 D. 이그나시오 보 이 싱글라 씨는 아브라카다브라 주문으로 열쇠를 얻어 감옥 안 내 방에서 스스로를 소개했다." *Filipinas ante Europa*, March 25, 1900. Federico Urales, *Mi vida* (Barcelona: La Revista Blanca, 1930), Tomo I, p. 218에 의하면, 보의 육체적 능력은 하찮은 수준(casi ridículo)이었지만, 용기는 대담무쌍했다고 한다. 그는 피 이 마르갈과 함께 연방주의자로서 정치적 삶을 시작했지만, 아나키즘으로 옮겨 갔으며 무신론을 신봉했다. 나중에 그는 몬주익에 관한 찢어지는 고통을 담은 책을 출판했다.

다. 필리핀에 도착한 즉시 폴라비에하는 처형 및 스페인으로의 강제 이송을 시작
했다. 반란자들을 태운 배 한 척이 바르셀로나에 도착했으며, 이 죄수들은 우리들
과 같은 감옥에 갇혔다. 이는 겨울에 있었던 일로, 저 불쌍한 필리핀인 추방자들은
(아직도) 겨우 속옷 같은 바지와 거미줄같이 얇은 셔츠가 전부인 고향의 옷차림 그
대로였다. 가엾은 필리핀인들이 바르셀로나 감옥 안마당에서 발을 덥히려고 원을
그리며 왔다 갔다 하고 동동 구르면서 추위에 덜덜 떠는 모습을 보는 것은 부끄럽
고도 슬픈 일이었다. 감옥의 수감자들이 추위라는 것을 모르는 나라에서 온 불쌍
한 필리핀인 추방자들을 따뜻하게 해주려고 안마당으로 신발, 끈 달린 샌들, 바지,
조끼, 재킷, 모자, 양말을 던지는 것은 고귀하고도 아름다운 광경이었다.[79]

9월에 이사벨로는 새로운 감방 동료로 라몬 셈파우를 받게 되었는데, 셈파
우는 그 달 4일에 몬주익 고문자들의 지휘관 나르시소 포르타스 중위, 일명
'스페인의 트레포프'이자 타리다가 유럽의 언론을 통해 새로운 종교재판소와
동의어로 만든 이름의 인물을 암살하려 기도했었다. (중위는 웨일레르가 아바나
에 다시 파견되기 전 카탈루냐 사령관을 지낼 때 그에 의해 특수정치첩보부서장으로 임명
되었던 바 있다.) 셈파우는 기본적으로 보헤미안 성향의 문학적 인물로, 아나키
스트 쪽으로 기울어진 저널리스트이자 시인이었다.[80] 우랄레스의 회고록을

• •

79 Urales, *Mi Vida*, Tomo I, pp. 196~97, 200. 우랄레스의 진짜 카탈루냐 이름은 호안 몬트세니
(Joan Montseny)였지만 그는 첫 번째 가명이자 필명으로 우랄 산맥(시베리아의!)을 택했다. 그
는 본래 리오데오로에 유배될 예정이었으나 마지막 순간에 런던으로 추방을 당했으며, 그곳에
서 곧 스페인 만행 위원회를 조직하는 일을 돕게 되었다. 1898년 스페인으로 돌아온 그는 『라
르뷔 블랑슈』에 대한 오마주인 『라 레비스타 블랑카』를 설립했다(그러나 이 저널은 선도적 지
식인들보다는 '의식 있는 노동자'obreros conscientes 쪽으로 더 많이 향해 있었다). 그는 『라 레
비스타 블랑카』를 시작하면서 보우딘 박사(Dr Boudin)라는 필명으로 질병과 그것을 초래하는
사회적 조건들에 관해 엄청나게 인기 있는 기사들을 썼다고 상당히 감동적으로 회고한다. 그렇
게 한 이유는 "노동 계급의 지식인들은 그들이 후안 (원문 그대로임) 몬트세니라고 알고 있는
페데리코 우랄레스의 재능을 믿지 않았"지만, '보우딘 박사'는 완전히 신뢰했기 때문이라는 것
이다.
80 Núñez, *El terrorismo*, pp. 55(나르시소 포르타스), 60~61, 158(셈파우) 참조. 네틀라우의 다소
심술궂은 묘사로는, 그는 "아나키즘과 카탈루냐주의 사이에서 왔다 갔다 하는 개인 플레이어"

믿을 수 있다면, 포르타스를 죽이려는 계획은 원래 파리에서 꾸며진 것으로, 셈파우가 체포된 후 프랑스인 아나키스트 샤를 말라토가 그의 탈옥을 꾀하는, 결국은 실패로 돌아간 일을 실행하기 위해 바르셀로나로 왔다.[81] 어찌 되었든 이사벨로는 실패한 암살자에게 매료되었다. 노년의 저술에서, 그는 이 카탈루냐인에 대해 다음과 같이 남겼다.

그는 아주 학식이 뛰어난 사람으로, 필리핀 식물들의 학명을 외우고 있었고, 나중에 리살의 『놀리 메 탕헤레』를 프랑스어로 번역하였다. 수백 명의 경찰 요원들과의 싸움에서 그는 결단코 아무런 두려움도 없다는 것을 내보였다. 그의 이름만 들어도 유럽은 공포에 떨었다. 그러나 현실에서의 그는 정직하고 온화한 아이 같은 사람이었다—그렇다, 천성이 진짜 예수 같은 사람이었다고까지 말할 수 있을 것이다. …… 명예를 걸고 되풀이 말하건대, 이른바 아나키스트, 니힐리스트, 아니면 요즘 저들이 말하기로는 볼셰비키라는 이들은 진정한 구세주이자 정의와 보편적 형제애의 사심 없는 옹호자이다. 빈사 상태에 있는 오늘날의 제국주의가 낳은 편견이 사라질 때면 그들이 우리의 제단을 정당하게 차지할 것이다.[82]

나아가 이사벨로는 아마도 셈파우의 도움으로, 책과 신문을 구해다 줄 우호적인 간수를 얻게 되었는데, 나중에 그는 이 덕분에 "진정 눈을 떴다"고 회상한다. 그는 아나키즘이 "불운한 자는 덫에 빠뜨리면서 진짜 범죄자들은 건드리지 않고 내버려두는 세금이나 법령이라는 사기극을 벌일 필요는 전혀 없이 우리 모두를 다 함께 묶는 연합과 더불어 …… 경계의 폐지, 즉 지리적인 것이든 계급 차이이든 어떠한 경계도 없는 사랑을 신봉한다"는 것을 알게 되었다.[83]

●●●●●●●●●●●●●●●●●●●●●●●●

라는 것이다(Nettlau ms. p. 116). 나중에 셈파우는 세기가 바뀔 무렵 일어난 카탈루냐 부흥 운동에 참여하여 카탈루냐어 평론지 『옥시타니아』(*Occitània*)와 협력했다.

81 Urales, *Mi vida* 제3권의 pp. 80~81로부터 인용한 같은 책, p. 158.

82 Scott, *Unión Obrera Democrática*, p. 15에 인용된 이사벨로의 말.

카노바스가 죽고 사가스타의 야당 연합이 권좌에 오르는 한편 타리다의 캠페인이 전력투구를 하는 동안[84] 몬주익 죄수들의 처지는 바뀌기 시작했다. 셈파우가 군사 법정에서 재판을 받아야 한다는 군대와 경찰의 요구는 새 정부에 의해 거부당했다. 만약 군사 법정에 섰다면 그는 틀림없이 사형을 선고받았을 것이다. 포르타스를 향한 비난이 너무나 높아서 어떠한 민간인 판사도 이 암살자가 될 뻔한 인물에게 유죄를 선고하기를 바라거나 감히 그럴 만한 용기를 품지 못할 정도였다. 1898년 1월 8일 이사벨로는 풀려났다. 피 이 마르갈과 알레한드로 레로욱스(Alejandro Lerroux, 바르셀로나의 인민주의 정당 급진 공화낭 당수), 페데리코 우 랄레스가 써준 추천서 덕분에 그는 모레트의 해외영토부 선전국에 중요치 않은 한직을 얻을 수 있었다. 필리핀에 관한 이사벨로의 글들, 특히 교단에 대한 그의 독설들이 레로욱스의 당 기관지에 발표되었으며, 고위급 프리메이슨인 미겔 모라이타 교수가 언어를 다듬어주었다. 무엇보다 최고였던 것은 이사벨로가 권총으로 무장하고 당대의 급진적 시위 대열 속에 행복하게 뛰어들었다는 점인데, 누구를 쏘아본 적은 없었지만 가끔 코가 좀 깨지기는 했다.[85]

∙∙∙∙∙∙∙∙∙∙∙∙∙∙∙∙∙∙∙∙∙∙∙

83 같은 책, p. 14.

84 아나키즘을 강력히 신봉하는 테아트르 리베르테르(Théâtre Libertaire)가 1898년 '몬주익'이라는 제목의 연극으로 문을 열었는데, 이 연극은 이후 몇 년 동안이나 인기를 누렸다. Herbert, The Artist, p. 39. 허버트는 1890년대 파리에는 괜찮은 프랑스 회곡이 늘 부족했고 입센이—종종 아나키스트적으로 해석되어—압도적으로 우뚝 서 있었다고 언급한다.

85 스콧은 1898년 2월 '몬주익'에 반대하는 활기찬 시위를 이룬 유쾌한 잡탕의 물결을 묘사하는데, 이사벨로도 여기에 참가했다. 레로욱스와 가까운 그룹(그의 신문 『엘 프로그레소』(El Progreso)에서 일하는 저널리스트이자 이 필리핀인의 두 번째 아내가 될 여자도 포함됨)이 조직한 이 시위는 다음과 같이 구성되어 있었다. 자유사상가 연합, 바르셀로나 심리학 연구 센터, 『엘 딜루비오』(El Diluvio), 카르데시안(데카르트주의?) 심령술사(Spiritist) 연맹, 법대 자유주의 학생회, 마르크스주의 센터, 진보적 페미니스트 협회, 공화주의 청년회, 『레비스타 마소니카』(Revista Masónica), 부두노동자 협회, 목재적하 노동자 협회, 노동자 협회 연맹, 『라 보스 델 푸에블로』(La Voz del Pueblo). Unión obrera Democrática, p. 16.

마리아노 폰세(우)와 쑨원 박사(좌)의 만
남. 폰세의 요코하마 자택에서.

젊은이여, 동쪽으로 가라

리살보다 두 살 어리고 이사벨로 데 로스 레예스보다는 한 살 더 먹은 마리
아노 폰세는 마닐라 북동쪽에 접한 불라칸(Bulacan) 지방 출신이다(아기날도의
게릴라 은신처 비악나바토가 이 지역에 위치해 있다). 그는 산토토마스 학생 시절 델
필라르에게서 감화를 받아 민족주의 활동가가 되었으며, 리살과 우나무노가
다니던 센트랄 대학에서 의학을 공부하기 위해 마드리드에 도착한 이후에도
활동을 계속했다. 폰세와 그의 멘토는 1889년 2월 바르셀로나에서 『연대』를
창간한 주역이었으며, 9개월 후 스페인 수도로 저널을 옮기는 데도 핵심적인
역할을 했다. 여러 다른 가명으로 글을 쓰기는 했지만, 그는 자신의 진정한 재
능은 편집 주간이자 회계 담당자, 기록 관리인이라는 것을 발견했다. 델 필라
르는 그에게 저널의 경영을 점점 더 많이 넘겼다. 리살과 델 필라르의 관계가
가장 위험했던 시기에도 폰세가 양쪽 모두가 신뢰하는 친한 친구로 남아 있었

다는 것은 그의 차분하고 정직하며 겸손한 성격에 대해 많은 것을 말해 준다.

리살이 체포되어 다피탄으로 추방된 이후 『연대』는 서서히 기울기 시작하였고, 1895년 10월에는 마지막 호가 나왔다. 『연대』가 처했던 곤경 중 한 가지는 재정적으로 마닐라의 부유한 동조자들의 기부에 의존하는 것이었는데, 이것을 짜내기가 점점 어려워지고 있었다. 그러나 주요 문제는 6년간 집중적으로 공을 들였는데도 델 필라르의 전략적 동화주의 정책이 여전히 스페인 정부에 영향력을 거의 끼치지 못했으며, 필리핀인 체류자들 사이에서 이 정책은 막다른 데까지 왔다는 느낌이 커지고 있었다는 점이었다. 이에 따라 1896년 봄 폰세와 델 필라르는 조국에 가까우면서도 박해로부터는 안전할 수 있는 홍콩으로 옮기기로 결정했다. 그러나 그 즈음 델 필라르의 건강이 망가졌고, 앞서 언급했듯이 그는 7월 4일 계엄령 하 바르셀로나에서 비참한 죽음을 맞았다. 충실하게 그를 간호했던 폰세는 남아 있는 일들을 마무리하느라 그대로 머물렀다. 다음 달 말 보니파시오의 봉기가 터졌을 때 경찰은 그가 살고 있던 집과 스페인-필리핀 협회(Hispano-Philippine Association) 구내를 습격하여 많은 문서를 가져갔다. 폰세 자신도 투옥되었으나 경찰이 심각하게 의심스러운 것을 아무것도 찾아내지 못했기 때문에 감옥 생활은 하룻밤에 그쳤다. 일이 잠잠해지자 그는 마르세유로 가기 위해 프랑스 국경을 넘었으며 10월 11일 극동으로 향하는 배에 올랐다.

1897년 봄 서른네 살의 나이로 그는 그곳에서 다음 4년간 몰두하게 될 일에 착수했다. 그 즈음에는 아기날도의 혁명 정부였던 것을 위한 돈을 마련하는 것, 총과 탄약을 사서 필리핀으로 밀반입하는 것, 그리고 조국의 독립을 위해 부단한 선전 운동에 종사하는 것. (1898년 6월 폰세는 아기날도에 의해 필리핀 대표로 일본에 파견되었다.) 폰세는 앞의 두 가지 일을 성취하는 데에서는 거의 성공을 거두지 못했다. 그의 『혁명 서간집』(Cartas sobre la Revolución)에는 나라 바깥에 거주하는 부유한 필리핀인들에게 거액의 재정적 기여로 애국심을 보여 달라고 사정하는 여러 통의 편지와, 친구들에게 이 인간들이 대개 얼마나 밉살스럽도록 이기적이고 비애국적인지를 불평하는 다른 편지들이 들어 있다.

무기를 구하려는 시도는 그보다 훨씬 더 결과가 안 좋았다. 그러나 서신들은 폰세가 선전 운동을 어떻게 수행했는지, 그리고 1897~1900년의 정신없는 사건들에 적응하려고 어떻게 노력했는지에 관해 매혹적일 만큼 상세하게 이야기한다. 이 텍스트들을 분석하기 전에, 이 사건들을 간단히 개괄할 필요가 있겠다.

적은 누구인가

이사벨로가 여전히 몬주익에서 고달파하고 있는 동안, 필리핀의 군사적 교착 상태는 계속되었다. 프리모 리베라는 아기날도를 박살낼 수 없었고, 카비테에서 온 남자는 그의 비악나바토 요새로부터 의미 있는 돌파구를 찾아낼 수 없었다. 바야흐로 정치적 기선을 잡아야 할 시간이었다. 아기날도의 민간인 동료들은 그에게 식민 정권과 경쟁하는 법적인 혁명 정부를 구성하기 위한 민주적 헌법을 제정한다면 그의 지위가 크게 강화될 것이라고 조언했다. 이 임무는 펠릭스 페레르(Félix Ferrer)와 이사벨로 아르타초(Isabelo Artacho)에게 맡겨졌다. 테오도로 아곤실로는 그 과정을 다음과 같이 무미건조하게 기술한다.

> 페레르와 아르타초는 1895년에 작성된 쿠바 히마과유(Jimaguayú) 헌법의 내용을 그대로 들어다가 그들의 머리에서 나온 것인 척 속여 넘겼다. 당대의 학자였던 클레멘테 호세 술루에타(Clemente José Zulueta)는 비악나바토 헌법의 유일하게 남은 한 부를 잃어버렸을지도 모른다며 두려워하던 친구에게 침착하게 말한 적이 있다. "걱정 말게, 우리에겐 히마과유 헌법도 한 부 있지 않나."[86]

유일하게 현지에서 더한 것이라고는 타갈로그어를 국어로 한다는 분열적인 조항뿐이었다. 스페인어에 취약했으며 필리핀 너머의 세계에 대해 아는

• •

86 Agoncillo, *A Short History*, p. 102.

것이 거의 없던 수령(caudillo)은 11월 1일 이 '필리핀' 헌법의 제정을 자랑스럽게 선포했다. 다음 날 그는 대통령 선서를 하고 취임했다.

그러나 이 거창한 제스처가 취해지기도 전에 프리모 데 리베라와의 협상이 시작되었는데, 총독은 카노바스의 죽음과 웨일레르의 실각, 그리고 사가스타의 권좌 복귀가 일어난 후의 시기에 기껏해야 산혼 협정의 동양판 같은 것이라도 확보하기를 바랐던 것 같다. 그해 말에는 반란자들이 무기를 내려놓고 완전한 사면을 받는 데에 합의가 이루어졌다. 또한 아기날도와 그의 장교들은 홍콩으로 떠나는 대가로 40만 페세타를 챙기고, 무기의 인도가 마무리되면 40만 페세타를 더 받기로 되어 있었다. 나아가 지난 15개월간의 싸움에서 무고하게 희생당한 필리핀인들을 위한 원호금으로 90만 페세타가 배정될 것이었다. 필리핀인들이 스페인의 배신에 대해 강한 의심을 품고 있음을 알고 있던 프리모 데 리베라는 장군 둘을 비악나바토에 인질로 보냈고, 스물일곱 살의 조카 미겔 프리모 데 리베라 대령(장차 1920년대에 스페인의 독재자가 될, 삼촌보다 훨씬 덜 지적인 인물)이 중국해를 건너는 아기날도와 동행하도록 되어 있었다. 놀랄 것도 없이 양측 모두 합의를 충실히 이행하지 않았다. 반란자들 여럿은 무기를 인도하기보다는 숨기는 쪽을 택했고, 수령은 끝내 잔금을 받지 못했다.[87]

그러는 동안 워싱턴이 움직이고 있었으며, 이것은 무엇보다도 시어도어 루스벨트 개인의 움직임이었다. 이미 1897년 11월 그는 쿠바를 놓고 스페인과 전쟁을 하게 될 경우 일본에 주둔하고 있는 미국아시아소함대(American Asiatic Squadron)를 마닐라 만으로 보내는 것이 적절하겠다고 썼다. 동시에 그는 자신과 뜻이 맞는 조지 듀이 제독이 소함대의 지휘권을 맡도록 조치했다. 1898년 2월 말, 루스벨트는 듀이에게 작전 기지를 홍콩으로 옮기라는 지시를 내렸다. 아바나 항에서 USS '메인' 군함—스페인을 위협하기 위해 그곳에 파견했던—이 폭발한 흥미로운 사건 이후 마침내 4월 25일 선전포고가 이뤄지자 듀이는 공식 전보를 받은 지 한 시간도 채 되지 않아 필리핀을 향해 닻을

....
87 같은 책, p. 103.

298

윌리엄 매킨리 대통령이 암살당하면서 시어도어 루스벨트가 권좌에 올랐다. 미국의 외교 정책에 대한 그의 좌우명인 "부드럽게 말하되 큰 방망이를 갖고 다녀라"(speak softly and carry a big stick)는 당대 만화에서 널리 풍자되었다.

올랐다. 5월 1일, 그는 마닐라 해안선이 시야에 들어오는 곳에서 노쇠한 스페인 함대를 무찔렀다. (이 시점에서도 여전히 쿠바에서는 아무 공격도 없었다!) 듀이의 초청으로 아기날도와 그 부하들이 19일 홍콩으로부터 따라왔다. 그러나 워싱턴의 진짜 목적은 곧 명백해졌다. 아기날도의 마닐라 진입은 금지되는 한편, 듀이의 부하들은 패배한 스페인인들과 친교를 맺기 시작했고, 필리핀인들과의 관계는 꾸준히 악화되었다. 아기날도는 6월 12일 수도에서가 아니라 카윗에 있는 그의 화려한 집 발코니에서 필리핀 독립 선언을 낭독하도록 강요당했다. 그 후 그는 곧바로 아폴리나리오 마비니(Apolinario Mabini)를 수석정치고문으로 임명했다.

마비니는 비범한 인물이었다.[88] 리살보다 3년 늦게 태어난 그는 바탕가스

지역 빈농의 자식으로, 짧은 생애 동안 정말로 단 한 푼도 자기 이름으로 가져 본 적이 없었다. 그는 산토토마스의 총명한 법대생이었고, 실패로 끝난 리살의 리가 필리피나 회원이기도 했다. 스페인어는 유창했지만 그는 해외에서 공부할 수단도, 그리고 아마도 그러고 싶은 생각도 없었다. 그가 단 한 번 조국을 떠나게 되는 것은 미국인들에 의해 괌의 정치범 수용소로 추방되었을 때의 일이다. 1896년 류머티스열인지, 소아마비인지 확실치 않은 재난이 닥쳐 허리 아래 하반신이 마비되었는데, 이 조건으로 인해 그는 폴라비에하의 광포함에서 살아남을 수 있었다. 아기날도가 홍콩에서 안식을 취하고 있던 1898년 상반기에 마비니는 혁명을 옹호하며 쓴 열정적인 혁명적 선언문들로 찬사를 받았다. 수령이 그를 카비테로 소환했을 때에는 수백 명의 사람들이 로스 바뇨스 온천으로부터 혁명 지도자의 본부까지 돌아가며 들것을 옮겼다. 마비니는 아기날도 정부의 포고령 거의 전부를 입안하고 집필했으며, 그가 아기날도의 총리로 권좌에 남아 있던 그 중대한 해에 그 집행도 효과적으로 처리했다. 강철의 의지를 가진 남자였던 마비니는 또한 헌신적인 애국자이기도 했으며, 리살 직후 시기의 최고 지도자들 중 혁명이 살아남는 데는 대중 운동이 필수적이라는 것을 인식한 극소수에 속하는 동시에, 일찍이 혁명이 일루스트라도들과 부자들 대부분으로부터 배반당할 것이라고 예측하기도 했다.

그러나 마비니가 권력의 자리에 오른 것은 대규모의 미국 군대가 쿠바에 상륙했던 바로 그 시점이었다. 6주 후 스페인과 미국 간의 적대는 끝났고, 워싱턴은 그 섬의 사실상의 주인이 되었다. 다음 차례는 필리핀의 양도였다. 그 해 말 미국과 스페인은 마드리드가 2000만 달러를 받고 이 식민지를 워싱턴에 '판다'는 내용이 담긴 파리 조약에 서명했다. (독일은 캐롤라인 제도와 마리아나 제도의 대부분을 훨씬 더 저렴한 가격에 구입했다.) 그러는 동안 아기날도의 임시 수

··························
88 훌륭하고도 긴요한 자료의 출처는 여전히 본래 1960년에 출판된 Cesar Adib Majul, *Mabini and the Philippine Revolution* (Quezon City: University of the Philippines Press, 1996)이다.

도인 (불라칸 지역의) 말로로스에서 필리핀 국회가 소집되어 새로운 헌법을 제정하고 필리핀 공화국을 선포했으며, 마비니를 총리로 격상시켰다. 루손 이외의 섬들에서 정치적 지지를 동원하는 데 대대적인 역량이 투여되었으며, 최남단 무슬림 지역을 제외하고는 꽤 좋은 성과를 거두었다.

1899년 2월 필리핀-미국 전쟁이 발발했다. 필리핀 병사들은 용감하게 싸웠으나, 무기 부족으로 재래전에서는 새로운 적의 상대가 되지 못했다. 더 나쁜 일이 기다리고 있었다. 마비니가 5월 미국인들과 손을 잡으려고 안달이 나 있는 교활한 일루스트라도 도당에 의해 권력에서 밀려났다. 참모총장이자 새로운 식민 지배자들에 맞서 게릴라 전투를 어떻게 수행할지에 관해 명확한 전략적 비전이 있었던 유일한 필리핀인 장군이었던 안토니오 루나는 6월 이 일로카노인이 마침내는 권력을 쥘지도 모른다고 우려했던 아기날도와 그의 패거리에게 암살당했다. 아기날도가 루손 산악 지대 고원에서 붙잡혀 곧바로 워싱턴에 충성을 맹세한 1901년 3월, 전쟁은 공식적으로 끝났다. 그러나 다른 장군들은 한 해 더 싸움을 계속했고, 대중적인 무장 저항 운동은 10년이 지나도록 완전히 진압되지 않았다. 이 모든 일의 세부 사항은 충분히 연구되었으며, 여기에서 우리가 지체할 필요는 없다. 현재의 목적을 위해서는 두 가지만이 강조되어야 한다.

첫째, 리살의 처형으로부터 2주년이 되는 날 전야에 아기날도는 이제부터 이 나라의 민족 영웅(National Hero)이 죽은 날이 돌아올 때마다 전 인구가 애도해야 한다는 포고를 내렸다. 리살의 소설들 제목을 새긴 두 개의 작은 돌(Masonic) 기둥이 가장 초기의 기념물로 아직도 루손 남동부 비콜(Bicol) 반도의, 태풍이 자주 몰아치는 다엣(Dáet) 시에 남아 있다. 둘째, 쿠바에서 웨일레르가 시행한 '인구 집결'(concentration of populations) 정책을 그토록 격렬하게 비난하던 미국인들은 결국 필리핀에서 이와 똑같은 정책을, 그것도 극단적인 방식으로 채택하게 되었다. 이 집결 지구에서 많은 수의 필리핀인들이 영양 실조와 질병 및 죄수의 고문이 일상적이었던 무자비한 대게릴라 전투로 사망했다.[89]

세계화된 신사

이 배경을 염두에 두고 이제 필리핀 정권의 가장 중요한 해외 사절 중 한 명으로서 폰세가 교환했던 서신들에 생산적으로 돌아가는 것이 가능하겠다. 그 전에, 그가 사망한 지 꽤 지나 간행된 그의 서간집에는 폰세 자신이 쓴 편지들만이 들어 있다는 사실이 강조되어야 할 것이다. 이 발췌본의 원본 편지들과 그와 서신을 주고받았던 이들이 쓴 편지들은 사라진 지 오래이다. 이 편지들이 무단으로 삭제 및 정정된 것인지, 또 얼마나 많은 편지들이 생략된 것인지 확실히 결론지을 수 있는 방법은 전혀 없다. (편찬자인 테오도로 칼라우 Teodoro Kalaw는 혁명 이후 세대에 속한 재래식의 주류 민족주의자이자 정치가로, 혁명 운동의 지저분한 빨래를 대중이 보는 곳에 널어놓기를 꺼렸던 것 같다. 인쇄되어 나온 선집에서 주목할 점은 폰세가 친족들에게 보낸 개인적 편지들, 어떤 식으로든 아기날도에 비판적이었던 편지들, 그리고 주로 홍콩에서, 그러나 다른 곳에서도 마찬가지로 방종한 '지도자들'이 부린—다른 출처를 통해 잘 알려진—술책과 재정적 속임수들에 관한 서신들의 부재이다.)

1897년 5월을 시작으로 하여 1900년 3월에 끝나는, 모두 243통의 편지가 있다. (이하) 두 개의 표를 통해 독자들은 폰세와 서신을 교환한 이들의 성격에 대한 전반적인 통계적 그림을 얻을 수 있을 것이다. 이들 중 일부는 스페인, 영국, 미국 스파이들의 감시망을 빠져나가기 위해 (폰세 자신처럼) 하나나 그 이상의 가명을 사용했다는 것을 지적해야 한다. 이 가명 뒤에 숨어 있는 진짜 인물들 모두의 실체가 확실히 규명되지는 않았다.

편지의 거의 50퍼센트 정도가 다섯 명을 향한 것이다. 갈리카노 아파시블

••••••••••••••••••••••

89 Leon Wolff, *Little Brown Brother*(New York: Doubleday, 1961) 참조. 가장 최근의 연구로는 Celerina G. Balucan, "War Atrocities," *Kasaysayan*, 1: 4(December 2001), pp. 34~54도 있다. 그러나 가장 큰 피해를 입은 바탕가스 도의 교구 기록을 꼼꼼히 검토한 Glenn May, *Battle for Batangas: A Philippine Province at War*(New Haven: Yale University Press, 1991)는 울프가 이야기하는 '50만 명'의 사망자는 과장이며, 상당수의 사망은 흉년, 가축의 병, 기후의 변덕 등에 의한 것으로 미국의 대게릴라전이 시작되기 전에 발생했다는 것을 설득력 있게 보여준다.

〈표 1〉 서신 교환자의 국적(기재된 곳 기준)

필리핀인	28	네덜란드인	1
일본인	17	포르투갈인	1
스페인인	5	영국인	1
쿠바인	4	미국인	1
불명	3	캐나다인	1
오스트리아-헝가리인	2	중국인	1

〈표 2〉 나라/국가별 서신 교환자들의 주소

일본	18 (적어도 반은 도쿄)	오스트리아-헝가리	2 (드레스덴, 라이트메리츠)
스페인	9 (바르셀로나와 마드리드에 반반)	마카오	12
		싱가포르	1
필리핀	6 (다양함)	네덜란드	1
불명	6	멕시코	1
홍콩	5	캐나다	1 (몬트리올)
프랑스	5 (모두 파리)	독일	1 (베를린)
미국	5 (뉴올리언스, 뉴욕, '펜실베이니아')	중국	1 (상하이)

레(Galicano Apacible, 폰세가 일본으로 떠난 이후 홍콩의 일을 넘겨받은 인물) 43, 블루멘트리트 39, 베르헬 데 디오스(Vergel de Dios, 폰세가 파리의 쿠바인들과 연락하기 위해 주로 접촉한 인물) 15, '이포르텔'(Ifortel, 아마 라파엘 데 판Rafael de Pan이었던 것 같고, 주소가 불명확한 인물) 12, 펠리페 아곤실로(Felipe Agoncillo, 아기날도의 좌절한 미국 대표) 11.

언어들 역시 많은 것을 말해 준다. 일반적으로 폰세는 스페인인들, 쿠바인들, 푸에르토리코인들, 필리핀인들에게 편지를 쓸 때에는 스페인어를 썼는데, 세 가지 재미있는 점이 덧붙여져야 한다. 블루멘트리트와 주고받은 긴 편지는 모두 스페인어로 되어 있었고, 그의 일본어 번역자 '포우지타'(Foujita) 및 일본인 외교관으로서 마닐라에 정찰 임무를 갔을 때, 그리고 나중에 멕시코에 있을 때에 폰세의 편지를 받은 미우라 아라히로(Miura Arajiro)에게 쓴 편지도 마찬가지였다. 반면 폰세는 이 둘을 제외한 모든 일본인 서신 교환자들과 영국인 한 명, 네덜란드인 한 명, 미국인 한 명, 캐나다인 한 명, 독일인 한 명, 오스트리아-헝가리인 한 명에게는 홍콩에서 고통스럽게 배운 영어를 사용했다. 가장 두드러지는 것은 타갈로그어로만 되어 있는 편지들은 오직 아기날도에게 보낸 두 통뿐이라는 것이다(스페인어 편지에서도 타갈로그어로 된 문장이 가끔 나오기는 하지만). 그는 수령의 제국 언어 구사력이 취약하다는 것을 명백하게 인지하고 있었다.

표 두 개를 비교해 보면, 또 다른 것들이 아주 명백해진다. 첫 번째는 필리핀인과 쿠바인 디아스포라의 범위로서, 폰세는 뉴올리언스, 파리, 홍콩, 바르셀로나, 상하이, 마드리드, 요코하마, 마카오의 필리핀인들과 연락을 취하고 있었으며, 뉴욕과 파리에 있는 쿠바인들과도 접촉했지만, 아바나의 쿠바인들과는 전혀, 또한 스페인의 쿠바인들과는 실질적으로 접촉이 없었다. 특별한 흥미를 자아내는 다른 점도 있다. 스페인어로 글을 쓸 때, 폰세는 보통 19세기 스페인 식의 극존칭을 사용했다. 그러나 그는 가장 가깝게 느끼던 두 명의 앤틸리스인인 파리의 베탄세스와 호세 이스키에르도에게는, 그리고 오직 그들에게만, 받는 사람을 "나의 존경하는 교회 형제님"(mi distinguidíssimo correligionario)과 "나의 친애하는 교회 형제님"(mi querido correligionario)이라는 어구로 칭했으며, 이 장난스러운 교회 형제님이 의미한 것은 명백히 '동료 (필리핀인이 아닌) 민족주의자'였다.

서간집에서 한 발짝 물러서 그 주위 상황을 고찰한다면, 그들 '세계화'의 한계가 그 부재로 인해 드러난다. 폰세는 아바나와 워싱턴을 비롯한 신세계의 수도에는 아무런 연락망도 갖고 있지 않았다. 유럽에서 가장 큰 부재는 런던이며, 빈, 로마, 브뤼셀, 리스본, 베오그라드가 그 뒤를 따른다. 아시아에서 그가 중요하게 연락을 취했던 중국인들은 중국이 아니라 일본에 있었으며, 자바에서 대의를 위해 일하고 있다는 마티아스 곤살레스라는 사람을 폰세가 언급하기는 했지만, 인도와 이웃 동남아시아는 거의 보이지도 않는다. 정치적으로 명백한 것은 그가 좌파와는 거의 소통이 없었다는 점이다. 클레망소, 드레퓌스, 타리다, 반데르벨데, 키어 하디, 그리고 말라테스타나 카탈루냐와 안달루시아의 아나키스트들은 전혀 언급되지 않으며, 아예 그의 화면을 벗어나 있는 것 같다. 그가 편지를 썼던 사람들은 압도적으로 서구의 자유주의적 학자들과 신문 쪽 인사들 및 쿠바인과 중국인 디아스포라 사회의 동료 민족주의자들이었다. 일본의 경우에만 이 그림이 더 흐릿해진다.

블루멘트리트

1896년 12월 16일 블루멘트리트는 파리의 파르도 데 타베라에게 그의 평소 특성과는 무척이나 다르게도 우둔하고 감정적인 편지를 썼다.

> 자네가 지금 필리핀에서 반란에 가담한 이들을 비난하며 『폴리티카 데 에스파냐』(*Política de España*)에 발표한 내 글을 즐겁게 읽었다니 기쁘네. 나는 이 재앙과도 같은 반란이 내게 일으킨 분노를 적절히 표현할 만한 단어들을 스페인어 사전에서 찾을 수가 없었네. 이 반란의 선동자들은 법에 의한 처벌뿐만 아니라 필리핀인들의 증오와 경멸까지도 받아 마땅하네. 이들의 반역이 나라를 유혈과 불운, 파멸로 몰아넣었으니. 온 유럽은 스페인의 대의에 동조하며, 스페인이 민족의 영광스러운 깃발을 방어하기 위해 서양과 동양에서 벌이는 영웅적인 노력들을 찬탄하네. 나는 자네가 이 편지를 받았을 때쯤이면 이 정신 나간 반란이 절멸되었으리라 믿네.[90]

의심할 바 없이 블루멘트리트는 막역한 친구, 산티아고 요새의 리살에게 무슨 일이 일어날지에 대한 생각으로 동요되었다. 그가 리살의 목숨을 구하는 데 도움을 얻으려는 희망으로 이런 종류의 다른 편지들을 스페인에 있는 친구들, 동료들에게 보내고 있었으리라는 추측도 가능하다. 그러나 1897년 1월의 어느 날 그는, 편지가 도착할 무렵이면 자신은 이미 죽어 있을 것이라고 말하는, 리살의 마지막 편지를 받았다. 다른 무엇보다도 이 처형이 오스트리아인 학자의 마음을 바꾸었으며, 그때부터 그는 혁명의 지적이고 꾸준한 지지자가 되었다.

....

90 아테네오데마닐라의 파르도 데 타베라 장서에서 찾은, 원본 편지의 재타이핑본.

폰세와 블루멘트리트는 대면한 적은 한 번도 없지만 몇 년 간이나 서신을 교환해 왔었는데, 블루멘트리트가 『연대』에 자주 기고를 했던 데다 편집자들에게 항상 자신이 필리핀에 관해 최근에 쓴 학술적 저술을 보냈기 때문이다. 이제 둘의 관계는 극도로 가까워졌다. 블루멘트리트에게 홍콩의 폰세는, 필리핀 자체는 계엄령 아래 있고 유럽 언론은 전반적으로 무지하고 무관심하던 시기, 혁명의 부침에 대한 상세한 정보를 얻을 수 있는 대체로 소식에 밝고 믿을 만한 출처였다. 그 보답으로 블루멘트리트는 폰세에게 세계 정세에 대한 좋은 충고, 특히 미국의 의도와 야망에 대한 어떠한 천진난만한 생각도 버리라는 경고를 주었던 것으로 보인다.[91] 블루멘트리트는 폰세의 보고를 이용하여 언론에 정기적으로 기고했을 뿐만 아니라, 폰세가 국제적 학문 세계와는 친숙하지 못하다는 것을 알고 그가 펜실베이니아, 베를린, 드레스덴, 네덜란드의 활발한 동조자 교수들과 직접 접촉하도록 연결해 주기도 했다.[92]

앤틸리스인들

폰세의 서간집에는 앤틸리스인 디아스포라들을 향한 편지가 11통 들어 있는데, 날짜는 1897년 5월과 1898년 11월 사이로 대부분 1898년 8월의 미국 정복 이전에 발송되었다. 그러므로 이 편지들은 필리핀 민족주의자들에게 쿠바가 빛나는 사례로, 스페인은 적으로, 미국은 잠정적으로 호의적인 동맹으로

· ·

91 1898년 9월 28일자 편지에서 폰세는 블루멘트리트에게 그의 관점에 동의한다면서 동포들에게 반복적으로 "미국 통치 아래에서 나라의 농업 · 산업 · 상업이 풍요롭게 성장하리라는 데는 의문의 여지가 없지만, 그 풍요는 우리의 것이 아니요, 미국인들의 손아귀에 떨어질 것"이라고 경고한 바 있다고 말한다. *Cartas*, pp. 195~205.

92 특히 베를린의 에두아르도 솔러(Eduardo Soler) 박사, 펜실베이니아의 대니얼 브렌튼(Daniel Brenton) 박사, 드레스덴의 A. H. 마이어(Meyer) 박사, 네덜란드의 지적인 출판인 A. 체잉크 빌링크(Tjeenk Willink)를 들 수 있다. 심정을 토로하는 1897년 9월 9일자의 편지에서, 폰세는 체잉크 빌링크가 그의 *Op de Uitkijk*에 유명한 자바민속학 학자 R. A. 케른(Kern)이 쓴 리살을 찬미하는 추모 기사를 게재한 것에 대해 감사를 표한다. *Cartas*, p. 34. 나중에 블루멘트리트는 폰세에게 이 잡지에 직접 글을 쓰라고 독려했다.

보이던 시기에 쓰인 것이다. 그 대부분은 쿠바인 호세 이스키에르도를 수신 자로 한 것으로, 둘은 개인적으로 좋은 친구 사이이기도 했을 것이다—폰세 는 그들이 마드리드의 아테네오 클럽 회원이었을 무렵 같이 보낸 시간들을 언급한다. 이스키에르도는 베탄세스의 파리 민족주의 진영 외곽 가장자리에 자리 잡은 젊은 변호사이자 동화주의를 지지하는 자유주의자였다.[93] 1897년 5 월 11일에 보낸 첫 번째 편지는 그 후 매번 반복된 패턴을 드러낸다. 폰세는 친구에게 필리핀 혁명의 진행 상황을 업데이트해 주었고, 쿠바의 출판물들, 특히 마르티의 선언문과 (게릴라) 전쟁의 원칙들에 대해 막시모 고메스 장군이 쓴 저술들을 요청했다. 그리고 그는 이스키에르도에게 필리핀으로 향하는 무 장 원정 함대가 그쪽에서 조직될 수 있을지에 관해 충고를 얻고 싶으니 뉴욕 의 쿠바 대표단에 다리를 놓아달라고 요청하는 데까지 나아갔다. 그가 쓴 편 지로부터 당시 폰세가 미국에 대해 어떻게 생각하고 있었는지가 드러난다. "우리는 아직 미국의 보호를 구하려는 어떠한 조처도 취하지 않았네." 그는 나아가 이렇게 말한다.

> 우리는 자네들이 우리에게는 형님이고, 우리는 신참인 데다 아직 이 어마어마 한 사업에서 경험도 없다는 것을 잊지 않고 있네. 그리고 바로 이러한 이유로 우리 는 자네들로부터만 얻기를 바랄 수 있는 도움과 충고, 지침을 필요로 하네. 치욕의 노예화라는 비극적인 길을 함께 밟아온 쿠바와 필리핀이 사슬을 박살내는 데에도 함께해야지.[94]

9월 8일의 두 번째 편지에서 폰세가, 그러한 경우 멕시코가 그 태평양 항구 중 한 군데로부터의 '원정'을 허용할 생각은 없겠느냐고 묻는 것을 보면, 틀 림없이 이스키에르도가 미국에 대한 기대를 꺾었던 것 같다.[95] 지금으로서는

---

93 수백 쪽이나 되는 『엘 데스티에로』(*El destierro*)에서 이스키에르도는 단지 몇 번밖에 나오지 않 는다.
94 Ponce, *Cartas*, pp. 5~9.

폰세와 이스키에르도의 연락이 그 원인이었다는 증거는 없지만, 재미있는 일이 있는데, 미국이 쿠바를 침공하기 직전인 1898년 6월의 어느 날, 막 권력을 잡은—그러니까 발신인들은, 정세에 밝았던 것이다—마비니가 편지 한 통을 받았다. 발신자는 뉴욕 뉴스트리트 81번지 45호실 쿠바일반정보국이라고 되어 있었고, 내용은 필리핀에 '최신'(de nueva invención) 무기를 팔겠다는 제안으로 사용 설명서가 동봉되어 있었다. 세부 사항은 그들의 슬픈 관심사를 드러낸다. 운반대가 딸린 경량 박격포 125달러. 다이너마이트 폭탄 10개와 화약이 담긴 상자 40달러, 10~20퍼센트 할인 가격. "상자에는 폭탄을 위한 캡슐 12개와 퓨즈 12개가 첨부되어 있습니다. 뚜껑에는 걸쇠와 경첩이 달려 있고, 손잡이와 가죽 끈이 제공되어 어깨에 멜 수 있으며 따라서 운반이 간편합니다."[96] 폰세의 이후 편지들은 주로 뉴욕의 쿠바 대표단(곤살로 데 케사다Gonzalo de Quezada)과 파리의 이스키에르도에게 아곤실로를 위한 도움을 요청하는 것이었는데, 아기날도는 그를 언론과 의원들에게 로비를 하도록 미국에, 그리고 나서는 파리 조약으로 이어지는 회담들에서 목소리를 낼 수 있도록 하려는 노력의 일환으로 파리에 파견했었다. 두 임무 모두 결실을 맺지 못했다. 참으로 이상하게도, 가장 감동적인 서신들은 정치적인 중요성이라고는 전혀 없는 데에서 나온다. 1898년 9월 13일 폰세는 홍콩에 있는 아파시블레에게 요코하마로부터 편지를 쓰면서 수신인에 '카노이'(Kanoy)라고 적어 넣는다. (오늘날 '카노이'는 '아메리카노'amerikano에서 파생되어 온, '미국인'American을 가리키는 경멸적인 타갈로그어이지만, 여기에서는 단지 갈리카노라는 이름의 애정 어린 필리핀화일 뿐이다.) 그는 아파시블레에게—그로부터 며칠 지나지 않아 사망한—베탄세스로부터 두 가지 질문이 담긴 편지를 받았다고 이야기한다. 첫 번째는 라구나 지

••••••••••••••••••••
95 같은 책, pp. 28~32.
96 이 편지에 마비니의 이름은 나와 있지는 않은데, 수신인을 재치 있게 "Muy Sr nuestro"라고 해 놓았다. 그러나 나중에 이를 손에 넣은 미국인들이 이것이 어떤 화제의 인물을 의미하는 것이라고 생각한 것은 거의 정확하다고 보아도 틀림없을 것이다. 편지는 마닐라 국립도서관에 마이크로필름으로 보존되어 있다.

방에서 토지 등기 관리인으로 일하고 있던 마누엘 로비라 이 무뇨스라는 젊은 푸에르토리코인 변호사에 대한 것인데, 오랫동안 소식을 전하지 않아 푸에르토리코에 있는 그의 부모님이 깊이 걱정하고 있다는 내용이었다.[97] 베탄세스의 두 번째 요청은 더 복잡했고 19세기 말의 '세계화'가 어떻게 돌아갔는지를 아름답게 보여준다. 그는 폰세에게 바야돌리드에 갇혀 있는 다섯 명의 쿠바인들과 일곱 명의 필리핀인들이 겪는 비참함에 관해 쿠바인 죄수 중 한 명에게 이야기를 들었는데 무척 걱정이 된다고 말한다. 쿠바인들은 베탄세스 자신이 도울 수 있겠지만, 런던이나 파리에 있는 필리핀인들의 대표를 찾을 수가 없으니 폰세가 할 수 있는 데까지 해봐 달라는 요청이었다. 베탄세스의 편지에는 '쿠바인' 죄수가 보낸 편지의 필사본도 들어 있었는데, 그 자체로서 훌륭한 문서이다. 이 편지는 스페인어로 되어 있지만 철자법이 특이하다. 'Valladolid'는 'Balladolid'로, 'Capablanca'는 'Kapa-blanca'로, 'aquí'는 'akí'로, 'cómo'는 'komo'로 나와 있다. 타갈로그어에는 'v' 발음이 없고, 표준 스페인어 알파벳에는 'k'라는 철자가 없다. 아무리 읽고 쓰기를 못하는 사람이라도 이 스펠링을 스페인어를 구사하는 쿠바인이 썼다고 보는 것은 불가능하지만, 이것은 (앞에서 이야기했듯이*) 리살이 『엘 필리부스테리스모』 시절에 이미 공격적으로 추진했던 철자법과는 무척 흡사하다.[98] 베탄세스에게 보내는 편지를 실제로 쓴 사람은 틀림없이 필리핀인일 것이며, 아마도 문맹인 쿠바인이 불러주는 대로 받아썼던 것 같다. 이는 1900년에 스페인과 필리핀의 문맹률이 비슷했으며, 연역적으로 쿠바보다는 필리핀이 훨씬 나았다는 슈메이커의 주장을 훌륭하게 확증하는 일화이다.

---

97 Ponce, *Cartas*, pp. 174~76. 같은 날 폰세는 마비니에게 도움을 청하는 강력한 편지를 썼으며, 베탄세스를 두고 우리의 "성스러운 대의에 있어 많은 빚을 진" 오래된 동지라고 덧붙인다. 같은 책, pp. 177~79. 나중에 이 젊은이는 필리핀 정부에 의해 억류되어 있었으며, 그렇지만 몸과 마음은 건강한 상태였던 것으로 밝혀졌다.

* 제3장 주 82) 참조.

98 우리가 아마도 결코 알아내지 못할 것은 가난한 타갈로그인들이 리살의 '혁신'을 채택한 것인지, 아니면 리살이 가난한 타갈로그인들의 습관으로부터 빌려 온 것인지의 여부이다.

일본인들

처음에 일본은 폰세에게 완전한 충격이었다. 시간이 지나면서 충격이 사라져 결국에는 일본 여자와 행복하게 결혼하기는 했지만 말이다. 1898년 7월 8일 그는 블루멘트리트에게 이렇게 썼다.

선생님 말씀이 맞습니다. 우리가 유럽에서 얻은 모든 개념을 다 무너뜨리는군요. 모든 것이 알려지지 않은 세계, 눈으로 직접 보지 않고서는 상상조차 할 수 없을, 완벽하게 기묘하고 이국적인 것을 드러내니 말이지요.[99]

일본어를 전혀 몰랐고—폰세는 거의 모든 일본인 서신 교환자들에게 영어로 편지를 썼다—메이지 후기 엘리트들 사이의 뒤얽힌 갈등과 음모에 대해 아무런 경험이 없었던 그는 처음에는 투기꾼들의 손쉬운 먹이였다. 야당—어떤 한 순간에 어떻게 구성되어 있든 간에—이, 어떤 연립 내각이 권력을 잡고 있든 간에, '백인' 강대국들에게는 '약하게' 대응하면서 착취당하는 '아시아 형제들'을 도우려 하지 않는다고 여당을 비난하는 것을, 정치의 바퀴가 돌아가서 야당이 여당이 되는 순간까지는, 즐긴다는 것을 그가 이해하는 데에는 시간이 걸렸다. (일본의 조심성에 대한 이유들은 제4장에 제시되어 있다.)

그리고 1899년 4월 5일, 필리핀-미국 전쟁이 한창일 당시, 폰세는 원하던 대로 지속적으로 협력할 곳을 한 군데 뚫었다며 홍콩의 아파시블레에게 편지를 썼다. 그가 『케이코라 니포』(카이카 니포, 개화일보)라고 이야기한 간행물이 "필리핀 문제"(Cuestiones Filipinas)라는 제목 아래 그의 글을 장기간 연재하기로 했다는 것이었다. 기적에는 단지 계약 그 자체뿐만이 아니라, 잡지에서 일하는 이들 중 그가 '포우지타 소네타카'(Foujita Sonetaka)라고 부르는, 스페인어에 꽤 유창한 사람이 있다는 것도 들어간다.[100] 폰세는 25일에 아파시블레에게

<hr />

99 Ponce, *Cartas*, pp. 124~26.

다시 편지를 써, 자신이 그가 동방청년협회(Oriental Young Men's Society)라 부른, 인도인, 한국인, 중국인, 일본인들로 구성된 단체에서 명예 회원이 된 후 연설을 하도록 초청을 받아서 기쁘다고 이야기했다.[101] 그 이후 곧바로 폰세는 자신의 연재물을 교정하고, 중복된 내용을 없애는 등등의 작업을 거쳐 책으로 내겠다는 분별 있는 생각을 갖게 되었다. 글을 번역하고 출판하는 작업을 '포우지타'에게 위탁한 대신, 그가 일본어 판 저작권을 갖기로 했다. 폰세가 11월 3일자 편지에서 "우리의 대의로 인하여" 친구가 일본 경찰에게 시달

---

100 같은 책, pp. 316~17. 후지타는 그 시대 일본인으로서는 드물게 코스모폴리탄적인 인물이었음에 틀림없다. 와세다 대학의 우메모리 나오유키 교수는 나에게 후지타가 1899~1900년 외무성의 스페인어 번역자로 당시 정부 직원 명부(쇼쿠인로쿠)에 등재되어 있었다고 알려주었다. 도쿄외국어대학(당시 도쿄외국어학교)이 간행한 학교의 역사에 따르면, 그는 1901년에 이 학교 스페인어과 강사가 되었다고 한다. 그는 같은 학교에서 말레이와 힌두스탄계 언어들의 집중 강의도 담당한 것으로 나온다. Matsuno Akihisa, "Nihon no okeru Malay go no kaishi to tenkai"[일본 말레이어 교육의 시작 및 전개], Kondo Tatsuo ed., Wagakunini okeru gaikokugo kenkyu/kyoiku no shiteki kosatsu[우리 나라 외국어 교육의 역사적 고찰] (Osaka Gaikokugo Gakko, 1990). 그는 1908년에 영향력 있는 학자 이노우에 테츠지로가 설립한 동아협회라는 교육 단체에서 '이슬람교의 경전'에 대해 강연하기도 했다. (후지타는 그곳의 회원이었으며, 그 명부를 보면 그가 도쿄 사람으로 사무라이 가문 출신이었지만 대학 학위는 없었다는 것을 알 수 있다.) 이 강연은 그 후 협회의 저널에 두 편으로 나뉘어 실렸다. "Huihuikyo no keiten ni tsuite", Toa no Hikari[동아의 빛], 3: 4 (pp. 50~56), 3 : 6 (pp. 78~85).
    우메모리의 글에 따르면, 후지타는 이 주목할 만한 글에서 모스크바에 머물렀을 때 차르의 영지에 있는 무슬림들과 만난 경험을 바탕으로 그곳에서 강연을 했던 적이 있으며, 그러고 나서는 중국에서의 이슬람으로 연구 주제를 이동했고, 마침내 필리핀에서 북아프리카까지에 걸친 이슬람 세계 전체로 그의 관심 영역을 넓히게 되었다고 이야기했다고 한다. 그는 또한 구체적인 예를 들며 아랍어가 터키어, 스페인어, 포르투갈어, 심지어 일본어에까지 끼친 영향을 강조했다. 그는 종교적 편향으로 인해 유럽에서는 이슬람을 편견 없이 연구하는 것이 불가능하지만, 일본인들은 "편견도 편애도 없이" 이슬람을 연구할 위치에 있으니 이를 해야 한다고 주장했다.
    1908년 이후 그는 알려진 기록에서, 등장했던 것과 마찬가지로, 신비스럽게 사라진다. 우메모리는 후지타의 이름이 '히데오', '키소', '스에타카' 등으로 다양하게 나타나는 것을 보면 기록 보관인들이 이름의 한자를 어떻게 발음해야 할지 전혀 몰랐다는 것이 명백하다고 말한다.
101 같은 책, pp. 333~36. 그동안 폰세는 한국 군주의 차남으로서 한국의 진보주의자들에게 최적의 왕위 계승자라 칭송받던 20세의 'Iwo'를 만났었다. 폰세는 그의 젊은이다운 열정과 자유주의적 이상에 매료되었다. * 만일 폰세가 만난 사람이 정말로 고종의 아들이라면, 나이 등으로 따져보았을 때 가능성이 있는 것은 의친왕 이강(李堈, 1877~1955)뿐이다.

려서 마음이 얼마나 편치 않은지 이야기하는 것을 보면 이 연재물이나 책이 곧 나온다는 소식이 '포우지타'를 곤경에 빠뜨렸던 것 같다.[102] 그보다 1주일 전에 그는 마비니의 실각을 획책한 패거리의 지도자이자 이제 아기날도의 오른팔이 된 펠리페 부엥카미노(Felipe Buencamino)에게 쌀쌀한 편지를 보내 시간의 제약으로 자신의 원고를 "우리 당국의 검열"(la censura de nuestro Gobierno)에 제출할 수 없겠다고 짧게 말한 바 있다.[103] 이 책은 다음 해까지 나오지 않았으며, 서간집은 그보다 한참 전에 마무리된다.[104] (그러나 책은 이 장에서 나중에 살펴볼 결과들을 낳게 된다.)

폰세가 역지들에게 리살의 마지막 시의 원본 스페인어 텍스트—여기에서는 "내 마지막 생각"(Mi Último Pensamiento)이라는 제목이 붙은—를 넣어달라고 요청했을 때, 그는 아마 자신이 열사가 된 소설가를 일본 대중에게 최초로 소개하고 있다고 생각했을 것이다. 그렇다면 그는 잘못 안 것이다. 1888년 초 리살은 마닐라로부터 런던으로 향하던 길에 일본에 6주간 머물렀다(2월 28일~4월 13일). 이 나라에 매혹된 그는 곧바로 일본어뿐만 아니라 일본화와 서예까지 배우기 시작했다.[105] 샌프란시스코로 향하는 정기선에서 그는 아무 외국어도 이해하지 못하여 비참한 고독에 빠져 있던 스에히로 뎃초를 만나 친구가 된다. 이 두 사람은 같이 미국 횡단 여행을 했으며, 리버풀을 거쳐 런던까지 가서 그곳에서 헤어졌다.

스에히로는 대단한 인물이었다. 리살보다 12년 앞서 시코쿠 섬 남서쪽 해안의 전설적인 해적 마을 우와지마에서 태어난 그는 하급 사무라이 가문 출

---

102 같은 책, pp. 416~18.
103 같은 책, p. 411. 1899년 10월 26일자 편지.
104 속표지에는 H[eikuro] Miyamoto and Y.S. Foudzita trans., *Cuestion Filipina: una exposition* (원문 표기 그대로) *historíco-crítica de hechos relativos á la guerra de la independencia* 라는 이름이 붙여져 있다. 출판사는 도쿄전문학교(오쿠마의 와세다 대학의 전신)였다.
105 리살의 우아한 서예 작품과 일본식으로 붓으로 그린 인상적인 그림을 찍은 사진 몇 장을 보려면 Caesar(원문 표기 그대로) Z. Lanuza and Gregorio F. Zaide, *Rizal in Japan*(Tokyo: C.Z. Lanuza, 1961) 참조.

스에히로 뎃초.

신이었다. 1875년 스물여섯 살의 나이로 수도에서 발행되던 자유주의적인 『도쿄 아카츠키 신문』에서 일하기 시작했으며, 이윽고 주간이 되었다. 민주주의와 표현의 자유를 옹호하는 운동을 억압하는 정부를 공격하다가 투옥된 그는 건강 악화로 고생하다가 병원에 입원했지만, 병상에서 젊은이들 사이에서 대단한 성공을 거둔 정치 소설 『셋츄바이』(설중매)를 저술했다. 이 소설로 받은 인세 덕분에 그는 1888년 미국과 유럽으로 "정치 공부" 여행을 떠날 수 있었다. 그는, 한 인간이자 비범한 여러 언어 능통자, 정치적 이상주의자인 리살에게서 대단한 감명을 받았다. 이 필리핀인 소설가는 그의 여행기에 중심 인물로 등장하는데, 이 책은 『오시노료코』(벙어리의 여행)라는 재미있는 제목으로 출판되어 1889년과 1894년 사이에 6판까지 찍을 정도로 큰 인기를 누렸다. 게다가, 『엘 필리부스테리스모』가 나온 바로 그 해, 스에히로는 『난요노 다이하란』(남양의 대파란)과 『아라시노나고리』(바람의 흔적)라는 소설 두 편을 발표했다.[106] 3년 후 그는 이것을 『오나바라』(대해원)라는 제목의 책 한 권으로

....

106 같은 책, chapter VII. 이 글은 오류로 가득한데, 그것을 바로잡아 준 캐럴 하우와 시라이시 다카시에게 감사한다. 이상한 것은 리살의 편지에 스에히로는 내가 말할 수 있는 바로는 딱 한 번만 나온다는 점으로, 그 한 번은 1888년 7월 27일에 런던에서 폰세에게 보낸 편지에서이다.

묶어 냈다.[107]

이 소설의 젊은 주인공은 마닐라 근처 야마다 '무라'(마을)에 사는 타카야마라는 필리핀인인데, 그를 친절하게 후원해 주던 타키가와의 딸 오키요와 약혼한다. 그러나 역시 그녀를 사랑하던, 좋은 지위에 있는 교도관 조지는 이 약혼이 타키가와에 의해 이루어진 것이라고 믿는다. 그래서 조지는 자신이 일하던 감옥에 있는 악명 높은 죄수 츠야마로 하여금 노인을 죽이되 설혹 잔인하더라도 평범한 강도의 소행으로 보이게 하라고 지시한다. 타키가와가 소장하고 있던 기품 있고 신비스러운 검 두 자루 중 하나가 살해 당시 도난당한 것은 그린 이유에서였다. 주인공은 식민지 수도에서 반란을 일으키는 것으로 대응하지만, 반란은 실패하고 그는 감옥에 간힌다. 다행히도 거대한 지진이 일어나 감옥 문이 열리면서 그는 도망칠 수 있게 된다. 식민지 경찰에게 쫓기는 그와 오키요는 해외로 도망치기로 계획한다. 그들은 악어가 가득한 해안 지대의 늪에서 노로 젓는 작은 배를 찾아낸다. 바로 이때 경찰이 그들을 따라잡지만, 유익한 파충류들이 추격자들을 마지막 한 사람까지 삼켜버린다. 폭풍이 치는 대양으로 나간 타카야마와 오키요의 배는 뒤집히고 그들은 헤어지게 된다. 영국 배가 타카야마를 건져 올렸고, 그는 오키요가 세상을 떠났다고 생각하며 친절한 상인의 보호 하에 런던으로 향한다. 그러나 사실 그녀는 필리핀인 동포들에게 구출되었으며, 홍콩행 배에 은밀히 실려 가서 수녀원으로 피신한다.

런던에서 타카야마는 마닐라에 대한 중요한 학술적 역사서의 저자로 널리

• •

대수롭지 않게 쓴 두 문장은 이러하다. "나는 유럽으로 가는 도중에 일본인을 한 명 알게 되었는데, 급진파이자 독립적인 간행물의 편집장으로 일하다가 투옥되었던 사람이라네. 이 일본인은 일본어밖에 못해서, 런던에 도착하기까지 내가 통역자 노릇을 했지." *Epistolario Rizalino, 1887~1890,* p. 34.

107 『오나바라』에 대한 다음의 설명에 대해 나는 우메모리 나오유키에게 무척 감사한다. 그는 1900년경까지 메이지 시대의 소설가들은 외국 인물들과 대부분의 외국 장소에 일본 이름을 붙이곤 했는데, 이것이 꼭 '진짜' 일본과 어떤 관계가 있다는 뜻은 아니라고 설명한다. 졸라와 같이 인기 있는 유럽 작가들의 번역자들도 마찬가지의 관례를 따랐다. 평범한 일본인 독자가 글을 더 이해하기 쉽도록 만들자는 의도였다고 한다.

알려지게 된다. 한편 조지는 오키요의 행방을 파악하고 그녀의 하인이었던 (그리고 그의 첩자인) 큐조로 하여금 타카야마가 쓴 것처럼 편지를 위조하여 오키요에게 가져가게 하는데, 그 내용은 그가 마드리드의 감옥에 있으며 큰 곤경에 처해 있다는 것이다. 오키요와 큐조는 제국의 수도로 향하는 길에 오르며, 그곳에서 조지와 만나는데, 조지는 오키요를 즉각 외딴 교외의 주택에 감금한다. 그녀는 우연히 『마닐라 식민 정부의 역사』의 저자에 대한 신문 기사를 마주치게 되며, 곧바로 타카야마가 살아 있고 런던에 있다는 것을 알게 된다. 그녀가 연인에게 쓴 편지를 가져간 큐조는 타카야마에게 오키요가 바욘에 있고 절망적인 병에 걸려 있다고 이야기한다. 타카야마는 바욘이 스페인 국경에 가깝다는 것을 알고서 처음에는 망설였으나, 결국에는 큐조를 동반한 채 채링크로스 가로부터 길을 떠난다. 파리에서 출발하는 밤기차에서 큐조는 주인공에게 몰래 진정제를 먹이고, 기차가 국경에 거의 닿았을 때에야 잠에서 깨어난 그는 속았다는 것을 깨닫는다. 다행히 끔찍한 열차 사고가 일어나 그는 다시 도망칠 수 있게 된다. 며칠 후 오키요는 마드리드의 신문에서 재난에 대해 읽는데, 신문에는 경찰이 타카야마를 기다리며 산 세바스티안에 잠복해 있었다고도 나와 있다. 타카야마의 시신은 발견되지 않았으나 그는 객차의 다른 모든 승객들과 마찬가지로 죽은 것이 분명하다. 동정적인 하인의 도움으로 감금된 집에서 도망친 그녀는 결국 파리로 가서 완전히 회복된 타카야마와 우연히 마주친다. 그들은 곧 런던을 향해 떠난다.

대영박물관의 일본 전시실에서 그들은 타키가와의 잃어버린 검을 발견하고 누가 이것을 학예사에게 팔았는지 알아내 살인자를 구속시키는 데 성공한다. 그들은 타키가와가 상속받은 고래로부터의 가문 문서에 있는 신비스러운 글자(한문)를 읽을 수 있는 전문가도 찾아낸다. 그 저자는 1614년 도쿠가와 막부의 설립자인 이에야스에 의해 마닐라로 추방된 고명한 '기독교인 다이묘' 타카야마 우콘이었다는 것이 밝혀진다. 이 글에는 우콘이 두 자루의 장엄한 검을 충성스러운 봉신에게 주었다는 것도 기록되어 있는데, 그 이름은 …… 타키가와였다!

젊은 필리핀인 애국자는 이 행복한 발견을 한 지 얼마 안 되어 고국에서 대규모 반란이 터졌다는 것을 알게 된다. 그는 가장 절친한 (필리핀인) 친구 마츠키를 동반하여 필리핀으로 돌아가기로 하는데, 마츠키는 그들의 대의를 위해 싸울 '진짜' 일본인 '장사' 40명을 모집한다.[108] 타카야마는 스페인을 내쫓는 데 성공하여 총독으로 선출된다. 그는 취임하자마자 필리핀 국민들에게 나라를 일본의 보호령으로 할 것을 제안한다. 대중으로부터 전폭적인 지지를 받은 그는 메이지 천황에게 편지를 보내 의회로 하여금 이 계획을 받아들이도록 해달라고 요청한다. 마드리드가 필리핀을 일본 보호령으로 인정하면서 소설은 끝을 맺는다.

소설의 서문에서 스에히로는 이 책이 몇 년 전 서양에서 만난 익명의 필리핀 신사로부터 들은 이야기에 바탕을 두고 있다고 썼다. 그렇지만 미국과 유럽으로의 여행에 관한 두 편의 에세이에서 그는 이 '신사'의 이름이 리살이라고 이야기했다. 실로, 그런 이야기를 하지 않았더라도, 안토니오 데 모르가와 다이묘 타카야마 우콘은 거의 동시대인이며, 젊은 타카야마가 그 개인의 선조를 발견하는 것과 리살이 그 민족의 기원을 추적하는 것은 완벽하게 일치한다. 둘 다 대영박물관에서!

『오나바라』에 하나로 묶인 두 편의 소설이 일본의 제국주의적 팽창 시대를 연 청일전쟁 이전에, 그리고 마르티와 보니파시오의 반란이 시작되기도 전에 쓰였다는 것은 주목할 만한 점이다. 리살이 스에히로에게 자신의 당면한 개인적 계획과 스페인의 멍에를 벗어던지고자 하는 동포들의 열망에 대해 이야기했을 가능성이 크다. 정치범이었던 스에히로가 이에 대한 공감을 눈에 띄게 실천했던 것이다. 그가 독자들에게 필리핀인 애국자들이 일찍이 박해를 받은 일본인 희생자들과 핏줄로 연결되어 있는 데다 일본인 의용병들의 사리사욕 없는 도움과 일본 국가의 보호를 얻고자 한다는 것을 보여주기를 바랐

---

108 장사(壯士, 소시)라는 단어가 20세기에 '정치 깡패'라는 부정적인 내포를 얻게 되기는 했지만, 스에히로는 이 단어를 오래되고 더 긍정적인 '민중들의 권리의 수호자'라는 의미로 사용했다. Saniel, *Japan and the Philippines* 부록 7의 논의를 참조.

스에히로의 정치 소설 『오나바라』의 필리핀인 주인공 타카야마가 자신의 학생용 하숙집에서 잠들어 있다. 그에 대한 이야기는 부분적으로 리살의 삶과 경험을 바탕으로 한 것이다.

다면, 그는 사적인 공감을 폭넓은 대중적인 것으로 만들고자 하고 있었던 것이다.[109] 이것이 바로 블루멘트리트가 오스트리아-헝가리에서 하고 있었던 것이라고도 말할 수 있겠다.

어찌 되었든, 여행에서 돌아온 스에히로는, 그의 본래 뜻에 어긋나지 않게 정계에 입문하여 (진짜) 자유민주주의자로 중의원에 선출되었다. 안타깝게도 그는 필리핀인 친구가 처형되기 몇 달 전 암으로 사망했다.[110]

중국인들과의 인맥

두 번째로 아기날도에게 보내는 1899년 6월 8일자 편지에서 폰세는 이렇

109 우리가 이미 보았듯이, 카티푸난은 2년 후 정확히 그런 일본의 도움을 추구하게 된다.
110 Lanuza and Zaide, *Rizal in Japan*, chapter VII.

게 썼다. "중국 개혁주의자들이 상당히 많은 도움을 주었고, 그들의 지도자인 쑨원 박사는 나의 동반자이자 모든 일에서의 조력자였습니다."[111] 폰세보다 두 살 어린 쑨원은 모험적이기는 하지만 아직 그다지 성공적이지는 못한 삶을 살고 있었다. 1894년에 중국을 떠난 그는 하와이로 가 흥중회를 세웠고 1895년 초 홍콩으로 그 본부를 옮겼다. 그해 10월, 현지의 다양한 비밀결사들과 동맹한 그는 광저우에서 재난과도 같은 봉기를 일으켰다. 이제 홍콩은 그에게는 너무 뜨거웠기에, 그는 유럽으로 떠났다. 다음 해 그는 런던에서 청 정권의 요원들에게 납치당할 뻔한 사건으로 국제적인 명성을 얻었다. 그런 일이 있은 후 그는 대부분의 시간을 일본에서 보내며 학생들과 정치적 망명객들, 사업가들로 이루어진 거대한 중국인 사회에서 선전과 조직 활동을 했다.

폰세가 쑨원을 처음으로 만난 것은 1899년 3월 초, 필리핀-미국 전쟁이 막 시작되고 필리핀인들이 아직 버티어내고 있을 무렵이다. 쑨원을 요코하마에 있는 폰세의 집에 데려간 것은 히라타 효베이로서, 일찍이 호세 라모스가 일본의 귀화 시민이 되는 데 도움을 주었던 도쿄의 변호사이자 정치 브로커이다.[112] 영어로 이야기를 나눈 두 젊은 민족주의자들(35세와 33세)은 곧 뜻이 맞았고, 이윽고 평생지기가 되었다.[113] 아마 중국인 혈통이 섞였을지도 모르고, 그렇지 않더라도 마닐라에서의 학생 시절 중국인들에 꽤 익숙했던 폰세가 이 새로운 동료에 대해서는 기묘하거나 이국적인 점을 조금도 찾아내지 못했다는 것에 주목할 만하다. 그로부터 4개월밖에 지나지 않아, 쑨원은 유일하게 성공적이라고 할 수 있었을 뻔한 무기의 대량 선적을 주선해 주었다. 그의 부

---

111 Ponce, *Cartas*, pp. 353~54.

112 홍콩에 있는 아파시블레에게 보내는 3월 6일자 편지에서, 폰세는 쑨원과 히라타가 지금 그에게 손님으로 와 있다고 썼다. 상당히 특이한 신발을 제외하고는 유럽 복장을 하고 멋진 콧수염을 기른 폰세와 일본 복장을 하고 더욱 멋진 콧수염을 기른 쑨원, 두 남자의 유명한 사진이 찍힌 것은 이 만남에서였을 것이다. 이 사진은 편지와 함께 같은 책, pp. 292~96에 들어 있다.

113 폰세는 1914년 쑨원의 전기를 발표했으며, 1918년 5월 23일 갑자기 건강이 악화되어 홍콩에서 사망했을 당시 그를 만나러 가던 중이었다. *Filipinos in History*의 제2권 pp. 115~16에서 폰세 항목을 참조.

유한 친구 완지가 일본인 민족주의자로서 뜻을 같이하던 나카무라 야로쿠와 손을 잡고 배 한 척을 구입하려 했는데 그가 이 거래를 중개했으며, 필리핀 혁명가들이 이 배를 빌리게 되었다. 나가사키에서 짐을 실은 '노누부키 마루' 호는 탄약통 600만 개와 무라타 소총 1만 정, 고정포 하나, 야전포 10개, 쌍안경 7개, 화약에 쓸 압축기 하나, 탄약에 쓸 다른 압축기 하나를 싣고 항해에 올랐다.[114] 승객들 중에는 총포를 다루는 기술과 정비, 군수품 제조에 지식이 있는 일본 군인들도 있었다.[115] 나가사키를 떠난 배는 의심을 피하기 위해 중국 쪽으로 우회했으나, 태풍에 발목을 잡혀 7월 19일 상하이에서 160킬로미터 떨어진 군도 근처에서 침몰했다.[116]

왜 쑨원이 필리핀을 위해 이 모든 고생을 떠맡았을까? 두 남자 사이의 진실한 우정과는 완전히 별개로 중국 지식인들의 사고에서 혁명이 전개되고 있었으며, 레베카 칼이 이에 관해 훌륭하게 서술한 바 있다. 그런 지식인들은 중국을 서구와 미국, 일본에 비해 훨씬 '뒤떨어진' 나라라고 보는 데에는 익숙해져 있었다. 그러나 1895년 무렵부터는 전신이 현지의 신문에 쿠바 항쟁(1895~98), 필리핀 혁명과 미국 제국주의에 대항한 전쟁(1896~1902), 영국 제국주의의 전진에 대항한 보어인들의 무장 투쟁(1899~1902)에 관해 설명과 사진을 전송하고 있었다. 말하자면, 전에는 식자층 중국인들에게 무시당하거나

114 총을 발명한 사쓰마 출신 하급 사무라이 무라타 츠네요시를 따라 명명된 무라타 소총은 최신 프랑스 모델과 독일 모델의 창조적인 결합이었다. 그 개량형 소총은 일본이 1895년 중국 제국에 승리를 거두는 데 결정적인 요소였다. 1897년에는 아리사카 나리아키라의 모제르 기반 소총이 이것을 대체했다. 쓸모없어진 무라타 소총이 지하 무기 시장에서 많이 돌아다니고 있었던 이유는 그러한 것이었다. 이 주제에 대한 전문적 견해를 제공해 준 쓰치야 겐이치로에게 감사한다.

115 시라이시 다카시는 나에게 다름 아닌 일본군 참모총장이 이 모든 사업의 배후에 있었으며, 이 불운한 장교들이 배에 오르게 된 것은 그의 명령에 의한 것이었다고 친절하게 알려주었다. 폰세의 서신에는 그가 이 사실을 알고 있었다고 추정할 만한 이야기가 없다.

116 Silvino V. Epistola, *Hong Kong Junta* (Quezon City: University of the Philippines Press, 1996), pp. 123~24에서 폰세가 7월 25일과 26일에 아파시블레에게 보낸 편지들(*Cartas*, pp. 364~81)에 기초한 간결한 설명을 참조. 미국인들은 일본에 스파이를 두고 있었고, 필리핀 해역에 유능한 해군 순찰대도 유지하고 있었다.

경멸당하던 하찮은 민족들이 중국보다 훨씬 '앞선' 그들의 단합과 용기를 바탕으로 세 대륙에서 스스로를 나타내 보이고 있는 것이었다. 칼은 인접한 곳에서 일어난 필리핀인들의 항쟁에 따른 결과로 인텔리겐치아의 일부가 이제 만주족에 대항하는 그들의 투쟁을 반식민적인 것으로 인식하기 시작했으며, 처음으로 '혁명'을 형상화하게 되었다는 것을 설득력 있게 보여준다.[117] 겸손한 사람이었던 폰세는 아마 그의 책이 일본어 판으로 나오자마자 중국어로 출판되어 단시간 내에 증쇄를 거듭하는 것을 보고 놀랐을 것이다. 그러나 그는 그러지 말았어야 했다.

파와: 전쟁의 국제화

홍콩으로부터 '이포르텔'에게 보내는 1898년 2월 19일자 편지에서 폰세는 무장 혁명에 돋보이게 기여한 아기날도의 측근 세 명이 도착했다고 알린다. 둘은 잘 알려진 일루스트라도 민족주의자들인 미겔 말바르(Miguel Malvar)와 델 필라르의 조카 그레고리오 델 필라르였다. 그러나 세 번째 인물은 그와는 전혀 달랐다. 폰세는 그가 "파와 대령, 변발을 하지 않은 중국인으로, 엘시드보다 더 용맹하고, 불타는 듯 열정적인" 사람이라며 칭찬한다.[118] 호세 이그나시오 파와(José Ignacio Pawa)는 1872년 빈곤한 푸젠 지방 마을에서 류헝푸(Liu Heng-fu)라는 이름으로 태어났다.[119] 열여덟 살의 나이로 그는 아저씨와 함께 마닐라로 이민을 가서 숙련된 대장장이가 되었으며, 중국 무예를 부업으로 삼았다. 그는 일찍이 그리고 열성적으로 혁명에 참여했으며, 아기날도에게 대단한 총애를 받게 되었다. 아기날도가 아직 카비테에서 싸우고 있을 때, 스

117 Rebecca Karl, *Staging the World*(Durham, N.C.: Duke University Press, 2002), 특히 제4장 "Recognizing Colonialism: The Philippines and Revolution" 참조.

118 Ponce, *Cartas*, pp. 190~91.

119 중국의 학자들이 진행한 최근 연구를 알려준 캐럴 하우가 이 이름을 친절하게 내게 제공해 주었다. 이하 파와에 대한 설명은 주로 Teresita Ang See, "The Ethnic Chinese in the Filipino-American War and After", *Kasaysayan*, 1: 4(December 2001), pp. 83~92에 기초한 것이다.

물네 살의 이민자는 자신의 중국인 대장장이 친구들 여러 명을 모집하여 무기 부족에 심각하게 시달리던 필리핀 군대를 위해 무기 공장을 설립하고자 도모한다. 테레시타 앙 시(Teresita Ang See)는 그의 활동을 이렇게 묘사한다.

> 그의 능숙한 감독 아래, 적에게서 포획한 낡은 대포와 깨진 모제르총이 수리되었고, 철사로 붙인 커다란 대나무 포가 제조되었으며, 수많은 팔틱(paltik, 조야한 화기)이 만들어졌고, 수천 개의 탄약통이 수제 화약으로 채워졌다.

또한 파와는 필리핀인들에게 금속으로 된 물건들, 특히 교회 종(!)을 녹이는 법과 무기를 만드는 법을 교육했고, 자신이 용맹하고 책략이 풍부한 야전 사령관임을 입증했다. 필리핀인 변호사 테오도로 곤살레스의 미간행 회고록으로부터 인용한 다음과 같은 내용을 참조하라. "막사에서 그를 보는 것은 이상한 광경이었다. 대령 제복을 입은 용감한 장교가 변발을 하고 있는 모습이라니. 그의 병사들은 타갈로그인으로서 전부 노련한 전사들이었지만, 그들은 그가 중국인이라는 사실에도 불구하고 그에게 헌신적이었고, 전투에서 그의 깃발 아래 싸우는 것을 자랑스럽게 여겼다."[120] 마지막으로, 아기날도에 의해 지방의 중국인들과 중국계 메스티소들로부터 혁명을 위한 모금을 하도록 비콜에 파견된 그는 은화 38만 6천 페소라는 경이적인 양을 모아냈다.

파와가 한 인간으로서 돋보이기는 하나, 그는 다양한 이유로 혁명에 참가하거나 혁명을 지지한 많은 비(非)필리핀인 가운데 한 명일 뿐이었다. 식민 정권에 의해 게토로 밀려나고 멸시받았으며 종종 학대를 당하기도 한 중국인 이민자들에게는 스페인인들이 사라지기를 바랄 이유가 산더미같이 많았다. 그리고 미국이 쿠바를 정복한 후, 상당수의 젊은 스페인인 장교들이 아기날도의 군대에 가담하여 '계속 싸워나가'고자 결심하였다. 참모총장 안토니오

---

120 이 묘사가 정확하다면, 파와는 아기날도가 그를 통역관으로 썼던 홍콩에 도착하자마자 땋아 늘인 머리를 잘라냈음에 틀림없다. (그는 아마 푸젠어와 타갈로그어, 그리고 어쩌면 조금의 광둥어밖에 몰랐을 것이고, 따라서 수령은 그와 있을때면 편안했을 것이다.)

"대령 제복을 입은 용감한 장교이지만 변발을 하고 있는"
호세 이그나시오 파와.

루나는 그들을 직속 부관, 교관, 요새 설계자 등의 업무에 배치함으로써 그들이 받은 전문적인 교육을 즐겁게 이용하였다. 상당수는 필리핀-미국 전쟁이 터졌을 때 야전사령관으로도 훌륭하게 복무했다. 혁명의 대의에 함께한 이들 중에는 또한 스페인 군대에 있던 쿠바인 몇 명과, 이에 어깨를 나란히 하는 프랑스인들, 이탈리아인들(나중에 크뤼에르 편에서 보어 전쟁에 참가하는 대위 한 명을 비롯하여), 영국인 몇 명, 상당수의 일본인들, 심지어 주로 흑인인 미국 군대의 탈영병들까지 있었다.[121]

마닐라로 가는 말라테스타

한편 마드리드의 이사벨로 데 로스 레예스는 자금을 모아 격주간지의 발행을 시작할 수 있었는데, 그는 잡지의 이름을 『필리피나스 안테 에우로파』(Filipinas ante Europa, 유럽을 마주한 필리핀)라 했으며, "반미? 아니죠! 반제국주

---

121 이 문단은 Dery, "When the World Loved the Filipinos" (Chapter 3, n. 43 참조)의 화려하도록 상세한 자료를 유감스럽게도 압축해 놓은 것이다.

의? 맞습니다! 목숨이 다할 때까지"(Contra Norte-América, no; contra el imperialismo, sí, hasta la muerte)라는 완벽한 편집 로고를 붙였다.[122] 한때 델 필라르가 악의적으로 이 민족학자의 '통탄할 생산력'이라 불렀던 것이 유용했는데, 글의 대부분은 그의 펜에서 나왔기 때문이다.[123] 제국의 상실과 워싱턴에서 입은 모욕은 스페인 여론에 상당한 변화를 초래했다. 미국인들에 대한 분노는 필리핀의 대의에 대한 새로운 공감을 만들어냈다. 이러한 변화는 이사벨로의 패에 들어맞았는데, 그는 스페인인 친구가 많이 있었고, 막 스페인인 저널리스트와 결혼했으며, 식민 지배의 해악을 주로 교단의 유해한 권력에 돌려왔기 때문이다. 그리하여 이 격주간지의 목적은 미국의 제국주의 및 그 기저에 깔린, 그가 매력적이게도 '탐욕'(la codicia)이라 이름 붙인 것에 대한 통렬한 공격으로 이러한 수렴을 강화하는 것이었다. 매킨리는 정복이 필리핀인들에게 자유를 가져다주기 위해 구상된 것이었다는 그의 타르튀프적인 주장으로 인해 인기 있는 표적이 되었다.[124] 이사벨로는 미국을 그 인종주의와 린치 법을 들어 자주 공격했으며, 이것이 백인이 아닌 필리핀인들이 받게 될 대접에 영향을 끼치게끔 되어 있다고 올바르게 지적했다.[125] 그러나 그는 특별한 노력을 하여 미국인 반제국주의자들의 운동에 관한 흥분되는 르포를 특집으로 다루기도 했다. 이사벨로의 다른 주요 표적은 마비니를 혁명의 지도부에서 밀어내고는 가장 먼저 새로운 식민지 주인 쪽으로 배를 바꿔 타서 넙죽

....

122 『필리피나스 안테 에우로파』는 1899년 10월 25일과 1901년 6월 10일 사이에 36호까지 발행되었다. 마드리드 경찰과의 충돌이 원인이었던 것으로 보이는 폐간 이후 잡지는 『엘 데펜소르 데 필리피나스』(El Defensor de Filipinas)로 다시 출현했으며, 1901년 7월 1일부터 10월 1일자까지 나왔다.

123 Epistolario de Marcelo H. del Pilar(Manila: República de Filipinas, Dept. de Educación, Oficina de Bibliotecas Públicas, 1955), vol. 1, p. 20을 인용한 Scott, The Unión Obrera Democrática, p. 13 참조.

124 이런 표제가 특징적이다. "Mac-Kinley, embustero ó criminal?"(매킨리, 거짓말쟁이인가 범죄자인가?), Filipinas ante Europa, 1900년 3월 10일자.

125 "Negro Porvenir de los filipinos bajo la dominación imperialista(제국주의 지배 하 필리핀인들의 흑인과 같은 미래)", 같은 책, 1899년 11월(정확한 날짜 없음). "흑인들, 그들은 만일 백인 여자와 사랑에 빠지는 불운을 겪게 될 경우 마치 야수처럼 길거리에서 사냥을 당한다."

엎드린 저 부유한 일루스트라도들의, 그가 생각하기에는, 변절이었다.[126] 마비니는 늘 '양키들'(yankís)에게 굴종하지 않겠다는 확고부동한 애국적인 충절의 빛나는 사표로 떠받들어졌다. 이 민족학자는 쿠바의 '독립'이 완전한 협잡으로 드러났다는 것을 강조하기를 잊지 않았다. 이 와중에서도 그는 보어인들이 얼마나 많은 것을 필리핀 게릴라 전사들에게 배워 왔고, 이제 필리핀인들이 보어인들의 건전한 규율에서 얼마나 많은 것을 배울 수 있는지에 관한 기사를 낼 자리를 만들 수 있었다.[127]

그러나 1901년 여름 붙잡힌 아기날도가 재빨리 워싱턴에 충성을 맹세하자 혁명은 끝났다. 맹세를 거부한 걸출한 이들은—불구의 마비니를 비롯하여—새로운 열대의 시베리아, 괌으로 쫓겨났다.[128] 이사벨로는 더 이상 스페인에 머무를 이유가 없다고 보았다. 그는 첫 번째 아내에게서 얻은 여섯 아이들을 4

....

126 안타깝게도 이 그룹에는 공화국 입법부의 의원이 되기 위해 필리핀으로 돌아온 파르도 데 타베라도 들어 있었다. 나중에 그는 자신이 미국인들 쪽으로 건너간 것을 카우디요 지배 체제가 이미 만연해 있었으며, 시기상조로 독립을 얻게 되면 필리핀도 남아메리카의 운명을 겪을 것이라는 이유로 정당화했다. 마찬가지로 안타깝게도, 나이 든 바사와 레히도르 역시 미국에 줄을 섰다. 이사벨로는 이 사람들을 꼭 '유다들'이라 불렀다. 그의 맹렬한 수사의 좋은 예는 "Contra la traición"(변절에 반대한다), 같은 책, 1900년 2월 10일자.

127 "Organización del ejército boer"(보어 군대의 조직), 같은 책, 1900년 9월 10일자.

128 마비니는 1899년 12월 10일 잡혀 마닐라에 투옥되었다. 그는 감방에서 미국의 정책에 대항하는 가장 강력한 논평들을 써냈는데, 일부는 너무 격렬해서 언론이 실어주지 않을 정도였다. 1900년 6월 21일 새로운 식민 정부에게 충성 맹세를 한다는 조건으로 정치범들의 일반 사면이 발표되었다. 그러나 마비니는 여전히 맹세를 거부했다. 그는 10월 3일 잠시 풀려났으나, 필리핀인 부역자들과 미국 정권의 정책에 대한 공격을 계속했다. 1901년 1월 15일, 장차 총독이 될 윌리엄 하워드 태프트가 "필리핀인들 중 가장 두드러지게 비타협적인 자"라고 묘사했던 이 사람은 민족주의 투사들과 그들을 시중드는 하인들(마비니에게는 없었다) 등 60여 명의 다른 사람들과 함께 다음 날 괌을 향해 떠나는 배에 태워졌다. 1902년 7월 4일 루스벨트 대통령은 재차 사면령을 내렸으며, 이 소식이 괌에 닿자 마비니와 다른 한 사람을 제외하고는 모두가 그 조건을 받아들이고 집으로 출발했다. 마침내 1903년 2월 9일, 마비니는 그가 더 이상 전쟁 포로가 아니며 바라는 곳 어디에든지 자유롭게 갈 수 있지만, 충성 맹세를 하지 않고서는 필리핀에는 돌아올 수 없다는 통보를 받았다. 이제 다른 길이 없다고 느낀 그는 마닐라에 도착하는 즉시 그렇게 하기로 동의했다. 그는 석 달 뒤인 5월 13일 콜레라로 사망했다. 그의 장례식은 이 수도에서 몇 년간 있었던 대중 집회 중 가장 대규모로 치러졌다. Majul, *Mabini*의 마지막 장을 참조.

보어인들 : 이사벨로가 쓴 기사의 주인공. 그는 필리핀인 게릴라들과 보어인들이 서로의 방법을 배움으로써 공동의 이익을 얻었다고 강조했다.

년간이나 보지 못하고 있었다. 1892년의 리살처럼 그는 식민주의자들에게 자신의 귀향을 공손하게 알리면서 그들을 대면하기 위해 돌아갈 것이며, 대략 합법의 영역 내에서 정치적으로 무엇을 성취할 수 있을지 알아볼 것이었다.[129]

이사벨로는 1901년 10월 초 마닐라로 향하는 배에 올랐다.[130] 그는 가방에

• •

129 『엘 데펜소르 데 필리피나스』의 종간호인 1901년 10월 1일자 "A mi casa"(집으로)에서, 그는 설득력 있고 겸손하게 이유를 설명하고 있다.

130 필리핀으로 돌아온 이후의 이사벨로 활동에 대한 다음 부분은 주로 스콧의 뛰어난 책에 의존한 것이다. 이사벨로가 집으로 돌아가기 전 거의 마지막으로 만난 사람은 (여전히 논쟁적인) 페르난도 페레르 과르디아였다. 1859년 카탈루냐의 부유하고 보수적인 가정에서 태어난 페레르는 열네 살의 나이에 "숨 막히는 종교적 분위기"에서 도망치기 위해 집을 떠나 이윽고 파리로 향했으며, 그곳에서 노장 공화주의 음모가 소리야의 비서로 오랫동안 일했다. 프랑스에서 16년을 보낸 후 신념에 찬 아나키스트가 된 그는 1901년 바르셀로나로 돌아와 영향력 있는 아나키스트 출판물 *La Huelga General*을 발간하기 시작했는데, 그의 학생이었던 프랑스 여성이 유산으로 남긴 100만 프랑으로 가능해진 일이라는 이야기가 있었다. 그는 또한 종교와 분리된 진보주의 학교의 모델로 에스쿠엘라 모데르나(Escuela Moderna)를 창립했으며, 이사벨로는 이에 무척 큰 흥미를 가졌다. 나중에 페레르는 알폰소 8세에 대한 두 차례의 암살 기도(1905년

아퀴나스와 볼테르, 프루동과 성경, 다윈과 마르크스, 크로포트킨과 말라테스타로 이루어진 작고 색다른 서재를 꾸려 넣었다. 이것이 필리핀에 최초로 들어온 마르크스 및 주요 아나키스트 사상가들의, 그리고 아마 다윈까지의 저작이었다고 생각할 만한 이유는 충분하다. 미국 제국주의에 대한 철두철미한 반대자라는 이사벨로에 대한 평판은 그보다 먼저 도착했다. 점점 불어나고 있는 탐욕스러운 미국 기업인들을 대변하던 『마닐라 타임스』(Manila Times)는 즉각 그를 위험한 선동자이자 피투성이 아나키스트라고 비난했다. 우연치 않게도, 그 전 달 매킨리 대통령이 스물여덟 살의 폴란드계 미국인이자 아나키스트 대장장이인 레온 촐고츠에게 저격당해 숨졌던 것이다. 새로운 식민 정권은 이사벨로가 계획하고 있던 신문 『엘 데펜소르 데 필리피나스』(El Defensor de Filipinas, 필리핀의 옹호자)에 즉각 금지 처분을 내렸으며, 그가 추진하던 민족당(Partido Nacionalista) 역시 금지하였다.

• • • • • • • • • • • • • • • • • • • •

5월 31일 파리, 1906년 5월 31일 마드리드)를 배후조종했다는 혐의로 재판을 받았으나, 무죄로 석방되었다. 1909년 7월 모로코에 파병한 스페인 군대 문제로 제어하기 어려운 대규모 시위들이 벌어지자, 안토니오 마우라의 보수파 정부는 이에 대한 대응으로 도시에 계엄령을 선포하면서 모든 좌파 클럽과 진보적인 비종교적 학교의 문을 닫고, 아나키스트와 공화주의자의 결사를 금지했다. 페레르는 다시금 체포되었으며, 이번에는 군사 법정에서 폭동 교사 혐의가 인정되었다. 그는 10월 13일 처형당했다. 마우라 정권은 12일 후 무너졌다. J. Romero Maura, "Terrorism in Barcelona", pp. 141~42, 182~83; Núñez, El terrorismo, p. 66. 누녜스는 총살대 앞에서 맞은 페레르의 최후에 대해 마음을 어지럽히는 이야기를 더한다. 1909년 11월 12일, 처형 이후 한 달이 지났을 때, 우나무노는 그의 친구 곤살레스 트리야에게 이렇게 편지를 썼다. "친애하는 벗이여, 결과적으로 페레르를 쏜 것은 스페인, 정당한 스페인, 스페인됨이네. 그리고 그를 쏜 것은 참 잘한 일이지. 페레르는 의식을 깨우치는 자가 아니라 천치에다 악인이었네. 그의 학교는 소름이 끼치지. 혐오스러운 교육 방식이야. 그의 가르침은 무서울 만큼 공허한가 하면 악의적이야. 그의 글은 그 멍청함으로 머리털을 쭈뼛 서게 만든다니까. 선동자가 아니라 방화에 실제 참여한 것으로 법정에서 판결이 난 만큼, 그가 관대한 대접을 받을 만한 이유는 없네. 이것은 스페인의 정신적인 독립에 대한 문제이자, '유럽의 (분노의) 물결'이라고 하는 저 아나키스트, 프리메이슨, 유대인, 과학자, 백치들이 행사하는 압력에 굴복하지 않을 의무가 정부에게 있다는 것에 대한 문제야. 저들은 오만하게도 그들의 의지를 강요하려 들고, 판결조차 바꿀 만한 권리가 있다는 식의 주장을 하지. 그들은 '선험적으로' 페레르가 무죄라고 선언하더군." 우나무노는 나중에 이 과장되게 뽑아낸 말들(Daily Telegraphese)을 후회한다고 이야기했다고 한다(Núñez, p. 150).

그러나 그는 쉽게 억누를 수 있는 사람이 아니었다. 노년에 그는 "악명 높은 몬주익 요새에 나와 함께 수감되어 있던 바르셀로나의 아나키스트들에게 배운 괜찮은 생각들을 실천으로 옮길 수 있는 기회를 이용했다"라고 회상했다. 그래서 그는 프로테스탄트 정복자들의 코앞에서 마닐라의 노동 계급을 급진화, 조직화하는 일에 나섰다. 이러한 노력에 그는 생각지도 않은 이점들을 지니고 있었다. 그는 언제나 압도적으로 타갈로그인으로 이루어진 일루스트라도 민족주의 인텔리겐치아들에게 부분적으로 외부자였다. 필리핀에는 봉건적 토착 국가가 있었던 적이 없으니 엄밀하게는 그들이 귀족이었다고 할 수 없지만, 특히 강력한 봉건적 뿌리를 가진 데다 현실은 적나라한 부패와 그 늘진 토호 지배, 교단의(Orderly) 지주제일 때에도 죽 스스로가 봉건적인 예쁜(fancy) 드레스를 입었다고 공상(fancy)해 온 스페인 제국주의를 대면하여, 그들은 그런 방향으로의 바람을 지니고 있었다(특히 그중 지주들이). 이사벨로는 완전히 반대였다. 정직한 사업가이자 출판업자·인쇄업자·저널리스트였으며, 하인보다는 고용인들을 두고 있었고, 민주적인 정신으로 그들을 대우했다. 더 유리했던 것은 우리가 이미 살펴보았듯이, 그가 검소함과 근면함, 솔직한 화법, 그리고 배타성으로 전설적인 명성을 지닌 종족 집단, 일로카노인들의 본고장인 북부 루손 지방 출신이었다는 것이다. (여전히 일로코스는 리살의 고향 칼람바 남부의 산비탈 이외에도, 가난한 농가마다 어김없이 꽃과 꽃나무들로 아름답게 가꾸어진 조그마한 정원이 둘러싸고 있는 광경을 볼 수 있는 필리핀 지역 중 한 군데이다.) 그가 민족주의 엘리트 가운데 유일한 일로카노인이었던 것은 아니었지만, 그들 중 유일한 지방 출신자(provinciano)였다. 질투의 폭발로 아내와 장모를 살해하고, '치정 범죄'(crimes passionelles), 특히 예술가들이 저지르는 범죄에 관심이 많은 파리에서는 중벌을 면했지만 홍콩에서 비참한 죽음을 맞은 화가 후안과, 약제사 교육을 받고 미국인들에 대항한 전쟁에서 가장 총명한 장군이 되었으며 그 수고에 대한 보상으로 아기날도 패거리에 의해 암살당한 안토니오, 두 명의 루나 형제도 일로카노인이었다. 그러나 그들은 둘 다 마닐라에서 자랐으며, 스스로를 엘리트 스페인-타갈로그 문화에 동화시켰다.

중요한 점은 이것이었다. 리살이 경멸스럽다는 식으로 블루멘트리트에게 이야기했듯이, 19세기 후반 마닐라의 하인 계층(Dienstleute)은 압도적으로 척박한 일로코스 출신의 근면한 이주자들이었다. 『놀리 메 탕헤레』나 『엘 필리부스테리스모』를 읽어서는 결코 추측조차 할 수 없지만, 초보적 단계에 있는 노동 계급 역시 마찬가지였다. 이사벨로는 이 사람들에게, 당시 교육받은 타갈로그인들은 사실상 아무도 모르던, 그들의 언어로 이야기할 수 있었다. (리살이 한 번이라도 필리핀인 도시 노동자를 만나 이야기를 나누어본 적이 있었을까? 그의 소설에는 노동자가 한 명도 나오지 않는다.) 또한 이사벨로는 거리와 마을(barrio)에서 볼 수 있는 그들의 억센 문화에도 완벽하게 친숙했다.

고전적인 방식으로, 이사벨로는 먼저 인쇄공들을 조직했다. 그러나 그가 조직적 파업으로 거둔 성공은 다른 부문들의 모방을 부추겨, 노조는 상당히 빠른 속도로 바르셀로나 식의 자유분방한 중앙 본부, 타리다의 '형용사가 붙지 않은 아나키즘'을 기쁘게 할 만한 민주노조(Unión Obrera Democrática, UOD)가 되었다. 미국 지배자들은 마닐라와 그 외곽에서 거대한 파업의 물결이 일어나고, 자본가들도 행정관들도 이를 예측하지 못했기에 이들 중 많은 경우가 성공을 거두는 것을, 믿을 수 없다는 눈초리로 경악을 금치 못하며 바라보았다.[131] 미국인들은 또한 이사벨로의 방법 중 일부에 대해서도 어리둥절해했다. 거리 시위는 그가 레로욱스의 바르셀로나에서 권총을 휘두르고 다니던 시절 배운 것이었다. 그러나 강연과 결합된 일련의 대중적 무도회를 개최하여 파업 참가자들과 그의 조직을 위한 모금 활동을 벌이고, 미국인들과 그들에게 부역하는 엘리트 필리핀인들에게 적대적인 주제로 사르수엘라*를 비롯한 연극을 무대에 올릴 때, 그는 축제와 춤·연극·음악에 대한 필리핀인들의 열정에 교묘하게 박자를 맞추고 있었던 것이다.[132] 이윽고 지배자들은 이

328

사벨로를 노동계에서 추방할 다양한 방책을 모색하게 되었다. 1902년 6월 말 그는 체포되어 '노동 음모'(labor conspiracy) 죄로 재판을 받았지만, 판사가 보기에조차 검사 측 증인 여럿이 매수되었다는 것이 분명해지자 징역 4개월을 선고받는 데 그쳤다. 감옥으로 가기 전에 그는 노동 계급 지역 톤도에 새로 만들어진 노동자 클럽에서 성대한 파티를 열고 지도부에서 사퇴했다. 첫 번째로 그의 뒤를 이은 것은 스페인에서 같이 돌아온 도미나도르 고메스(Dominador Gómez)로서, 『연대』 패에서 활발한 활동을 했고 이사벨로의 『필리피나스 안테 에우로파』에서 같이 일했으며, 곧 자신의 권위주의적인 이름에 부응하는 삶을 실천하게 되는 인물이었다.[133] 이윽고 그의 비서인 에르메네힐도 크루스(Hermenegildo Cruz)가 뒤를 잇게 되는데, 크루스는 열두 살이 되도록 읽고 쓸 줄 몰랐던 빈민가의 소년으로, 이사벨로의 작은 서재에서 독서를 하면서 의식 있는 노동자(obrero consciente)로 훌륭히 성장했다. 조직 활동 이외에도 크루스는 엘리제 르클뤼의 아나키스트 저작 『인간과 지구』(L' Homme et la terre)의 스페인어 번역본에 대한 상세한 주석 및 스페인 마르크스주의 사회당의 나이 든 설립자 파블로 이글레시아스가 쓴 『노동자 계몽』(La Ilustración obrera)의 타갈로그어 편역본을 발표한다. 한편 이사벨로는 미국인들이 교단에게 혁명이 몰수한 토지를 돌려줄지도 모른다는 가능성에 경각심을 갖는다. 그리하여 그는 가톨릭의 로비에 반대하는 운동 및 일로카노인 동족인 혁명적 신부 그레고리오 아글리파이(Gregorio Aglipay)가 제1공화국 시절 설립한 민족주의적 '분리파'(schismatic) 아글리파이 교회의 조직에 힘쓰는 쪽으로 돌아섰다.[134] 민주

• •

133 고메스는 쿠바에 간 극소수의 필리핀인들 중 하나였다. 전에 마드리드의 의학도였던 그는 그곳에서, 리살이 하기로 되어 있었던 것처럼, 스페인 군대의 의료 부대에 배속되어 일했다. Schumacher, The Propaganda Movement, p. 190, n. 12.

134 아글리파이는 스페인 식민 지배에 대한 바티칸의 무조건적인 지지와 혁명 운동에 대한 현지 (스페인 본국 출신의) 신부들의 격렬한 적의에 분노하였다. 그의 노력은 토착 인구 중 더 전통적인 부문에 대한 로마의 장악력을 깨뜨리고자 했던 아폴리나리오 마비니의 지지를 받았다. 1815년 봉기의 발생지인 북부 일로코스의 사랏(Sarrat)에 가면 스페인 양식의 가톨릭 성당과 그 경쟁자인 아글리파이 교회가 이웃하고 있는 것을 볼 수 있다. 먼저 보이는, 십자가에 못 박힌 반개혁적인 예수는 피투성이로 고통에 빠져 있으며 우중충한 누더기만을 허리에 걸치고

노조는 1903년에 무너졌지만, 그 잿더미 한구석으로부터 다른 여러 노동 조직들이 나왔으며, 마침내 1938년 통합한 사회당과 공산당이 출현하여 일본 군대의 침략에 대항한 후크발라합(Hukbalahap) 게릴라 운동을 이끌었고, 최종적으로는 미국의 조정으로 1946년—다른 때 언제겠는가?—7월 4일에 선포된 제2공화국에 맞서 혁명 전쟁을 수행했다.

1912년, 아마도 두 번째 아내의 죽음이 끼친 슬픔에서 벗어나려는 노력의 일환으로 이사벨로는 선거 무대에 뛰어들었고, 임명직 미국인들이 통제하는 마닐라 시의회의 의원 선거에 출마하여 당선되었다.[135] 시의원으로 일하는 동안 그는 도시 빈민의 변함없는 옹호자였다. 1922년 그는 일로코스로 돌아와 무소속으로 상원의원 직에 도전했다. 늘 그랬듯이 그의 오래된 아나키스트 친구들의 방식대로 자신이 개인주의자이자 집단주의자라고 주장했던 그는, 마누엘 케손(Manuel Quezon)이 이끄는, 토호들이 우글거리는 지배적 정당인 민족당(Nacionalista Party)의 자금이 풍부한 선거 조직에 맞서 스스로도 놀란 승리를 거두었다. 그는 말이 끄는 마차(calesa)를 타고 의회의 회의에 나타나, 미국 기업의 이익을 늘려줄 뿐인 차와 가솔린에 돈을 허비하느니 마부에게 돈을 주는 것이 낫다고 말함으로써 동료 상원의원들을 소스라치게 했다. 동시에 그는 남은 생애 동안 노동 계급의 톤도에 살기를 고집했으며, 가난한 세입자들을 위해 결코 방세가 밀린다는 이유로 내쫓기지 않는 아파트를 세웠다. 1929년 발작이 와서 부분 마비 증세를 나타낸 이후부터 그는 아글리파이 교회 일에만 집중했다. 그는 1938년 10월 10일 사망했다.

있다. 두 번째 예수는 그의(His) 고통을 평온하게 견디고 있으며, 늘씬한 몸매에는 피가 별로 묻어 있지 않고, 수가 놓인 우아한 하늘색 공단 속바지를 입고 있다. 이사벨로의 경쾌한 작품인지도 모르겠다.

135 이 문단은 Llane, *The Life*, pp. 22~32에 의존하고 있다.

서쪽의 저녁놀: 이사벨로 데 로스 레예스

이사벨로는, 그의 일로카노 애국심을 싫어했고 그가 너무 많이, 너무 빨리, 깊이는 상관치 않고 써댄다고 생각했던 리살에게 이따금 경멸적인 취급을 받았지만, 이 민족학자는 사소한 것에 대해 오래 곱씹는 타입이 아니었고, 무엇보다도 리살의 업적을 무척 존경했다. 『필리피나스 안테 에우로파』는 소설에 대해서는 거의 언급하지 않으면서도, 종종 리살을 모범적인 애국자로 다루는 기사를 싣곤 했다. 그러나 겉모습은 언제나 기만적일 수 있다. 이미 1899년에 스페인어가 아닌 언어로 된 『놀리 메 탕헤레』의 첫 번째 번역본이 (틀림없이 열사의 망령을 기쁘게 했을 만한 곳인) 파리에서 출판되었다.[136] 이사벨로가 여기에 전혀 관여하지 않았을 리가 없는데, 두 공동 번역자 중 한 사람이 그의 오랜 몬주익 감방 동료 라몬 셈파우였기 때문이다. 다른 한 사람은 앙리 뤼카라는 프랑스인이었는데, 마찬가지로 아나키스트였던 것 같다. '수사의 나라'(Au Pays des Moines)라는 조금은 침울한 제목으로 나온 이 번역본은 『라 르뷔 블랑슈』에 피에르-빅토르 스톡(Pierre-Victor Stock) 사회학 총서(Bibliothèque Sociologique) 시리즈 25권이라고 광고가 났는데, 1708년까지 그 역사가 거슬러 올라가는 출판사를 물려받은 스톡은 이 이름으로 1892년과 1921년 사이에 아나키스트 책들을 긴 시리즈로 냈다. 카탈로그는 매혹적이다. 제1권(1892)은 크로포트킨의 『굶주림의 정복』(La Conquête du pain)이고, 뒤이어 장 그라브의 『죽어가는 사회와 아나키』(La Société mourante et l'anarchie, 1894), 프랑스인 아나키스트 샤를 말라토의 『코뮌에서 아나키까지』(De la Commune á l'anarchie, 1895), 바쿠닌 『저작선』(Oeuvres) 제1권(1895), 그라브의 『미래 사회』(La Société future, 1895), 크로포트킨의 『아나키: 그 철학과 이상』(L'Anarchie: sa philosophie, son idéal, 1896), 조르주 다리앵(George Darien)의 『비리비: 아프리카의 군대』

....
136 내가 입수했던 판본은 1899년에 인쇄된 것인데, 책의 앞부분에 이것이 벌써 3쇄라고 나와 있으니 1898년 후반에 초판이 나왔을 가능성은 충분하다.

(*Biribi: armée d'Afrique*, 1898), 네덜란드인 페르디난트 도멜라 니우엔하위스 (Ferdinand Domela Nieuwenhuis)의 『위험에 빠진 사회주의』(*Le Socialisme en danger*, 1897), 타리다의 『스페인의 종교재판관들: 몬주익, 쿠바, 필리핀』(*Les Inquisiteurs d'Espagne: Montjuich, Cuba, Philippines*, 1897), 엘리제 르클뤼의 『진화, 혁명, 아나키즘의 이상』(*L' Évolution, la révolution et l'idéal anarchique*, 1897), 루이즈 미셸의 『코뮌』(*La Commune*, 연도 미상)이 이어진다. 그리고 아나키즘의 때라고는 전혀 묻어 있지 않은 리살의 소설이 이탈리아인 역사가 굴리엘모 페레로(Guglielmo Ferrero)의 『군사주의와 현대 사회』(*Le militerisme et la société moderne*, 1899)와 샤를 알베르의 『자유연애』(*L'Amour libre*, 1898) 사이에 샌드위치로 끼워져 나온다.

우리가 적어도 아나키스트풍인 『엘 필리부스테리스모』가 뒤이어 나오지 않았다는 것에 대해서 놀랄 필요가 있을까? 그렇지는 않을 것이다. 호비타 카스트로가 지적했듯이, 뤼카와 셈파우의 『놀리 메 탕헤레』는 결코 충실한 번역본이 아니었다. 독자에게 방백을 던지는 화자의 유혹적인 냉소(narquois)는 전부 제거되었고, 필리핀 민화와 전설에 관련된 이야기나 희미하게라도 에로틱한 것도 모두 없어졌다. 교단에 대한 독설적인 공격도 마찬가지로 분명치 않은 이유로 하여 순화되었다.[137] 그 결과 소설은 '어떤' 식민지 사회에 대한 단조로운 사회학적(sociologique) 묘사로 변형되었다. 『놀리 메 탕헤레』가 이틀림없이 좋은 뜻에서의 무단 정정을 겪어야 했다면, 그 선동적인 속편은 아나키즘(생디칼리즘과 손을 잡고)이, 어쨌든 프랑스에서는, '행동에 의한 선전'의 시대를 떠났다는 것을 삼키기 힘들었으리라고 추측할 수 있겠다.

동쪽의 저녁놀: 마리아노 폰세

필리핀 시내의 광장을 꾸미는 리살 동상은 수백 개가 있고, 미국 지배기에

---

137 그의 번역본인 *N'y touchez pas!* 서문 중 pp. 31~35 참조.

(미국이 하자고 한 것은 아니지만) 그가 처형당한 바로 그 자리에 세워진 인상적인 추모비가 그 절정을 이룬다. 스페인과 스페인어권 아메리카에서는 그의 이름을 따서 지은 거리를 흔히 찾을 수 있다. 그러나 미국에는 샌프란시스코의 외딴 구석에 서 있는 조그마한 조상들과 시카고에 있는 더 큰 것 말고는 별것이 없다. 아마 이 무지와 무관심은 소설가 자신이 신의 나라에 무관심하고 무지했던 것에 대한 세계 패권국 쪽의 무의식적인 대응으로 읽을 수 있을 것이다.[138]

그러나 지금 샤먼(廈門, Amoy)에는 새로 지은 커다란 리살 테마파크가 있는데, 자금을 댄 것은 주로 그곳의 항구로부터 마닐라행 배에 오른 조상들을 둔 부유한 푸젠 출신 중국계 필리핀인들이다. 상업적인 동기는 제쳐놓더라도, 여기에는 꽤 재미있는, 그리고 감동적이기까지 한 다른 어떤 것이 있다. 특히 리살의 마지막 시를 옮긴 40종에 달하는 중국어 번역본 대부분이 푸젠인들의 작품이었다는 것을 알고 있다면 말이다.

그렇지만 최초의 번역은 다름 아닌 량치차오가 1901년이라는 이른 시기에 했던 것 같다. 량치차오가 리살보다 열두 살 어리고, 이 필리핀인이 처형당했을 때 겨우 스물세 살이었다는 것을 생각하면 가벼운 충격으로 다가오는 일이다. 리살처럼 총명한 젊은이였던 그는 일본인들의 손에 압도적인 패배를 당하면서 드러난 중국의 상태에 대한 다방면의 비판적 논설을 통해 저 유명한 1898년 백일유신의 핵심적 인물로 올라섰다. 그러나 서태후가 반격에 나서자 량치차오는 다른 여러 명의 자유주의자 및 진보주의자들과 마찬가지로 목숨을 건지기 위해 일본으로 도망쳐야 했다. 어떻게 그가 리살의 시를 번역

----

138 1888년 늦은 봄의 미국 횡단을 기록한 리살의 간단한 여행기를 생각해 보면 웃음이 나올지도 모른다. 샌프란시스코 만에 일주일 넘게 격리되어 있던 그는, 그 후 샌프란시스코에서 관광객으로 사흘을 보낸 후 대륙횡단열차의 시발점인 오클랜드로 가는 배를 탔다. 다음 날인 5월 7일 월요일, 그는 여행길에 올랐고 새크라멘토와 모르몬교의 솔트레이크시티를 지나쳐 덴버로 향했다(5월 9일). 기차는 5월 11일 이른 아침 시카고에 닿았고, 그날 저녁 뉴욕으로 떠났다. 시카고에 대한 리살의 유일한 코멘트는 "담배 가게마다 앞에 인디오(indio, 원문 표기 그대로) 상을 세워놓았는데, 다 다르게 생겼다"라는 것뿐이다. 그는 5월 13일 맨해튼에 도착했고 16일 유럽으로 향하는 배에 올랐다. 자유의 여신상의 본고장에 대해 그는 할 말이 아무것도 없었다. 그의 *Diarios y Memorias*, pp. 217~20 참조.

하게 되었는가 하는 것은 여전히 확실하게 답할 수 없는 문제이다. 그러나 몇 가지는 확실하다. 량치차오는 푸젠인이 아니라 광둥인이었고, 게다가 10대 후반부터 베이징에 살았다. 샤먼이 그의 저술에서 어떤 역할이라도 수행했으리라는 생각은 거의 들지 않는다. 그는 레베카 칼이 유익한 정보를 가득 담은 저술에서 주제로 다루었던 신문들로부터 리살의 죽음에 대해 알았겠지만, 신문에는 보통 긴 시가 실리지 않고, 독자들 중 이해하는 사람이 거의 없는 언어로 된 시라면 더더욱 그렇다.

상황 증거는 이렇게 보인다. 폰세는 리살의 친한 친구였고 그를 추모하는 데 매우 헌신적이었다. 1898년 10월 13일 그는 에두아르트 솔러 박사(스페인어와 독일어를 모두 구사했을 것 같은)에게 리살의 마지막 시를 독일어로 번역한 일과 이것이 리살이 회원이었던 인류학회(Anthropologische Gesellschaft) 회보에 게재된 일에 대해 감사를 표하는 편지를 쓴다.[139] 1899년 2월 28일 폰세는 아파시블레에게 리살의 작품을 일본에서 재발행하려는 계획에 대한 편지를 쓰면서, 가장 저렴한 가격을 제공하는 인쇄업자는 슈에이바인데, 나와 있는 판본 대신 원고를 사용하면 수고와 비용이 더 들게 된다고 언급한다.[140] 우리는 또한 쑨원을 만나기 한참 전인 1898년 11월에 폰세가 일찍이 중국인 '개혁파'와 접촉했다는 것을 알고 있다. 1898년 11월 19일자 편지에서 그는 전날 밤, 자신을 중국 개혁당(partido reformista) 지도자 캉유웨이의 개인 비서라고 소개하는 '룽타이쾅'을 만났는데, 5월 25일 일본에 도착한 그는 '콴 한' 황제(즉 광서제)를 제위에 앉히려는 혁명을 계획하고 있었다고 아파시블레에게 이야기한다.[141] 이 사람이 파와를 개인적으로 안다는 폰세의 말로 미루어볼 때, '룽타이쾅'은 틀림없이 푸젠인이었을 것이다. 마지막으로, 스페인의 일루스트라도

---

139 Ponce, *Cartas*, pp. 210~11. 폰세는 이 번역에 대해 블루멘트리트에게 들었다고 덧붙이는데, 블루멘트리트는 틀림없이 이 작업의 막후에 있었을 것이다.

140 같은 책, pp. 288~89. 그러니 폰세는 원고를 지니고 있었거나 입수할 수 있는 곳을 알고 있었다. 여기서 이야기하는 책은 일본어본이 아니라 스페인어본일 것이다.

141 같은 책, pp. 223~25.

사이에서는 대체로 드물었던 폰세의 문학적 취향에 대한 증거로, 그가 졸라의 최신작『파리』를 한 부 보내 달라고 여러 번 간청하며 베르헬 데 디오스에게 보낸 연속 세 통의, 점점 신경질적이 되어가는 편지들이 있다.[142] 게다가 폰세는 필리핀 문제를 다룬 자신의 책 일본어 판에 리살의 마지막 시를 원본 스페인어 텍스트 그대로 넣어야 한다고 주장했었다. 이 판본의 흥미로운 특징은 본문은 일반적인 한자와 히라가나의 혼합으로 쓰여 있는 반면 서론은 순수한 한문으로 되어 있다는 것이다. 그렇다면 이것은, 번역자 둘 중의 하나 또는 둘 모두가 한문에 능했던 만큼, 이들이 거의 동시에 나온 중국어 판본도 책임지고 있었다는 것을 암시한다. 이 추측이 옳은 것으로 밝혀진다면, 량치차오의 번역본은 미야모토와 포우지타의 번역을 그대로 도용한 것이거나 아니면 이 쪽의 가능성이 더 높은데, 이들의 '중국어' 번역에 대한 더 격조 높은 번안일 것이다. 아직 성가시게 남아 있는 부분적인 문제는 량치차오와 폰세가 분명히 일본에 같이 있었음에도 불구하고 폰세는 이것을 전혀 모르고 있었고 서신에서 량치차오의 이름을 언급한 적이 없다는 것이다.

1901년 11월과 12월, 신문의 자극에 힘입었을 가능성이 더 크기는 하지만 어쩌면 량치차오의 자극에 힘입어, 쉬엔판쯔(宣樊子)*가 "필리핀 봉기"라는 5부작 시리즈를『항주백화보』에 발표하였으며, 뒤이어 1903년 일본에서 발행되는 량치차오의 영향력 있는 잡지『신민총보』에 리살의 전기가 실린다. 루쉰이 이후『내 마지막 안녕』과『놀리 메 탕헤레』를 언급한 것, 리살을 샨도르 페퇴피(Sándor Petöfi) 및 아담 미츠키에비치(Adam Mickiewicz)와 묶어 위대한 애국자 시인의 반열에 올린 것, 루쉰의 제자인 리지예가 1920년대에 리살의 고별시를 새로 번역한 것 등은 이러한 기사들로부터 설명할 수 있을 것 같다.[143] 한 세대가 지난 1940년대, 파와의 환생 차오푸메이는 일본 점령군에 맞선 토착 필리핀인들의 좌파 후크발라합 운동과 연합한 화교 항일 유격대에서 싸웠다.

142 같은 책, pp. 162~64; 232~35, 244~45.
* 본명은 린시에(林糲, 1874~1926)이다.
143 중국에서의 리살의 초기 수용에 대한 이 정보들을 제공해 준 왕후이에게 감사를 전한다.

중국으로 돌아온 후 노년에 이른 그는 두아이(杜埃)라는 필명으로 전시 경험을 세 권의 책으로 소설화하는 작업에 착수했다.『풍우태평양』이 전개되는 도중 리살의 고별시는 전문 또는 상당한 부분으로 적어도 4번 인용되며, '최초의 필리핀인'이나 여성 전사로 등장하는 조세핀 브랙켄이 페이지 사이사이에 흩어져 있다.[144] 리살의 피에 푸젠인의 혈통이 섞여 있기는 했지만, 그가 가끔 중국인에 관해서는 가벼운 인종주의 같은 것을 드러내는 한계를 보였다는 것을 고려할 때 이 모든 것은 약간 아이러니하게 보인다. (그러나 리살의 이러한 경향은 '헝가리'의 소수 민족에 대한 페퇴피의 독기 서린 악의와는 완전히 다른 수준의 것이 있다.)

이사벨로 데 로스 레예스와 마리아노 폰세. 지금은 필리핀에서조차 거의 잊혀진 좋은 사람들. 그러나 그들은 이른 세계화 시대를 특징적으로 드러내는, 무한하게 얽힌 대륙 간 네트워크의 결정적인 마디였다.

----

144 제1권은 1983년 광저우에서 출판되었으며, 제2권은 그가 죽기 전 해인 1991년 베이징에서 나왔다. 제3권 전권은 미망인의 감독 하에 2002년이 되어서야 주하이에서 나왔다. 이 애상적인 여운을 남기는 정보에 대해 캐럴 하우에게 감사를 표한다.

| 후기 |

2004년 1월, 나는 급진 민족주의 경향으로 유명하며 1968년 말에 창당된 (일로카노인) 호세 마리아 시손(José María Sison)의 마오주의 '신'(新) 공산당의 영향력이 아직 꽤 강하게 남아 있는 필리핀 대학에 초청을 받아 이 책의 주제 중 몇 가지에 대해 사전 강연을 했다. 너무 빨리 도착한 나는 캠퍼스의 야외 커피 노점에서 시간을 때우고 있었다. 젊은이 한 명이 손님들에게 유인물을 나누어주러 다가왔는데, 모두들 그저 무심히 받아 들었다가 그가 떠나자마자 버리곤 했다. 시선이 한 쪽짜리 글의 제목에 가 닿기 전에는 나도 똑같이 할 참이었다. "지도자 없이 조직하라!" 내용을 읽어보니 '수평적'인 조직적 연대의 이름으로 보스들이 지배하는 정당 정치, 자본주의 기업, 그리고 마오주의 공산주의자들의 위계질서를 공격하는 것이었다. 유인물에는 이름이 없었지만, 문의처로 웹사이트 주소가 첨부되어 있었다. 이것은 나 혼자만 갖고 있기에는 너무 아까운 뜻밖의 발견이었다. 나는 이것을 강연의 청중에게 커다란 소리로 읽어주었는데, 거의 모두가 당황하는 것을 보고 놀랐다. 그러나 강연을 끝내자 많은 사람들이 서둘러 복사를 요청했다. 리살이 샤먼의 테마파크를 보고 기뻐할지는 잘 모르겠지만, 이사벨로가 이 유인물에 매료되었으리라는 것, 그리고 manila.indymedia.org 웹사이트를 탐험하기 위해 노트북을 급히 열었으리라는 것은 확실할 것 같다. 그는 이 웹사이트가 세계 전역에 걸쳐 있

는 수십 개의 동류 사이트를 링크해 놓았다는 것도 발견했을 것이다. 늦은 세계화인가?

Adam, Jad. "Striking a Blow for Freedom", *History Today*, 53:9 (September 2003), pp. 18~19.

Agoncillo, Teodoro. *A Short History of the Philippines* (New York: Mentor, 1969).

────── *The Revolt of the Masses* (Quezon City: The University of the Philippines Press, 1956).

Akihisa, Matsuno. "Nihon no okeru Malay go no kaishi to tenkai." In Kondo Tatsuo, ed., *Wagakunini okeru gaikokugo kenkyu/kyoiku no shiteki kosatsu* (Osaka: Gaikokugo Gakko, 1990).

Anderson, Benedict R. O'G. "Forms of Consciousness in *Noli me tangere*", *Philippine Studies*, 51:4 (2000), pp. 505~29.

────── *Imagined Communities* (London: Verso, 1991).

────── *The Spectre of Comparisons* (London: Verso, 1998).

Avrich, Paul. *An American Anarchist, The Life of Voltairine de Cleyre* (Princeton: Princeton University Press, 1978).

Balucan, Celerina G. "War Atrocities", *Kasaysayan*, 1:4 (December 2001), pp. 34~54.

Baudelaire, Charles. *Oeuvres complètes* (Paris: Louis Conard, 1933), vol. 7.

Bécarud, Jean and Gilles Lapouge. *Anarchistes d'Espagne* (Paris: André Balland, 1970).

Bernheimer, Charles. *Figures of Ill Repute: Representing Prostitution in Nineteenth Century France* (Cambridge, MA: Harvard University Press, 1989).

Betances, Ramón Emeterio. "La autonomía en Manila." In Haroldo Dilla and Emilio Godínez, eds, *Ramón Emeterio Betances* (Habana: Casa de las Americas, 1983).

———— *Las Antillas para los antillanos.* Ed. Carlos M. Rama (San Juan Puerto Rico: Instituto del Cultura Puertorriqueña, 1975).

Blumentritt, Ferdinand. "Una visita", *La Solidaridad*, January 13 and 31, 1893.

Bonoan, SJ, Raul K. *The Rizal-Pastells Correspondence* (Quezon City: Ateneo de Manila Press, 1994).

Bory, Jean-Louis. *Eugène Sue, le roi du roman populaire* (Paris: Hachette, 1962).

Bosch, Juan. *El Napoleón de las guerrillas* (Santo Domingo: Editorial Alfa y Omega, 1982).

Casanova, Pascale. *La République mondiale des lettres* (Paris: Éditions du Seuil, 1999).

Clark, T. J. *Farewell to an Idea* (New Haven: Yale University Press, 1999).

Coates, Austin. *Rizal — Philippine Nationalist and Patriot* (Manila: Solidaridad, 1992).

Comín Colomer, Eduardo. *Historia del anarquismo español* (Barcelona: Editorial AHR, 1956).

Cook, Bradford. Trans. *Mallarmé: Selected Prose Poems, Essays and Letters* (Baltimore: The Johns Hopkins University Press, 1956).

340

Corpuz, Onofre. *The Roots of the Filipino Nation* (Quezon City: The Aklahi Foundation, 1989), 2 vols.

Culler, Jonathan, and Pheng Cheah, eds, *Grounds of Comparison* (New York: Routledge, 2003).

Dallas, George. *At the Heart of a Tiger. Clémenceau and his World, 1841~1929* (New York: Carroll & Graf, 1993).

Daniel, Evan. "Leaves of Change: Cuban Tobacco Workers and the Struggle against Slavery and Spanish Imperial Rule, 1880s~1890s" (unpublished paper, 2003).

De la Costa, SJ, Horacio, ed. and trans. *The Trial of Rizal: W. E. Retana's Transcription of the Official Spanish Documents* (Quezon City: Ateneo de Manila Press, 1961).

De Ocampo, Esteban. *Rizal as a Bibliophile* (Manila: The Bibliographical Society of the Philippines, Occasional Papers, No. 2, 1960).

Dery, Luis C. "When the World Loved the Filipinos: Foreign Freedom Fighters in the Filipino Army during the Filipino-America War" , *Kasaysayan*, 1:4 (December 2001), pp. 55~69.

Epistola, Silvino V. *Hong Kong Junta* (Quezon City: University of the Philippines Press, 1996).

Esenwein, George Richard. *Anarchist Ideology and the Working Class Movement in Spain, 1868~1898* (Berkeley: University of California Press, 1989).

Estrade, Paul. "El Heraldo de la 'Independencia Absoluta.'" In Félix Ojeda Reyes and Paul Estrade, *Pasión por la Libertad* (San Juan, P.R.: Editorial de la Universidad de Puerto Rico, 2000).

────── *Solidaridad con Cuba Libre, 1895~1898. La impresionante labor del Dr Betances en París* (San Juan, P.R.: Editorial de la Universidad de

Puerto Rico, 2001).

Farwell, Byron, ed. *Encyclopedia of Nineteenth Century Land Warfare* (New York: Norton, 2001).

Fernández, Frank. *La sangre de Santa Águeda* (Miami: Ediciones Universal, 1994).

Ferrer, Ada. *Insurgent Cuba: Race, Nation and Revolution, 1868~1898* (Chapel Hill: University of North Carolina Press, 1999).

Flaubert, Gustave. *La tentation de Saint-Antoine* (Paris: A. Quentin, 1885).

Footman, David. *Red Prelude* (London: Barrie & Rockleff, 1968).

Fowlie, Wallace. *Rimbaud: A Critical Study* (Chicago: University of Chicago Press, 1965).

Gonzáles Liquete, L. *Repertorio histórico, biográfico y bibliográfico* (Manila: Impr. Del Día Filipino, 1938).

Guerrero, León María. *The First Filipino, a Biography of José Rizal* (Manila: National Historical Institute, 1987).

Hall, D.G.E. *A History of South-East Asia* (London and New York: St. Martin's Press, 1968).

Halperin, Joan Ungersma. *Félix Fénéon, Aesthete and Anarchist in Fin-de-Siècle Paris* (New Haven: Yale University Press, 1988).

Hanson, Ellis. *Decadence and Catholicism* (Cambridge, MA: Harvard University Press, 1997).

Herbert, Eugenia. *The Artist and Social Reform: France and Belgium, 1885~1898* (New Haven: Yale University Press, 1961).

Huysmans, Joris-Karl. *À rebours* (Paris: Charpentier, 1884; Fasquelles: c. 1904). Translated into English as *Against the Grain* (New York: Lieber and Lewis, 1923), and *Against Nature* (London; Penguin Classics, 1959).

Ileto, Reynaldo Clemeña. *Pasyón and Revolution: Popular Movements in the*

342

Philippines, 1840~1910 (Quezon City: Ateneo de Manila Press, 1989).

James, C.L.R. *The Black Jacobins*, rev. ed. (New York: Vintage, 1989).

Joaquín, Nick. *A Question of Heroes* (Manila: Anvil, 2005).

Joll, James. *The Anarchists* (Cambridge, MA: Harvard University Press, 1980).

Karl, Rebecca. *Staging the World* (Durham, N.C.: Duke University Press, 2002).

Lanuza, Caesar Z. and Gregorio F. Zaide. *Rizal in Japan* (Tokyo: C.Z. Lanuza, 1961).

Laqueur, Walter. *A History of Terrorism*, rev. ed. (New Brunswick, N.J.: Transaction, 2000).

Lete, Eduardo de. "Redentores de Perro Chico", *La Solidaridad*, April 15, 1892.

Llanes, José L. *The Life of Senator Isabelo de los Reyes* (monograph reprinted from the Weekly Magazine of the *Manila Chronicle*, 1949).

Maitron, Jean. *Le mouvement anarchiste en France* (Paris: Maspéro, 1975), 2 vols.

Majul, Cesar Adib. *Mabini and the Philippine Revolution* (Quezon City: University of the Philippines Press, 1996).

Martín Jiménez, Hilario. *Valeriano Weyler, de su Vida y personalidad, 1838~1930* (Santa Cruz de Tenerife: Ediciones del Umbral, 1998).

May, Glenn Anthony. *Battle for Batangas: A philippine Province at War* (New Haven: Yale University Press, 1991).

Mojares, Resil B. *Brain of the Nation: Pedro Paterno, T.H. Pardo de Tavera, Isabelo de los Reyes and the Production of Modern Knowledge* (Quezon City: Ateneo de Manila University Press, 2006).

Moret, Segismundo. "El Japón y Las Islas Filipinas", *La España Moderna*, LXXIV (February 1895).

Naimark, Norman. *Terrorists and Social Democrats: The Russian Revolutionary Movement under Alexander III* (Cambridge, MA: Harvard University

Press, 1983).

National Historical Institute. *Filipinos in History* (Manila: NHI, 1990~96), 5 vols.

Nitti, Francisoc. "Italian Anarchists", *North American Review*, 167:5 (November 1898), pp. 598~607.

Nuñez Florencio, Rafael. *El terrorismo anarquista, 1888~1909* (Madrid: Siglo Veinteuno de España, SA, 1983).

Ocampo, Ambeth. *Rizal without the Overcoat* (Pasig City, Manila: Anvil, 2000).

—— *The Search for Rizal's Third Novel, Makamisa* (Pasig City, Manila: Anvil, 1993).

Offord, Derek. *The Russian Revolutionary Movement in the 1880s* (Cambridge: Cambridge University Press, 1986).

Ojeda Reyes, Félix. *El desterrado de París. Biografía del Doctor Ramón Emeterio Betances (1827~1898)* (San Juan: Ediciones Puerto Rico, 2001).

—— "Ramón Emeterio Betances, Patriarca de la Antillanía", In Félix Ojeda Reyes and Paul Estrade, eds. *Pasíon por la Libertad* (San Juan, P.R.: Editorial la Universidad de Puerto Rico, 2000).

Ortiz Jr., David. *Paper Liberals. Press and Politics in Restoration Spain* (Westport, CT: Westwood Press, 2000).

Plama, Rafael. *Biografía de Rizal* (Manila: Bureau of Printing, 1949).

Pardo de Tavera, Trinidad. "Las Nihilistas" (typescript, n.d.).

Pernicone, Nunzio. *Italian Anarchism, 1864~1892* (Princeton: Princeton University Press, 1993).

Poe, Edgar Allan. *Tales* (Oneonta: Universal Library, 1930).

Ponce, Mariano. *Cartas sobre la Revolución, 1897~1900* (Manila: Bureau of Printing, 1932).

———— *Cuestion Filipina: una exposition historico-critica de hechos relativos á la guerra de la independencia*. Trans. H[eikuro] Miyamoto and Y.S. Foudzita (Tokyo: Tokyo Senmon Gakko, 1901).

Quinn, Patrick F. *The French Face of Edgar Poe* (Carbondale: Southern Illinois University Press, 1954).

Raynal, Guillaume-Thomas and Denis Diderot. *Histoire philosophique et politique des établissements & du commerce des Européens sans les deux Indes* (Geneva: Libraries Associás, 1775).

Retana, W.E. *Vida y escritos del Dr José Rizal* (Madrid: Victoriano Suárez, 1907), with "Epílogo" by Miguel de Unamuno.

Reyes, Isabelo de los. *El Folk-Lore Filipino* (Manila: Tipo-Lithografía de Chofré y C., 1899).

———— *El folk-lore filipino*. English translation by Salud C. Dizon and Maria Elinora P. Imson (Quezon City: University of the Philippines Press, 1994).

———— *La sensacional memoria de Isabelo de los Reyes sobre la Revolución Filipina de 1896~1897* (Madrid: Tip. Lit. de J. Corrales, 1899).

Reyes y Sevilla, José. *Biografía del Senador Isabelo de los Reyes y Florentino* (Manila: Nueva Era, 1947).

Rizal, José. *Cartas á sus Padres y Hermanos* (Manila: Comisión del Centenario de José Rizal, 1961).

———— *Cartas entre Rizal y el Profesor Fernando Blumentritt, 1888~1890* (Manila: Comisión del Centenario de José Rizal, 1961).

———— *Cartas entre Rizal y los miembros de la familia, 1886~1887* (Manila: Comisión del Centenario de José Rizal, 1961).

———— *Cartas entre Rizal y sus colegas de la propaganda* (Manila: José Rizal Centennial Commission, 1961), 2 vols.

————— Diarios y Memorias (Manila: Comisión del Centenario de José Rizal, 1961).

————— "Dimanche des Rameaux" (unpublished ms., 1887).

————— Dr. José Rizal's Mi Último Adiós in Foreign and Local Translations (Manila: National Historical Institute, 1989), 2 vols.

————— El Filibusterismo (Manila: Instituto Nacional de Historia, 1990).

————— El Filibusterismo [facsimile edition] (Manila: Instituto Nacional de Historia, 1991).

————— Epistolario Rizalino, ed. Teodoro Kalaw (Manila: Bureau of Printing, 1931~35), 4 vols.

————— "Essai surt Pierre Corneille" (unpublished ms., n.d.).

————— Noli me tangere (Manila: Instituto Nacional de Historia, 1978).

————— Noli me tangere, with introduction by Leopoldo Zea (Caracas: Biblioteca Ayacucho, 1976).

————— N'y touchez pas! Jovita Ventura Castro's translation of Noli me tangere, with introduction (Paris: Gallimard, 1980).

————— One Hundred Letters of José Rizal (Manila: National Historical Society, 1959).

————— The Rizal-Blumentritt Correspondence, 1886~1896 (Manila: National Historical Institute, 1992), 2 vols.

Robb, Graham. Rimbaud (London: Picador, 2000).

Rocker, Rudolf. En la borrasca (Años de destierro) (Puebla, Mexico: Edit. Cajica, 1967).

Rodrigues, Edgar. Os Anarquistas, Trabalhadores italianos no Brasil (Sao Paolo: Global editora e distribuidora, 1984).

Romero Maura, J. "Terrorism in Barcelona and its Impact on Spanish Politics, 1904~1909", Past and Present, 41 (December 1968).

Ross, Kristin. *The Emergence of Social Space: Rimbaud and the Paris Commune* (Minneapolis: University of Minnesota Press, 1988).

Roxas, Félix. *The World of Félix Roxas*. Trans. Ángel Estrada and Vicente del Carmen (Manila: Filipiniana Book Guild, 1970).

Saniel, Josefa M. *Japan and the Philippines, 1868~1898*, third edition (Manila: De la Salle University Press, 1998).

Sarkisyanz, Manuel. *Rizal and Republican Spain* (Manila: National Historical Institute, 1995).

Schumacher, SJ, John N. *The Propaganda Movement, 1880~1895*, rev. ed., (Quezon City: Ateneo de Manila Press, 1997).

Scott, William Henry. *The Unión Obrera Democrática: First Filipino Trade Union* (Quezon City: New Day, 1992).

See, Teresita Ang. "The Ethnic Chinese in the Filipino-American War and After", *Kasaysayan*, 1:4 (December 2001), pp. 83~92.

Sempau, Ramón. *Los victimarios* (Barcelona: Manent, 1901).

Serrano, Carlos. *Final del imperio. España, 1895~1898* (Madrid: Siglo Veintiuno de España, SA, 1984).

Sichrovsky, Harry. *Ferdinand Blumentritt: An Austrian Life for the Philippines* (Manila: National Historical Institute, 1987). Translated from the German.

Sue, Eugène. *The Wandering Jew* (London: Routledge and Sons, 1889).

Sweetman, David. *Explosive Acts. Toulouse-Lautrec, Oscar Wilde, Félix Fénéon and the Art and Anarchy of the Fin-de-Siècle* (London: Simon and Schuster, 1999).

Tamburini, Francesco. "Betances, los mambises italianos, y Michele Angiolillo." In Félix Ojeda Reyes and Paul Estrade, eds, *Pasión por la Libertad* (San Juan, P.R.: Editorial de la Universidad de Puerto Rico, 2000).

———— "Michele Angiolillo e l'assassinio dí Cánovas del Castillo", *Spagna contemporanea* [Allesandria, Piedmont] IV:9 (1996), pp. 101~30.

Tarrida del Mármol, Fernando. "Aux inquisiteurs d'Espagne", *La Revue Blanche*, 12:88 (February 1, 1897), pp. 117~20.

—— "Un mois dans les prisons d'Espagne", *La Revue Blanche*, 11:81 (October 15, 1896), pp. 337~41.

Thomas, Hugh. *Cuba: The Pursuit of Freedom* (New Brunswick, N.J.: Harper and Row, 1971).

Tortonese, Paolo. "La Morale e la favola: Lettura dei *Misteri di Parigi* como prototipo del *romain-feuilleton*" (unpublished ms., n.d.).

Urales, Federico (Joan Montseny). *Mi Vida* (Barcelona: Publicaciones de La Revista Blanca, 1930), 3 vols.

Vincent, Paul. "Multatuli en Rizal Nader Bekeken", *Over Multatuli*, 5 (1980), pp. 58~67.

Wionsek, Karl-Heinz, ed. *Germany, the Philippines, and the Spanish-American War*. Translated by Thomas Clark (Manila: National Historical Institute, 2000).

Wolff, Leon. *Little Brown Brother* (New York: Doubleday, 1961).